世界の言語シリーズ 12

スウェーデン語

清水 育男／ウルフ・ラーション
當野 能之

大阪大学出版会

はじめに

　本書は大阪大学外国語学部の世界の言語シリーズの一環として，教科書と同時にスウェーデン語への独習入門書も意図して執筆した．教科書用に単純化してしまうと説明が簡便過ぎてしまう恐れがあり，一方独習者のために説明を詳しくすると時には中級以上のレベルまで踏み込んでしまうこともあり，正直両者のバランスを取ることは至難の業であった．著者の意図としては，通り一遍の入門書にはしたくなかったので，部分的にはかなり詳しい文法解説になってしまった箇所もあろうかと思う．すべてはスウェーデン語の本質を理解していただきたいという思いから発している．今は本書がそれに成功していることを願うのみである．
　本書では随所で英語と比較し言及することを試みた．これは筆者がスウェーデン語を始めた頃に，英文法の知識を援用すれば，ここはもっと簡単にわかるのになどと感じた経験に基づいている．スウェーデン語はそもそも英語と同じゲルマン語に属し，その構造は英語にきわめて類似しているため，英語の好きな人は修得も早く，まさにこの利点を取り入れたいと考えたのである．こうした英語との比較を通して，もしスウェーデン語が英文法の延長上にあるような感覚，というよりは実感を持っていただけたら，本書の意図はかなり達成されたと思う．その後，スウェーデン語から逆に英文法を見直してみようと思われたら，今度は英語の意外な面に気がつき，驚きの連続になるかもしれない．また一方で，英語では味わえない，スウェーデン語の語アクセント（高低アクセント）の音楽的な独特の響きにも魅せられるのではないかと期待している．
　執筆分担は下記の通り．ただ，どの事項もすべてお互いにチェックをしている．

　　　清水育男　　　1課「スウェーデン語の背景，文字と発音」
　　　　　　　　　　6課～30課までの「注意すべき発音」，「文法解説」，「余話」

　　　當野能之　　　2課～5課の「発音」
　　　　　　　　　　6課～30課までの「新出単語」，「練習問題」
　　　　　　　　　　「スウェーデンの地理」，巻末の付録1～3，索引
　　　　　　　　　　別冊（「各課本文の日本語訳」と「練習問題解答」）

　　　Ulf Larsson　　2課～30課までの音声吹き込み
　　　　　　　　　　6課～30課までのスウェーデン語テキスト本文

　本書の校正のお手伝いをお願いしたところ，文法説明の改善案や誤植など多々指摘をしてくれたのは，本学外国語学部スウェーデン語の非常勤講師梅谷綾さんであった．梅谷さんのスウェーデン語文法の理解の深さ，校正の確かさに大いに助けら

れた．心から感謝したい．一方，素敵なイラストは本学外国語学部スウェーデン語専攻4年生の岡井寧子さんの賜物である．彼女の才能に脱帽である．感謝の意を表したい．また，発音や本文テキストの吹き込みならびにそのCD作成にあたって，年度末のお忙しい時期にサイバーメディアセンター特任研究員の並川嘉文先生の献身的な協力をいただいた．記して感謝したい．

文法解説は確かに清水が担当したが，當野がそれを綿密にチェックしてくれたおかげで，不要な間違いを回避することができたばかりでなく，説明文を簡潔に引き締めてくれた功績は何物にも代えがたい．そればかりでなく，清水が本学定年退職後に，残された本書の編集作業の全責任を負い，着任1年目の忙しい時期に全力を尽くしてくれたことに，共同執筆者ではありながらも記して最大級の感謝を述べさせていただきたい．

Ulfは料理などを中心にスウェーデンの家族の日常生活を面白い読物として書き下ろしてくれたばかりではなく，文法に関する私たちの質問には常に示唆的な例を挙げて，真摯にかつ的確な説明を示してくれた．Ulfからはスウェーデン語文法の奥深さを改めて認識させられた．

最後に，出版が予定より遅くなり，本学言語文化研究科言語社会専攻大内一専攻長をはじめ大阪大学出版会には多大なご迷惑をおかけしてしまった．改めてお詫びを申しあげたい．また，本シリーズを企画され，本書を作成する機会をお与えてくださった高橋明教授（大阪大学前世界言語センター長）にもお礼を申し上げたい．また，本書編集にあたり，大阪大学出版会の岩谷美也子，板東詩おり両氏から煩雑な校正を整理してくださったばかりでなく，数々の的確なアドバイスをいただいた．合わせて，お礼を申し上げたい．

2016年2月末

清水　育男

追記：本書執筆には多くの文献を使用したが，下記の文法書は特に参考にさせていただいた．記して感謝の意を表したい．

SAG (= Teleman, Ulf, Staffan Hellberg & Erik Andersson (red.). 1999. *Svenska Akademiens grammatik*. 4 band. Norstedts Ordbok.).

重版（第 3 刷）にあたって

　2023 年 3 月 22 日に大阪大学出版会の板東詩おりさんから，ありがたくも重版（第 3 刷）の依頼を受けました．まさにその前日に，本書執筆の分担をしてくれた當野能之さんの訃報の連絡がありました．偶然とはいえ，悲しみと重版の嬉しいお知らせとが重なり，何とも言いようのない複雑な思いにとらわれました．

　彼は 1993 年に大阪外国語大学（現大阪大学外国語学部）のスウェーデン語専攻に入学してから卒業まで私の授業を受け，2015 年 3 月に私が定年退職した際には私の後任としてその任を引き継ぎ，同僚となりました．彼に託した後は，私も安心してスウェーデン語教育を任かすことができ，安堵していたところです．阪大での同僚となってからは，私は「當野さん」と呼ぶことにしましたが，長い付き合いを振り返るとやはり若く元気な頃を彷彿とさせる「當野君」のほうがしっくりきます．2021 年の初秋に病いが発覚し，治療に専念するため休職に至ります．空白となってしまった彼の授業のコマ数の一端を當野君も了解のうえ私に担っていただきたいとの要請がスウェーデン語専攻主任の高橋美恵子先生からありました．私としては當野君が復帰してくれることをひたすら願って，お引き受けしたこの 1 年半でした．その願いもかなわず，今は空虚な気持ちが心に漂うばかりです．

　かけがえのない大事なご子息に先立たれたお父様から吐露された言葉は私も含めて参列者の皆様の心に深く残ったことでしょう．「桜が咲く 19 歳の春に北海道から大阪に行き，ちょうど桜が咲き始めた 49 歳の春に旅立ってゆきました」と．大学の同僚の皆様，研究仲間の方々，同期入学の親しい友人たちはもちろんのこと彼を慕う数多くの学生たちや卒業生に見送られながら，春の柔らかな雨と悲しい涙の中に消えてゆきました．言語学・スウェーデン語学においても輝かしい業績を残しつつ，皆に好かれ，気配りのよくできる人でもありました．これからかなえたい夢もたくさんあったでしょう．それを思うと，さぞかし心残りであったでしょう．今後の日本におけるスウェーデン語研究・教育にとっても大きな損失となってしまいました．

　今はただ當野君のご冥福を心からお祈りするばかりです．ここにデンマーク語・スウェーデン語研究室の皆様のお気持ちも代弁させていただいて，スウェーデン語で哀悼の意を記させてください：“Vi deltar alla i sorgen."

　最後になりましたが，今回の重版にあたっては，誤字・脱字の訂正がメインではありますが，より分かりやすくなるようにと語句や表現も多少変更しました．また加筆修正も一部施しました．この先本格的な改訂版が許されれば，その際には文法事項の追加説明などもかなえばと願っています．

　今回からは電子書籍にもしていただけると聞き，本書がますます広く使用されることを願っています．

　2023 年 4 月 10 日，50 歳を迎えるはずだった當野君の誕生日に．

清水　育男

本書の使い方

1課
　この課ではスウェーデン語の背景を知り，特殊な文字の成立過程を理解されたい．

2課から5課
　これらの課ではスウェーデン語の発音全般について解説している．まずは2課で母音の長短のルールを習得した上で，3課から5課で個々の母音と子音について学習されたい．5課では主に語アクセントについて解説している．これらの課ではイラストを用い，わかりやすい解説となるように心がけた．音声を聞いて，何度も発音の練習をすることを推奨したい．また，清水・當野の他に，梅谷綾・Johanna Karlsson が作成に関わったネット上の教材『高度外国語教育全国配信システム：スウェーデン語独習コンテンツ』（=http://el.osaka-gaidai.ac.jp/flc/swe/index.html）では，発音の際の口の動きや形を動画で確認できるので，そちらもぜひ参照されたい．
　発音記号は清水育男著『スウェーデン語発音概説』（大阪外国語大学．2002年）で使用しているIPAにほぼ準拠している．なお，2課～5課に出て来る[ˊ]はその直後の音節にアクセントⅠと強勢があることを，[ˋ]はその直後の音節にアクセントⅡと強勢があることを示す．[ˌ]は合成語の切れ目を示す．

6課から30課
　本文・新出単語・注意すべき発音・文法解説・練習問題から成っている．文法解説を読んだ上で，新出語彙を頼りに，本文を読んでいただきたい．最後に練習問題で習得した知識を確認することができる．以下，項目ごとにいくつかの注意点を挙げる．

新出単語
　各語彙の下にある点は短母音，線は長母音であることを表している．これらの点と線は，6課から9課まではアクセントのあるすべての音節に付されているが，10課以降は，原則的に1音節語については付けていない．これは2課で学んだ規則によって，母音の長短が区別できるためである．ただし，1音節語でも，規則の例外となるものについては付してある．一方，小辞動詞も新出単語に挙げているが，その場合小辞の前にˈを付した．これはその小辞に強勢が置かれることを意味している．
　語彙，品詞に続いて，名詞の変化形と動詞の活用（グループ1～3）が記載されている．×はその変化形などが存在しないことを意味する．ただし，動詞のグループ4については，はじめて出てきた場合には，その活用を載せているが，過去形や完了分詞などの不規則な活用形がはじめて出てきた場合にはグループ4と記すにとどめ，活用は省略した．巻末の変化表を参照されたい．
　変化形に続いて，意味を載せているが，単語の日本語訳は，文脈に合う訳，もし

くは代表的な訳語を挙げるにとどめた.
文法解説
　文法解説は学習上, 疑問に思われるところ, 用法の違いなどには特に詳しい解説を試みた. 基本段階では 注意 も含みつつ, まず全体像を大まかに把握するように心がけていただきたい. いったん通読したあと, もう一度読むときには 注意 にも重点を置きながら, 今度はぜひ丹念に読んでいただきたい. 参考 は発展的な知識が必要な場合に目を通していただければ幸いである. 余話 はスウェーデン語に関するトリビア的な知識で, 語学学習を進めていく上で, 必ずや何らかの参考になるものと確信している.
　例文の前に付された×や？は, それぞれそのスウェーデン語は文法的に正しくない, 正しいかどうか躊躇されることを意味する. また表中の×は, その変化形あるいは活用形が通常存在しないことを表している.
　16, 23課に個々の接続詞, 28課には個々の前置詞, その用法と例文を多数挙げてある. 16, 23課の接続詞に関しては, 初級の段階で覚えてほしいものに星印を付してある. 28課の前置詞の例文は, 各課で前置詞が出て来るたびに, 早くから辞書代わりに使用していただければ, スウェーデン語の前置詞の感覚が少しでもつかめるのではないかと期待している.

巻末の付録
　巻末には, 名詞, 形容詞, 動詞, 副詞の変化表, グループ4の動詞の活用表ならびに略語一覧を付している. 文法の根本的なルールを凝縮した形で表にまとめた. 復習や確認の際に積極的に利用されたい. なお, 『高度外国語教育全国配信システム：スウェーデン語独習コンテンツ』には, ここにある名詞, 形容詞, 動詞の変化形の多くを音声で聞くことができるので, 是非とも活用されたい. また, 略語には早くから慣れておくことをお勧めする.

巻末語彙集
　各課に収録された新出単語をアルファベット順に並べた語彙集を付した. 収録されている見出し語の数はおよそ1,000である. なお, 接続詞は16課・23課に, 前置詞, 小辞についてはそれぞれ28課, 29課にアルファベット配列で, 意味, 用法, 例文等が挙げられているので, 辞書代わりに活用されたい.
　語彙集は, 見出し語・品詞・変化形・意味・イディオム等の順で記載されている.
　見出し語が名詞である場合, その前に en, ett を付けることで, その名詞の性が EN－名詞（共性名詞）であるか ETT－名詞（中性名詞）であるかが一目で分かるようにした. (en), (ett) のようにカッコで括られている場合は, その名詞が不可算名詞であることを表している.
　見出し語に続き, 品詞が表示されている. 本書で使われている品詞の略号は以下の通りである.

［名］名詞	［代］代名詞	［疑副］疑問副詞
［固］固有名詞	［疑代］疑問代名詞	［接］接続詞
［冠］冠詞	［動］動詞	［前］前置詞
［形］形容詞	［助動］助動詞	［間］間投詞
［数］数詞	［副］副詞	

　品詞に続き，名詞や動詞の変化形が記載されている．名詞については単数既知形・複数未知形・複数既知形の順で，動詞については現在形・過去形・完了分詞の順で記してある．さらに所有代名詞や一部の不定代名詞，指示代名詞については単数中性形・複数の順で示してある．

　変化形に続いて，意味を載せている．単語の日本語訳は，各課の本文の文脈に合う訳，もしくは代表的な訳語を挙げるにとどめた．ただし，本文に出て来る意味以外にも特に重要な意味を有している語については，その語の一面的な理解に陥らないように，適宜，意味記述を加えた．日本語訳のあとに付されている丸数字はその単語の初出の課を表している．例えば⑦は第7課で初出であることを意味する．

　意味に続き，その見出し語を含む構文やイディオム，再帰動詞や小辞動詞，およびそれらの意味が載せられているものもある．

　なお，本書の補足情報は大阪大学外国語学部スウェーデン語専攻のホームページ上で，随時紹介していく予定である（http://www.sfs.osaka-u.ac.jp/user/swedish/startsida.html）．

スウェーデン語学習のポイント

《発音》　常に母音の長短の区別を念頭に置くこと．この区別ができないとそもそも自分の意図している意味がまったく伝わらないからである．そのルールは2課にあるようにきわめて簡単である．母音の発音は特にy, öと長母音のaの習得に重点を置くこと．さらに子音はg, k, skと軟母音が結合したときの発音に注意すること（3課）．

《文法》　名詞は複数形の作り方の骨格的なルール（8課），形容詞はとりわけ限定用法の習得（12, 13課），動詞は現在形が基本形であることを認識した上で，その活用形（不定詞，現在形，過去形，完了分詞），中でもグループ4（巻末）の活用は徹底的に覚えること（『高度外国語教育全国配信システム：スウェーデン語独習コンテンツ』の音声を活用されたし），さらに，スウェーデン語に頻出する［sitta/ligga/stå och＋一般動詞］が進行の意味を表す構文（17課）であることを即見抜けるようにしておくこと．また小辞動詞（29課）は各小辞の働きを常に考慮しながらその語感やメカニズムを把握していってほしい．単純な意味同士の集合体がまったく予期せぬ意味に変身することが多々あるからである．最後に，完了形（21課）と助動詞 ska と få の意味をしっかり把握すること．ska は「(誰かが) 決めたこと」を意味し，決し

て単純に未来を表す助動詞などではないこと（8，20課），få は「もらう，くらう」が根本の意味であり，決して許可・禁止の意味にとどまらないことに（8，12課）くれぐれも注意すること．

《**語順**》　転倒語順〔副詞（句，節）／目的語＋動詞＋主語〕（7課）がスウェーデン語では想像以上に頻出するので，早めに慣れておくこと．もう 1 つは，否定辞 inte を筆頭とする移動の副詞が従属文で位置する語順（BIFF の規則：22，23，30課）を特に作文の際に忘れないこと．

　これらがスウェーデン語文法の要所である．これらの山を越えれば，もう立派に中級段階である．あとは下記に示す辞書などを羅針盤にスウェーデン語の大海原に漕ぎ出していただきたい．

辞書についての紹介（易から難の順）

菅原邦城・Claes Garlén 編『スウェーデン語基礎 1500 語』大学書林，1987 年．（収録語数は少ないが，発音記号もあり，訳語も正確である）

松浦真也著『スウェーデン語基本単語』三修社，2010 年．（辞書とは言えないが，重要な単語を分野別に載せて，学習者の便が図られている．挙げられた単語の母音の長短の区別は一貫して正確である）

尾崎義・田中三千夫・下村誠二・武田龍夫著『スウェーデン語辞典』大学書林，1990 年．（高価ではあるが，日本語で書かれた唯一の大型辞典．発音記号も付いている）

Prisma's Abridged English-Swedish and Swedish-English Dictionary. University of Minnesota Press. 1995. （英語－スウェーデン語／スウェーデン語－英語辞典．値段も手頃で，ネットからも購入できる．変化形の記載もあり，収録語数も十分ある．初級から中級段階にお勧めできる）

SAOL（＝ *Svenska Akademiens ordlista*）. Svenska Akademien. 2016. （辞書ではないので意味の記載はない．名詞，形容詞，動詞，副詞などの変化形がすべて掲載されている．初級の段階から各変化形を自分で確認できるので便利．紙媒体でも購入できるが，アプリは無料でダウンロード可）

Norstedts engelska ordbok Pro. Nationalencyklopedin AB. 2015. （英語－スウェーデン語／スウェーデン語－英語辞典．Prisma より語数ははるかに多いが，変化形の記載がほとんどない．紙媒体でも購入できる．アプリは有料．バージョンは Pro をお薦めする）

Natur och Kulturs Stora Svenska Ordbok. Natur och Kultur. 2006. （紙媒体のみ．スウェーデン語－スウェーデン語辞典．母音の長短や変化形の記載もあり，定義も適切で，わかりやすい例文が多々挙げられている．中級段階では必須の辞書）

Svensk ordbok. utg. av Svenska Akademien. 2009. （中級以上のスウェーデン語－スウェーデン語辞典．紙媒体は 2 巻本で高価だが，アプリは無料でダウンロードできる．

アプリ版ではスウェーデン語の見出し語すべての音声を聞くことができるので，初級から積極的に活用されたい）

SAOB（= Svenska Akademien. (utg.). *Svenska Akademiens ordbok*. Svenska Akademiens ordboksredaktion. 1898ff.）.
（膨大なスウェーデン語－スウェーデン語辞典．2023年4月の時点で，アルファベットöの直前まで完成しているが，英語の *OED* を質・量ともにはるかにしのぐ．紙媒体もあるが，30巻以上にもなるので，webからの使用をお勧めする．SAOBと入力すれば，ネット上でいつでも無料で閲覧できる）

音声を聞くには

🔊 の付いた箇所は音声を聞くことができます．

① ウェブブラウザ上で聞く

音声再生用 URL

http://el.minoh.osaka-u.ac.jp/books/SekainogengoShiriizu12_Suwedengo/

② ダウンロードして聞く

ウェブブラウザ上以外で音声ファイルを再生したい場合は，下記のURLから音声ファイルをダウンロードしてください．

ダウンロード用 URL

http://el.minoh.osaka-u.ac.jp/books/SekainogengoShiriizu12_Suwedengo/jvuzr8taxzc6uu8p/

目　次

はじめに …………………………………………………… i
重版（第3刷）にあたって ……………………………… iii
本書の使い方 ……………………………………………… iv

1　スウェーデン語の背景，文字と発音 ───────── 2
　　1.1　スウェーデン語とは　2
　　1.2　アルファベット　3
　　1.3　文字と発音　3

2　スウェーデン語の母音(1) ─────────────── 6
　　2.1　スウェーデン語の母音　6
　　2.2　母音の長短を区別する原則　6

3　スウェーデン語の母音(2) ────────────── 10
　　3.1　スウェーデン語の母音について　10
　　3.2　硬母音（a, å, o, u）　11
　　3.3　軟母音（e, ä, i, y, ö）　13

4　スウェーデン語の子音 ──────────────── 16
　　4.1　スウェーデン語の子音について　16
　　4.2　⟨g⟩, ⟨k⟩, ⟨sk⟩ の語頭音　17
　　4.3　語中音・語末音　18
　　4.4　サイレント子音字　19
　　4.5　その他の注意すべき子音字　19

5 語アクセントと語中音・語末音の脱落 ——— 20
    5.1 語アクセント   20
    5.2 話し言葉における語中音・語末音の脱落   22

6 ビョーンとイングリッド（BJÖRN OCH INGRID） ——— 24
    6.1 名詞の数と性   26
    6.2 名詞の未知形と既知形   27
    6.3 人称代名詞の主格   28
    6.4 動詞の現在形   29
    6.5 役に立つ表現   29
    練習問題   31

7 スーパーでの買い物
   （BJÖRN OCH INGRID I MATAFFÄREN） ——— 32
    7.1 語順〔1〕：倒置   34
    7.2 否定文の作り方   35
    7.3 疑問文の作り方   35
    7.4 人称代名詞の目的格   37
    7.5 曜日   38
    7.6 役に立つ表現   38
    練習問題   40

8 金曜日の晩の団らん
   （FREDAGSKVÄLL HEMMA HOS BJÖRN OCH INGRID） ——— 42
    8.1 名詞の複数形と既知形〔1〕   44
    8.2 動詞の不定詞と現在形   49
    8.3 助動詞〔1〕   51
    8.4 役に立つ表現   53
    練習問題   55

9 日曜日のピクニック（SÖNDAGSUTFLYKTEN） ——— 56
    9.1 名詞の複数形と既知形〔2〕   58
    9.2 関係代名詞   62

9.3　命令形　63
9.4　［命令形 + är du snäll!］を用いた軽い依頼表現　64
練習問題　65

10　ビューンの職場で（BJÖRN ÄR PÅ JOBBET）————— 66

10.1　名詞の複数形と既知形〔3〕　68
10.2　所有格　74
10.3　役に立つ表現　76
練習問題　77

11　イングリッドの職場で（PÅ INGRIDS JOBB）————— 78

11.1　場所を表す副詞　80
11.2　関係副詞（場所と時）　81
11.3　疑問詞　82
11.4　指示代名詞　84
11.5　不定代名詞　86
11.6　方角に関する表現　87
練習問題　88

12　職場からの帰り道（PÅ VÄG HEM FRÅN JOBBET）————— 90

12.1　形容詞の用法と変化形　92
12.2　形容詞の変化形〔1〕　93
12.3　形容詞の変化形〔2〕　94
12.4　役に立つ表現　96
練習問題　99

13　ビューンの両親が夕食にやってくる
（BJÖRNS FÖRÄLDRAR KOMMER PÅ MIDDAG）————— 100

13.1　形容詞の変化形〔3〕　102
13.2　無変化の形容詞　103
13.3　指示代名詞による限定用法　103
13.4　関係節の制限的用法／非制限的用法　105
13.5　叙述用法で主語の名詞と形容詞の性・
　　　数が一致しない場合　107

13.6　形容詞から副詞への転用　108
13.7　相手に同意を求める表現　108
13.8　役に立つ表現　109
練習問題　111

14　両親との夕食のひと時（MIDDAGEN）──── 112

14.1　基数詞　114
14.2　加減乗除　116
14.3　年齢　117
14.4　値段　117
14.5　役に立つ表現　118
練習問題　120

15　スカンセン行きを急きょ決める
（ETT BESÖK PÅ SKANSEN）──── 122

15.1　時間の言い方・尋ね方　124
15.2　年号の言い方　127
15.3　世紀の言い方　127
15.4　役に立つ表現　128
練習問題　129

16　スカンセンでのひと時
（PÅ SKANSEN, FORTSÄTTNING）──── 130

16.1　序数詞　132
16.2　曜日名，月名，季節名　133
16.3　日付　134
16.4　等位接続詞　135
練習問題　139

17　日曜日の晩自宅で（SÖNDAGSKVÄLL HEMMA）──── 140

17.1　進行している行為を表す表現　142
17.2　助動詞〔2〕　144
17.3　役に立つ表現　145
練習問題　146

29　12月のフィーカ (DECEMBERFIKA) ——— 310

　29.1　小辞とは　312
　29.2　動詞と小辞の位置関係　313
　29.3　文中における［動詞＋小辞］の語順　314
　29.4　［動詞＋小辞］の一語化：
　　　　動詞が過去分詞／現在分詞の場合　315
　29.5　小辞動詞と複合動詞　316
　29.6　それぞれの小辞がもつ主要な意味　319
　練習問題　323

30　クリスマスイブの前日 (DAGEN FÖRE JULAFTON) ——— 324

　30.1　ingen/inget/inga と någon/något/några　327
　30.2　ingen/inget/inga と inte någon/inte något/inte några
　　　　の交換可能性　329
　30.3　現在分詞　333
　練習問題　338

付録1　変化表一覧 ——— 339
付録2　略語一覧 ——— 344
付録3　語彙集 ——— 346
索引 ——— 362

〈地図〉

スウェーデン語が話されている地域　5
スウェーデンの地理1　スウェーデンの主要都市など　41
スウェーデンの地理2　スウェーデンの3地域　121
スウェーデンの地理3　ユータランド(1)　147
スウェーデンの地理4　ユータランド(2)　159
スウェーデンの地理5　スヴェーアランド　173
スウェーデンの地理6　ノッルランド(1)　227
スウェーデンの地理7　ノッルランド(2)　273

18 水曜日の朝のできごと（ONSDAGSMORGON HEMMA） — 148

18.1 再帰代名詞　150
18.2 再帰動詞　151
18.3 語順〔2〕：代名詞と否定辞 inte　152
18.4 再帰所有代名詞 sin, sitt, sina　153
18.5 人称代名詞 man　154
練習問題　158

19 イングリッドとビューンが仲直りする（INGRID OCH BJÖRN REDER UT SAKER OCH TING） — 160

19.1 過去を表す副詞表現　162
19.2 過去形について　162
19.3 弱変化動詞の過去形の作り方の基本　163
19.4 強変化動詞　167
19.5 本来弱変化に属する特殊な動詞　169
19.6 過去形は何を表すか　170
19.7 役に立つ表現　171
練習問題　172

20 夕食の計画（MIDDAGSPLANER） — 174

20.1 未来を表す副詞　176
20.2 未来を表す表現　176
20.3 相関等位接続詞　179
20.4 可算名詞と集合名詞　181
20.5 親族名称　181
練習問題　183

21 ビューンが金曜日の夕食を作る（BJÖRN LAGAR FREDAGSMIDDAG） — 184

21.1 完了形　186
21.2 動詞の活用とアクセントⅠとアクセントⅡ　191
21.3 ［när + har/hade + 完了分詞］〈～した後で〉　191
21.4 時間の長さを表す前置詞 i と på の用法　192
21.5 ［助動詞 + ha + 完了分詞］　194
21.6 心態副詞 ju, väl, nog　196
練習問題　197

22 新たな隣人たち（NYA GRANNAR）——— 198

- 22.1 直接話法と間接話法　199
- 22.2 語順〔3〕：従位節の中の否定辞 inte の位置（「BIFF の規則」）　204
- 22.3 従位節の［har/hade ＋完了分詞］の har/hade の省略　205
- 22.4 「思う，考える」に相当する動詞 tycka, tro, tänka の意味の違い　206

練習問題　207

23 夕食の買い出し（MIDDAGSINKÖP）——— 208

- 23.1 存在文［Det finns X（＝未知形名詞）＋場所を表す副詞（句）］について　209
- 23.2 従位接続詞　214
- 23.3 語順〔4〕：BIFF の規則のまとめ　223

練習問題　226

24 盗まれた自転車（DEN STULNA CYKELN）——— 228

- 24.1 過去分詞　230
- 24.2 受動態　233
- 24.3 注意すべき名詞の複数形　236

練習問題　237

25 警察署で（PÅ POLISSTATIONEN）——— 238

- 25.1 s-動詞について　241
- 25.2 s-動詞による受身　243
- 25.3 s-動詞による相互性　246
- 25.4 s-動詞による攻撃性・習性を表す用法　247
- 25.5 デポーネンス　248

練習問題　253

世界の言語シリーズ　12

スウェーデン語

 スウェーデン語の背景，文字と発音

1.1　スウェーデン語とは

　スウェーデン語は，英語やドイツ語，オランダ語などと近い親類関係にあり，ゲルマン語派というグループに属している．そのゲルマン語派の中でも，英語やドイツ語，オランダ語は西ゲルマン語に入り，スウェーデン語は北ゲルマン語（別称「ノルド語」）に分類されている．ノルド語はさらにその言語的変化に伴う特徴から東西に分かれ，スウェーデン語はデンマーク語とともに東ノルド語を構成している．ノルウェー語，アイスランド語，フェーロー語は西ノルド語である．中でもスウェーデン語，デンマーク語とノルウェー語との間は互に方言かと思われるほど多くの言語的共通性があり，これらの国々の人々はそれぞれの母語を使ってもお互いにおよその意思疎通が図れるほどである．

　隣国のフィンランドはゲルマン語などとはまったく別の語族に属するフィンランド語が話されているが，スウェーデン語も母語として話されている（首都ヘルシンキを中心に東西に伸びる海岸地域やヴァーサ周辺の南北の海岸地域，スウェーデンとの間に浮かぶオーランド諸島）．そのフィンランドではスウェーデン語も公用語として定められている．Mumin（ムーミン）で有名な Tove Jansson（1914-2001）の母語はスウェーデン語なので，当然彼女の著作はスウェーデン語で書かれている．

　スウェーデン語を母語とする人はスウェーデン本国で約 960 万人，フィンランドでおよそ 30 万人いる．同じノルド語を使っているデンマーク人は約 550 万人，ノルウェー人は約 500 万人おり，フィンランド語を母語とする人でもスウェーデン語を話せる人がいることを考えれば，北欧にはスウェーデン語を理解できる人は優に 2000 万人を超える．

1.2 アルファベット

スウェーデン語のアルファベットは次の29文字からなる.

大文字	小文字	発音記号	大文字	小文字	発音記号
A	a	[ɑ:]	O	o	[u:]
B	b	[be:]	P	p	[pe:]
C	c	[se:]	Q	q	[kʉ:]
D	d	[de:]	R	r	[ær:]
E	e	[e:]	S	s	[es:]
F	f	[ef:]	T	t	[te:]
G	g	[ge:]	U	u	[ʉ:]
H	h	[ho:]	V	v	[ve:]
I	i	[i:]	W	w	[ˈdəbel ˌve:]
J	j	[ji:]	X	x	[eks]
K	k	[ko:]	Y	y	[y:]
L	l	[el:]	Z	z	[ˈsɛta]
M	m	[em:]	Å	å	[o:]
N	n	[en:]	Ä	ä	[ɛ:]
			Ö	ö	[ø:]

1.3 文字と発音

　スウェーデン語の文字と発音はほぼ一致している．したがって，読むときは，ほぼローマ字通りでよい．文字がその連続によりやや特殊に読まれたり，サイレント（黙字）になったりすることはあるが，それらも一定の規則を覚えてしまえば，それ以上の例外は少ない．

(1) 文字 q, w, z

　q, w, zの3文字は現代スウェーデン語では人名，地名，借入語でしか現れない．音価は q = [k], w = [v], z = [s] である．w は辞書では v の後ではなく，v

と同じ項（見出し）に含まれて配置されている．
　　Almqvist〈アルムクヴィスト〉（苗字），Wiksell〈ヴィクセル〉（苗字），zebra〈しま馬〉

(2)　文字 é

　アクセント記号のついた é は主としてフランス語からの借入語や人名に用いられ，母音に強勢があり，かつ長母音であることを示す．
　　armé〈軍隊〉，idé〈考え〉，Wessén〈ヴェセーン〉（苗字）

(3)　英語にはない3文字 å, ä, ö

　これらの3文字はa, oなどとは別の文字，別の発音であることをまず認識すること．これらの文字の詳しい発音については3課で説明する．この課ではこれらの文字の成立をみていこう．

① 　母音文字 ä, ö

　文字 ä と ö の成立背景は，6～9世紀にゲルマン諸語に生じた i-ウムラウトに起因している．単語内で強勢のある母音 a や o などが，後続する強勢のない母音 i にスムーズに調音を移行させるため，a や o の音を予めできるだけ i 音に近付けて発音しようとした同化現象である．これにより a は e に，o は e に接近した新種の母音 [ɛ(ː)], [ø(ː)] が生じた．これらの音に対し新たな文字が必要になり，前者は a と e の中間的な音であることから e を小さく上に添えて，合字 å̈ が，後者も同様に o̊ と書かれ，その後それぞれ ä, ö に発展していった．ä や ö の上の点々はかつての e 文字の残像ということになる．もっとも，これらの合字は15世紀後半にドイツから入ってきたものである．ちなみに，ä と ö に相当するデンマーク語やノルウェー語の æ の文字は a の横に e を並べて合体し，ø の文字は o と e を重ね書きして e を反時計回りに45度回転させ，斜め線を上下に少し外側に延長したということである．

② 　母音文字 å

　大文字 Å は科学の分野で長さの補助単位（オングストローム：1ミクロンの1万分の1）として使われているので，すでにみたことがあるかもしれない．この記号はスウェーデンの物理学者 Anders Ångström（1814-1874）の苗字のイニシャ

ルに由来している．したがって，åはオ（ー）と発音される．一見 a の頭に小さな○が書かれているようにみえる文字は，現在ではデンマーク語，ノルウェー語でも使われ，北欧語独特の文字となっているが，もともとは 15 世紀半ばのスウェーデン語の表記法に由来している．これはかつての長母音 a が o に向かって変化をしたが，o と同一の音には至らずに，o に接近した新種の母音が生じたがために，その音を表記するにあたって文字 ä/ö の合字方式にならって生み出された文字である．すなわち，a の頭の上に音変化の目標点であった o の文字を載せた合字 å が原点である．したがって，a の上の小さな○は実はマルではなく，文字 o のことであるから，この○の筆順は今でも o とみなされ，頂点から反時計回りに書く．

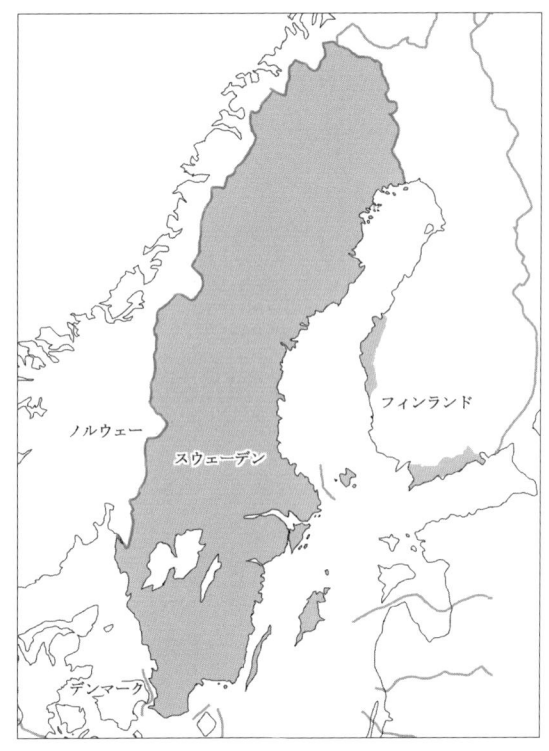

スウェーデン語が話されている地域

スウェーデン語の母音(1)

2.1 スウェーデン語の母音

スウェーデン語の母音字は9個（a, o, å, u, i, e, ä, ö, y）あり，それぞれに長い母音，短い母音がある．母音の長短によって，単に音の長さばかりでなく，音質もかなり異なってくる母音 (a, u) もあるので注意が必要である．母音の発音は，たとえば e の場合，短母音であれば [e]，長母音であれば [e:] と発音記号で表記される．また，子音にも長短があり，母音と同様に表記される．たとえば短子音の t は [t]，長子音（重子音）では [t:] と表記される．以下では説明の便宜上，母音をV，子音をCとして表記していく．なお，〈 〉に表記されているアルファベットは，発音ではなく文字を示している．この課で問題になるのは，母音の長短のみであるので，特に，[:] の部分に注意されたい．個別の発音記号については，3課および4課を参照のこと．

2.2 母音の長短を区別する原則

スウェーデン語は母音の長短によって語の意味が異なってくるため，長短の原則を正確に修得する必要がある．母音の長短は一般に強勢の位置とその直後に続く子音の数によって決まるので，まずは次の原則を覚えること．

スウェーデン語本来の単語は原則として第1音節が強く発音される．強勢が第1音節にない場合は，その語は借用語である．しかし，強勢が第1音節にある語がすべてスウェーデン語の本来語であるとは限らない．以下の例では太字が強勢のある母音である．

第1音節（本来語）　：blomma〈花〉，öga〈目〉
非第1音節（外来語）：betala〈支払う〉，telefon〈電話〉

第 1 音節（外来語）　：fönster〈窓〉, radio〈ラジオ〉

（1）母音に強勢があるとき

① その母音の後に子音がゼロもしくは 1 個のみ続く場合は長母音：V（＋ C）
bi [bi:]〈蜜蜂〉, bestå [be'stoː]〈成る〉, mat [mɑːt]〈食べ物〉, påse ['poːse]〈袋〉, betyda [be'tyːda]〈意味する〉

② その母音の後に子音が 2 個以上続く場合は短母音：V ＋ CC（C）
katt [kat:]〈猫〉, packa ['pakːa]〈詰める〉, svenskt [svenskt]〈スウェーデンの〉, kvist [kvɪst]〈枝〉

注意1　子音字〈x〉は [ks] と発音されるので,〈ks〉とカウントされる.
lax [laks]〈鮭〉

注意2　合成語ではその切れ目がどこにあるかが重要になる. 綴りが〈V ＋ CC〉であっても, その綴りの内部に切れ目がある場合, つまり〈V|CC〉もしくは〈VC|C〉であれば, 母音は当然長く発音される.
bostad ['buːˌstɑːd]〈住居〉（合成語 bo|stad）, matbord ['mɑːtˌbuːd]〈食卓〉（合成語 mat|bord）

（2）母音に強勢がないとき

常に短母音で発音される. 下記の例の単語は 1 音節目に強勢があり, 2 音節目は強勢がない. したがって 2 音節目はすべて短母音になっている.
hata ['hɑːta]〈憎む〉, matta ['matːa]〈じゅうたん〉, pojke ['pɔjke]〈少年〉

注意　強勢がない母音でも, 英語のように曖昧母音にならず, 明瞭に発音する. 特に, 語尾の -er は 英語のように [ə] ではなく文字通り [er] と発音することに注意.

以上の原則でほとんどの母音の長短の判別ができる. ただし, 以下のような例外がある.

（3）V ＋ C にもかかわらず短母音になることが多い場合

① 〈V ＋ m〉：rum [rɵm:]〈部屋〉, hem [hem:]〈家（へ）〉, döma ['døm:a]〈裁く〉

> **注意**　原則通り長母音で発音される語もある.
> 　bekväm [be′kvɛ:m]〈快適な〉, problem [prʊ′ble:m]〈問題〉, dam [dɑ:m]〈婦人〉など.

② 〈V + n〉: man [man:]〈男〉, vän [ven:]〈友人〉, igen [ɪ′jen:]〈再び〉
> **注意**　原則通り長母音で発音される場合も多い.
> 　fin [fi:n]〈素敵な〉, sten [ste:n]〈石〉など.

③ 〈V + j〉: hej [hej:]〈こんにちは〉, maj [maj:]〈5月〉

④ 綴りの上では〈V + C〉であるが,発音の上では [V + CC]: cykel [′sʏk:el]〈自転車〉, frukost [′frøk:ɔst]〈朝食〉, hade [′had:e]〈持っていた〉(ha の過去形), kapitel [ka′pɪt:el]〈章〉

(4) V + CC にもかかわらず長母音になることが多い場合

① 〈r〉+〈d/l/n〉: bord [bu:ɖ]〈テーブル〉, pärla [′pæ:ɭa]〈真珠〉, barn [bɑ:ɳ]〈子供〉, järn [jæ:ɳ]〈鉄〉
> **注意 1**　värld [væ:ɖ]〈世界〉では文字〈l〉は発音されず, värd〈〜に値する;ホスト〉と同じ発音になる. ちなみに,〈男〉の意味での karl [kɑ:r] も〈l〉は発音されない. 男性名の Karl〈カール〉は〈r〉が発音されず, [kɑ:l] になる.

> **注意 2**　〈r〉+〈t/s〉: 原則通りに短母音の場合と長母音になってしまう場合とがあり,個々に覚えなければならない.
> 　svart [svaʈ:]〈黒い〉(短母音), karta [′kɑ:ʈa]〈地図〉(長母音)
> 　mars [maʂ:]〈3月〉(短母音), Lars [lɑ:ʂ]〈ラーシュ(男性名)〉(長母音)

② 〈dj〉+〈a/e〉: kedja [′ɕe:dja]〈鎖〉, glädje [′glɛ:dje]〈喜び〉

③ さらに, 25課の **注意すべき発音** も参照.

ウップサーラ大学講堂の前にあるルーン碑文

 # スウェーデン語の母音(2)

3.1 スウェーデン語の母音について

　この課では個々の母音の発音を学んでいく．母音を発音する際には，特に次の3点に注意する必要がある．
　1. 口がどのくらい開くか（狭口から超広口まで）

　2. 唇が丸くなるかならないか（円唇母音か非円唇母音か）

　3. 舌のどの部分が高くなるか（前舌母音か後舌母音か）

　以上の3つの観点からスウェーデン語の母音を整理すると次のようになる．

母音 (Vokaler)	前舌			中舌		後舌	
	非円唇	円唇	円唇	非円唇	円唇	非円唇	円唇
		外向き丸め	内向き丸め		内向き丸め		内向き丸め
狭　口	i:　　I	y:　　Y	ʉ:　　ʉ				u:　　ʊ
半狭口	e:　　e	ø:　　ø			ɵ		o:　　o
半広口	ɛ:　　ɛ	œ:　　œ					ɔ
広　口	æ:　　æ						
超広口	a					ɑ:	

注意 上記の表で「外向き丸め」とは，円唇でかつ唇を「ラッパ」のように外に向かって突き出すことを，一方「内向き丸め」とは，同じく円唇だが，唇をすぼめる感じで，外に向かって突き出さないことを意味する．

さて，スウェーデン語では，おおむね後舌母音と前舌母音の区別に相当する母音をそれぞれ，硬母音（a, å, o, u）と軟母音（e, ä, i, y, ö）と呼んでいる．特に強勢のあるこれらの母音の直前に g-, k-, sk- が位置したときに，これらの子音の発音が異なってくるのできわめて大切になる．そこで，以下では硬母音・軟母音ごとに文字と発音の関係を学んでいく．

3.2　硬母音（a, å, o, u）

〈a〉

長母音 [ɑ:]：唇を少し縦（上下）に開いて，舌の位置を低くして，口の奥から出す「オー」に近い「アー」（英 father; 仏 passe）．
　　　　　　hat〈憎しみ〉, tala〈話す〉

短母音 [a]：ほぼ日本語の「ア」に相当する．上記の長母音に比べて，口の前の

方で発音する（英 cut より cat に近い；独 Sache; 仏 salle）.

　　　　　　hatt〈帽子〉, kalla〈呼ぶ〉

注意　〈a〉は母音の長短で音質が異なる.

　　　　　　　　　　　　a（短母音）　　**a**（長母音）

13 〈å〉

長母音 [oː]：口をすぼめて，口の奥の方から出す「オー」（英 caught; 独 Sohn; 仏 chose）.

　　　　　　tåg〈電車〉, gå〈歩いて行く〉

短母音 [ɔ]：上記の長母音 [oː] より，舌の位置をやや低くして発音する「オ」（英 cot; 独 Sonne; 仏 voler）.

　　　　　　lång〈長い〉, åtta〈8〉

14 〈o〉

長母音 [uː]：唇を十分すぼめて，舌の位置全体を高めにして発音する「ウー」に近い「オー」（英 moon; 独 Mut; 仏 tour）.

　　　　　　bok〈本〉, skola〈学校〉

短母音 [ʊ]：上記の長母音 [uː] よりは多少，唇の緊張が弱い「ウ」に近い「オ」（英 look; 独 kurz）.

　　　　　　ost〈チーズ〉, onsdag〈水曜日〉

長母音 [oː]：〈å〉の長母音と同じ.

　　　　　　son〈息子〉, telefon〈電話〉

短母音 [ɔ]：〈å〉の短母音と同じ.

　　　　　　kopp〈カップ〉, tolv〈12〉

注意　〈o〉がどの発音になるかは個々に覚えなければならない. ただし, 強勢のある短母音をもつ単語では [ɔ], 長母音をもつ単語では [uː] になる傾向がみられる.

15 〈u〉

長母音 [ʉː]：唇を丸めるが，とがらさずに口笛を吹くような形にして「イュー」

と発音する（仏語の lui の u を長く発音した音に似ている）.
　　　　　ful〈醜い〉, hus〈家〉
短母音 [ɵ]：[ʉː] より口の緊張を緩め, すぼめたまま「ウ」と発音する.
　　　　　full〈いっぱいの〉, buss〈バス〉

注意1　〈u〉は母音の長短で音質が異なる.
注意2　強勢が置かれないときに [ʉː] の短母音が現れる語がある.
　　　　　musik [mʉˈsiːk]〈音楽〉, studera [stʉˈdeːra]〈勉強する〉

3.3　軟母音（e, ä, i, y, ö）

(1) 非円唇

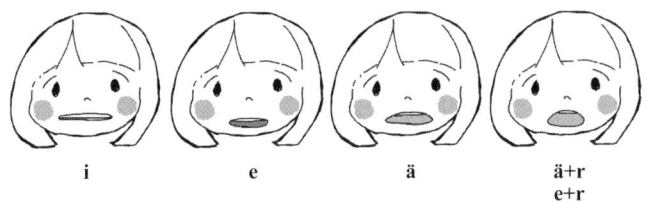

〈i〉

長母音 [iː]：日本語の「イー」よりも, 唇をもっと左右に開いて発音する（英 seen; 独 Liebe; 仏 vire）.
　　　　　vit〈白い〉, skriva〈書く〉
短母音 [ɪ]：上記の長母音 [iː] より多少, 唇の緊張が緩んだ「イ」（英 sin; 独 finden）.
　　　　　vitt〈白い（中性形）〉, flicka〈女の子〉

〈e〉

長母音 [eː]：日本語の「エー」よりも, 唇を狭く平らにして発音する（独 See）.
　　　　　vet〈知っている〉, brev〈手紙〉
短母音 [e]：上記の [eː] の短母音.
　　　　　vett〈分別〉, penna〈ペン〉

18 〈ä〉

長母音 [ɛː]：[eː] よりも唇を少し縦（上下）に開いて発音する（音質的には 英 bed に近い；独 Bär；仏 mère）.
　　　　väg〈道〉, läsa〈読む〉

短母音 [e]：〈e〉の短母音と同じ発音.
　　　　vägg〈壁〉, älska〈愛している〉

注意1　〈e〉と〈ä〉が表す短母音は中和し，同じ発音になる．たとえば，lett〈導く（完了分詞）〉と lätt〈易しい〉は同じ発音になる．[e] あるいは [ɛ] で発音されるかは，地域差・個人差などがあるが，本書では [e] で表記する．

注意2　〈ä〉,〈e〉に強勢が置かれ，その直後に〈r〉が続くとき，[ɛ(ː)] よりも口が少し開いた [æ(ː)] になる．
　　　　Sverige〈スウェーデン〉, lärare〈先生〉

(2) 円唇

y　　　ö　　　ö+r

19 〈y〉

長母音 [yː]：[iː] の舌の構えを作り，その構えを崩さずにそのまま唇をラッパのように外向きにして丸くし，音を出す（独 über；仏 mur）.
　　　　byt〈交換せよ〉, hyra〈賃借する〉

短母音 [ʏ]：上記の [yː] の短母音（独 Glück）.
　　　　bytt〈交換する（完了分詞）〉, kyrka〈教会〉

i　　　y

i と y の唇の形の違いに注意

⟨ö⟩

長母音 [ø] : [e:] の舌の構えを作り，その構えを崩さずにそのまま唇を丸くして音を出す（独 schön; 仏 neutre）.
　　　　　bröd ⟨パン⟩, köpa ⟨買う⟩

短母音 [ø:] : 上記 [ø:] の短母音（独 Ökonomie; 仏 bleu）.
　　　　　kött ⟨肉⟩, fönster ⟨窓⟩

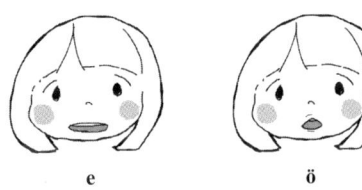

e と ö の唇の形の違いに注意

注意　⟨ö⟩ に強勢が置かれ，その直後に ⟨r⟩ が続くとき，[ø(:)] よりも口が少し開いた [œ(:)] になる.
　　　　　mörk ⟨暗い⟩, köra ⟨運転する⟩

 スウェーデン語の子音

4.1 スウェーデン語の子音について

この課では個々の子音の発音を学んでいく．子音を発音する際には，特に次の3点に注意する必要がある．

1. 空気の流れをどのように阻害するか（調音法）
   空気の流れが瞬間的に完全に止められる閉鎖音，摩擦を起こす摩擦音など
2. 空気の流れが口の中のどこで妨げられるか（調音点）
   両唇から声帯まで．右のイラスト参照．
3. 声帯の振動を伴うかどうか
   （有声音か無声音か）
   たとえば，[d] と [t] の違いのように，声帯が振動する音を有声音，振動しない音を無声音と呼ぶ．

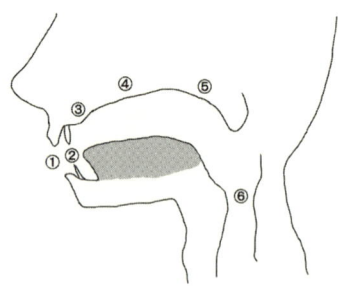

① 唇，② 歯，③ 歯茎，④ 硬口蓋，
⑤ 軟口蓋，⑥ 声門

以上の3つの観点からスウェーデン語の子音を整理すると以下のようになる．

子音 (Konsonanter)		両唇	唇歯	歯	そり舌	硬口蓋 歯茎	歯茎 硬口蓋	前部 硬口蓋	後部 硬口蓋	軟口蓋	声門
閉鎖音	無声	p		t	ʈ					k	
	有声	b		d	ɖ					g	
摩擦音	無声		f	s	ʂ	ʃ	ɕ		ɧ		h
	有声		v					j			
側面音	(有声)			l	ɭ						
ふるえ音	(有声)			r							
鼻音	(有声)	m		n	ɳ					ŋ	

以下では特に問題となる子音に絞って解説していく．

4.2　〈g〉,〈k〉,〈sk〉の語頭音

〈g〉,〈k〉,〈sk〉はその直後に強勢のある硬母音（a, o, u, å）もしくは子音（ただし j は除く）が続く場合と，強勢のある軟母音（e, i, y, ö, ä）が続く場合とでは発音が異なる．軟母音が続く場合に，アルファベット通りの発音とは異なるので注意が必要である．

① 〈g〉

〈g〉+硬母音／子音：[g] アルファベット通りの発音．
　　gata〈通り〉, god〈良い〉, gud〈神〉, gåta〈謎〉, gråta〈泣く〉
〈g〉+軟母音：[j] 日本語の「ヤ行」音の子音部分や，英語の yes の y の音に近い．
　　ger〈与える〉, gift〈結婚している〉, gyttja〈泥〉, göra〈行う〉, gäst〈客〉

② 〈k〉

〈k〉+硬母音／子音：[k] アルファベット通りの発音．
　　kaka〈クッキー〉, koka〈沸かす〉, kul〈おもしろい〉, kål〈キャベツ〉, kläder〈服〉
〈k〉+軟母音：[ɕ] 舌先は下前歯の後ろに触れずに，舌背を硬口蓋に向けて持ち上げ，その隙間から息を出す．その息が下前歯にあたり「チ」に似たかすれた感じの日本語の「シ」に近い音に聞こえる．
　　kedja〈鎖〉, kind〈頬〉, kyrka〈教会〉, kök〈台所〉, kär〈親愛なる〉
注意 kj-, tj- は [ɕ] の発音になる：kjol〈スカート〉, tjugo〈20〉

③ 〈sk〉

〈sk〉+硬母音／子音：[sk] アルファベット通りの発音．
　　skatt〈宝, 税金〉, skog〈森〉, skur〈にわか雨〉, skål〈器〉, skratta〈笑う〉
〈sk〉+軟母音：[ɧ] 舌背を軟口蓋に向けて持ち上げ，狭い通路を形成し，そこから丸めた唇を通して息を出す．
　　sked〈スプーン〉, skina〈輝く〉, skylt〈看板〉, skön〈心地よい〉, skägg〈ひげ〉

注意1 [ɧ] は地域，年齢層，男女差などにより [ʃ] でも発音される．
注意2 skj-, stj-, sj-, -tion も [ɧ] もしくは [ʃ] の発音になる．
skjuta〈射る〉, stjäla〈盗む〉, sjö〈湖〉, station〈駅〉

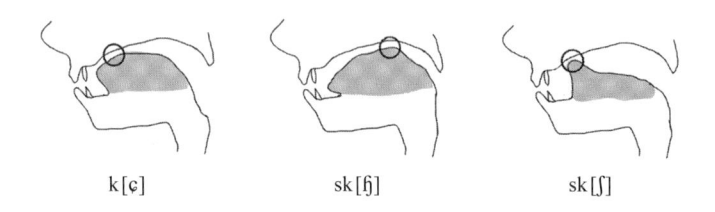

k[ɕ]　　　sk[ɧ]　　　sk[ʃ]

4.3　語中音・語末音

24 ①　〈-rd〉, 〈-rl〉, 〈-rn〉, 〈-rs〉, 〈-rt〉はそれぞれ「そり舌音」になる．d, l, n, s, t を調音する際の舌先の位置を口の奥の方へ移して発音する．
〈-rd〉[ɖ]：bord〈テーブル〉, gård〈屋敷〉
〈-rl〉[ɭ]：härlig〈素敵な〉, pärla〈真珠〉
〈-rn〉[ɳ]：torn〈塔〉, barn〈子供〉
〈-rs〉[ʂ]：kors〈十字架〉, först〈まず最初に〉
〈-rt〉[ʈ]：fart〈速さ〉, bort〈向こうへ〉
注意　単語の内部だけでなく，単語と単語の間でこの組み合わせが生じた場合も，そり舌で発音する．
Han tvättar sig.〈彼は自分の体を洗う〉

25 ②　〈-ng〉, 〈-gn〉は常に鼻音になる．
〈-ng〉[ŋ]：lång〈長い〉, många〈たくさんの〉
〈-gn〉[ŋn]：vagn〈車両〉, regna〈雨が降る〉
注意　[ŋ] は息を鼻に抜くこと．決して [g] にしてはいけない．

26 ③　〈-rg〉, 〈-lg〉の g は [j] で発音される．
〈-rg〉[rj]：torg〈広場〉, berg〈山〉
〈-lg〉[lj]：älg〈ヘラジカ〉, helg〈祝日〉

4.4　サイレント子音字

⟨dj-⟩, ⟨gj-⟩, ⟨hj-⟩, ⟨lj-⟩ ではそれぞれ最初の d, g, h, l は発音されない．
djur〈動物〉, gjorde〈〜をした〉, hjul〈車輪〉, ljus〈光〉

4.5　その他の注意すべき子音字

⟨j⟩：[j]　日本語の「ヤ行」音の子音部分や，英語の yes の y の音に同じ
　　Japan〈日本〉, fjäll〈山〉, maj〈5月〉
⟨r⟩：[r]　英語の r のような接近音（舌先が歯茎に接しない音）ではなく，歯茎に当てる巻き舌の r である．スウェーデン語の r 音は語中・語末でも必ず発音される．
　　råd〈忠告〉, stark〈強い〉, tycker〈思う〉
　　注意　スウェーデン南部ではフランス語やドイツ語，デンマーク語にあるような口蓋垂（のどひこ）の [R] が使われている．
⟨x⟩：[ks]　英語のように，決して [gz] のように有声音にしてはならない．
　　exempel〈例〉, läxa〈宿題，教訓〉, växt〈植物〉
⟨z⟩：[s]　決して有声音 [z] にはならない．スウェーデン語には [z] の音は存在しない．
　　zink〈亜鉛〉, zoo〈動物園〉, zon〈地帯〉
⟨p⟩, ⟨t⟩, ⟨k⟩：強勢のある母音の前（多くは語頭）と語末では帯気（aspiration）を伴う．
　　強勢のある母音の前：packa〈詰める〉, tala〈話す〉, kaka〈クッキー〉
　　語末：tupp〈オンドリ〉, vit〈白い〉, tack〈ありがとう〉
　　語中の p, t, k は帯気音を伴わない：gapa〈大きく口を開ける〉, åtta〈8〉, raka〈ひげを剃る〉, spela〈演じる〉, stanna〈留まる〉, skola〈学校〉

5 語アクセントと語中音・語末音の脱落

5.1 語アクセント

 スウェーデン語には2課で述べた強勢と並んで「語アクセント」がある．別名，高低アクセントもしくは音楽的アクセントとも言われ，それぞれの単語がもつメロディー，すなわち音調（トーンまたはイントネーション）を指す．この語アクセントがスウェーデン語に独特な音楽的な響きを与えている．この語アクセントには2種類あって，1つはアキュート・アクセントもしくはアクセントⅠ（akut accent; accent 1），もう1つはグラーヴ・アクセントまたはアクセントⅡ（grav accent; accent 2）と呼ばれている．本書ではアクセントⅠ，アクセントⅡと呼ぶことにする．

 スウェーデン語では語アクセントが違えば，同一の綴り語であっても意味が異なってくるので注意しなくてはならない．また，屈折によって語アクセントが交替することがある．

(1) アクセントⅠとアクセントⅡ

① アクセントⅠ

 音調は第1強勢のある音節で上昇した後，下降調になる．このアクセントⅠを['] で示す．1音節語は常にこのアクセントⅠをもつが，2音節以上の語にも現れるので特に注意が必要である．

② アクセントⅡ

 音調は第1強勢のある音節から一旦下降し，次の副強勢のある音節で再び素早く上昇した後，下降調になる．このアクセントには頂点が必ず2つある．このアクセントⅡを [`] で示す．方言によって音調のピッチの程度も異なるが，フィンランドのスウェーデン語はアクセントⅡを欠くため，ⅠとⅡの対立はない．アク

セントⅡは2音節以上の語ではじめて現れる．しかし，上でも述べたように，多音節語であれば即アクセントⅡとなるわけではないことに注意されたい．

以上の2つの語アクセントの音調を大まかに図示すると以下のようになる．

```
   s t e g e n              s t e g e n
```

（ett steg〈道；歩み〉の複数既知形）　（en stege〈はしご〉の単数既知形）

(2) 多音節語でありながら，アクセントⅠをもつ語

多音節語でありながら，アクセントⅠをもつ語には以下のようなものがある．名詞および動詞の変化形の語アクセントについてはそれぞれ8.1(2), 21.2を参照．さらに形容詞の比較級・最上級の語アクセントについては26.2を参照．

① 弱強勢の -el, -en, -er で終わる多音節語
-el: cykel [ˈsʏkːel]〈自転車〉, fågel [ˈfoːgel]〈鳥〉
-en: tecken [ˈtekːen]〈しるし〉, vatten [ˈvatːen]〈水〉
-er: vacker [ˈvakːer]〈美しい〉, vinter [ˈvɪnter]〈冬〉

注意 ただし，次のような例外がある．
himmel [ˈhɪmːel]〈天空〉, nyckel [ˈnʏkːel]〈鍵〉, spegel [ˈspeːgel]〈鏡〉, naken [ˈnɑːken]〈裸の〉, även [ˈɛːven]〈～でさえ〉, papper [ˈpapːer]〈紙〉など．

② 強勢のない接頭辞 be-, för- で始まる動詞
besluta [beˈslʉːta]〈決める〉（比較：sluta [ˈslʉːta]〈終わる〉），
förbjuda [fœrˈbjʉːda]〈禁じる〉（比較：bjuda [ˈbjʉːda]〈招待する〉）

③ 不定詞が -era で終わる動詞
promenera [prʊmeˈneːra]〈散歩する〉, citera [sɪˈteːra]〈引用する〉

④ 「～に携わる人」を意味する接尾辞 -iker で終わる名詞
politiker [pʊˈliːtɪker]〈政治家〉, fysiker [ˈfyːsɪker]〈物理学者〉

⑤ -(i)sk で終わる形容詞
nordisk [ˈnuːdɪsk]〈北欧の〉, latinsk [laˈtiːnsk]〈ラテン語の〉

⑥ すべての曜日名
måndag [ˈmɔnda]〈月曜日〉, tisdag [ˈtiːsda]〈火曜日〉など．

(3) 合成語の語アクセント

一般に合成語にはアクセントⅡが現れる．合成語の構成要素つまり元の単語がアクセントⅠどうしであっても，形成される合成語はアクセントⅡを示す．

sjuk|hus [ˈʂʉːkˌhʉːs]〈病院〉(sjuk も hus も元来はアクセントⅠ)
ord|bok [ˈuːdˌbuːk]〈辞書〉(ord も bok も元来はアクセントⅠ)
student|hem [stʉˈdentˌhemː]〈学生寮〉(student も hem も元来はアクセントⅠ)

> 注意 -son, -man で終わる姓はアクセントⅠをとる．Jonsson, Nyman など．

(4) アクセントⅠ，アクセントⅡによって意味が異なる語

語アクセントで対立する語がスウェーデン語におよそ 500 対も存在すると言われている．しかし，実際には相互に意味が掛け離れているため，会話での意思疎通に問題をきたすことはさほど多くない．

	アクセントⅠ	アクセントⅡ
anden :	〈野鴨〉(en and の単数既知形)	〈魂〉(en ande の単数既知形)
tanken :	〈タンク〉(en tank の単数既知形)	〈思考〉(en tanke の単数既知形)
tomten :	〈土地〉(en tomt の単数既知形)	〈小人〉(en tomte の単数既知形)
buren :	〈檻〉(en bur の単数既知形)	〈運ばれた〉(bära〈運ぶ〉の過去分詞)

5.2 話し言葉における語中音・語末音の脱落

話し言葉においては語中・語末の音がしばしば脱落する．

(1) 語末音の脱落

〈d〉の脱落：go(d)〈良い〉, me(d)〈一緒に〉, va(d)〈何〉
〈g〉の脱落：ja(g)〈私〉, da(g)〈日〉(また sönda(g)〈日曜日〉など dag を含む合成語において), vänli(g)〈親切な〉(-ig で終わる語において)
〈t〉の脱落：de(t)〈それ〉, mycke(t)〈多量の〉, lite(t)〈小さい，少し〉
〈o〉の脱落：tretti(o)〈30〉, fyrti(o)〈40〉など数詞 30〜90 の語末の〈o〉

(2) 語中音の脱落

〈g + e/a/o〉の脱落：nå(go)n〈誰か〉, nå(go)t〈何か〉, nå(g)ra〈いくつか〉, nå(go)nting〈何か〉, nå(go)nsin〈これまで〉, da(ge)n〈その日〉, da(ga)r〈日々〉, tju(go)ett〈21〉(21〜29の数詞の語中の -go-)

> **注意** dagarna〈日々 (dagの複数既知形)〉では語中音の脱落は起きない．

〈d + e/a〉の脱落：så(da)n〈そのような〉, så(da)nt〈そのような〉, så(da)na〈そのような〉, sta(de)n〈その都会〉, se(da)n〈その後〉

> **注意** fa(de)r〈父〉, mo(de)r〈母〉, bro(de)r〈兄／弟〉は書き言葉でさえも語中音が脱落した短縮形が一般的である．

余話

スウェーデン人の中にはファーストネーム（förnamn）がハイフンで結ばれたダブルネーム（dubbelnamn）を持つ人がいる．呼びかけるときは一方を省略することなく，両方ともに発音される．男性名は後半の名前を，女性名は前半の名前を強く発音する（強く読む名前を太字にしてある）．

男性名：Carl-**Gustaf**〈カール＝グスタヴ〉, Bengt-**Arne**〈ベングト＝アーネ〉, Lars-**Erik**〈ラーシュ＝エーリック〉

女性名：**Ann**-Kristin〈アン＝クリスティーン〉, **Britt**-Marie〈ブリット＝マリー〉, **Eva**-Lotta〈エーヴァ＝ロッタ〉

6 ビューンとイングリッド
BJÖRN OCH INGRID

Hej!
Jag heter Björn Svensson, och jag är gift med Ingrid. Vi har en son och en dotter. Sonen heter Tor, och han är fem år. Dottern heter Hedda. Hon är tre år. De går båda på dagis. Vi bor i ett hus utanför Stockholm. Huset har fem rum: vardagsrum, arbetsrum och tre sovrum. Vi har en dator och en bäddsoffa i arbetsrummet. Huset har en trädgård med ett stort äppelträd. Vi fikar ofta i trädgården på sommaren under äppelträdet.

— Björn, du lagar så gott kaffe, säger Ingrid.
Då svarar jag:
— Ingrid, Tor och Hedda! Ni är en underbar familj!

新出単語

Björn [固] ビューン（男性名）
och [接] 〜と〜，そして（英 and）
Ingrid [固] イングリッド（女性名）
hej [間] こんにちは
jag [代] 私は，私が（英 I）
heta [動] /heter, hette, hetat/ 〜という名前だ，〜と呼ばれている
Svensson [固] スヴェンソン（苗字）
är [動] vara の現在形
vara [動] /är, var, varit/ 〜である，〜だ，〜がある，〜がいる（英 be）
gift [形] 結婚している
med [前] 〜と（英 with）
hon [代] 彼女は，彼女が（英 she）
ett år [名] /året, år, åren/（暦上の）年
vi [代] 私たちは，私たちが（英 we）
ha [動] /har, hade, haft/ 持っている（英 have）
en [冠] ある（英 a, an）
en son [名] /sonen, söner, sönerna/ 息子
en dotter [名] /dottern, döttrar, döttrarna/ 娘
han [代] 彼は，彼が（英 he）
Tor [固] トール（男性名）
fem [数] 5
Hedda [固] ヘッダ（女性名）
tre [数] 3
de [代] 彼らは，彼らが（英 they）
gå [動] /går, gick, gått/ 歩いていく，通う
båda [代] 2人とも，2つとも，両方
på [前] 〜の上に（英 on） dagis と sommar の項目参照
ett dagis [名] /dagiset, dagis, dagisen/ 保育所
　gå på dagis 保育所に通う
bo [動] /bor, bodde, bott/ 住んでいる，住む
i [前] 〜に，〜の中に（英 in）
ett [冠] ある（英 a, an）
ett hus [名] /huset, hus, husen/ 家，建物

utanför [前] 〜の外に，〜の外で，〜の郊外に
Stockholm [固] ストックホルム
ett rum [名] /rummet, rum, rummen/ 部屋
ett vardagsrum [名] /-rummet, -rum, -rummen/ リビングルーム，居間
ett arbetsrum [名] /-rummet, -rum, -rummen/ 書斎，仕事部屋
ett sovrum [名] /-rummet, -rum, -rummen/ 寝室
en dator [名] /datorn, datorer, datorerna/ コンピューター
en bäddsoffa [名] /-soffan, -soffor, -sofforna/ ソファーベッド
en trädgård [名] /trädgården, trädgårdar, trädgårdarna/ 庭
stort [形] 大きな（stor の中性単数形）
ett äppelträd [名] /-trädet, -träd, -träden/ リンゴの木
en sommar [名] /sommaren, somrar, somrarna/ 夏　på sommaren 夏に
fika [動] /fikar, fikade, fikat/ コーヒーする，フィーカする
ofta [副] しばしば
under [前] 〜の下に
laga [動] /lagar, lagade, lagat/（料理を）作る
så [副] とても（英 so）
gott [形] おいしい（god の中性単数形）
(ett) kaffe [名] /kaffet, ×, ×/ コーヒー
säga [動] /säger, sade, sagt/ 言う（英 say）
då [副] そのとき，そうすると，それでは
svara [動] /svarar, svarade, svarat/ 答える
ni [代] あなた方は，あなた方が
underbar [形] すばらしい
en familj [名] /familjen, familjer, familjerna/ 家族

注意すべき発音

jag：g は発音されない．
och：ch [k] は発音されないが，次に母音で始まる語が続く場合や och が強調されると [k] は発音されることがある．
är：一般的にこの動詞は強く発音されないため，r も発音されず ä も [æ(:)] にはならず，[ε(:)] になる．
med：d は発音されない．
Björn, dottern：rn の n はそり舌音 [ɳ] になり，r は発音されない．
Björn Svensson：Svensson の s は直前のそり舌音 rn の影響を受けて，そり舌音 [ʂ] になる．
de：現代標準スウェーデン語では [dɔm:] と発音される．しかし書くときは必ず de と綴ること．
vardagsrum：rd の d はそり舌音 [ɖ] になり，r は発音されない．dags の g は直後の s の影響を受けて k の音になるか，まったく発音されない．
trädgård：話し言葉では träd- の d は通例発音されず，その際，ä は短母音化する．gård の rd の d はそり舌音 [ɖ] になり，r は発音されない．
stort：rt の t はそり舌音 [ʈ] になり，r は発音されない．なお，o は stor のときと同じように長母音を保つ．
säger：g の後に強勢がなく前舌母音（軟母音）が来ているが，発音は [g] ではなく [j]．

6.1 名詞の数と性

すべてのスウェーデン語の名詞には数と性の区別がある．数には単数，複数があり，性は共性と中性がある．共性は汎性とも呼ばれることがある．名詞は共性名詞か中性名詞かによって通例（不可算名詞は別にして）いずれかの不定冠詞（en もしくは ett）を伴うので，その選択された不定冠詞にならって，本書では共性名詞を EN-名詞，中性名詞を ETT-名詞と呼ぶことにする．

(1) 性

スウェーデン語の名詞はすべて EN-名詞もしくは ETT-名詞のどちらかに分類

される．どのような名詞が EN-名詞で，どのような名詞が ETT-名詞になるのかについては，普遍的な規則はないので，一語一語覚えていくしかない．

ただ重要な例外がいくつかはあるが，一般的に人間や動物を表す名詞は圧倒的に EN-名詞が，木の実や果実は ETT-名詞が多い．
　　en hund〈イヌ〉, en pojke〈少年〉, en blomma〈花〉, ett äpple〈リンゴ〉, ett hus〈建物, 家〉
　　人間を示しながらも ETT-名詞：ett barn〈子供〉, ett syskon〈兄弟姉妹〉など．

(2) 数

名詞には2つ以上のものを表す場合には複数形が用いられ，そうでなければ単数形が用いられる．数えられない名詞は不可算名詞と呼ばれ，EN-名詞, ETT-名詞にかかわりなく複数形はない．一方，絶対複数と呼ばれ複数形だけでしか使われない名詞もある．
　　不可算名詞：mjölk〈牛乳〉(EN-名詞), vatten〈水〉(ETT-名詞) など
　　絶対複数：pengar〈お金〉(EN-名詞), kläder〈服〉(EN-名詞), glasögon〈メガネ〉(ETT-名詞) など

6.2　名詞の未知形と既知形

名詞はさらに，未知と既知に区別される．前者はコミュニケーション時に話し手がその名詞の内容について聞き手は知らないであろうという想定に立ったときに用いられ，英語の無冠詞の名詞もしくは不定冠詞 a/an を伴う場合に相当する．後者は話し手が名詞の内容について，聞き手がすでに知っているものという前提に立ったときに用いられる．英語の定冠詞 the を伴ったときとほぼ同じ機能を担っている．

単数既知形の作り方

名詞の既知形を作るときは，英語の定冠詞を名詞の前にかぶせるのとは異なり，定冠詞に相当するものをあたかも接尾辞のように名詞の後に付加させ，1語として書く．なお，複数形の既知形も同様に形成される（8課参照）．
　　作り方：EN-名詞, ETT-名詞にそれぞれ -en, -et を加える．

	未知形	既知形

EN-名詞
　en bil〈a car〉　　　　　　bil**en**〈the car〉
ETT-名詞
　ett hus〈a house〉　　　　　hus**et**〈the house〉

語末が母音で終わっている名詞にはそれぞれ, -n, -t のみを加える.

EN-名詞
　en pojke〈a boy〉　　　　　pojke**n**〈the boy〉
　en flicka〈a girl〉　　　　　flicka**n**〈the girl〉
ETT-名詞
　ett äpple〈an apple〉　　　äpple**t**〈the apple〉
　ett piano〈a piano〉　　　　piano**t**〈the piano〉

不可算名詞 (EN-名詞, ETT-名詞それぞれの場合)
　mjölk〈milk〉　　　　　　　mjölk**en**〈the milk〉
　kaffe〈coffee〉　　　　　　kaffe**t**〈the coffee〉

【EN-名詞／ETT-名詞単数・未知形が強勢のない -er, -el, -en や ETT-名詞単数・未知形が [強勢のある短母音 + m/n] で終わる名詞群は 9 課および 10 課で詳しく扱う】

　en dotter〈a daughter〉　　dotter**n**〈the daughter〉
　ett rum〈a room〉　　　　　rum**met**〈the room〉

6.3　人称代名詞の主格

　スウェーデン語の人称代名詞は ( ) 内の英語の人称代名詞とほぼ同じように使われる. 主格の代名詞は〈私は, 私が〉というように, 主語として用いられる.

	単 数	複 数
1 人称	jag〈私〉(I)	vi〈私たち〉(we)
2 人称	du〈君, あなた〉(you)	ni〈あなたたち〉(you)
	(ni〈あなた〉(you))	
3 人称	han〈彼〉(he)	de〈彼ら, それら〉(they)
	hon〈彼女〉(she)	
	den〈それ〉(it)	
	det〈それ〉(it)	

注意1 jag は英語の I と違って，文頭以外は常に小文字で書く．また，g は発音されない．

注意2 単数2人称で使われる du と ni の違いは敬称ではなく，相手との「親しさ」が根底にある距離感である．誤って du を使ってしまうと相手は「馴れ馴れしい」と思うであろうし，誤って ni を使うと相手は「よそよそしい」と感じるであろう．ただ，現在のスウェーデン語では初対面から du が用いられる傾向が強いので，はじめから du でほぼ差し支えない．しかし，最近の若年層の意識ではこの用法がやや変容し，他のヨーロッパ諸語と同じように「敬意」を込めて店員が客（単数）に対して ni を用いることもある．複数2人称の ni にはいずれのニュアンスも特にない．

注意3 den, det は人間以外のものを指し示し，前者は EN-名詞の単数，後者は ETT-名詞の単数を受ける．det の語末の t は発音されない．

注意4 de は現代標準スウェーデン語では [dɔm:] と発音される．

6.4 動詞の現在形

現在形は，現在の習慣を表すばかりでなく，現在進行している行為も表すことができる．さらに，近い未来を表すこともできる（20課参照）．

現在形は人称変化をしない．すべての人称に同一の形が用いられる．現在形の語尾は -r, -er もしくはゼロ語尾（8課後述）で終わる．現在形は動詞の全活用形の基本になるので，しっかり覚えること．

　　-r：svarar〈答える〉, lagar〈直す〉, fikar〈コーヒーを飲む〉, bor〈住んでいる〉, går〈歩いて行く〉, har〈持っている〉
　　-er：heter〈～と称する〉, säger〈言う〉

6.5 役に立つ表現

(1) 名前の尋ね方（vad〈what〉）

　　Jag heter Ingrid.〈私の名前はイングリッドです〉
　　Vad heter du?〈あなたの名前は何といいますか〉

(2) 住まいの尋ね方 (var〈where〉)

Jag bor i Osaka.〈私は大阪に住んでいます〉
Var bor du?〈あなたは，どこに住んでいますか〉

(3) 出会いの挨拶

Hej!〈こんにちは〉
God morgon!〈おはよう〉
God dag!〈こんにちは〉
God kväll!〈今晩は〉
God afton!〈今晩は〉

注意 God で始まる上記の4つのあいさつ表現で，God の d は普通発音されない．God dag, God kväll, God afton はどれも改まった表現である．一方，Hej はいつでもまた誰に対しても使える挨拶である．

(4) 別れの挨拶

Hejdå!〈さようなら〉
Vi ses!〈また会いましょう〉
Ha det så bra!〈ごきげんよう〉
Adjö!〈さようなら〉

注意 adjö の d は発音されない．またかなり改まった表現で，現代の会話で使われることはあまりない．

(5) お休みの挨拶

God natt!〈お休み〉
Sov gott!〈よく眠ってください〉

練 習 問 題

1. 名詞の性
   次の名詞の意味と EN-名詞か ETT-名詞かを辞書で調べなさい．その際，自分の辞書で名詞の性がどのように記載されているか確認しなさい．

	意味	性		意味	性
(1) apotek	_____	_____	(2) kyrka	_____	_____
(3) bank	_____	_____	(4) bibliotek	_____	_____
(5) sjukhus	_____	_____	(6) restaurang	_____	_____
(7) skola	_____	_____	(8) torg	_____	_____

2. 名詞の単数既知形
   1で調べた名詞の単数既知形を作りなさい．
   - (1) apotek _____
   - (2) kyrka _____
   - (3) bank _____
   - (4) bibliotek _____
   - (5) sjukhus _____
   - (6) restaurang _____
   - (7) skola _____
   - (8) torg _____

3. 人称代名詞の主格
   下線部を代名詞に置き換えなさい．
   - (1) <u>Huset</u> har fem rum.
   - (2) <u>Tor och Hedda</u> går i skolan.
   - (3) <u>Sommaren</u> är underbar.
   - (4) <u>Flickan</u> heter Ida och <u>pojken</u> heter Göran.
   - (5) <u>Torget</u> är stort.

4. 作文
   次の日本語をスウェーデン語に直しなさい．
   - (1) そのレストランはなんという名前ですか？
   - (2) 彼女はトールと結婚しています．
   - (3) ストックホルムの夏はすばらしい．
   - (4) ストックホルム郊外のその図書館は大きい．

7 スーパーでの買い物

BJÖRN OCH INGRID I MATAFFÄREN

På fredagen handlar Björn och Ingrid mat på ICA. Tor och Hedda är fortfarande på dagis. Ingrid föreslår torsk till middag. Men Björn frågar henne:
— Är det inte gott med kyckling?
— Nej, svarar hon. Kyckling passar inte så bra idag.
Ingrid planerar en överraskning till honom: ett nytt torskrecept med smör, dill och krabba. Plötsligt ringer mobiltelefonen. Det är Tor. Han säger:
— Kommer ni inte snart?
— Jo. Vi hämtar er om en halvtimme.
— Jag och Hedda längtar efter dig och mamma!
— Vi längtar efter er också! Snart är vi där.
Ingrid lägger ner två paket torsk i varukorgen. Björn suckar och säger:
— Lovar du mig en fantastisk middag ikväll?
— Ja, det gör jag, svarar Ingrid och tänker på torskreceptet.

新出単語

- en mataffär [名] /-affären, -affärer, -affärerna/ 食料品店
- en fredag [名] /fredagen, fredagar, fredagarna/ 金曜日
- handla [動] /handlar, handlade, handlat/ 買物をする，買う
- (en) mat [名] /maten, ×, ×/ 食べ物，食料，食事
- ICA [ˈiːka] [固] イーカ（スウェーデンのスーパーマーケットの名）
- fortfarande [副] 依然として，いまだに
- föreslå [動] /-slår, -slog, -slagit/ 提案する
- en torsk [名] /torsken, torskar, torskarna/ タラ
- till [前] 〜へ
- en middag [名] /middagen, middagar, middagarna/ 夕食
- men [接] しかし，だけど
- fråga [動] /frågar, frågade, frågat/ 尋ねる
- henne [代] 彼女を，彼女に（英 her）
- det [代] それが・それを・それに（単数中性，英 it）
- inte [副] （〜で）ない，（〜し）ない（英 not）
- en kyckling [名] /kycklingen, kycklingar, kycklingarna/ 鶏肉，ひよこ
- nej [副] いいえ，いや（英 no）
- passa [動] /passar, passade, passat/ 適する，合う
- bra [形・副] よい・よく，すばらしい・すばらしく
- idag [副] 今日
- planera [動] /planerar, planerade, planerat/ 計画する
- en överraskning [名] /överraskningen, överraskningar, överraskningarna/ 驚き，サプライズ
- honom [代] 彼を，彼に（英 him）
- nytt [形] 新しい（ny の中性単数形）
- ett torskrecept [名] /-receptet, -recept, -recepten/ タラを使ったレシピ
- (ett) smör [名] /smöret, ×, ×/ バター
- (en) dill [名] /dillen, ×, ×/ ディル（ハーブの一種）
- en krabba [名] /krabban, krabbor, krabborna/ カニ
- plötsligt [副] 突然
- ringa [動] /ringer, ringde, ringt/ ベルが鳴る
- en mobiltelefon [名] /-telefonen, -telefoner, -telefonerna/ 携帯電話
- komma [動] /kommer, kom, kommit/ 来る
- snart [副] まもなく
- jo [副] （否定の返事を期待する否定疑問文に対して，それを強く打ち消して）いいえ，いや
- hämta [動] /hämtar, hämtade, hämtat/ 迎えに行く，連れてくる，とってくる
- er [代] あなた方を，あなた方に
- om [前] （今から）〜後
- en halvtimme [名] /-timmen, -timmar, -timmarna/ 30分
- längta [動] /längtar, längtade, längtat/（efter ... 〜を）待ち焦がれる，思い焦がれる
- efter [前] 〜を求めて，〜のあとで
- dig [代] あなたを，あなたに
- en mamma [名] /mamman, mammor, mammorna/ お母さん，母親
- också [副] 〜もまた
- där [副] そこで，そこに
- lägga [動] /lägger, lade, lagt/ 置く
- ner [副] 下へ
- två [数] 2
- ett paket [名] /paketet, paket, paketen/ パック，パッケージ，包み
- en varukorg [名] /-korgen, -korgar, -korgarna/

買い物かご
sucka [動] /suckar, suckade, suckat/ ため息をつく
lova [動] /lovar, lovade, lovat/ 約束する
mig [代] 私を，私に（英 me）

fantastisk [形] 素晴らしい
ikväll [副] 今晩
ja [副] はい（英 yes）
tänka [動] /tänker, tänkte, tänkt/ 思う，考える
göra [動] /gör, gjorde, gjort/ する（英 do）

注意すべき発音

fredagen：既知形の場合，語中音が省略されて fredan と発音され，綴りも fredan となることもある．他の曜日名も同じことが言える．
dem：発音は [dɔm:]．主格の de [dɔm:] とまったく同じ発音．

7.1　語順〔1〕：倒置

　スウェーデン語の平叙文の語順は英語の語順とほぼ同じであるが，大きく異なる点が2つある．その1つは，文頭に副詞，副詞句，副詞節，目的語が来たら主語と動詞は**必ず**倒置される．すなわち［副詞(句／節)＋動詞＋主語］，［目的語＋動詞＋主語］の語順となる．（もう1点は22課参照）

　　Björn och Ingrid handlar mat på ICA på fredagen.
　　〈ビューンとイングリッドはイーカで金曜日に食料品を買います〉
［副詞(句／節)＋動詞＋主語］
　　→ <u>På fredagen</u> handlar Björn och Ingrid mat på ICA.
　　　〈金曜日にはビューンとイングリッドはイーカで食料品を買います〉
　　→ <u>På ICA</u> handlar Björn och Ingrid mat på fredagen.
　　　〈イーカでビューンとイングリッドは金曜日に食料品を買います〉
［目的語＋動詞＋主語］
　　→ <u>Mat</u> handlar Björn och Ingrid på ICA på fredagen.
　　　〈食料品をビューンとイングリッドはイーカで金曜日に買います〉

余話 ①

　この語順の倒置はスウェーデン語ばかりでなく，他の北欧語やドイツ語，オランダ語にも共通してみられる．とすれば同じゲルマン語である英語にも当然この倒置

があっても不思議ではない．英語ではこの語順はほぼ消滅したが，その痕跡は残存し，次のような場合に観察される．
［副詞（句／節）＋動詞＋主語］
Hardly/Scarcely had I sat down when the window opened.
So do I.
［目的語＋動詞＋主語］
"It is raining," said John.

7.2 否定文の作り方

定動詞（動詞，助動詞の現在形と過去形）の直後に否定辞 inte（英 not）を挿入する．否定辞 inte にはもともと強勢がないので，inte を強く発音しないこと．

  Han är student. → Han är inte student.〈彼は学生ではない〉
  Ingrid har en bil. → Ingrid har inte en bil.
         〈イングリッドは車（1台）を持っていない〉
  De kommer. → De kommer inte.〈彼らは来ません〉

7.3 疑問文の作り方

JA/NEJ（=yes/no）疑問文の作り方

主語と定動詞の位置を転倒させる．つまり，［定動詞＋主語］の語順で始める．英語でこうして疑問文を作れるのは，be 動詞，助動詞（完了形の have/had を含む）に限られているが，スウェーデン語ではこの方式がすべての動詞，助動詞に適用される．

  肯定文   疑問文
  Du är student. → Är du student?〈あなたは学生ですか〉
  Ingrid har en bil. → Har Ingrid en bil?
         〈イングリッドは車を1台持っていますか〉
  De kommer. → Kommer de?〈彼らは来ますか〉

(1) JA/NEJ (=yes/no) の答え方

　Yes であれば Ja, No であれば Nej を使う．返事としてはこれで十分であるが，ぶっきらぼうにならずに少し丁寧な答え方として，疑問文で使われた動詞を繰り返す言い方もある．その動詞が Är であれば är, Har であれば har, 助動詞であれば同じ助動詞で，一般動詞であれば gör で返す．

　答え方の語順は［Ja, det + 動詞／助動詞 + 主語］もしくは［Nej, det + 動詞／助動詞 + 主語 + inte］になる．ここに置かれる代名詞 det は疑問文中の動詞の補語・目的語が何であれ，常に det である．

　　Är du student?〈あなたは学生ですか〉
　　　— Ja, det är jag.〈はい，そうです〉
　　　— Nej, det är jag inte.〈いいえ，違います〉
　　Har hon en bil?〈彼女は車を1台持っていますか〉
　　　— Ja, det har hon.〈はい，持っています〉
　　　— Nej, det har hon inte.〈いいえ，持っていません〉
　　Kommer de?〈彼らは来ますか〉
　　　— Ja, det gör de.〈はい，来ます〉
　　　— Nej, det gör de inte.〈いいえ，来ません〉

(2) 否定疑問文の作り方とその答え方

　通例［定動詞 + 主語 + inte］の語順にする．英語の Yes/No と同じように，答え方は日本語では逆転することに注意．また，Yes に相当する返事には Ja ではなく Jo を用いる．答え方の語順は［Jo, det + 動詞／助動詞 + 主語］もしくは［Nej, det + 動詞／助動詞 + 主語 + inte］である．

　　Är du inte student?〈あなたは学生ではないのですか〉
　　　— Jo, det är jag.〈いいえ，学生です〉
　　　— Nej, det är jag inte.〈はい，そうではありません〉
　　Har hon inte en bil?〈彼女は車を1台持っていないのですか〉
　　　— Jo, det har hon.〈いいえ，持っています〉
　　　— Nej, det har hon inte.〈はい，持っていません〉
　　Kommer de inte?〈彼らは来ないのですか〉
　　　— Jo, det gör de.〈いいえ，来ます〉
　　　— Nej, det gör de inte.〈はい，来ません〉

余話②

日常の経験からもわかるように，疑問の答えが常に Ja/Nej, Jo/Nej で割り切れるとは限らない．答えに迷う場合もある．その場合あたかも Ja と Nej の合体形に思われるような表現 Nja もある．ただし，この表現を使用する際は，迷っているわけであるから，歯切れよく Nja など発音されることはありえない．

余話③

アメリカ議会で賛否投票を行う場合に YEA（賛成）/NAY（否）が用いられる．Nay は古ノルド語（スウェーデン語も同じグループに属す）からの借用語である．その発音 [neɪ] もスウェーデン語の nej とほぼ同じである．Yea はドイツ語の ja にも現れるゲルマン語共通の語彙である．

7.4　人称代名詞の目的格

用法は英語と同じである．

	単　数		複　数	
	主格	目的格	主格	目的格
1人称	jag	mig	vi	oss
2人称	du	dig	ni	er
	(ni)	(er)		
3人称	han	honom	de	dem
	hon	henne		
	den	den		
	det	det		

注意1　mig, dig はそれぞれ [mej], [dej] と発音される．
注意2　det は主格，目的格にかかわらず，語末の t は発音されない．
注意3　de, dem は主格，目的格ともに [dɔm:] と発音され，話し言葉では発音はまったく同じになってしまう．

7.5　曜日

måndag〈月曜日〉, tisdag〈火曜日〉, onsdag〈水曜日〉, torsdag〈木曜日〉, fredag〈金曜日〉, lördag〈土曜日〉, söndag〈日曜日〉

文頭に立たない限り，曜日は小文字で書かれる．曜日の前置詞は通例 på で曜日名は未知形が使われる．その場合には現時点から一番近い曜日を意味する．特に定期的に繰り返されることが前提となっている場合は複数形が使われる．詳しくは 16.2(1) 参照．

　Jag arbetar på måndag.〈私はこの月曜日に働きます〉
　Vi äter alltid ärtsoppa och pannkakor på torsdagar.
〈木曜日には私たちはいつもえんどう豆のスープとパンケーキ（クレープに近い）を食べます〉

余話 ④

スウェーデンでは木曜日の昼食によくえんどう豆のスープとパンケーキ（クレープ）を食べる．ここで，soppa〈スープ〉に äter〈食べる〉という表現を使っているが，口に入れるときに en sked〈スプーン〉などを介在させていれば，äter を使う，器から直接口に運ぶのであれば dricker〈飲む〉を用いる．スウェーデン語には äta medicin と言う面白い表現がある．直訳すれば「薬を食べる」となり，口の中で薬をほおばってバリバリ噛んで食べているようなイメージが湧いてしまうかもしれないが，これは単に「薬を飲む」の意味に過ぎない．これはかつて薬が液体であった頃に，匙などを通して摂取していた時代の表現の名残である．時代とともに薬が粉末や固形，錠剤に変わってもである．ただ，現在では ta medicin（ta = 英語 take）のほうがよく用いられる．

7.6　役に立つ表現

(1)　[om ＋時間の長さ]

「現在から〜後」を示す．起点はあくまでも現在であることに注意．
　Jag kommer tillbaka om en vecka.〈1週間後に戻ってきます〉
　Om en stund ringer jag henne.〈しばらくしたら彼女に電話します〉

(2) passar 〈都合がよい，似合う〉

Fredag passar mig.〈金曜日は私は都合が良い〉
Hatten passar dig utmärkt.〈その帽子はあなたにとってもよく似合っています〉

(3) Det är gott med ... 〈～についていえばおいしい〉

　前置詞 med は通例〈～と一緒に〉の意味で英語の with と用法が重なるが，ここで使われている用法も英語の with に一致している．すなわち，関心の対象が限定されて，〈～に関していうならば，(発言者の) みるところでは〉という意味である (13.5 注意 も参照)．

Det är gott med öl.〈ビール(についていうならば)はおいしいです〉
Det är nyttigt med frukt.〈果物は健康によい〉
Vad är det med dig? (= What's the matter with you?)
〈(あなたは) どうしたというのですか〉
Hur är det med dig? (= How is it with you?)
〈(あなたの体調などで) どうですか〉

練習問題

1. 疑問文とその答え方
   次の文を疑問文にしなさい．また，それに対する肯定と否定の答えを作りなさい．
   (1) Trädgården är stor.
   (2) Hon går inte på dagis.
   (3) Sven suckar ofta.
   (4) Han är inte gift.

2. 語順の倒置
   次の文を下線①〜③を文頭に置いて，書き換えなさい．
   (1) Vi fikar ① ofta ② i trädgården ③ på sommaren.
   (2) Vi har ① en dator och en bäddsoffa ② i arbetsrummet.
   (3) Jag lovar dig ① en fantastisk middag ② ikväll.

3. 人称代名詞目的格
   下線部を代名詞に置き換えなさい．
   (1) Jag är gift med Ingrid.
   (2) Jag hämtar dig och Johanna.
   (3) Jag längtar efter söndagen.
   (4) De frågar mig och Jan : Var bor ni?
   (5) Om en timme ringer jag Sven.

4. 作文
   次の日本語をスウェーデン語に直しなさい．
   (1) ディルとタラはよく合います．
   (2) イングリッドは火曜日にパーティー (en fest) を計画していますか？
   (3) 「彼らはまだICAで買い物をしている」とヘッダが言っています．
   (4) 私たちはこの土曜日と日曜日は働きません．

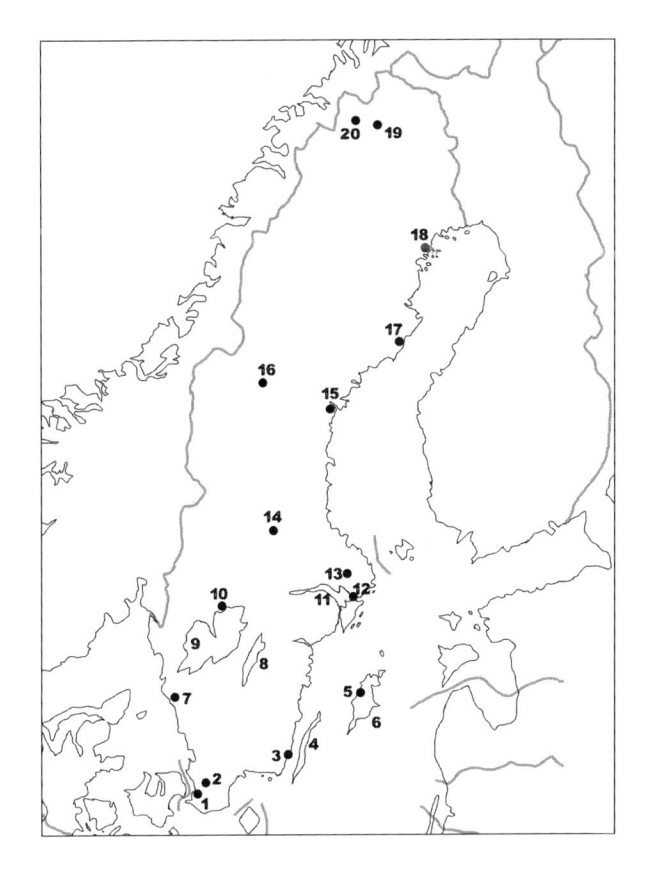

スウェーデンの地理 1　スウェーデンの主要都市など

1. Malmö（マルムー）
2. Lund（ルンド）
3. Kalmar（カルマル）
4. Öland（ウーランド島）
5. Visby（ヴィースビ）
6. Gotland（ゴットランド島）
7. Göteborg（ユーテボリ）
8. Vättern（ヴェッテン湖）
9. Vänern（ヴェーネン湖）
10. Karlstad（カールスタド）
11. Mälaren（メーラレン湖）
12. Stockholm（ストックホルム）
13. Uppsala（ウップサーラ）
14. Falun（ファールン）
15. Sundsvall（スンスヴァル）
16. Östersund（ウステシュンド）
17. Umeå（ユーメオ）
18. Luleå（リューレオ）
19. Kiruna（キルナ）
20. Kebnekaise（ケブネカイセ山）

8 金曜日の晩の団らん
FREDAGSKVÄLL HEMMA HOS BJÖRN OCH INGRID

Efter middagen diskar Björn. Klockan åtta ska de se en film på TV. Det brukar de göra på fredagar. På lördagar brukar de också se en film, så det blir två filmer i veckan. Men på veckodagarna ser de ofta bara barnprogrammen och nyheterna.
   Ingrid frågar barnen:
— Vad vill ni se för film ikväll? "Mumin" eller "Emil i Lönneberga"?
— Jag vill se en deckare, svarar Björn.
— Men jag frågar ju inte dig, jag frågar barnen, säger Ingrid och skrattar.
— Vi vill se Mumin! säger barnen.
— Ni kan fundera lite, föreslår Ingrid. Jag ska börja förbereda för en trevlig kväll.

På fredagskvällarna brukar familjen äta chips och kakor till filmen. De brukar dricka läskedryck. Men ikväll ska Ingrid koka te. Tor och Hedda hjälper henne att duka fram kakorna, två skålar med chips och tekoppar.
   — Kan du hämta fyra fat också, säger Ingrid till Tor.

新出単語

en fredagskväll [名] /-kvällen, -kvällar, -kvällarna/ 金曜の晩
hemma [副] 家で
hos [前] 〜の家で，〜のところで
efter [前] 〜の後で
diska [動] /diskar, diskade, diskat/ 皿洗いをする
en klocka [名] /klockan, klockor, klockorna/ 時計，時
åtta [数] 8
skola [助動] /ska, skulle, skolat/ 〜することにしている
se [動] /ser, såg, sett/ 見る，見える，会う
en film [名] /filmen, filmer, filmerna/ 映画
en TV [名] /TV:n, TV-apparater（TV:ar），TV-apparaterna（TV:arna）/ テレビ
bruka [動] /brukar, brukade, brukat/ よく〜する
en lördag [名] /lördagen, lördagar, lördagarna/ 土曜日
så [接] そこで，だから
bli [動] /blir, blev, blivit/ 〜になる
en vecka [名] /veckan, veckor, veckorna/ 週，週間
en veckodag [名] /-dagen, -dagar, -dagarna/ 平日，曜日
bara [副] 〜だけ
ett barnprogram [名] /-programmet, -program, -programmen/ 子供向け番組
en nyhet [名] /nyheten, nyheter, nyheterna/ ニュース
ett barn [名] /barnet, barn, barnen/ 子供
vad [疑代] 何が，何を（英 what）
vilja [助動] /vill, ville, velat/ 〜したい
för [前]（英 for）
Mumin [固] ムーミン
eller [接] あるいは，または

Emil [固] エーミル（男性名）
Lönneberga [固] ルンネバリア（地名）
en deckare [名] /deckaren, deckare, deckarna/ 推理小説，サスペンス
ju [副] おわかりのように
skratta [動] /skrattar, skrattade, skrattat/ 笑う
fundera [動] /funderar, funderade, funderat/ よく考える
lite [副] 少し
börja [動] /börjar, började, börjat/ 〜し始める
förbereda [動] /förbereder, förberedde, förberett/ 準備する
trevlig [形] 素敵な
en kväll [名] /kvällen, kvällar, kvällarna/ 晩
äta [動] /äter, åt, ätit/ 食べる
ett chips [名] /chipset, chips, chipsen/（ポテト）チップス
en kaka [名] /kakan, kakor, kakorna/ クッキー
dricka [動] /dricker, drack, druckit/ 飲む
en läskedryck [名] /-drycken, -drycker, -dryckerna/ ソフトドリンク
koka [動] /kokar, kokade, kokat/ ゆでる，沸かす
ett te [名] /teet, teer, teerna/ 茶
hjälpa [動] /hjälper, hjälpte, hjälpt/ 助ける，手伝う
att 不定詞マーカー（英 to）
duka [動] /dukar, dukade, dukat/ **duka 'fram** テーブルに〜を出す
en skål [名] /skålen, skålar, skålarna/ 深皿，ボウル
en tekopp [名] /-koppen, -koppar, -kopparna/ ティーカップ
kunna [助動] /kan, kunde, kunnat/（能力的に）〜することができる
hämta [動] /hämtar, hämtade, hämtat/ 行って取ってくる
ett fat [名] /fatet, fat, faten/ 皿，ソーサー

注意すべき発音

middagen：中間音の -ge- は話し言葉では通例発音されず middan となる．
säger：不定詞 säga の -ga も [ja] となる．
förbereda：通例，動詞の接頭辞 för- には強勢が置かれないが，「事前に」の意味が
　　　　　含まれていると強勢が置かれる．**för**beställa〈前もって予約する〉
hjälper：語頭 hj- では h は常に黙音．
att duka：不定詞の前に置かれる不定詞のマーカー att は [at:] とも [ɔ] とも発音
　　　　　される．[ɔ] と発音されたら文字〈å〉の表す音と同一になる．なお，att が接
　　　　　続詞として使われた場合［att + 文］の att は必ず [at:] と発音しなくてはなら
　　　　　ない．[ɔ] と発音すると誤りになる．
duka fram：［動詞 + 小辞］では強勢は常に小辞（29 課参照）に置かれる．この場
　　　　　合，fram は小辞であるので，fram に強勢が置かれて duka **fram**．

8.1　名詞の複数形と既知形〔1〕

(1)　名詞の複数形の作り方

　スウェーデン語の名詞の単数形・複数形や未知形・既知形の全体的な概観を掴むために，まず以下に示す4つの枠が何を意味するかを英語の例で示し，理解しておくことが重要である．その上で，(1)～(5)の表を確認しながら，複数形の基本的な規則を説明する．

	未　知　形	既　知　形
単　数	a car	the car
複　数	cars	the cars

　スウェーデン語の名詞の作り方には，複数形の語尾の違いから大きく5通りに分けられる．EN-名詞は原則的にタイプ(1)(2)(3)に，ETT-名詞はタイプ(4)(5)に分類される．

A. 主として EN-名詞
タイプ(1) 複数形の語尾 -or
　語末が -a で終わる EN-名詞がこのグループに属す．未知形・複数はその -a を落として，-or を付加する．複数・既知形はその後に，-na を付加する．結果として -orna となるが，その中に rn の子音結合が生じるので r は発音されず n はそり舌音 [ɳ] となる．

	未 知 形	既 知 形
単　数	en flicka〈女の子〉	flick**a**n
複　数	flick**or**	flick**or**na

　　en blomma〈花〉, en kvinna〈女性〉, en gata〈通り〉, en skola〈学校〉

タイプ(2) 複数形の語尾 -ar
① 語末が子音で終わる EN-名詞．未知形・複数は -ar を付加する．
② 語末が -e (-are は除く．下記(5)参照) で終わる EN-名詞．未知形・複数はその -e を落として，-ar を付加する．
　①②ともに複数・既知形はその後に，-na を付加する．結果として -arna となるが，その中に rn の子音結合が生じるので r は発音されず n はそり舌音 [ɳ] となる．

	未 知 形	既 知 形
単　数	en bil〈車〉	bilen
複　数	bil**ar**	bil**ar**na
単　数	en pojke〈男の子〉	pojken
複　数	pojk**ar**	pojk**ar**na

　① en dag〈日〉, en hund〈イヌ〉, en stol〈椅子〉, en tidning〈新聞〉
　② en backe〈坂〉, en kudde〈枕〉, en tanke〈考え〉, en timme〈時間(60分)〉

タイプ(3) 複数形の語尾 -er
① 語末が子音で終わる EN-名詞がこのグループに属す．未知形・複数は -er を付加する．複数・既知形はその後に，-na を付加する．結果として -erna となるが，その中に rn の子音結合が生じるので r は発音されず n はそり舌音 [ɳ] となる．

すると，(2)の①のEN-名詞のケースとの区別ができなくなるように思えるが，このグループに属する名詞のほとんどは，(2)の① EN-名詞にはない特徴がある．それは，強勢が第1音節の母音に置かれないことである（下の表の telefon の例では強勢のある母音をイタリック体で示す）．これらの名詞は，強勢が第1音節にないことから，スウェーデン語本来の名詞ではなく，外来語である．

	未　知　形	既　知　形
単　数	en telef*o*n〈電話〉	telef*o*nen
複　数	telef*o*ner	telef*o*ner**na**

en fam*i*lj〈家族〉, en gard*i*n〈窓用のカーテン〉, en pres*e*nt〈贈り物〉, en stud*e*nt〈学生〉

② しかし，強勢が第1音節の母音にあっても，複数語尾に -er を取るものが多少ある．これらの名詞だけは規則でカバーできないので重点的に覚えていく必要がある．

	未　知　形	既　知　形
単　数	en katt〈猫〉	katten
複　数	katt**er**	katter**na**

まずは，以下に挙げる頻出語に注意すること（一部外来語を含む）．
bank〈銀行〉, film〈映画〉, frukt〈果物〉, färg〈色〉, grund〈基礎〉, gäst〈来賓〉, helg〈休日・祝日〉, kostnad〈費用〉(-(n)ad で終わる名詞はこのグループに入る．skillnad〈違い〉など), kund〈顧客〉, lägenhet〈アパート，マンション〉(-het で終わる名詞はこのグループに入る．nyhet〈ニュース〉など), mark〈土地〉, månad〈(暦の)月〉, plats〈場所〉, sak〈もの〉, stund〈(短い)時間〉, sång〈歌〉, tant〈おばさん〉, tid〈時間〉, vas〈花瓶〉など．

B. 主として ETT-名詞
タイプ(4)　複数形の語尾 -n
　語末が母音で終わる ETT-名詞がこのグループに属す．未知形・複数は -n を付加する．複数・既知形はその後に，-a を付加する．発音がタイプ(3)の名詞の複数・既知形 -erna と似ているので，混同しないようにすること．

	未　知　形	既　知　形
単　数	ett äpple〈リンゴ〉	äpplet
複　数	äpplen	äpplena

ett arbete〈仕事〉, ett frimärke〈切手〉, ett hjärta〈心(臓)〉, ett knä〈膝〉, ett möte〈会合〉, ett piano〈ピアノ〉

タイプ(5)　複数・未知形が単数・未知形と同じ形

① 語末が子音で終わるETT-名詞がこのグループに属す．未知形は単複同形．複数・既知形は -en となる．語末が -en になる名詞は，タイプ(2)(3)の EN 名詞の単数・既知形，(4)の ETT 名詞の複数・未知形があり，これらと混同しないように．

	未　知　形	既　知　形
単　数	ett hus〈建物〉	huset
複　数	hus	husen

ett barn〈子供〉, ett bord〈テーブル〉, ett golv〈床〉, ett kök〈台所〉, ett namn〈名前〉, ett träd〈木〉

② 複数・未知形と単数・未知形がまったく同じ（単複同形）であることから，タイプ(5)に分類される EN-名詞がある．ただし，既知形は単複含めてタイプ(5)とはまったく異なることに注意．

　語末が -are（人や道具を表す．比較：英語 -er: *teacher*）で終わる EN-名詞．複数・既知形は末尾の e を落としてから，-na を付加する．×lärarena などにしないように注意すること．結果として -rna となるが，rn の子音結合により，r は発音されず，n はそり舌音 [ɳ] となる．

	単　数	既　知　形
単　数	en lärare〈先生〉	läraren
複　数	lärare	lärarna

en läkare〈医師〉, en sångare〈歌手〉, en deckare〈推理小説〉, en brandsläckare〈消火器〉

語末が -iker で終わる EN-名詞（人や道具を表す）

単　数	en politiker〈政治家〉	politiker**n**
複　数	politiker	politiker**na**

en kritiker〈批評家〉, en mekaniker〈機械工〉, en musiker〈音楽家〉

注意　kritiker, politiker は強勢の位置により，意味が異なる．en kr*i*tiker〈批評家〉は単数未知形だが，krit*i*ker は en krit*i*k〈批判〉（タイプ(3)）の複数未知形．同様に en pol*i*tiker〈政治家〉は単数未知形だが，polit*i*ker は en polit*i*k〈政策〉（タイプ(3)）の複数未知形．

（2）語アクセントについて

単数・未知形で語アクセントⅡをもつ名詞はいかなる場合でも，語アクセントⅡのままである．

　　en flicka/flickan/flickor/flickorna （すべて語アクセントⅡ）
　　ett äpple/äpplet/äpplen/äpplena　（すべて語アクセントⅡ）

単数・未知形で語アクセントⅠの名詞は，複数形の語尾が付加されると，音節数が増えるため，語アクセントⅠから語アクセントⅡに変わる．

　　　en bil（語アクセントⅠ）→ bilar/bilarna（語アクセントⅡ）
　　　en katt（語アクセントⅠ）→ katter/katterna（語アクセントⅡ）

ただし，音節が増えても語アクセントⅠをそのまま保持する場合があり，覚えておきたい規則には以下のようなものがある．

① 語アクセントⅠをもつ単音節の EN-名詞の単数・既知形
　　en bil → bilen, en katt → katten （すべて語アクセントⅠ）
② タイプ(5)の ETT-名詞の単数・既知形と複数・既知形
　　ett hus → huset/husen （すべて語アクセントⅠ）
③ タイプ(3)の語アクセントⅠをもつ多音節語名詞および複数形でウムラウト（母音変異）を起こす名詞（10.1(2)参照）のすべての変化形
　　en telefon〈電話〉→ telefonen/telefoner/telefonerna（すべて語アクセントⅠ）
　　en tand〈歯〉→ tanden/tänder/tänderna（すべて語アクセントⅠ）
　　en bok〈本〉→ boken/böcker/böckerna（すべて語アクセントⅠ）
　　ett land〈国，田舎〉→ landet/länder/länderna（すべて語アクセントⅠ）

注意　親族名詞の語アクセントについては例外となる．10.1(2)参照．

8.2　動詞の不定詞と現在形

スウェーデン語の不定詞はすべて母音で終わる．大多数は -a で終わるが，それ以外の母音もある．現在形の語尾は -r, -er もしくはゼロ語尾（不定詞の語末の a を落とす）の 3 通りがある．

現在形の語尾	不　定　詞	現　在　形
-r	tala〈話す〉	talar
	bo〈住んでいる〉	bor
-er	dricka〈飲む〉	dricker
ゼロ語尾	höra〈聞こえる〉	hör
例外	vara〈～である〉	**är**

現在形から不定詞を復元する場合

ゼロ語尾の動詞群と例外の är を除けば現在形から不定詞の復元は簡単にできる．
① 現在形が -er 語尾であれば，-er を落として -a に換えれば不定詞を作ることができる．
　　heter〈～と称する〉 → het**a**, ringer〈電話する〉 → ring**a**, säger〈言う〉 → säg**a**
② 現在形の語尾が -er でなければ，語尾 -r を取り除くと，不定詞になる．
　　svarar〈答える〉 → svara, lagar〈料理する〉 → laga, bor〈住んでいる〉 → bo, går〈歩いて行く〉 → gå, har〈持っている〉 → ha
このとき，ゼロ語尾の動詞と例外の är がこの規則に含まれてしまう恐れがある．
　　（間違った例）hör〈聞こえる〉 → ✕ hö, är〈～である〉 → ✕ ä
ところが幸いなことに，ゼロ語尾の動詞の数はきわめて少数である．また例外も är のみなので，まずこれらの動詞をしっかり記憶することから始めるとよい．
③ そこで現在形がゼロ語尾の動詞群を以下に挙げる．このグループの動詞は以下のリストで重要なものはほぼカバーするので，まずこれらを先に覚えること．
　　begär〈要請する〉 → begära, för〈運ぶ，導く〉 → föra, hyr〈お金を出して借りる・貸す（英 rent）〉 → hyra, hör〈聞こえる〉 → höra, kör〈運転する〉 → köra, lär〈教える〉 → lära, rör〈触る，動かす〉 → röra, styr〈制御する〉 → styra, stör〈邪魔する〉 → störa, gör〈行う〉 → göra, bär〈運ぶ〉 → bära,

bör〈〜すべきだ〉→ böra, skär〈切る〉→ skära, tål〈耐える〉→ tåla, mal〈挽いて粉にする，挽く〉→ mala, stjäl〈盗む〉→ stjäla
　これらの動詞の不定詞は共通して［強勢のある長母音＋ra］もしくは［強勢のある長母音＋la］の構造をもっている．

不定詞から現在形を作る場合

① 不定詞がはじめから1音節語（あるいはその1音節語動詞を後要素にして作られた複合動詞）であれば，不定詞に -r を付加すればよい．
　　tro〈信じる〉→ tror, se〈見える〉→ ser, bli〈〜になる〉→ blir, ha〈持っている〉→ har；（複合動詞）inse〈見抜く〉→ inser, förbli〈そのままで留まる〉→ för**blir**

② 自動的に導き出せないのが，tala, dricka など -a で終わる2音節語の動詞である．これらの動詞は，現在形の語尾が -r になるのか -er になるのかは予測できない．したがって -a で終わる2音節語の動詞の現在形は逐一覚えていかなくてはならない．ただし，以下のように語尾 -r が予測できる不定詞もある．
　i）不定詞が「始動・起動」を表す接尾辞 -na で終わる動詞
　　-na：gulna〈黄色になる〉→ gulnar, ljusna〈明るくなる〉→ ljusnar, vakna〈目が覚める〉→ vaknar
　ii）-era（e に強勢があり，長母音）で終わる動詞，すなわち借用語
　　-era：planera〈計画する〉→ planerar, promenera〈散歩する〉→ promenerar, studera〈研究する〉→ studerar
　iii）-a を付加することによって名詞から直接そのまま派生した動詞
　　　　boka（＜ en bok〈本〉）〈予約する〉→ bokar
　　　　elda（＜ en eld〈火〉）〈火をおこす〉→ eldar
　　　　kamma（＜ en kam〈くし〉）〈髪の毛をとかす〉→ kammar
　　　　mjölka（＜（en）mjölk〈牛乳〉）〈搾乳する〉→ mjölkar
　　　　borsta（＜ en borste〈ブラシ〉）〈磨く〉→ borstar
　　　　cykla（＜ en cykel〈自転車〉）〈自転車に乗る〉→ cyklar
　　　　vattna（＜（ett）vatten〈水〉）〈水をやる〉→ vattnar
　一方，もともとが動詞（flyga）で，それから -a を除去して派生した名詞（flyg）もあるので注意．
　　　　flyga（＞ ett flyg〈飛行，飛行機〉）〈飛行する〉→ fly**ger**
　現在形の形を心得ておくと，過去形・完了分詞の活用の分類を学習する際にも有益かつ重要な鍵となるので，**現在形の把握は絶対不可欠である**．

8.3　助動詞〔1〕

英語と同じように助動詞は動詞の不定詞と結びつき，その動詞に様々な意味を加える．疑問文を作るには主語と助動詞を倒置する．否定文は助動詞の直後に inte を挿入する．

否定疑問文の主語と否定辞 inte の相互語順については，18 課参照．

(1)　kan

個人の能力や可能性を表す．英語の can に相当する．
　　Han kan tala svenska.〈彼はスウェーデン語を話すことができる〉
　　Kan du simma?〈君は泳ぐことできますか〉
　　Hon kan vara student.〈彼女は学生かもしれない〉

(2)　vill

希望・願望を表す．形態的に英語の will に似ているが，意味は「～したい」．
　　Jag vill se en film ikväll.〈僕は今晩映画を見たい〉
　　Jag vill inte arbeta.〈僕は働きたくない〉

(3)　får

肯定文で用いられると，その意味は「利益」と「被害」の両方の可能性があるので，状況・文脈によってどちらかの訳語を選択しなくてはならない．前者であれば「させてもらう，してもよい」，後者であれば「する羽目になる，くらう」．
　　Hon får dricka kaffe här.〈彼女はここでコーヒーを飲んでもよい〉
　　Jag får betala böter.〈私は罰金を払うしかない〉
疑問文では「許可」，否定文では「禁止」の意味になる．
　　Får jag gå nu?〈もう行っていいですか〉
　　Han får inte köra bil.〈彼は車を運転してはならない〉

注意　få は主語の意思とは関係なく向こうから何か（利益ばかりでなく被害も）が自分のもとにもたらされることを意味する．以下の例のように，一語異なるだけでも大きく意味が変わるので，日本語にするときは利害を見極めて få の訳を決定すること．（fick : få の過去形．varmt, kallt は英語の warm, cold に相当する）

利益：Vi fick vänta i ett varmt rum.
〈私たちは暖かい部屋で待たせてもらった〉
被害：Vi fick vänta i ett kallt rum. 〈私たちは寒い部屋で待たされた〉

(4) ska

　誰かが決めたことを表す．その誰かを文脈・状況により，文の主語であるのか，発言者であるのか，第三者（人とは限らず法律などでもありうる）であるのかを判断しなくてはならない．主語が特に1人称であれば，しばしば，それを発言した自分が，これからそうすることを決めたと宣言するわけであるから，それが未来に実行される可能性があることは確かに示唆される．

　一般的に，宣言→実行という時間的な流れのみを捉えれば，結果的に ska は未来を言い表しているようにみえるが，実際には力点はそこにあるのではなく，予めこう決めているというところに重点があることに注意したい．そのため ska を単純に未来表現として認識すると，大きな誤解を生む．ska の原点はあくまでも，誰かが何かを実行することを決め，それを宣言していることにある．常にこの原点から ska を解釈するように努めなくてはならない．ちなみに，ska と同語源の英語の shall が過去形の should になると，いきなり「～すべきである」の解釈になるのもこれと関連している．更に詳しくは 20.2(2) を参照．

　Jag ska arbeta ikväll.
〈私は今晩働くことにしている（と私はそう（心に）決めている），働くことになっている〉
　Du ska inte gå ut idag.
〈今日はあなたは外出してはなりません（このセリフの発言者（たとえば母親が息子に対して）がそう決めた）〉．母親から息子への強い命令となる．
　Han ska studera svenska. 少なくとも以下の2通りの解釈ができる．
　① 〈彼はスウェーデン語を勉強することにしている〉（彼はそう決心している）
　② 〈彼はスウェーデン語を勉強することになっている〉（たとえば彼の学校の規則などでそう決められている）

(5) måste

　主語もしくは måste を含む文の発言者が自分の利益のために課す義務を表す場

合，もしくは論理的な帰結に用いられる．英語の must にほぼ相当するが，måste inte は「〜してはならない」の意味にはならず，部分否定「〜しなくてはならないというわけではない」となる．

Jag måste arbeta idag. 〈今日は仕事をしなくてはなりません〉
Måste du redan gå hem? 〈もう帰宅しなくてはなりませんか〉
— Ja, det måste jag. 〈はい，そうしなくてはなりません〉
— Nej, det måste jag inte.
〈いや，そうしなくてはいけないということではないのだが〉
（比較：Nej, det behöver jag inte. 〈いいえ，そうする必要はありません〉）
Du måste inte svara på brevet.
〈君はその手紙に答えなくてはならないということではない〉
Han måste vara läkare. 〈彼は医者に違いない〉

（6） behöver

周囲の状況の必要性に応える場合や迫られる場合に用いられる．英語 need に相当する．

Han behöver sälja bilen. 〈彼はその車を売る必要がある〉
Behöver du laga mat idag? 〈あなたは今日食事を作る必要があるのですか〉
— Ja, det behöver jag. 〈ええ，そうする必要があります〉
Du behöver inte åka till stationen. 〈君は駅へ行く必要はありません〉

（7） 本動詞が助動詞的に用いられる語もある．

bruka は習慣を表し，〈〜する習慣がある，よく〜する〉を意味する．
Han brukar（ofta）fråga mig. 〈彼は私によく質問する〉

8.4　役に立つ表現

（1） Vad ... för ＋（en/ett）名詞？/Vad för ＋（en/ett）名詞 ...？〈どんな（種類の）？〉

Vad har du för（en）bil?/Vad för（en）bil har du?

〈あなたは何の車を持っているのですか〉
— Jag har en Volvo.〈ボルボです〉
Vad talar de för（ett）språk?/Vad för（ett）språk talar de?
〈彼らは何語を話しているのですか〉
— De talar japanska.〈彼らは日本語を話しています〉

（2） 頻度数の言い表し方

[om ＋既知形]
　　en gång **om** dagen/dygnet/året〈1日／24時間／1年につき1回〉
[i ＋既知形]
　　två gånger **i** sekunden/minuten/timmen/veckan/månaden
　　〈1秒／1分／1時間／1週間／1カ月につき2回〉
[per ＋未知形]
　　tre gånger **per** sekund/minut/timme/dag/dygn/vecka/månad/år/kväll/natt/
　　sommar〈1秒／1分／1時間／1日／24時間／1週間／1カ月／1年／1晩
　　／1夜／1夏につき3回〉
　i, om の後に用いられる名詞は上に挙げたように固定されているが，per の後は原則的にどの名詞（100 kr per person〈1人につき100クローナ〉など）とでも使える．なお，14.5(1)も参照．

（3） 頻度数の副詞

　頻度数の高い順から alltid ＞ för det mesta ＞ ofta ＞ ibland ＞ sällan ＞ aldrig
（＝英 always ＞ usually ＞ often ＞ sometimes ＞ seldom ＞ never）
　sällan と aldrig は英語の seldom, never と同様にすでに否定の意味が含まれているので，否定辞の inte とともに使わないこと．またこれら頻度数の副詞は英語では定動詞の前に置かれるが，スウェーデン語は主節においては常に定動詞の後ろに置かれる．
　　Vi äter alltid ris hemma.　　〈私たちはいつも家ではお米を食べる〉
　　Han studerar sällan engelska.〈彼はめったに英語を勉強しない〉

練習問題

1. 複数形とその既知形
    次の単語の単数既知形・複数形・複数既知形を順に答えなさい．
    (1) en kvinna 〈女性〉
    (2) en läkare 〈医師〉
    (3) ett barn 〈子供〉
    (4) en student 〈学生〉
    (5) ett vittne 〈目撃者〉
    (6) en gubbe 〈おじさん〉

2. 現在形と不定詞
    次に挙げる6課と7課に出てきた動詞（不定詞）の現在形を答えなさい．
    (1) gå　　(2) svara　　(3) föreslå　　(4) ringa　　(5) lägga　　(6) lova
    (7) bo　　(8) tänka　　(9) komma

3. 現在形・不定詞・助動詞・頻度数
    次の日本語をスウェーデン語に直しなさい．その際，動詞の不定詞と現在形に注意し，必要な場合は助動詞を使って文を作りなさい．
    (1) ヘッダは週に1回料理をします．（料理する：laga mat）
    (2) トールはよく料理をします．
    (3) 煙草を吸ってもいいですか？（煙草を吸う：röka）
    (4) 彼は1日4回煙草を吸います．
    (5) 僕は月に5本映画を見たいんだ．
    (6) 彼らは1年に平均して8本映画を見ます．（平均して：i genomsnitt）

4. 作文
    次の日本語をスウェーデン語に直しなさい．
    (1) どんな種類の猫を飼っているんですか？
    (2) 私は今晩はカニを2匹食べることにしている．
    (3) トールは彼女が料理を作るのを手伝います．
    (4) 彼は2つのパーティーの準備をしています．（パーティー：en fest）

9 日曜日のピクニック
SÖNDAGSUTFLYKTEN

På söndag skiner solen. Familjen sitter vid köksbordet och äter frukost. Efter frukosten öppnar Ingrid köksfönstret. Det är varmt ute, och hon säger:

— Vi åker och plockar svamp nu på förmiddagen! Björn, bädda sängarna i sovrummen och ta fram kläder till barnen! Jag ordnar matsäck under tiden.

— Ta köttbullarna som ligger i kylskåpet, och lägg dem i skivor på knäckebröd. Det blir gott, säger Björn.

— Kan vi åka cykel, undrar Hedda.

De cyklar till en skog som heter Norrskogen. Den ligger nära huset som familjen bor i. Inne i skogen sjunger fåglarna i träden, och på en av trädstammarna klättrar en ekorre.

— Här brukar vi ju vara på vintrarna och åka skidor, säger Björn. Kommer ni ihåg det? Men idag ska vi plocka svamp, och snart är det dags för matsäck.

Familjen får en fin dag i skogen, och de hittar många svampar. På eftermiddagen cyklar de tillbaka hem.

— Rensa svamparna du, så tar jag hand om barnen, säger Ingrid till Björn.

— Absolut, svarar Björn. Tack för en härlig dag!

新出単語

en söndagsutflykt [名] /-utflykten, -utflykter, -utflykterna/ 日曜日のピクニック
en söndag [名] /söndagen, söndagar, söndagarna/ 日曜日
skina [動] /skiner, sken, skinit/ 輝く
en sol [名] /solen, solar, solarna/ 太陽
sitta [動] /sitter, satt, suttit/ 座っている
vid [前] ～のそばに，～のところで
ett köksbord [名] /-bordet, -bord, -borden/ 食卓
en frukost [名] /frukosten, frukostar, frukostarna/ 朝食
öppna [動] /öppnar, öppnade, öppnat/ 開ける
ett köksfönster [名] /-fönstret, -fönster, -fönstren/ 台所の窓
varmt [形] 暖かい，暑い（varmの中性単数形）
ute [副] 外で，外に
åka [動] /åker, åkte, åkt/（乗り物に）乗って行く
plocka [動] /plockar, plockade, plockat/ 摘み取る，拾う
en svamp [名] /svampen, svampar, svamparna/ きのこ
nu [副] 今
en förmiddag [名] /förmiddagen, förmiddagar, förmiddagarna/ 午前
bädda [動] /bäddar, bäddade, bäddat/ ベッドを整える
en säng [名] /sängen, sängar, sängarna/ ベッド
ta fram 取り出す
kläder [名] / ×, kläder, kläderna/ 衣類（単数形は存在しない）
ordna [動] /ordnar, ordnade, ordnat/ 整える，準備する
en matsäck [名] /-säcken, -säckar, -säckarna/ 弁当

en tid [名] /tiden, tider, tiderna/ 時間（英 time）
ta [動] /tar, tog, tagit/ 取る
en köttbulle [名] /-bullen, -bullar, -bullarna/ ミートボール
som [関係代名詞]
ligga [動] /ligger, låg, legat/ 横たわっている，ある
ett kylskåp [名] /-skåpet, -skåp, -skåpen/ 冷蔵庫
dem [代] 彼らを・彼らに，それらを・それらに（英 them）
en skiva [名] /skivan, skivor, skivorna/ 薄切り，スライス
ett knäckebröd [名] /-brödet, -bröd, -bröden/ クリスプブレッド
en cykel [名] /cykeln, cyklar, cyklarna/ 自転車
undra [動] /undrar, undrade, undrat/ だろうかと思う，いぶかしく思う，（控えめに）尋ねる（英 wonder）
en skog [名] /skogen, skogar, skogarna/ 森
Norrskogen [固] ノッルスコーゲン
den [代] それが・それを・それに（単数共性，英 it）
nära [前] ～の近くに
inne [副] 中に，中で
sjunga [動] /sjunger, sjöng, sjungit/ 歌う
en fågel [名] /fågeln, fåglar, fåglarna/ 鳥
ett träd [名] /trädet, träd, träden/ 木
en trädstam [名] /-stammen, -stammar, -stammarna/ 木の幹
klättra [動] /klättrar, klättrade, klättrat/ 登る
en ekorre [名] /ekorren, ekorrar, ekorrarna/ リス
här [副] ここで，ここに
en vinter [名] /vintern, vintrar, vintrarna/ 冬
en skida [名] /skidan, skidor, skidorna/ スキー

板
komma 'ihåg　覚えている
dags ［副］（すべき）ときに，時点に
få ［動］ /får, fick, fått/ もらう，くらう
fin ［形］素敵な
en dag ［名］ /dagen, dagar, dagarna/ 日，1日，日中
hitta ［動］ /hittar, hittade, hittat/ 見つける
många ［形］多数の，たくさんの（英 many）
en eftermiddag ［名］ /-middagen, -middagar, -middagarna/ 午後

cykla ［動］ /cyklar, cyklade, cyklat/ 自転車に乗る
tillbaka ［副］元に戻って
hem ［副］家へ
rensa ［動］ /rensar, rensade, rensat/ きれいにする
ta hand om　〜の面倒をみる
absolut ［副］絶対に
tack för　〜をありがとう
härlig ［形］素晴らしい

注意すべき発音

matsäck：語中の t は直後の s に同化され，*massäck* のように発音され，a は短母音になる．
Norrskogen：rs の結合がみられるが，これはそり舌音にならない．一般に -rrs- の結合では barrskog〈針葉樹林〉，dörrspegel〈ドアの鏡板〉などにもみられるように，そり舌音は生じない．しかし Norrtälje（ストックホルム郊外の地名）の -rrt- の結合で t はそり舌音になる．例外といえるかもしれないが，ストックホルムにはもう1つ Södertälje という地名もある．これは -rt- なので t はそり舌音を起こす．そり舌音を起こしたこの後要素 -tälje の影響が考えられる．
ekorre：e の後は子音字が1つであるが，例外的に e は短母音．
dags：*daks* のように発音される．
absolut：*apsolut* のように発音される．

9.1　名詞の複数形と既知形〔2〕

8課で複数形の作り方の根幹を学んだが，この課では規則からやや逸脱した複数形の作り方を学ぶ．

(1) 強勢のない -el, -en, -er で終わる名詞

A. EN-名詞

単数・既知形では -el と -er の後にそのまま -n を付加する．複数形では，その -e- を脱落させてから，それぞれの複数形語尾を付加する．中でも -el と -er が圧倒的に多数を占め，しかもその多くが複数形の語尾に -ar をとる②のタイプ(2)である．したがって②を重点的に学習すること．

① 複数形の語尾 **-or**

		未 知 形	既 知 形
単	数	en toffel〈スリッパ〉	toffel**n**
複	数	toffl**or**	toffl**orna**
単	数	en åder〈血管〉	åder**n**
複	数	ådr**or**	ådr**orna**

② 複数形の語尾 **-ar**

単	数	en cykel〈自転車〉	cykel**n**
複	数	cykl**ar**	cykl**arna**
単	数	en åker〈畑〉	åker**n**
複	数	åkr**ar**	åkr**arna**
単	数	en öken〈砂漠〉	ökne**n**
複	数	ökn**ar**	ökn**arna**

- -el：nyckel〈カギ〉, sedel〈紙幣〉, gaffel〈フォーク〉, fågel〈鳥〉, axel〈肩(の関節)〉, spegel〈鏡〉, nagel〈爪〉, stövel〈ブーツ〉, bokhandel〈書店〉など．
- -er：syster〈姉妹〉, semester〈有給休暇〉, teater〈劇(場)〉, vinter〈冬〉など（ただし，外来語で -iker で終わる職業を表す名詞 politiker〈政治家〉などは，er で終わってはいるが，このグループには入らない．前課を参照）
- -en：botten〈底〉, fröken〈未婚の若い女性〉（ただし単数・既知形も fröken）

③ 複数形の語尾 -er

単　数	en regel〈規則〉	regel**n**
複　数	regl**er**	regler**na**
単　数	en fiber〈繊維〉	fiber**n**
複　数	fibr**er**	fibrer**na**

möbel〈家具〉, muskel〈筋肉〉

注意 -ar, -on で終わる以下の2語は重要かつ特に注意が必要である. sommar の単数既知形は2通りある. 複数形では -ma- が脱落する.

| 単　数 | en sommar〈夏〉 | sommar(**e**)**n** |
| 複　数 | som**rar** | somrar**na** |

morgon の g は単数形でも複数形でも g ではなく r として発音され, 複数形ではさらに -o- が脱落する.

| 単　数 | en morgon〈朝〉 | morgon**en** |
| 複　数 | morg**nar** | morgnar**na** |

B. ETT-名詞

④ 変化形は基本的にすべて ett hus の様式だが, 単数・複数の既知形において強勢のない e が脱落することに注意.

単　数	ett exempel〈例〉	exempl**et**
複　数	exempel	exempl**en**
単　数	ett fönster〈窓〉	fönstr**et**
複　数	fönster	fönstr**en**
単　数	ett tecken〈印〉	teckn**et**
複　数	tecken	teckn**en**

-el：kapitel〈章〉, segel〈帆〉
-er：hinder〈妨げ〉, kloster〈修道院〉, pulver〈粉末〉, under〈奇跡〉, väder〈天候〉, bekymmer〈心配〉(単数既知形・複数既知形 bekymret/bekymren では m が1つ脱落する. 10.1(1)の [強勢のある短母音 + m/n] の説明参照). 以下の2語は複数形がない. socker〈砂糖〉, mörker〈暗闇〉
-en：vapen〈武器〉, vatten〈水〉

> **注意** 以下の3語はそれぞれ変化形がやや特殊であるが，重要である．

単　数	ett nummer 〈数〉	nu**mr**et
複　数	nummer	nu**mr**en
単　数	ett papper 〈紙〉	papper**et**
複　数	papper	papper**en**
単　数	ett finger 〈指〉	fing**r**et
複　数	fing**r**ar	fing**r**ar**na**

nummer は numret/numren というように m が1つ脱落する．10課の［強勢のある短母音 + m/n］の説明参照）

（2）-a, -e 以外の母音で終わる EN-名詞

複数形は多くが -ar（タイプ(2)）語尾を取るが，-r や -er も多少ある．どの複数形語尾を取るか予め知ることができないので，個々に覚えていく必要がある．

① **-ar** 複数形語尾

単　数	en bro 〈橋〉	bro**n**
複　数	bro**ar**	bro**arna**

by 〈村〉, fru 〈夫人〉, sjö 〈湖・海（sea）〉, å 〈川〉, ö 〈島〉, halvö 〈半島〉

② **-r** 複数形語尾

単　数	en sko 〈靴〉	sko**n**
複　数	sko**r**	sko**rna**

ko 〈牝牛（cow）〉, tå 〈足の指（toe）〉, bastu 〈サウナ〉, hustru 〈妻〉, radio 〈ラジオ〉, fiende 〈敵〉

③ **-er** 複数形語尾．多くは外来語の名詞．

単　数	en kö 〈行列〉	kö**n**
複　数	kö**er**	kö**erna**

nivå 〈レベル〉

> **注意** byrå → byrå**er** 〈オフィス〉，しかし byrå → byrå**ar** 〈引き出しのあるタンス〉

9.2 関係代名詞

(1) 関係代名詞 som

　現代スウェーデン語における関係代名詞はもっぱら som が使われる．先行詞は人でもモノでも，また単数であっても複数であっても区別なく用いられる．som は主格としてもまた目的格としても機能できる．som が主格として機能していなければ，som は省略することができる．非制限的用法では省略できない．また som の直前に前置詞を置くこともできない．

　　Jag har en syster som arbetar i Stockholm.
　　〈私にはストックホルムで働いている妹が1人います〉
　　Huset（som）hans familj bor i är stort.〈彼の家族が住んでいる家は大きい〉

英語と同じように制限的用法，非制限的用法があり，形態から区別できることもあるが（13課参照），英語と違って，関係代名詞の前のコンマの有無はその区別の目安にはあまりあてにならない．ただ以下のような場合，関係節中の強勢の有無により区別できることがある．すなわち，関係節の中でどれかの文要素に強勢が置かれていれば，制限的用法である．また関係代名詞が省略されていれば，間違いなく制限的用法である．非制限的用法では関係代名詞は省略されない．関係節中の特にどの要素にも強勢が置かれなければ，非制限的用法である．書かれている文章では，文脈が唯一の手掛かりとなる．

　　Huset som hans familj bor i är stort.
　　（hans に強勢が置かれると制限的用法．もしこの文で関係代名詞 som が省略されていれば制限的用法）→〈彼の家族が住んでいる家は大きい〉
　　（関係節のどの要素も特に強く読まれなければ，非制限的用法）
　　→〈その家は，ご存知のように彼の家族が住んでいるのだけれども，大きい〉
　　Pojken, som nu sitter vid fönstret, heter Erik.
　　（fönstret に強勢が置かれていれば制限的用法）
　　→〈窓際に座っている男の子の名前はエーリックだ〉
　　（関係節のどの要素も特に強く読まれなければ，非制限的用法）
　　→〈例の男の子，今窓際に座っているけど，名前はエーリックだ〉

(2) som 以外の関係代名詞

　関係代名詞は som 以外にも，先行詞の性・数によって vilken, vilket, vilka（英

語の which に相当）も用いられるが，話し言葉では前の文全体やその一部を先行詞とする vilket の用法以外ではまず出てこない．また，英語の関係代名詞 what に相当する vad, さらには whose/of which に相当する vars もある．

vilket 前の文全体やその一部が先行詞になる．比較的頻繁に使われる．

Hon lovar att komma tillbaka, vilket jag tvivlar på.
〈彼女は戻ってくると約束しているが，私はそのことを疑問に思っている〉
Alla tycker om min son, vilket gör mig glad.
〈皆が私の息子のことを気に入ってくれていて，それが私には嬉しいのです〉

vad それ自体に先行詞を含み，「~すること，~するもの」の意味になる．vad が主格のときは定動詞の前に主語のマーカーである som が必要になる（22 課参照）．

Vad du säger oroar henne mycket.
〈あなたが言っていることは彼女をとても不安にさせている〉
Vad som är viktigt är din hälsa.〈重要なのは君の健康だ〉

vars 関係代名詞の所有格．先行詞が人でもモノでも使うことができるが，書き言葉で使われることが多い．

Novellen handlar om en liten flicka vars far är död.
〈その短編小説は父親を亡くした小さな女の子について扱っている〉
Köp hans bok vars innehåll alla uppskattar!
〈皆がその内容を評価している彼の本を買ってください〉

9.3 命令形

命令形は相手に何かを命じるときに使い，命令形だけで用いるとしばしば，きつい響きを伴う．作り方の出発点は現在形がポイントになる．

① 現在形の語尾が -er の場合 → -er を落とすと命令形になる．
sjunger → Sjung!〈歌え〉, säger → Säg!〈言え〉(g の発音は [j])
äter → Ät!〈食べよ〉, åker → Åk!〈(乗り物に乗って)行け〉

注意 以下の場合は命令形では子音字 m が 1 つになる．（10 課の m/n の規則を参照）（19.3(5)②参照）
kommer → Kom!〈来い〉, bestämmer → Bestäm!〈決めよ〉
drömmer → Dröm!〈夢を見よ〉, glömmer → Glöm!〈忘れよ〉

② 現在形の語尾が -r の場合 → -r を落とすと命令形になる．
öppnar → Öppna!〈開けよ〉，ropar → Ropa!〈叫べ〉，talar → Tala!〈話せ〉
bor → Bo!〈住め〉，tror → Tro!〈信じよ〉
blir → Bli!〈～になれ〉，har → Ha!〈持て〉，tar → Ta!〈取れ〉

③ 現在形の語尾がゼロ語尾の場合 → 命令形は現在形と同じになる．
gör → Gör!〈行え〉，hör → Hör!〈聞け〉，kör → Kör!〈運転せよ〉

注意 唯一例外として är → Var!〈～であれ〉がある．

9.4 ［命令形＋är du snäll!］を用いた軽い依頼表現

話し言葉では命令形の後に，相手が1人であれば är du snäll!，複数であれば är ni snälla! を付加するとやや柔らかい依頼になる．ただ，この表現は本人にとって親しい人への依頼のときに用いられる．見ず知らずの人には，以下にみる Kan ... を用いた表現の方がよい．

　　Hjälp mig med väskan, är du snäll!（Men snälla du, hjälp mig med väskan!）
　　〈ちょっと，カバンのことで手伝ってくれる？〉
　　（〈ねえ，お願いだから，カバンのことで手伝って〉）
　　Berätta allt för oss, är ni snälla!〈頼むから私たちに全部話してよ〉
日常会話でごく一般的な依頼表現は［Kan du/ni（＋inte）＋不定詞］である．
　　Kan du ringa mig sedan?〈後で電話してくれる〉
　　Kan du inte låna mig pengar?〈私にお金を貸してくれませんか〉

練 習 問 題

1. 複数形とその既知形
   次の単語の単数既知形・複数形・複数既知形を順に答えなさい．
   (1) en syster〈姉・妹〉
   (2) en fågel〈鳥〉
   (3) en vinter〈冬〉
   (4) ett väder〈天候〉
   (5) ett vapen〈武器〉

2. 命令形
   次の日本語を，命令形を使ってスウェーデン語に直しなさい．
   (1) 朝食を食べなさい．
   (2) その窓を開けなさい．
   (3)（それらの）皿を洗いなさい．
   (4) 彼女を手伝いなさい．

3. 関係代名詞
   日本語文の意味になるように，カッコ内の単語を並べ替えなさい．ただし，文頭に来る語も小文字で示してある．
   (1) 私たちには5歳の息子がいます．
      (en son / fem / har / som / vi / år / är /．)
   (2) 僕は登ることができる木を見つけたい．
      (ett träd / hitta / i / jag / jag / kan / klättra / som / vill /．)
   (3) 都合のいい日を提案してもらえませんか？
      (dig / du / en dag / föreslå / kan / passar / som / ？)

4. 作文
   次の日本語をスウェーデン語に直しなさい．
   (1) 朝食の時間です．
   (2) 朝食の後，ヘッダとトールはスキーをすることにしている．
   (3) 僕が鳥たちの面倒を見るよ．
   (4) 僕のこと覚えている？

10 ビューンの職場で
BJÖRN ÄR PÅ JOBBET

Björn arbetar som lärare på en högstadieskola. Nu sitter han i lärarnas arbetsrum och rättar elevernas uppsatser. På arbetsbordet ligger en trave böcker. Han ska välja en bok, som eleverna ska skriva en uppsats om. Böckernas tema är olika länder eller olika städer i samma land. Hans uppgift är enkel – men han är trött. Han sover dåligt på nätterna — natten till idag bara fyra timmar. Han beslutar att gå hem till sovrummet och vila en stund och att välja bok imorgon.

Björns kollega Karin kommer in i rummet. Hennes elever ska också skriva en uppsats om en bok.

— Hej Karin, hur mår ni i er familj, frågar Björn.

— Ganska bra, svarar Karin. Och hur är det med Ingrid, och med era barn?

— Bara bra, tack, säger Björn. Vad för bok ska dina elever läsa?

— Mina elever ska läsa boken om Indien, berättar Karin. Det är min favoritbok. Vad ska dina elever läsa?

— Jag vet inte, säger Björn. Jag är lite trött idag och ska gå hem till mitt hus, eller snarare till vårt sovrum och vila lite. Så jag bestämmer det imorgon. Men jag kanske också väljer din favoritbok. Då får våra elever läsa samma bok.

Karin och hennes man Odd har två söner och två döttrar. Två av deras barn — en son och en dotter — är hemma från skolan idag på grund av förkylning, berättar hon. Björn ska gå hem och vila, tycker hon.

新出単語

ett **jobb**［名］/jobbet, jobb, jobben/ 仕事，職場
arbeta［動］/arbetar, arbetade, arbetat/ 働く
som［前］〜として
en **lärare**［名］/läraren, lärare, lärarna/ 教師，先生
en **högstadieskola**［名］/-skolan, -skolor, -skolorna/ 中学校
rätta［動］/rättar, rättade, rättat/ 直す，正す
en **elev**［名］/eleven, elever, eleverna/ 生徒
en **uppsats**［名］/uppsatsen, uppsatser, uppsatserna/ 作文，レポート
ett **arbetsbord**［名］/-bordet, -bord, -borden/ 仕事机
en **trave**［名］/traven, travar, travarna/ （積み上げられた）山
en **bok**［名］/boken, böcker, böckerna/ 本
välja［動］/väljer, valde, valt/ 選ぶ
skriva［動］/skriver, skrev, skrivit/ 書く
om［前］〜について
ett **tema**［名］/temat, teman, temana/ テーマ
olika［形］様々な（olik（異なる）の複数形）
ett **land**［名］/landet, länder, länderna/ 国
en **stad**［名］/staden, städer, städerna/ 都市，町
samma［代］同じ
hans［代］彼の
en **uppgift**［名］/uppgiften, uppgifter, uppgifterna/ 任務，課題，情報
enkel［形］単純な，簡単な
trött［形］疲れている
sova［動］/sover, sov, sovit/ 眠っている
dåligt［副］悪く
en **natt**［名］/natten, nätter, nätterna/ 夜
en **timme**［名］/timmen, timmar, timmarna/ 1時間（英 hour）
besluta［動］/beslutar, beslutade (beslöt), beslutat (beslutit)/ 決める，決定する

vila［動］/vilar, vilade, vilat/ 休む，休息する
en **stund**［名］/stunden, stunder, stunderna/ （少しの）時間，しばらくの間
imorgon［副］明日
en **kollega**［名］/kollegan, kolleger (kollegor), kollegerna (kollegorna)/ 同僚，仕事仲間
Karin「固」カーリン（女性名）
in［副］中へ，中に
hennes［代］彼女の
hur［疑副］どのように，どういう風に
må［動］/mår, mådde, mått/ （ある健康状態を）感じる
ganska［副］まあまあ，かなり
er［代］/ert, era/ あなた方の，あなたの
ett **tack**［名］/tacket, tack, tacken/ 感謝，ありがとう
din［代］/ditt, dina/ あなたの
läsa［動］/läser, läste, läst/ 読む，勉強する
min［代］/mitt, mina/ 私の
Indien「固」インド
berätta［動］/berättar, berättade, berättat/ 話す，語る
en **favoritbok**［名］/-boken, -böcker, -böckerna/ お気に入りの本
veta［動］/vet, visste, vetat/ 知っている
snarare［副］（というよりは）むしろ
vår［代］/vårt, våra/ 我々の，私たちの
kanske［副］ひょっとしたら
få［助動］/får, fick, fått/ 〜してよい，〜しなければならない，〜する羽目になる
en **man**［名］/mannen, män, männen/ 男性，夫
Odd「固」オッド（男性名）
av［前］〜の，〜から離れて
deras［代］彼らの，それらの
från［前］〜から（英 from）
en **skola**［名］/skolan, skolor, skolorna/ 学校

på grund av 〜のために，〜の理由から
en **förkylning** [名] /förkylningen, förkylningar, förkylningarna/ 風邪
tycka [動] /tycker, tyckte, tyckt/ 思う

注意すべき発音

olika：否定の接頭辞 o-（英語の un- に相当）には必ず強勢が置かれ，しかも長母音で発音される．o- があたかも 1 語の独立した単語であるかのように発音するとよい．

dåligt：-gt の子音結合では，t が無声子音であるため，その直前の有声子音 g はそれに同化されて無声子音 k に変わるか（*dålikt*），もしくは脱落して発音（*dålit*）される．

idag：語末の g は通例発音されない．

imorgon：語中の g は発音されず，r として発音される（9 課の morgon 参照）．

kommer in i rummet：in は〈中へ〉に相当する小辞（副詞）で，常に強勢が置かれる．kommer in で〈中に入ってくる〉．続く前置詞 i でその具体的な場所を明示する．

Jag vet inte：否定辞 inte には強勢を置いてはならない．

10.1　名詞の複数形と既知形〔3〕

(1)　[強勢のある短母音＋m]，[強勢のある短母音＋n]で終わる名詞

　以上の構成をもつ名詞に母音で始まる語尾が付加される場合は重子音となる．なお，このような構成をもつ語は名詞に限らず，通例短母音であることに注意．

m > mm

	未 知 形	既 知 形
単 数	en kam〈くし〉	kammen
複 数	kammar	kammarna
単 数	ett rum〈部屋〉	rummet
複 数	rum	rummen

kam は複数形で -ar 語尾となるから，タイプ(2)：en stam〈幹〉
rum は単複同形であるから，タイプ(5)：ett hem〈家庭〉

n > nn

単 数	en mun〈口〉	munnen
複 数	munnar	munnarna

vän〈友人〉は複数形で -er をとるのでタイプ(3)：vännen/vänner/vänner/vännerna.

注意 m/n に続く語尾が母音で始まるとき，m/n が重子音になる場合は，以下の 1) と 2) の条件を同時に満たさなくてはならない．そうでなければ m/n は重ねない．また母音が後続しなければ（すなわち，子音かそれとも何も続かない場合），重子音にはならない．
1) m/n の前の母音が短母音であること
2) m/n の前の母音に強勢があること
これらの条件を一方しか満たさない場合は重子音にならない．
1)は満たすが，2) は満たさない例．m の前の u には強勢がない．

単 数	ett album〈アルバム〉	albumet
複 数	album	albumen

2) は満たすが，1) は満たさない例．m の前の e は長母音である．

単 数	ett problem〈問題〉	problemet
複 数	problem	problemen

まとめると m/n が重子音になる場合は，以下の３つの条件を同時に満たしてなくてはならない．そうでなければ m/n は重ねない．
    1) m/n の直後の語尾が母音（-en, -et, -ar, -er, -a, -e など）で始まるとき
    2) m/n の前の母音が短母音であること
    3) m/n の前の母音に強勢があること
以上の規則は名詞以外の品詞にも適用されることに注意．

(2) ウムラウトを起こす名詞

複数形で，語中の母音が変化を起こし（ウムラウト（omljud）と呼ばれている），さらに複数形の語尾が付加される名詞が存在する．その際の複数形語尾には -er/-ar が付加されるが，複数形語尾が無いものもある（ゼロ語尾）．

a ＞ ä, å ＞ ä：ETT-名詞は land のみ．

	未知形	既知形
単数	en tand〈歯〉	tande**n**
複数	tänd**er**	tänder**na**
単数	ett land〈国〉	land**et**
複数	länd**er**	länder**na**
単数	en stång〈ポール〉	stång**en**
複数	stäng**er**	stänger**na**

en and〈カモ〉, en bokstav〈文字〉(bokstäver), en brand〈火事〉, en hand〈手〉, en natt〈夜〉, en rand〈ストライプ〉, en stad〈都市〉, en strand〈岸辺〉, en tång〈やっとこ，トング（英 tong）〉

単数	en man〈男, 夫〉	manne**n**
複数	män	män**n**en

注意 en man の複数未知形はゼロ語尾．

o ＞ ö：複数形では子音が重なると同時に短母音になることに注意.

単　数	en bok〈本〉	bok**en**
複　数	b**ö**cker	b**ö**cker**na**
単　数	en fot〈足〉	fot**en**
複　数	f**ö**tter	f**ö**tter**na**

en rot〈根（英 root）〉（複 rötter）
ウムラウトは起こさないが，子音は重ねる例：get〈山羊〉（複 getter），nöt〈ナッツ〉（複 nötter）

注意　en bonde〈農夫〉，bonden/bönder/bönder**na**
　　　　en ledamot〈会員〉，ledamoten/ledam**ö**ter/ledam**ö**ter**na**

å ＞ ä, u ＞ ö：複数形では子音を重ねる．複数未知形はゼロ語尾だが，複数既知形の語尾は -en となる．以下の3語に限られる．

単　数	en gås〈ガチョウ〉	gåsen
複　数	g**ä**ss [jes:]	g**ä**ss**en**
単　数	en mus〈ハツカネズミ〉	musen
複　数	m**ö**ss	m**ö**ss**en**

lus〈シラミ〉（複 löss）

ウムラウトを起こす親族名称と語アクセント

女性親族名称：単数未知形の mor のみアクセントⅠ．残りはすべてアクセントⅡ．
　　　　ちなみに，ウムラウトは起こしていないが，en syster〈姉妹（英 sister）〉はすべてアクセントⅡ．

単　数	en mor〈母親〉	Ⅰ	mode**rn**	Ⅱ
複　数	m**ö**drar	Ⅱ	m**ö**drar**na**	Ⅱ
単　数	en dotter〈娘〉	Ⅱ	dotter**n**	Ⅱ
複　数	d**ö**ttrar	Ⅱ	d**ö**ttrar**na**	Ⅱ

男性親族名称：複数形はアクセントⅠであるが，sonの複数形はアクセントⅡ．

単 数	en far〈父親〉	Ⅰ	fadern	Ⅱ
複 数	fäder	Ⅰ	fäderna	Ⅰ
単 数	en bror〈兄，弟〉	Ⅰ	brodern	Ⅱ
複 数	bröder	Ⅰ	bröderna	Ⅰ
単 数	en son〈息子〉	Ⅰ	sonen	Ⅰ
複 数	söner	Ⅱ	sönerna	Ⅱ

（3） 強勢のある母音で終わる借用語の ETT-名詞

単 数	ett paraply〈傘〉	paraplyet
複 数	paraplyer	paraplyerna

bageri〈パン屋〉，draperi〈ドア用のカーテン〉，kafé〈喫茶店〉，konditori〈喫茶店，ケーキ屋〉

（4） -eum, -ium で終わるラテン語由来の ETT-名詞

単 数	ett museum〈博物館〉	museet
複 数	museer	museerna
単 数	ett gymnasium〈高校〉	gymnasiet
複 数	gymnasier	gymnasierna

laboratorium〈実験室〉，privilegium〈特権〉，stipendium〈奨学金〉

（5） -else で終わる名詞（多くは EN-名詞で，動詞から派生した抽象名詞）

単 数	en betydelse〈意味〉	betydelsen
複 数	betydelser	betydelserna
単 数	ett fängelse〈刑務所〉	fängelset
複 数	fängelser	fängelserna

berättelse〈お話し〉，förståelse〈理解〉，händelse〈事件，出来事〉，lidelse〈熱

情〉．具体物の例としては bakelse〈ケーキ〉．ETT-名詞は fängelse〈刑務所〉のみ．

(6) 複数形になると強勢が移動する名詞

EN-名詞で -or/-ul で終わる名詞は外来語であるので，複数形の語尾は –er を取る．しかし，複数形になると強勢が次の音節に移動する．それに伴い，-orer の o，-uler の u は短母音から長母音になる．数は少ないが，日常頻繁に使われるので代表的な名詞を口調で覚えておくこと．

単 数	en dator〈コンピューター〉	datorn
複 数	datorer	datorerna

en motor〈エンジン〉/motorer, en professor〈教授〉/professorer,
en lektor〈講師〉/lektorer, en rektor〈校長，社長〉/rektorer,
en doktor〈医者，博士〉/doktorer, en sektor〈部門〉/sektorer,
en konsul [ˈkɔnsəl]〈領事〉/konsuler [kɔnˈsʉːler]
（複数形に出てくる u は強勢が移動してくるので当然長母音になるが，u は短母音と長母音では音質が異なるので特に注意）

(7) 身体に関する名詞のうち次の3語は特殊な複数形

単 数	ett öga〈目〉	ögat
複 数	ögon	ögonen
単 数	ett öra〈耳〉	örat
複 数	öron	öronen

öga と öra は変化が類似しているので，まとめて覚えておくこと．

単 数	ett huvud〈頭〉	huvudet
複 数	huvuden	huvudena

注意 huvud は子音で終わる ETT-名詞であるので，本来であればタイプ(5)の変化形をとるはずであるが，実はタイプ(4)である．huvud の曲用は話し言葉では，

huvud /*huve*/, huvudet /*huvet*/, huvuden /*huven*/, huvudena /*huvena*/ と発音されている．この話し言葉の /*huve*/, /*huvet*/, /*huven*/, /*huvena*/ にのみ注目すれば，タイプ(4)の曲用にすぎない．これが，上の表にあるように d を残した形が正書法に反映されてしまったために，特殊に見えるだけである．

10.2　所有格

　固有名詞，普通名詞を所有格にするときは，それぞれに -s を直接加える．英語と違い，アポストロフィは不要，また無生物でもこの所有格 -s を用いることができる．この -s の発音は決して [z] になることはない．また人称代名詞にも所有格があるが，いずれの場合も後続する**名詞は常に未知形**であることに注意すること．

(1)　固有名詞の所有格

　　Eriks bil〈エーリックの車〉，Lenas hus〈レーナの家（hus は単数・複数両方の可能性あり）〉，Berits pojkvän〈ベーリットのボーイフレンド〉，Sveriges huvudstad〈スウェーデンの首都〉

注意　綴りが -s, -x, -z で終わる場合は所有格の -s は通例付加しない．
　　Thomas fru〈トーマスの妻〉，Marx liv〈マルクスの生涯〉，Mats skola〈マッツの学校〉，Lars böcker〈ラーシュの本〉，Schweiz banker〈スイスの銀行〉
　　アポストロフィを -s, -x, -z の後に添える場合もあるが，単に綴り上の問題であって，発音には何も影響を及ぼさない．Thomas' fru〈トーマスの妻〉

(2)　普通名詞の所有格

所有格の -s は普通名詞のそれぞれ 4 つの形の最後に付加される．

		未　知　形	既　知　形
単	数	en kvinnas〈女性の〉	kvinnans
複	数	kvinnors	kvinnornas
単	数	ett äpples〈リンゴの〉	äpplets
複	数	äpplens	äplenas

bokens titel〈その本のタイトル〉, bordets ben〈そのテーブルの脚〉, hundens ögon〈その犬の目〉

注意 特にタイプ(1)(2)(3)の複数未知形では所有格の -s が付加されることにより, -rs の結合が生じ, 発音が [ʂ] となる.

(3) 所有代名詞

3人称単数・複数の所有代名詞 (hans, hennes, dess, deras) は直後に続く名詞によって形は変わらないが, その他の所有形容詞は性と数により語形が変化する.

単数主格	後続する名詞			複数主格	後続する名詞		
	EN-名詞単数	ETT-名詞単数	複数名詞		EN-名詞単数	ETT-名詞単数	複数名詞
jag	min	mitt	mina	vi	vår	vårt	våra
du	din	ditt	dina	ni	er	ert	era
han	hans			de	deras		
hon	hennes						
den	dess						
det							

疑問所有代名詞 vems〈誰の〉も直後に続く名詞によって語形は変わらない. またその直後に続く名詞は未知形である. スウェーデン語の所有代名詞・所有形容詞は〈~のもの〉も意味する.

　Det är min bok.〈それは私の本です〉, Det är ditt hus.〈それは君の家です〉
　Det är våra stolar.〈それは私たちのイスです〉
　Det är hans bilar.〈それは彼の車です〉
　Det är hennes rum.〈それは彼女の部屋(単数・複数)です〉
　Det är deras barn.〈それは彼らの子供(たち)です〉
　Vems fel är det?〈誰の過ちですか〉— Det är ert fel.〈あなたたちの過ちです〉
　Vems är hunden?〈その犬は誰のものですか〉— Den är min.〈それは私のです〉

注意 vår/vårt, er/ert の代わりに話し言葉ではそれぞれ våran/vårat, eran/erat もある.

注意 所有代名詞の hans の母音 a は短い. 一方, 男性名の Hans の母音は長い. Hans är hans son.〈ハーンスは彼の息子だ〉. Hans vän heter också Hans. は2通

りの解釈ができる．文頭の Hans が短母音：〈彼の友人もハーンスという名前だ〉，文頭の Hans が長母音：〈ハーンスの友人もハーンスという名前だ〉．したがって，スウェーデン人の苗字 Han(s)son は「ハーンソン」であって，ハンソンではない．

10.3　役に立つ表現

(1)　「ごきげんいかがですか」などの表現

    Hur är läget? — Bra!〈調子どう．— いいよ〉
    Hur har du det? — Tack, bara bra.
    〈調子どうですか．— ありがとう，元気そのものです〉
    Hur står det till?（till に強勢が置かれる）— Tack, bra.
    〈調子はどうですか．— ありがとう，いいよ〉
    Hur mår du? — Tack, jag mår bra.
    〈体調はどうですか．— ありがとう，いいです〉

注意　Hur är läget? は友人同士で交わされる少しくだけた表現である．単に Läget? だけで用いられることもある．

(2)　en kopp kaffe〈コーヒー1杯〉，en trave böcker〈本の山〉

英語では a cup of coffee のように前置詞 of が必要になるが，スウェーデン語は不要であるため，結果的に一見すると名詞が2つ並ぶことになる．中級段階になるとしばしばこの構造を見逃してしまい，名詞が2つ連続している奇怪さに惑わされて意味が取れなくなることがあるので，注意しなくてはならない．

前半の名詞には様々なものが来るが，一種の度量衡的意味があると捉えるとわかりやすい．ちなみに，度量衡を表す名詞（liter）は複数になっても単複同形である．後半の名詞には可算名詞も不可算名詞もくる．

    en grupp studenter〈学生の一団〉   två grupper studenter〈2グループの学生〉
    ett glas juice〈ジュース1杯〉   tre glas juice〈ジュース3杯〉
    en hink vatten〈バケツ1杯の水〉   fyra hinkar vatten〈バケツ4杯の水〉
    en liter mjölk〈ミルク1リットル〉   fem liter mjölk〈ミルク5リットル〉

練習問題

1. 複数形とその既知形
   次の単語の単数既知形・複数未知形・複数既知形を順に答えなさい．
   (1) en mun〈口〉
   (2) ett ben〈脚〉
   (3) en fot〈足〉
   (4) en hand〈手〉
   (5) ett öra〈耳〉
   (6) en axel〈肩〉

2. 所有格
   次の日本語を所有格を使ってスウェーデン語に直しなさい．
   (1) リンドグレーンの様々な本
   (2) イーダの目（複数）
   (3) その町の高校（複数）（高校：gymnasium）
   (4) インドの都市（複数）

3. 所有代名詞
   次の日本語を所有代名詞を使ってスウェーデン語に直しなさい．
   (1) あなたの自転車（単数），あなたの自転車（複数）．
   (2) 私たちのテーマ（単数），私たちのテーマ（複数）．
   (3) あなた方の部屋（単数），あなた方の部屋（複数）．
   (4) 私の娘（単数），私の娘たち（複数）．

4. 作文
   次の日本語をスウェーデン語に直しなさい．
   (1) 私は（その）仕事が原因で良く眠れません．
   (2) あなたの息子さんたちはどうですか？
   (3) あなたの課題はその映画について作文を書くことです．
   (4) 彼は一日にコーヒーを5杯飲みます．

11　イングリッドの職場で
PÅ INGRIDS JOBB

Ingrid arbetar också som lärare. Hennes skola ligger i ett hus som har en gammal men enkel stil. Några rum i huset har en fin utsikt. Ingrid tycker om att arbeta där och hon är väldigt nöjd med arbetsmiljön. Huset är av sten och har en vit, fin färg. Den här färgen är nästan samma som på Björns och hennes hus. Ingrids arbetsplats är en vacker byggnad, tycker både Ingrid och Björn.
Nu sitter Ingrid i lunchrummet och pratar med en ny kollega som heter Kerstin.

— Vilken tur! säger Kerstin. Jag är väldigt glad över att få jobba här!

— Var bor du någonstans Kerstin, undrar Ingrid.

— Norr om stan, berättar Kerstin. Ganska långt härifrån.

— Hur många timmar tar det att komma hit och när startar du hemifrån?

— Klockan sju. Det tar två timmar, med tunnelbana och buss. Vad säger du om det?

— Jobbigt! Men nu måste vi nog strax gå härifrån, säger Ingrid. Våra lektioner börjar snart. Det blir en lång eftermiddag – jag har två lektioner.

新出単語

gammal [形] 古い，年老いた
en stil [名] /stilen, stilar, stilarna/ 様式
någon [代] /något, några/ 誰か，何か
en utsikt [名] /utsikten, utsikter, utsikterna/ 眺め，眺望
tycka 'om ～が好きだ
väldigt [副] とても
nöjd [形] (med ...) (～に) 満足している
sådan [代] /sådant, sådana/ そのような
en arbetsmiljö [名] /-miljön, -miljöer, -miljöerna/ 労働環境，仕事場
av [前] ～から成る，～で出来た
en sten [名] /stenen, stenar, stenarna/ 石
vit [形] 白い
en färg [名] /färgen, färger, färgerna/ 色
den här この，これ
nästan [副] ほとんど，ほぼ
samma som A A と同じ
en arbetsplats [名] /-platsen, -platser, -platserna/ 職場
en byggnad [名] /byggnaden, byggnader, byggnaderna/ 建物
vacker [形] 美しい
både A och B A も B も，両方とも
ett lunchrum [名] /-rummet, -rum, -rummen/ ランチルーム
prata [動] /pratar, pratade, pratat/ 話す，おしゃべりする
ny [形] 新しい
Kerstin [固] シャシュティン（女性名）

vilken [疑代] /vilket, vilka/ どの，どのような
(en) tur [名] /turen, ×, ×/ 幸運，順番
glad [形] (över ...) (～が) 嬉しい
jobba [動] /jobbar, jobbade, jobbat/ 働く
var [疑代] どこで，どこに
någonstans [副] どこかで，どこかに
norr [副] (om ...) (～の) 北に
stan [名] その町（staden の短縮形）
långt [形] 遠く（lång の中性単数形）
härifrån [副] ここから
hit [副] ここへ
när [疑代] いつ
starta [動] /startar, startade, startat/ 出発する
hemifrån [副] 家から
sju [数] 7
med [前] ～で（手段）
en tunnelbana [名] /-banan, -banor, -banorna/ 地下鉄
en buss [名] /bussen, bussar, bussarna/ バス
säga [動] /säger, sade, sagt/ 思う，言う
jobbigt [形] 骨が折れる，大変だ（jobbig の中性単数形）
måste [助動] /måste, måste, måst/ ～しなければならない（måste の不定詞は存在しない）
nog [副] きっと，～と思う，十分に
strax [副] 直ちに
en lektion [名] /lektionen, lektioner, lektionerna/ 授業
lång [形] 長い

注意すべき発音

lunchrum: ch は [ʃ] あるいは [ɧ] で発音される．

11.1 場所を表す副詞

(1) 場所を表す 3 系列の副詞

スウェーデン語には場所を表す副詞は 3 系列あり，厳密に区別されて用いられている．特に目的点は方向性の意味にも重点が置かれる．

目的点（～へ）	静止点（～に，～で）	出発点（～から）
vart〈どこへ〉	var〈どこに〉	varifrån〈どこから〉
hit〈ここへ〉	här〈ここに〉	härifrån〈ここから〉
dit〈そこ・あそこへ〉	där〈そこ・あそこに〉	därifrån〈そこ・あそこから〉
bort〈向こうへ〉	borta〈向こうに，不在〉	bortifrån〈向こうから〉
hem〈家へ〉	hemma〈家に，在宅〉	hemifrån〈家から〉
in〈中へ〉	inne〈中に〉	inifrån〈中から〉
ut〈外へ〉	ute〈外に〉	utifrån〈外から〉
upp〈上へ〉	uppe〈上に〉	uppifrån〈上から〉
ner/ned〈下へ〉	nere〈下に〉	nerifrån/nedifrån〈下から〉
fram〈前へ〉	framme〈前に，到着〉	framifrån〈前から〉
bakåt〈後ろへ〉	bakom〈後ろに〉	bakifrån〈後ろから〉

Var bor du?〈君はどこに住んでいるのですか〉
Vart går du?〈君はどこへ行くのですか〉
Varifrån kommer han?〈彼はどこの出身ですか〉
Kom hit!〈ここに来なさい〉
Är din dotter hemma?〈娘さんは家にいますか〉
— Nej, hon är borta på semester.〈いえ，休暇で不在です〉
Vi är snart framme i Stockholm.
〈私たちはもうすぐストックホルムに到着します〉
Hon går in i huset.〈彼女は建物の中へと入って行く〉
(in〈中へ〉は方向性を示す副詞（小辞）で強勢がある．i は前置詞でその場所を示す．前置詞ははじめから強勢は置かれない．スウェーデン語の in と英語の前置詞 in とを混同しないこと)
Hon går ut ur huset〈彼女は建物の中から外へ出る〉．
(ut は〈外へ〉で方向性を示す副詞（小辞）．ur は前置詞で出てくる内部を示す．なお，ur には強勢は置かれない)

> **注意** dit の母音は長く発音すること．短母音だと所有形容詞の ditt に誤解される．

（2） ［助動詞＋目的点の副詞（句）］

　移動を表す動詞を特に使わず，助動詞と目的点の副詞（句）のみで，「～へ行く」を表すことができる．その場合，移動手段の意味が含まれる動詞がここでは用いられてないため，「歩いて行く」のか「乗り物に乗って行く」のかは不問である．

　　Vart ska du?〈あなたはどこに行くのですか〉
　　— Jag ska hem/till Sergels torg.
　　〈家に帰るのです．サルゲル広場に行くのです〉
　　Vi ska bort/på bio/på fest ikväll.
　　〈今晩私たちは出かけます／映画を見に／パーティーに出かけます〉
　　Måste du verkligen dit?〈君は本当にそこへ行かねばなりませんか〉
　　Vi vill hit igen.〈私たちはここにまた来たいな〉
　ただ，この構文で使うことができる助動詞は måste, ska, vill に限られている．
　　×Jag kan/bör hem. などは不可．
動詞では hinna〈間に合う〉も同じように使うことができる．
　　Vi hinner inte till varuhuset.
　　〈デパートへは（閉店時間前には到着が）間に合わない〉
この構文では目的点を表す副詞（句）がほとんどであるが，出発点を示す副詞でもありうる．
　　Jag vill härifrån.〈私はここから抜け出したい〉

余話 ①

　サルゲル広場（Sergels torg）はストックホルム中心部にある大きな広場である．日本語の表記ではセルゲル広場と書かれることが多い．しかし，強勢のある er であるので，この e は [æ] になるため，サルゲル広場と表記する方が適切である．

11.2　関係副詞（場所と時）

　場所を表す副詞の dit, där, varifrån は関係副詞としても使うことができる．これ

らは目的点，静止点，出発点を必ず区別して用いる．varifrån 以外は日常で頻繁に用いられる．関係副詞は省略されない．先行詞が未知形になるか既知形になるかについては 13 課を参照．

先行詞を静止点として捉えて使う場合は **där**：

　　Huset där jag är född finns inte längre kvar.
　　〈私が生まれた家はもう残っていない〉

先行詞を目的点として捉えて使う場合は **dit**：

　　Lissabon är den stad dit min fru ofta reser.
　　〈リスボンは私の妻がよく旅行する町だ〉

先行詞を出発点として捉えて使う場合は **varifrån**：

　関係副詞 varifrån は文体が硬くなる．

　　"Skytree" är det höga torn varifrån vi kan få en fin utsikt över Tokyo.
　　〈「スカイツリー」は東京が一望できる高いタワーだ〉

時を表す関係副詞 **när/då**：

　då は文体がやや硬くなる．またどちらかというと過去時制で使われる傾向が強い．

　　Nästa vecka då jag besöker dig äter vi god mat.
　　〈来週私があなたを訪問するときはおいしいものを食べよう〉
　　Den dag när jag avslutar mina studier åker jag till Venedig.
　　〈学業を修了するその日に，私はヴェニスに行きます〉

11.3　疑問詞

(1)　疑問代名詞

vem〈誰（who）〉

　　Vem är det?〈(それは) 誰ですか〉，Vem spelar piano?〈誰がピアノを弾いているのですか〉，Med vem åker du till Sverige?〈君は誰と一緒にスウェーデンに行くのですか〉

　注意　指している人が複数であることが予めわかっている場合，vem は使わない．vilka を使う．

　　Vem är hon?〈彼女は誰ですか〉
　　Vilka är de?〈彼らは誰ですか〉

vems〈誰の (whose)〉
 Vems väska är det?〈誰のカバンですか〉,
 Vems är väskan?〈そのカバンは誰のものですか〉
vad〈何 (what)〉
 Vad är det?〈(それは) 何ですか〉
 Vad studerar du vid Uppsala universitet?〈君はウップサーラ大学で何を勉強しているのですか〉
vad ... för ...〈どのような，どんな種類の〉
 Vad är det för problem?〈どんな問題ですか〉,
 Vad har du för bil?〈君はどんな車を持っていますか〉
 — Jag har en Volvo.〈ボルボです〉
vilken, vilket, vilka〈どの (which)〉,〈どのような〉
 どちらの意味になるかは文脈で判断する．指し示すヒト・モノがEN-名詞・単数にはvilken, ETT-名詞・単数にはvilket, 複数にはvilkaが用いられる．
 Vilken lärare undervisar i engelska?〈どの先生が英語を教えているのですか〉
 Vilket hus bor du i? I vilket hus bor du?〈君はどの家に住んでいるのですか〉
 （前置詞が文末に置かれるほうが，より話し言葉的になる）
 Vilka glasögon använder hon?〈彼女はどのメガネを使用していますか〉
 Vilken bil har du? = Vad har du för bil?〈君はどんな車を持っていますか〉

(2) 疑問副詞

när〈いつ (when)〉
 När börjar lektionen i svenska?〈いつスウェーデン語の授業が始まりますか〉
 — Den börjar nu på måndag〈この月曜日に始まります〉
hur〈どのようにして (how)〉
 Hur åker du till Sverige?
 〈あなたはスウェーデンにはどのようにして行くのですか〉
 — Jag åker med flyg.〈飛行機で行きます〉
 Hur ser jag ut?〈私はどのように見えますか〉
 — Du ser mycket fin ut.〈すごく素敵に見えますよ〉
hur mycket〈どのくらいの量か (how much)〉
 Hur mycket vatten behöver de?〈彼らはどのくらいの量の水を必要としますか〉
 — De behöver tio liter.〈10リットル必要としています〉

hur många 〈どのくらいの数か (how many)〉
    Hur många systrar har du?〈あなたには姉妹が何人いますか〉
    — Jag har en syster.〈私には姉(もしくは妹)が1人います〉
hur gammal〈何歳か,どのくらい古いのか (how old)〉
    Hur gammal är din son?〈君の息子は何歳ですか〉
    — Han är bara ett år.〈まだ1歳です〉
hur dags〈何時か〉
    Hur dags stiger du upp?〈君は何時に起きますか〉
    — Jag stiger upp klockan sju.〈僕は7時に起きます〉
    注意 när〈いつ〉と違って,細かい時間を尋ねるときに用いる.
varför〈なぜ (why)〉
    Varför måste du åka till Sverige?
    〈なぜ君はスウェーデンに行かねばならないのですか〉
    —(Därför att) jag vill läsa svenska där.
    〈(なぜなら)現地でスウェーデン語を勉強したいからです〉(Därför att〈なぜなら〉はなくても構わない)
var〈どこに〉**, vart**〈どこへ〉**, varifrån**〈どこから〉
    11.1 の例文参照.

11.4 指示代名詞

(1) den här/det här/de här と denna/detta/dessa

〈これ,この〉,〈あれ,あの〉は den här/den där のように2語を組み合わせて表す.後続する名詞が EN-名詞・単数であれば den, ETT-名詞・単数 det, 複数形であれば de を用いる.その際,後半の要素 här, där に強勢が置かれる.また,det は [de], de は [dɔm:] と発音される.なお,後続する名詞は**必ず既知形**になる.

EN-名詞・単数	ETT-名詞・単数	複数名詞
den här bilen〈この車〉	det här huset〈この家〉	de här bilarna〈これらの車〉 de här husen〈これらの家〉
den där bilen〈あの車〉	det där huset〈あの家〉	de där bilarna〈あれらの車〉 de där husen〈あれらの家〉

「これは／あれは〜です」で補語に EN-名詞の単数形や複数形の名詞がきても，det här/det där であって，den här/den där や de här/de där にはしない．

　　Det här är Lenas vän.〈こちらはレーナの友人です〉
　　Det där är hans böcker.〈あれは彼の本です〉
　一方，〈これ，この〉に関しては，以下のようにも表すことができるが，後続する名詞は未知形となる．この表現は上記の den här のタイプとは違ってやや堅く，書き言葉的になる．

denna bil〈この車〉	detta hus〈この家〉	dessa bilar〈これらの車〉 dessa hus〈これらの家〉

(2)　sådan, sådant, sådana

　意味は〈そのような〜〉である．発音はそのまま文字通りでもよいが，話し言葉ではしばしば語中音が脱落して sån [sɔn], sånt [sɔnt], såna [sɔna] と発音される．指し示す名詞が EN-名詞・単数では sådan, ETT-名詞・単数では sådant, 複数には sådana が用いられる．
　なお，単数で用いられる場合は不定冠詞がその前に置かれることに注意．
　　Jag vill köpa en sådan mobiltelefon som finns i katalogen.
　　〈カタログにあるような携帯電話を買いたい〉
　　Ett sådant hus vill vi bo i.〈私たちはそのような家に住みたい〉
　　Sådana kläder finns inte här.〈そのような服はここにはおいてありません〉
　さらに，sådan, sådant, sådana を用いて感嘆文もできる．一般に感嘆文の特徴は主語以外の句が文頭に立っても主語と動詞の語順は転倒しないことである．また，多くの感嘆文は主語と動詞を省略することが多い．指し示す名詞が EN-名詞・単数では **en** sådan, ETT-名詞・単数では **ett** sådant のように不定冠詞を忘れてはならず，また形容詞も名詞の性・数に一致させなければならない．
　　En sådan fin cykel（du har）!
　　〈なんて素敵な自転車（を君は持っているのだろう）!〉
　　Ett sådant fint bord（du har）!
　　〈なんて素敵なテーブル（を君は持っているのだろう）!〉
　　Sådan**a** fin**a** kläder（du har）!
　　〈なんて素敵な服（を君は持っているのだろう）!〉
　sådan, sådant, sådana の代わりに，vilken, vilket, vilka や vad, så もよく使われ

る．なお，vilken, vilket, vilka は形容詞を伴わずに，感嘆表現をつくることもできる．良い意味になるか，悪い意味になるかは文脈による．

Vilken fin cykel（du har）! = Så fin cykel（du har）!
Vilket fint bord（du har）! = Så fint bord（du har）!
Vilka fina kläder（du har）! = Så fina kläder（du har）!
Vilka kläder!
〈なんという服なんだろう！（良い意味でも，悪い意味でも使われる）〉
Vad/Så dum jag är!
〈ああ，何て私はバカなんだ！〉
Vad/Så tråkigt det är att sitta hemma hela dagen!
〈1日中ずっと家にいるなんて何て退屈なんだ！〉

注意 vad に副詞あるいは形容詞のみが直後に後続する感嘆文においては，以下のような語順も可能である．

Vad fort tiden går! = Vad tiden går fort!
〈時の流れは何と速いのでしょう！〉
Vad glad jag är att du kan komma hit! = Vad jag är glad att du kan komma hit!
〈あなたがこちらへ来られるということで私はすごく嬉しい！〉

11.5　不定代名詞

någon, något, några

発音はそのまま文字通りでもよいが，話し言葉ではしばしば nån [nɔn], nåt [nɔt:], nåra [noːra] と発音される（30課参照）．

① 単独で用いられた場合
　　någon〈誰か〉, något〈何か〉, några〈何人か，いくつか〉
　　　Någon måste göra det.〈誰かがそれをやらなくてはならない〉
　　　Ge mig något kallt att dricka.〈何か冷たい飲み物を私にください〉
　　　Jag känner några av studenterna.
　　　〈私はその学生たちのうちの何人かは知っています〉
② 名詞が後続する場合
　　後続する名詞が EN-名詞・単数には någon, ETT-名詞・単数には något, 複数名詞には några が用いられる．

Har du någon cykel?〈自転車を持っていますか〉
Jag har inte något äpple.〈私はリンゴを持っていません〉
Några människor sitter kvar.〈何人かの人たちは残っています〉

単数の någon, något に名詞が後続する場合は，通例疑問文，否定文で使われることが多い．その場合には英語の any とほぼ同じ用法になり，「なにか」，「だれか」に相当し，漠然とした量や数など，一般的にその存在を表す．

余話 ②

スイーツのお店（ett konditori）などで，ケース越しにケーキ（bakelse EN-名詞）を選ぶときに，日本語では「これを1つ，それを2つ，そしてあれを5つ」などと言いながら希望するケーキを指さして注文を聞いてもらう．スウェーデンでは den här, den där などは使わず，"en sån, två såna, och fem såna" と言う．これはケーキが EN-名詞で単数であるから en sån になるのだが，たとえばリンゴ（ett äpple）のように ETT-名詞の中から選ぶのであれば，もちろん ett sånt, två såna のようになる．

11.6　方角に関する表現

北	【名】norr	【形】norra
南	【名】söder	【形】södra
東	【名】öster	【形】östra
西	【名】väster	【形】västra

Hokkaido ligger i norr.〈北海道は北にある〉（名詞）
Hokkaido ligger i norra Japan.〈北海道は北日本にある〉（形容詞）
Hokkaido ligger norr om Honshuu.〈北海道は本州の北にある〉（副詞）

「〜の北・南・東・西に」というときは，前置詞 om を伴い，norr/väster/öster/söder om 〜 という表現全体で副詞句として機能する．

練 習 問 題

1. 疑問詞
   次のカッコ内に入る適切な疑問詞を答えなさい．
   (1) (　　　) bok ska du välja?
   (2) (　　　) ligger din arbetsplats?　　　— På Södermalm.
   (3) (　　　) pratar du med?
   (4) (　　　) läser du inte den där boken?　— Det är jobbigt!
   (5) (　　　) ska vi åka och handla?　　　— Imorgon.

2. 不定代名詞
   次のカッコ内に någon, något, några から適切なものを選んで入れなさい．
   (1) Vill du ha (　　　) att äta?
   (2) Jag har inte (　　　) lektioner idag.
   (3) Har du (　　　) kylskåp på jobbet?
   (4) Är det (　　　) som hjälper mig?　　— Ja, jag kommer.
   (5) Finns det (　　　) recept på torsk?

3. 場所を表す副詞
   次の日本語を場所を表す副詞を使ってスウェーデン語に直しなさい．
   (1) その同僚は家にいます．
   (2) そのリスは木を(上へ)登ります．
   (3) ここからその学校までどのようにして行くのですか？
   (4) 彼女の先生は森へとサイクリングに行くことにしています．

4. 作文
   次の日本語をスウェーデン語に直しなさい．
   (1) あなたは何色が好きですか？
   (2) この建物は築何年ですか？
   (3) そこまで歩いて行くのに何分かかりますか？
   (4) 私は両親と同じ町に住んでいます．

ウップサーラ大学講堂

12 職場からの帰り道
PÅ VÄG HEM FRÅN JOBBET

Efter jobbet tar Ingrid och Kerstin sällskap den korta vägen till busshållplatsen. De är väldigt trötta efter dagens arbete.
— Var bor du, frågar Ingrid.
— Jag bor i Solna, svarar Kerstin. Solna är fint, men det är en lång resa. Först måste jag ta bussen, som alltid är extremt full på eftermiddagarna. Sedan får jag ta tunnelbanan, den blåa linjen, och efter det promenera en kort bit till vår lägenhet.
— Är du gift, undrar Ingrid.
— Nej, jag är skild, berättar Kerstin. Nu bor jag ensam i en nybyggd lägenhet med min dotter Sonja. Hon är fyra år gammal. Och du då, är du gift?
— Ja, jag och Björn är gifta sedan sex år, och vi har två fina barn som är fem och tre år gamla, svarar Ingrid.
— Tillvaron är inte alltid så enkel för en ensamstående förälder, säger Kerstin. Det är ofta väldigt mycket stress på veckodagarna. Ibland är det svårt att hinna med allting – lämna Sonja tidigt på dagis, åka till jobbet, laga en god och nyttig middag på kvällen. Men jag är nöjd med mitt liv. Och en del saker är ju enkla!

Ingrid och Kerstin är tysta en stund. Sedan säger Ingrid:
— Ett liv som är fullständigt enkelt finns nog inte. Det är inte alltid lätt att få tiden att räcka till. Men det är det enda problemet, och vi är oftast väldigt nöjda med vår tillvaro. Vi och våra barn är friska och glada!

新出単語

en **väg** [名] /vägen, vägar, vägarna/ 道
ett **sällskap** [名] /sällskapet, sällskap, sällskapen/ 同伴
kort [形] 短い
en **busshållplats** [名] /-platsen, -platser, -platserna/ バス停
ett **arbete** [名] /arbetet, arbeten, arbetena/ 仕事
Solna [固] ソールナ（地名）
en **resa** [名] /resan, resor, resorna/ 旅行, 移動
först [副] まず, 最初に
alltid [副] いつも
extremt [副] きわめて, とても
full [形] いっぱいの, 満ちた
sedan [副] それから, そのあと
blå [形] 青い
en **linje** [名] /linjen, linjer, linjerna/ 線, 路線
promenera [動] /promenerar, promenerade, promenerat/ 散歩する, 歩く
en **bit** [名] /biten, bitar, bitarna/ 一部分, 断片
en **lägenhet** [名] /lägenheten, lägenheter, lägenheterna/ マンション, アパート
skild [形] 離婚している
ensam [形] ただ一人の, ただ～だけで
nybyggd [形] 新築の
Sonja [固] ソーニア（女性名）
fyra [数] 4
sedan [前] ～以来, ～から
(en) **tillvaro** [名] /tillvaron, ×, ×/ 生活, 人生, 存在

ensamstående [形] たった1人の, 1人だけの
en **förälder** [名] /föräldern, föräldrar, föräldrarna/ 親
mycket [形・副] 多くの, 多量の, 大いに（英 much）
(en) **stress** [名] /stressen, ×, ×/ ストレス
under [前] ～の間じゅう
ibland [副] ときどき
svår [形] 難しい
allting [代] すべてのもの, こと
lämna [動] /lämnar, lämnade, lämnat/ 渡す, 預ける, ～を去る
tidigt [副] 早くに
god [形] おいしい, 良い
nyttig [形] 役に立つ, 体に良い
ett **liv** [名] /livet, liv, liven/ 人生
en **del** [名] /delen, delar, delarna/ 部分
en **sak** [名] /saken, saker, sakerna/ 物, 事
tyst [形] 沈黙した, 静かな
fullständigt [副] 完全に
finnas [動] /finns, fanns, funnits/ 存在する, ある
räcka [動] /räcker, räckte, räckt/ **räcka 'till** 十分である, 足りる
enda [形] 唯一の
ett **problem** [名] /problemet, problem, problemen/ 問題
oftast [副] たいてい
frisk [形] 健康な

注意すべき発音

bor du : -r d- の結合が生じるので, bor の r は発音されず, du の d はそり舌音になる.

Solna, Sonja：これらの固有名詞に含まれる o の発音は [u] ではなくそれぞれ [oː]，[ɔ] である．なお，一般的に地名は ETT-名詞扱いで，代名詞は det で受け，Solna är fint. のように形容詞を一致させる．
litet：語末の -t は発音されない．

12.1　形容詞の用法と変化形

（1）　叙述用法と限定用法

　形容詞の用法には叙述用法と限定用法がある．用法の違いにより，形容詞の語尾が異なってくる．
　叙述用法は動詞の補語として用いられ，主語の状態や性質を表す．
　限定用法は形容詞が名詞を直接修飾し，その名詞を他のものとの差別化を図る働きがある．形容詞は修飾する名詞の直前に置かれるが，不定代名詞 något などが修飾される場合，形容詞はその直後に置かれる．
　形容詞は原則として3つの形を有しているが，用法によってどの語尾（-, **-t**, **-a**）になるかが決まっている．規則的な形容詞：stor〈大きい〉, stort, stora.

（2）　叙述用法

　主語が EN-名詞・単数であれば辞書に載っている形容詞をそのままの形で，ETT-名詞・単数であれば -t 語尾を付加し，複数であれば EN-名詞，ETT-名詞に関係なく -a 語尾を付加する（一部の形容詞は -e など．13課参照）．<u>叙述用法の一番の注意点は，限定用法と違って，形容詞の形は主語が未知形であるか既知形であるかには左右されないことである</u>．

　　　Bilen är stor.　　　　　　〈その車は大きい〉
　　　Huset är stor**t**.　　　　　〈その家は大きい〉
　　　Bilarna/Husen är stor**a**.　〈その車／家は大きい〉

（3）　限定用法

　限定される名詞が未知形の場合は，修飾する名詞の性と数により，次のような語尾になる．

en stor bil	〈一台の大きな車〉
ett stort hus	〈一軒の大きな家〉
stora bilar/hus	〈大きな車／家〉

　限定される名詞が既知形の場合には，名詞の性と数により，それぞれ限定詞 den/det/de が前置され，形容詞は性・数に関係なくどの場合にも -a 語尾（一部の形容詞は -e など）が付加される．形容詞を伴う名詞を限定用法に取り入れるにあたって，① <u>den/det/de の選択</u>＋② <u>形容詞に -a を付加</u>＋③ <u>名詞を既知形にする</u>の 3 箇所に注意すること．

den stor**a** bil**en**	〈その大きな車〉
det stor**a** hus**et**	〈その大きな家〉
de stor**a** bil**arna**/hus**en**	〈その大きな車／家〉

12.2　形容詞の変化形〔1〕

　大多数の形容詞は下記の stor のタイプである．fin〈素敵な〉，lång〈長い，背が高い〉，kall〈冷たい，寒い〉，varm〈暖かい，暑い，熱い〉，dyr〈高価な〉，billig〈安い〉，hungrig〈空腹の〉，törstig〈喉が渇いた〉，stark〈強い〉，svag〈弱い〉，rolig〈楽しい，面白い〉，tråkig〈退屈な〉，svensk〈スウェーデンの〉，tung〈重い〉，ung〈若い〉，låg〈低い〉，hög〈(高さが) 高い〉（中性単数形 högt は短母音になることに注意）．

　EN-名詞，ETT-名詞を修飾した場合をそれぞれ表にしてまとめる．

　　　　　en stor hund〈大きなイヌ〉　　　　ett stort äpple〈大きなリンゴ〉

性	EN-名詞		ETT-名詞	
未／既	未　知　形	既　知　形	未　知　形	既　知　形
単数	en stor hund	den **stora** hunden	ett stort äpple	det **stora** äpplet
複数	**stora** hundar	de **stora** hundarna	**stora** äpplen	de **stora** äpplena

上記の表から，
① 　未知形単数を除けば，残りすべての形容詞には共通した語尾が使われる．ただし，次課に出てくる liten〈小さい〉は例外．
② 　既知形では，形容詞の前に EN-名詞・単数であれば限定詞 den，ETT-名詞・単数であれば det，複数形であれば de（発音は [dɔm:]）を付加することを忘れ

ないようにすること.

> **注意** ［長母音＋t］で終わる単音節の形容詞は中性単数では短母音になる.
> vit〈白い〉, vitt（短母音）, vita.
> 同様に fet〈脂っこい〉, het〈熱い, 暑い〉, söt〈甘い〉, våt〈濡れた〉.

> **注意** -m, -n の前に強勢のある<u>短母音</u>がある場合は, -a 語尾が付加されるときはそれぞれの子音字を重ねる（10課の m/n の規則を参照）.

m を重ねる場合：dum〈愚かな〉, dumt, dumma
  同様に grym〈残酷な〉, ljum〈生ぬるい〉, skum〈怪しい〉, tom〈空っぽの〉, långsam〈ゆっくりの〉（他にも -sam で終わる形容詞はすべて）
  ただし, m の前の母音が長母音のときは m は重ねない（10課の m/n の規則を参照）.
    tam〈飼いならされた〉, tamt, tama

n を重ねる場合：allmän〈普遍的な〉, allmänt, allmänna
  ただし, すでに nn で終わっている形容詞は中性形で n を1つ落とし, 複数形ではそのまま -a 語尾を付加する.
    sann〈真実の〉, sant, sanna. 他に noggrann〈入念な〉, tunn〈薄い〉

12.3　形容詞の変化形〔2〕

多くの形容詞は stor〈大きい〉, stort, stora のように, 形自体に何の変更も加えず, 語尾（-, **-t**, **-a**）を付加すればよいのだが, 以下の場合, 多少注意を要す.

(1) 強勢のない -el/-al, -er, -en で終わる形容詞

-a 語尾をとるとき, -el/-al, -er, -en の e や a が脱落する特徴がある.
  -el：enkel〈単純な〉, enkelt, **enkla**
    dubbel〈二重の〉, flexibel〈柔軟な〉, ädel〈高貴な〉
  -al：gammal〈古い, 年老いた〉, gammalt, **gamla**
    -al で終わる形容詞は gammal のみ. 綴り字 m の脱落に注意（10課の m/n の規則参照）
  -er：vacker〈美しい〉, vackert, **vackra**
    bitter〈苦い〉, mager〈痩せこけた〉, nykter〈しらふの〉, säker〈確かな〉
  -en：mogen〈熟した〉, mog**et**, **mogna**

中性形は -ent ではなく，-et になることに注意．
belåten〈満足した〉，bjuden〈招待された〉，galen〈狂った〉，ledsen〈悲しい〉，naken〈裸の〉，nyfiken〈知りたがる〉，trogen〈忠実な〉，tvungen〈強いられた〉，vaken〈目が覚めている〉，vuxen〈成熟した〉，välkommen〈歓迎される〉（välkommet, **välkomna**），öppen〈開いている〉

en で終わる形容詞の変化は，グループ 4 の動詞の大多数の過去分詞（24 課参照）と同じになるので，今からしっかり練習しておくことが重要である．

（2） [-C + d], [-C + t] で終わる形容詞（C= 子音）

[-C + d]：rund〈丸い〉，**runt**, runda
blind〈目の不自由な〉，blond〈金髪の〉，född〈生まれた〉，förkyld〈風邪をひいた〉，hård〈硬い〉，känd〈知られている〉，nöjd〈満足した〉，ond〈悪い〉，skild〈別れた，離婚した〉，stängd〈閉められた〉，såld〈売られた〉，vild〈荒々しい〉，värd〈価値のある〉

[-C + t]：kort〈短い，背が低い〉，**kort**, korta
gift〈結婚した〉，intressant〈興味深い〉，köpt〈買われた〉，lätt〈容易な〉，mätt〈満腹の〉，perfekt〈完璧な〉，svart〈黒い〉，trött〈疲れた〉，tyst〈静かな〉

両者ともに中性形のときの語尾に注意（×rundt, ×kortt などにしないように）．これらのタイプの形容詞の変化は，それぞれグループ 2A の動詞，グループ 2B の動詞の過去分詞（24 課参照）と同じになるので，重要である．

（3） [長母音＋d]，[長母音] で終わる形容詞

[長母音 + d]：röd〈赤い〉，rött（短母音），röda
bred〈幅が広い〉，död〈死んでいる〉，glad〈嬉しい〉，god〈良い，おいしい〉，sned〈斜めの〉，solid〈しっかりした〉，vid〈広い〉

[長母音]：ny〈新しい〉，**nytt**（短母音），nya
blå〈青い〉，fri〈自由な〉，grå〈灰色の〉，rå〈生の〉，slö〈なまくらの〉
blå と grå に限って，書き言葉では -a 語尾を付加しないことがある．

両者のタイプともに中性単数形では子音が -tt となり，直前の母音は短かくなる．またこのグループの形容詞は単音節語が多い．

12.4 役に立つ表現

(1) 色を表す形容詞

色は färg（EN-名詞のタイプ(3), 複数語尾 -er）で，何色かを尋ねる表現は "Vilken färg är det?" である．

vit〈白い〉, svart〈黒い〉, röd〈赤い〉, grön〈緑色の〉, blå〈青い〉, gul〈黄色い〉, brun〈茶色の〉, grå〈灰色の〉, skär〈ピンク色の〉

スウェーデン語で色を表す単語は他にもある．rosa〈ローズピンク色〉, orange〈オレンジ色〉, beige〈ベージュ色〉, lila〈紫色, ライラック色〉, violett〈紫色, スミレ色〉, purpur〈赤みかかった紫色〉（紫色を表す lila, violett に関しては，スウェーデン人によっても色の認識が異なり，明確にこれらの色の違いを意識をして使い分けているかどうかは不明）．これらは原則的に変化しないが，orange と beige に限って話し言葉では，中性形，既知形・複数形にそれぞれ oranget [ʊˈranːʃt] / orangea [ʊˈranːʃa], beiget [ˈbɛːʃt] / beigea [ˈbɛːʃa], violett/violetta が使われることもある．なお，orange はオレンジ色にのみ使われ，果物のオレンジは意味しない．果物のオレンジはまったく別の単語 en apelsin (-er) である．

明暗を表す形容詞に ljus〈明るい〉, mörk〈暗い〉があるが，これを上記の形容詞の前に付加して合成語にすると，様々な色調が表せる．ljusgrön〈黄緑色の〉, mörkblå〈紺色の〉など．

一方，〈~ぽい〉の意味を表す形容詞を造る接尾辞 -aktig を使って，近似した色を表すことができる．brunaktig〈茶色っぽい〉, svartaktig〈黒っぽい〉．ただ，この接尾辞は別に色に限られているわけではない．pojkaktig〈男の子ぽい〉など．

余話

スウェーデン各地でひときわ目立つ濃い赤色のペンキで塗られた民家を目にする．その赤は faluröd (falurött, faluröda) と言われる．言葉の由来は Dalarna の町 Falun の銅山から出土する泥に含まれる独特の顔料をもとに造られたからである．さらにこの地に由来する食品として (en) falukorv という太めの丸いドーナツ型をしたソーセージもあり，スウェーデン人にはごく日常の食べ物である．

(2) få の様々な用法

① 使役表現

Det är inte alltid lätt att få tiden / pengarna / maten att räcka till.
〈時間／お金／食料をやりくりするのは毎回そう簡単ではない〉

　［(A) + få + (B = 人・モノ) + att(C = 不定詞)］の構成で，一種の使役構文を作りだす．スウェーデン語には使役動詞は他にもあるが，ここでは få が使われる使役について説明する．få はもともと「～（して）もらう」が原義であるので，この使役は強制など伴わず，主語 A が目的語 B に対して C をしてもらうように仕向けて，その結果，B が自ずとそうしていくことを表す．すなわち，A が B に C をしてもらうような事態・状況に持っていく，あるいは環境を整えるということである．A はもちろん行為者であるが，A が原因で B が C になっていく，とも解釈できる．

　上記の例文ではお金・時間・食糧などを何とか足りるように周辺事項を整えていくことを表している．（fick は få「～（して）もらう」の過去形）

　　Hon fick barnet att skratta.〈彼女は子供を笑わせた〉
　　（面白い本などを読み聞かせたりして，環境を整えた結果）
　　Mekanikern fick bilen att fungera.〈その整備工は何とか車を直した〉
　　（車が動くように車両全体や車にかかわる部品などを整えて，何とかして車を動くように持って行く）
　　Vi fick honom att dra tillbaka förslaget.
　　〈私たちは彼にその提案を取り下げてもらった〉
　　（彼を説得したり，なだめすかしたりして，自発的に提案を取り下げるようにする）

② 助動詞 få の開始用法

　［få + se/höra/känna/veta］でそれぞれ知覚の開始を表す．それぞれ，〈見える，視野に入る〉，〈聞こえてくる〉，〈感じる〉，〈知る，知らされる〉の意味になる．その開始の結果が se〈見え（てい）る〉/höra〈聞こえ（てい）る〉/känna〈感じている〉/veta〈知っている〉となる．この構文が使えるのは以上の4つの知覚動詞に限られている．

　se〈見え（てい）る〉：
　　Plötsligt fick hon se ett svart moln.〈彼女には急に黒い雲が目に映った〉
　　Hon ser molnet.〈彼女にその雲が見えている〉

höra〈聞こえる〉:
 Jag fick höra fågelsång.〈私には鳥の鳴き声が聞こえ(てき)た〉
 Jag hör fågelsång.〈私は鳥の鳴き声が聞こえ(てい)る〉
veta〈知っている〉:
 Jag fick veta igår att han är i Sverige.
 〈私は彼がスウェーデンにいることを昨日知った／知らされた〉
 Nu vet jag att han är i Sverige.
 〈それで彼がスウェーデンにいることを私は知っている〉

練習問題

1. 形容詞の変化形
   次の形容詞の単数中性形と複数形（既知形）を順に答えなさい．
   (1) fin〈素敵な〉　　　　　(2) glad〈嬉しい〉
   (3) blå〈青い〉　　　　　　(4) ledsen〈悲しい〉
   (5) trött〈疲れた〉　　　　(6) öppen〈開いている〉
   (7) nöjd〈満足した〉　　　(8) tom〈空っぽの〉

2. 形容詞の叙述用法
   次の日本語をスウェーデン語に直しなさい．
   (1) その本は難しい．
   (2) その家は新築だ．
   (3) それらの任務(課題)は単純だ．
   (4) 外は暖かい．

3. 形容詞の限定用法
   次の日本語をスウェーデン語に直しなさい．
   (1) 1つの長い道，その長い道．
   (2) 1つの困難な問題，3つの困難な問題．
   (3) 美しい眺め（単数未知形），それらの美しい眺め（複数既知形）．
   (4) 1つの古い家，それらの古い家．

4. 作文
   次の日本語をスウェーデン語に直しなさい．
   (1) 私はその新しい部屋に満足しています．
   (2) 私たちアーランダ行きのバスに間に合うかな？
   (3) 私は家まで近道を行くつもりです．
   (4) 彼のお金は必ずしも十分だというわけではない．（お金：pengar）
   (5) ストックホルムでアパートを見つけるのは難しい．

13 ビューンの両親が夕食にやってくる
BJÖRNS FÖRÄLDRAR KOMMER PÅ MIDDAG

På lördagen ska Björns föräldrar Arne och Birgitta komma på middag. Björn kan inte bestämma menyn, så han frågar Ingrid:
— Vad ska vi bjuda dem på, tycker du? Har du något bra förslag, som är gott och enkelt att laga?
— Någon rätt med kyckling kanske, föreslår Ingrid. Jag kan laga den där franska kycklinggrytan som du gillar så mycket. Och de är ju intresserade av fransk mat.
— Denna gång vill jag bjuda på något svenskt, invänder Björn. Det där receptet på grillad lax med skirat dillsmör till exempel, det är gott och lätt att göra. Lax är ju väldigt gott.
— Hur ska vi få tag på färsk lax idag, undrar Ingrid.
— Jag kan åka till den stora ICA-affären i Liljeholmen. Där brukar de alltid ha färsk lax.
— Ja, åk dit då, säger Ingrid, men du måste vara här igen senast klockan fyra. Då behöver du åka härifrån nu.

Björn åker på en gång, men kommer inte tillbaka hem förrän klockan fem.
— Varför kommer du så sent hit, frågar Ingrid. När kommer dina föräldrar, klockan sex, eller hur?
— Det är dessa ständiga köer, säkert tjugo personer i varje kassa. Men nu är jag här, så vi kan börja med middagen.

新出単語

Arne [固] アーネ（男性名）
Birgitta [固] ビルギッタ（女性名）
bestämma [動] /-stämmer, -stämde, -stämt/ 決める
en meny [名] /menyn, menyer, menyerna/ メニュー
bjuda [動] /bjuder, bjöd, bjudit/ 招待する，ごちそうする
ett förslag [名] /förslaget, förslag, förslagen/ 提案
en rätt [名] /rätten, rätter, rätterna/ 料理
fransk [形] フランスの
en kycklinggryta [名] /-grytan, -grytor, -grytorna/ 鶏肉の煮込み
gilla [動] /gillar, gillade, gillat/ 好む
intresserad [形]（av ...） ～に興味を持っている
denna [代] /detta, dessa/ これ，この
en gång [名] /gången, gånger, gångerna/ 回，度
svensk [形] スウェーデンの
invända [動] /invänder, invände, invänt/ 反対する，異議を唱える
ett recept [名] /receptet, recept, recepten/ レシピ
grillad [形] 焼いた，グリルした
en lax [名] /laxen, laxar, laxarna/ サケ
skirad [形] 溶かした

(ett) dillsmör [名] /-smöret, ×, ×/ ディル入りバター
ett exempel [名] /exemplet, exempel, exemplen/ 例　till exempel たとえば
lätt [形] 簡単な
ett tag [名] /taget, tag, tagen/ つかむこと，få tag på ～を手に入れる
färsk [形] 新鮮な
Liljeholmen [固] リリエホルメン（地名）
dit [副] そこに，そこへ
igen [副] 再び
senast [副] 遅くても
på en gång ただちに
förrän [接]　inte förrän ... ～して初めて～する
halv [形] 半分の
varför [疑副] なぜ，どうして
sent [副] 遅くに
eller hur? ～ですよね？（付加疑問）
ständig [形] 恒常的な，いつもの
en kö [名] /kön, köer, köerna/ 列，行列
säkert [副] 確かに，確実に
tjugo [数] 20
en person [名] /personen, personer, personerna/ 人，人間
varje [代] それぞれの
en kassa [名] /kassan, kassor, kassorna/ レジ

注意すべき発音

dag の語末の発音に注意．話し言葉では省略されて発音されることが多い．dagen は /dan/，dagar /dar/ になることが多い．しかし，dagarna は省略されて発音されることはない．lördagen /lördan/，middag /midda/，middagen /middan/，idag /ida/．

13.1　形容詞の変化形〔3〕

前課に引き続き，残りのやや特殊な形容詞の語尾についてみていく．

(1)　強勢のない -ad で終わる形容詞：lagad〈修理された〉, lagat, lagade

-ad で終わる2音節以上の形容詞で，-ad には強勢が置かれない特徴がある．ほとんどはグループ1（19.3参照）の動詞の過去分詞でもある．

このタイプの形容詞のみ，複数形，既知形が -a 語尾ではなく <u>-e 語尾になることに最大限の注意が必要である</u>．

限定用法：

en lagad bil〈修理された車〉　　　ett lagat golv〈修理された床〉

性	EN-名詞		ETT-名詞	
未／既	未　知　形	既　知　形	未　知　形	既　知　形
単数	en lagad bil	den lagade bilen	ett lagat golv	det lagade golvet
複数	lagade bilar	de lagade bilarna	lagade golv	de lagade golven

叙述用法：

　　Bilen är lagad.　　　〈その車は修理されている〉
　　Bilarna är lagade.　　〈それらの車は修理されている〉
　　Golvet är lagat.　　　〈その床は修理されている〉
　　Golven är lagade.　　〈それらの床は修理されている〉

他に bakad〈（パンなどが）焼かれた〉, besläktad〈親戚関係にある〉, målad〈塗られた〉, delad〈分割された〉, skadad〈損害を被った〉, övertygad〈確信をもった〉

(2)　liten〈小さい，可愛い〉

この形容詞の変化形は全体的にきわめて特殊で，しかも頻出するので，必修である．

限定用法：

en liten bil 〈小さな車〉　　　　ett litet hus 〈小さい家〉

性	EN-名詞		ETT-名詞	
未／既	未知形	既知形	未知形	既知形
単数	en liten bil	den **lilla** bilen	ett **litet** hus	det **lilla** huset
複数	**små** bilar	de **små** bilarna	**små** hus	de **små** husen

叙述用法：
　　Bilen är liten.　　〈その車は小さい〉
　　Bilarna är små.　　〈それらの車は小さい〉
　　Huset är litet.　　〈その家は小さい〉
　　Husen är små.　　〈それらの家は小さい〉

13.2　無変化の形容詞

　現在分詞由来の形容詞（-ande/-ende で終わる）や少数の形容詞は性・数・未知形／既知形に関係なく，無変化である．
　　spännande 〈わくわくさせる〉, främmande 〈外国の，見知らぬ〉,
　　barfota 〈裸足の〉, bra 〈よい〉, dåtida 〈当時の〉, nutida 〈現代の〉, extra 〈余分の〉, gammaldags 〈古風な〉, gratis 〈無料の〉, gängse 〈流布している〉, inrikes 〈自国の，国内の〉, utrikes 〈外国の〉, kul 〈楽しい〉, lagom 〈ちょうど適度の〉, redo 〈用意のできた〉, ringa 〈わずかな〉, rosa 〈ローズピンク色の〉, stackars 〈かわいそうな〉, stilla 〈静寂な〉, udda 〈奇妙な，奇数の〉, äkta 〈本物の〉, öde 〈荒廃した〉

13.3　指示代名詞による限定用法

(1)　[den här/det här/de här＋形容詞既知形＋名詞既知形]：〈この〉

　形容詞も名詞の形も前課で学習した［限定詞 den/det/de ＋形容詞既知形＋名詞既知形］と同じ構成になる．また den där/det där/de där 〈あの～〉になっても構

成はまったく同じである.

den här stora bilen〈この大きな車〉　　det här stora huset〈この大きな家〉

性	EN-名詞	ETT-名詞
単数	den här stora bilen	det här stora huset
複数	de här stora bilarna	de här stora husen

(2) [denna/detta/dessa＋形容詞既知形＋名詞未知形] と [所有格＋形容詞既知形＋名詞未知形]

これらの場合, 名詞は未知形であって, 既知形にならないことに注意.

denna stora bil〈この大きな車〉　　detta stora hus〈この大きな家〉

性	EN-名詞	ETT-名詞
単数	denna stora bil	detta stora hus
複数	dessa stora bilar	dessa stora hus

min stora bil〈私の大きな車〉　　mitt stora hus〈私の大きな家〉

性	EN-名詞	ETT-名詞
単数	min stora bil	mitt stora hus
複数	mina stora bilar	mina stora hus

hans stora bil〈彼の大きな車〉　　hans stora hus〈彼の大きな家〉

性	EN-名詞	ETT-名詞
単数	hans stora bil	hans stora hus
複数	hans stora bilar	hans stora hus

固有名詞の所有格もこれと同じになる. 例：Lenas stora bil/bilar/hus〈レーナの大きな車／家〉

注意 hans stora hus のように, ETT-名詞のタイプ(5)では, 単数も複数も同一になってしまう. その場合は文脈で判断するしかない.

13.4 関係節の制限的用法／非制限的用法

形容詞の限定用法が出てきたところで，形容詞が先行詞に含まれる場合にもかかわる関係代名詞についてみていきたい．9課ですでに関係代名詞について説明をしているが，ここでは特にどのようなときに制限的用法になるか，非制限的用法になるか，また，それぞれの用法や意味について解説する．

(1) 制限的用法／非制限的用法の区別

まず，第一に非制限的用法の場合，確かに関係節の始めと後にコンマが置かれることが多いが，必ずとは限らないので，コンマの有無は絶対視しないほうがよい．

① 構造から判断がつく場合

関係代名詞の先行詞には［den/det/de +（形容詞既知形）+ **名詞未知形**］という形が現れる場合がある．この構造になると，制限的用法になる．

　Det *hus* som ligger vid torget är 300 år gammalt.
　〈広場にあるまさにあの建物は築300年だ〉

　Den vackra *dam*（som）alla tittar på är en mycket berömd sångerska.
　〈皆が今見ているその美しい女性はとても有名な歌手だ〉

制限的用法では関係代名詞の直後に主語が続く場合のみ，関係代名詞 som は省略することができる．それに対して，非制限的用法の som はいかなる場合でも省略はできない．

注意　［den/det/de +（形容詞既知形）+ **名詞未知形**］という形で，関係詞節がつかない場合には，×det hus や×den vackra dam は文法的に認められず，det huset〈まさにその家〉や den vackra damen というように既知形にしなければならない．つまり，det hus や den vackra dam という形は -et や -en が不足した形だということになる．そこで，このような形が先行詞として現れた場合，不足している既知形の語尾 -et や -en の機能が次に続く関係節によっていわば，肩代わりされていると考えることができる．つまり，関係詞節は -et や -en と同じように名詞と密接かつ不可欠な関係をもち，制限的用法になると考えられる．

② 強勢から判断がつく場合

制限的用法か非制限的用法か迷う場合には，強勢の有無から区別できることがある．関係節内の重要と思われる要素（太字）に通常より強い強勢が置かれる場

合は制限的用法になる．一方，非制限的用法では関係節の情報は聞き手が特に必要としている内容ではないので，関係節内のどの要素にも強勢が置かれない．
制限的用法：
Huset som ligger vid **torget** är 300 år gammalt.
〈広場にあるその建物は築 300 年だ〉
（先行詞 hus を特定化するのに重要な情報 torget に強勢が置かれる）
非制限的用法：
Huset(,) som ligger vid torget(,) är 300 år gammalt.
〈その建物は，（ご存知のように）広場にあるけれど，築 300 年だ〉

(2) 制限的用法／非制限的用法の意味

上記の例からもわかるように，制限的用法にも非制限的用法にもなりうる場合がある．そこで先行詞に代名詞が来る場合を例にとって制限的用法／非制限的用法の意味の違いをみてみる．
制限的用法：
Ni som har **barn** får nu gå hem.（barn に強勢が置かれる）
〈お子様のいる皆様（あなたたち）はもう家に帰っていただいて結構です〉
（「あなたたち」の一部を指すと同時に，背後に「そうでない皆様は残ってください」が示唆される．"som har **barn**" はその場で知らされた新しい情報）
非制限的用法：
Ni, som har barn, får nu gå hem.
〈皆様（あなたたち）は，お子様がいらっしゃることですし，もう家に帰っていただいて結構です〉
（「皆全員が帰宅してもよい」ということ．聞き手は「自分に子供がいる」ことは当然わかっている）

非制限的用法の関係節の情報は付加的である．なぜかといえば，それは聞き手にとって特に目新しい情報が含まれているというわけではないからである．いってみれば，話し手は聞き手のために念のため付け足し的に添えている情報に過ぎないからである．そのため関係節のどの要素にも強勢が置かれない．
一方，制限的用法の関係節は聞き手がその場ではじめて知らされる重要な情報を含んでいる．その情報があってはじめて，先行詞から示唆される選択肢の中から１つを特定することができる．この特定化を確実にするためにポイントとなる

語(句)に強勢が置かれるのである．

制限的用法と非制限的用法の違いを表にまとめる．

用法	先行詞から示唆される選択肢	先行詞の意味の特定化	関係詞の省略	関係節の情報	関係節の必要度	関係節内の強勢
制限的	有	有	可(注)	未知	不可欠	有
非制限的	無	無	不可	付加的	確認的	無

(注：関係詞の後に主語が続く場合のみ)

13.5　叙述用法で主語の名詞と形容詞の性・数が一致しない場合

　主語の性・数とその補語である形容詞が一致しない場合がある．その場合，形容詞は必ず単数・中性形で，主語は単数形，複数形にかかわらず未知形である．
　　Grammatik är roligt.〈文法というのは面白い〉
　　(grammatik は EN-名詞・単数・未知形)
　　Två datorer är praktiskt.〈コンピューターが2台（使える）というのは便利だ〉
　　(datorer は EN-名詞 dator の複数・未知形)
　　Ärtor är gott.〈えんどう豆っておいしい〉
　　(ärtor は EN-名詞 ärta の複数・未知形)
　このような特異性により，主語の一般的な性質を特徴づけることができる．また，補語として出現する形容詞にも以下に示すように，意味の上で一定の傾向がみられる（以下の分類では両方に解釈できる形容詞もある）．
　1) 難易度：lätt〈易しい〉，svårt〈難しい〉
　2) 感情：roligt〈面白い〉，tråkigt〈つまらない〉
　3) 話し手の価値判断：billigt〈安い〉，dyrt〈高価だ〉，praktiskt〈便利〉，bekvämt〈快適な〉，farligt〈危ない〉，nyttigt〈役に立つ〉，gott〈おいしい〉，dåligt〈悪い，不味い〉

注意　この構文は以下のように説明されることがある．
　　Fisk är nyttigt.〈お魚というのは健康に良い〉
　　Det är nyttigt att äta fisk.〈お魚を食べることは健康によい〉
　　→ Fisk är nyttigt (att äta).〈お魚は（食べると）健康によい〉
　さらに，関心の対象を表す前置詞 med を用いて，同じような意味が表せる（7.6 (3)参照）．

Det är nyttigt med fisk.〈お魚についていうならば健康によい〉
主語が既知形であれば，当然形容詞は名詞の性・数に一致させねばならない．
　　Fisken är nyttig.〈その魚は健康に良い〉（EN-名詞 fisk の単数・既知形）
　　Ärtorna är goda.〈そのえんどう豆はおいしい〉（EN-名詞 ärta の複数・既知形）

13.6　形容詞から副詞への転用

形容詞の単数・中性形は形容詞以外にも，副詞としても機能する（27.1 参照）．
　　Hon målar **vackert**.〈彼女は美しく描く〉
　　Hon målar **ovanligt vackert**.〈彼女はまれに見るほど美しく描く〉
　　（ovanligt は副詞 vackert を修飾する副詞）
　　Jag mår **dåligt**.〈私は気分がすぐれない〉（27.1 ②参照）
　　Det är **ovanligt** varmt idag.〈今日はとてつもなく暑い〉

13.7　相手に同意を求める表現

　自分の想定したことに対して相手に同意を求める表現には，「付加疑問」方式と文中に副詞 väl を入れる表現の仕方がある．

(1)　付加疑問

　eller hur もしくは inte sant の 2 通りがある．それぞれ，同意を求める文の後に付加する．inte sant（sant ＜ sann〈本当の〉）を用いる場合は，同意を求める文に否定辞は入らない．前文が過去形であろうと，完了形であろうと，助動詞が含まれていようと，これらの表現は形を変えることなくそのまま使うことができる．
　　Han är student, eller hur?　　〈彼は学生ですよね〉
　　Han är inte student, eller hur?　〈彼は学生ではありませんよね〉
　　Du spelar piano, inte sant?　　〈君はピアノを弾きますよね〉

(2)　väl（心態副詞）を用いた表現

　相手に同意を求める väl は強勢がなく，語順は動詞の直後，もし助動詞があれ

ばその直後に置かれる．文末に疑問符？を付けることもあるが，添えられていない場合が多いので，この意味であることを逃してしまわないように注意しなくてはならない．なお，どの時制でも用いることができる（21.6 の心態副詞を参照）．

  Hon spelar väl piano.　　　　〈彼女はピアノを弾きますよね〉
  Hon spelar väl inte piano.　　〈彼女はピアノを弾きませんよね〉
  Han kan väl tala svenska.　　〈彼はスウェーデン語を話せますよね〉
  Han kan väl inte tala svenska.
  〈彼はスウェーデン語を話せないのではないのかね〉

 なお，副詞 väl には väl〈よく，上手に〉という英語 "well" に相当する意味もある．その場合には，väl に強勢があり，通例文末に置かれる．

  Hon spelar piano väl.　　　　〈彼女は上手にピアノを弾く〉
  Hon spelar väl piano väl.　　〈彼女は上手にピアノを弾きますよね〉

（3）　同意に応じる／応じないの返事

 否定表現で求められた同意の場合，英語の Yes に相当するときに，Ja ではなく Jo となることに注意．

  Han studerar svenska, eller hur/inte sant?
  Han studerar väl svenska.
  〈彼はスウェーデン語を勉強していますよね〉
 答え方：「していれば」→ Ja.　「していなければ」→ Nej.
  Han studerar inte svenska, eller hur?
  Han studerar väl inte svenska.
  〈彼はスウェーデン語を勉強していませんよね〉
 答え方：「していれば」→ Jo.　「していなければ」→ Nej.

13.8　役に立つ表現

（1）　inte ... förrän ...「～してようやく～する」

 förrän は〈～の前に〉の意味ではあるが，この語は必ずその前に否定を表す語（inte, aldrig〈never〉, knappast〈hardly〉, sällan〈seldom〉など）とともに使用される．解釈するときは否定的に「～する前には～しない」とするより，ほとんどの場合「～

してようやく～する」という肯定的に捉えることに重点が置かれる（23.2(2)参照）．
Han kommer inte hem förrän klockan fem.
〈5時になってようやく家に帰ってくる〉
De studerar inte förrän terminen börjar.
〈彼らは学期が始まってから勉強する〉
Hon brukar aldrig vakna förrän klockan elva.
〈彼女はたいてい11時になってやっと目が覚める〉

（2）「毎～」を表す表現

varje år〈毎年〉，varje månad〈毎月〉，varje vecka〈毎週〉，varje dag〈毎日〉，varje dygn〈毎24時間毎に〉，varje timme〈毎時間〉，varje minut〈毎分〉，varje sekund〈毎秒〉．

一方これを強調して，「1つも欠かさず」というニュアンスではvarjeをvarenda/vartendaに替える．vartendaは修飾する名詞がETT-名詞・単数のときに用いられる．

vartenda år〈1年も欠かさず，毎年毎年〉，varenda månad〈毎月毎月〉，varenda vecka〈毎週毎週〉，varenda dag〈1日も欠かさず，毎日毎日〉，vartenda dygn〈毎24時間欠かさず〉，varenda timme〈毎時間毎時間〉，varenda minut〈毎分毎分〉，varenda sekund〈毎秒毎秒〉．

練 習 問 題

1. 強勢のない -ad で終わる形容詞
   次のカッコ内に målad（塗られた）を適切な変化形にして入れなさい.
   (1) ett (　　　) arbetsbord　(2) tre (　　　) cyklar
   (3) det (　　　) arbetsbordet　(4) en (　　　) cykel
   (5) detta (　　　) arbetsbord　(6) hans (　　　) cykel

2. 形容詞 liten
   次のカッコ内に liten, litet, lilla, små から適切なものを選んで入れなさい.
   (1) ett (　　　) barn　(2) vår (　　　) dotter
   (3) de (　　　) barnen　(4) en (　　　) dotter
   (5) det (　　　) barnet　(6) tre (　　　) döttrar

3. 形容詞の限定用法
   次のカッコ内に ny（新しい）を適切な変化形にして入れなさい.
   (1) ett (　　　) förslag　(2) denna (　　　) kassa
   (3) det här (　　　) förslaget　(4) en (　　　) kassa
   (5) detta (　　　) förslag　(6) deras (　　　) kassa

4. 作文
   次の日本語をスウェーデン語に直しなさい.
   (1) これらのサーモンは小さい.
   (2) この小さなサーモンは美味しい.
   (3) 彼らはあなたの両親ですよね？
   (4) ヘッダは毎回遅れて来ます.
   (5) 私は小さなソファーベッドを手に入れたい.
   (6) スウェーデンの夏は楽しいが, 短い.

14 両親との夕食のひと時
MIDDAGEN

46

Arne och Birgitta kommer strax efter klockan sex. De är drygt femton minuter sena på grund av fyra olika vägarbeten, berättar Arne. Han är sextiofyra år, och Birgitta är femtionio. De är gifta sedan trettiosju år. Björn är trettiofem år, och han har två systrar. Den ena systern heter Annika och den andra heter Anna. Annika är tjugoåtta år, och Anna är tjugosex.

— Det doftar gott, ropar Birgitta. Vad ska vi få för läckerheter till middag?

— Det blir fyra rätter, berättar Ingrid. Först kantarellsoppa, sedan grillad lax med ett krämigt dillsmör och kokt potatis, därefter en bit lagrad ost och som dessert två olika slags glass.

— Hur mycket kostar färska svenska kantareller, undrar Arne. Man brukar få betala tvåhundrafemtio eller ibland över trehundra kronor kilot.

— Tvåhundrasjuttiofem kronor per kilo idag, svarar Björn. Det är dyrt, men färsk norsk lax kostar bara åttionio kronor kilot.

Arne och Birgitta tycker att middagen är fantastiskt god. De stannar till klockan tjugo över tio. Då är det dags för barnen att sova. De brukar somna senast klockan nio, men idag är det lördag, så de får stanna uppe till klockan elva.

新出単語

drygt [副] ～強，～余り
femton [数] 15
en minut [名] /minuten, minuter, minuterna/（時間の）分
sen [形] 遅い，遅れた
ett vägarbete [名] /-arbetet, -arbeten, -arbetena/ 道路工事
sextio [数] 60
fmtio [数] 50
nio [数] 9
trettio [数] 30
den ena..., den andra... 一方は～，他方は～
Annika [固] アンニカ（女性名）
Anna [固] アンナ（女性名）
dofta [動] /doftar, doftade, doftat/ 香りがする
ropa [動] /ropar, ropade, ropat/ 叫ぶ
en läckerhet [名] /läckerheten, läckerheter, läckerheterna/ ごちそう
en kantarellsoppa [名] /-soppan, -soppor, -sopporna/ アンズタケのスープ
krämig [形] クリーミーな
kokt [形] 茹でた
en potatis [名] /potatisen, potatisar, potatisarna/ じゃがいも
därefter [副] その後で
lagrad [形] 熟成した
en ost [名] /osten, ostar, ostarna/ チーズ
en dessert [名] /desserten, desserter, desserterna/ デザート
ett slag [名] /slaget, slag, slagen / 種類
en glass [名] /glassen, glassar, glassarna/ アイスクリーム
kosta [動] /kostar, kostade, kostat/（費用が）かかる
en kantarell [名] /kantarellen, kantareller, kantarellerna/ アンズタケ
man [代] 人が，人は
betala [動] /betalar, betalade, betalat/ 支払う
hundra [数] 100
över [前] ～を超えて，～より上に
en krona [名] /kronan, kronor, kronorna/ クローナ（スウェーデンの通貨単位）
ett kilo [名] /kilot, kilon, kilona/ キロ（重さ）
sjuttio [数] 70
per [前] ～につき
dyr [形] 高価な
norsk [形] ノルウェーの
åttio [数] 80
att [接]（英 that）
fantastiskt [副] すばらしく
stanna [動] /stannar, stannade, stannat/ 留まる
stanna 'uppe 夜更かしする
tio [数] 10
somna [動] /somnar, somnade, somnat/ 眠りに落ちる，寝入る
elva [数] 11

注意すべき発音

sedan：話し言葉では語中の -da- が脱落して，sen と発音される．スウェーデン語には語中音の脱落がよく起こる．da(ge)n〈その日〉, da(ga)r, nå(go)n〈何か〉, nå(go)t, nå(g)ra, sta(de)n〈その町〉など．一方 fa(de)r〈父〉, mo(de)r〈母〉,

bro(de)r〈兄, 弟〉, a(de)rton〈18〉は脱落させた形が一般的である. 5.2(2)を参照.

dessert：dessert [de'sæːr], konsert〈コンサート〉, kuvert〈封筒〉では語末の t は発音されない. また, -ert の e に強勢があり, 直後に r が続くため e は [æː] になる. 既知形や複数形になっても, 一貫して t は発音されない. en desser(t), desser(t)en, desser(t)er, desser(t)erna (en konser(t) も同様); ett kuver(t), kuver(t)et, kuver(t)en.

14.1　基数詞

0	noll		
1	en/ett	11	elva
2	två	12	tolv
3	tre	13	tretton
4	fyra	14	fjorton
5	fem	15	femton
6	sex	16	sexton
7	sju	17	sjutton
8	åtta	18	arton
9	nio	19	nitton
10	tio	20	tjugo

21	tjugoen/tjugoett	40	fyrtio
22	tjugotvå	50	femtio
23	tjugotre	60	sextio
24	tjugofyra	70	sjuttio
25	tjugofem	80	åttio
26	tjugosex	90	nittio
27	tjugosju	100	(ett) hundra
28	tjugoåtta	1 000	(ett) tusen
29	tjugonio	10 000	tiotusen
30	trettio	100万	en miljon

(1) 1〜99の基数詞

注意すべき点

en/ett：1に en/ett と2つあるのは，示唆するものがそれぞれ EN-名詞か ETT-名詞かによるためである．

nio, tio：話し言葉では /nie/, /tie/ と発音されることが多い．

fjorton：rt の結合があるので，r は発音されず，その直後の t はそり舌音になる．arton も同様．

arton：a(de)rton の語中音脱落に由来する．フィンランドのスウェーデン語を除けば，現在ではもっぱら arton である．

tjugoen/tjugoett：21に -en/-ett と2つあるのは，示唆するものがそれぞれ EN-名詞か ETT-名詞かによるためである．

tju(go)en/tju(go)ett から tju(go)nio まで：話し言葉では，語中の -go- は省略して発音することが多いが，20の tjugo は -go を省略せず常に発音する．

31-99：21-29と同じように形成される．trettioen/trettioett, trettiotvå, trettiotre ... fyrtiofyra ... femtiofem ... sextiosex ... sjuttiosju ... åttioåtta ... nittionio

語末の -tio：数詞の語末 -tio の o は話し言葉では発音されないが，必ず綴ること．

fyrtio：fyrtio [fœʈːɪ]〈40〉の y は例外的に œ の音となり，さらに rt の結合があるため，t はそり舌音になる．聞き取りの際，sjuttio [ɧøʈːɪ]〈70〉と発音が似ているので，混同しないように注意すること．

(2) 100以上の基数詞

100 (ett) hundra　　123 etthundratjugotre　　500 femhundra
1 000 (ett) tusen　　1 234 ettusentvåhundratrettiofyra　　3 500 tretusenfemhundra
10 000 tiotusen　　23 456 tjugotretusenfyrahundrafemtiosex
100 000 etthundratusen　　750 000 sjuhundrafemtiotusen
987 645 niohundraåttiosjutusensexhundrafyrtiofem
1 000 000 (100万) en miljon　　2 000 000 (200万) två miljoner
10 000 000 (1千万) tio miljoner　　100 000 000 (1億) hundra miljoner
1 000 000 000 (10億) = en miljard = tusen miljoner
10 000 000 000 (100億) tiotusen miljoner　1 000億 hundratusen miljoner
1兆 en biljon = en miljon miljoner　　10兆 tio biljoner

> 注意すべき点

アラビア数字での表記法：日本では3桁目でコンマを入れるが，スウェーデンでは半角程度のスペースを入れる．

en miljon, en biljon：複数形がある．en miljon, en biljon のように強勢が語頭にないので，複数形の語尾は -er である．

数字を文字で書く場合：切りのよい数字は2つに分けて綴られる：ett hundra（100），ett tusen（1,000），en miljon（100万），hundra miljoner（1億）など．そうでない数字はすべて1語として綴られる．

ett と tusen を1語にして綴ると理論的には ×etttusen のように t が3個重なる．スウェーデン語ではこれに限らず，一般に同じ子音が連続して同列に3個綴られることはない．行末にきて ett- をハイフンでつなげ，次行に送って綴る場合は，改行後の行頭では tusen と書く．

100, 1,000 など切りのよい数字は別として，通例20を超えると文字ではなく数字で書かれることが多い．

1万から上の数字の言い方：日本語と異なるので注意が必要である．日本語のたとえば16万（160 000）を聞いて sexton ... などを思い浮かべないようにしたい．習得のコツは書かれた数字 *160* 000 をよく見ると，3桁目の前の数字が160になっているところに注目して，まず etthundrasextio ... を思い浮かべること．16万はもともと 160 × 1000 のことであるから，答えは etthundrasextiotusen. 同様に，1万6千は数字では *16* 000 で3桁目のスペースの前の数字は16であるから sexton を思い浮かべ，16 × 1000 と考え sextontusen となる．

14.2　加減乗除

足し算：　1 + 10 = 11　　　ett plus tio är elva
引き算：　9 − 4 = 5　　　　nio minus fyra är fem
掛け算：　3 × 7 = 21　　　tre gånger sju är tjugoett
割り算：　90 ÷ 2 = 45　　　nittio delat med två är fyrtiofem

Hur mycket är åtta plus sex?〈8 + 6 はいくつですか〉
Det är fjorton〈14 です〉．

計算では1は en ではなく ett を使う．割り算の delat〈分割された〉は e に強勢があり，長母音で発音すること．なお，med〈～でもって〉（英 with に相当）の d は発音されない．

14.3 年齢

år〈年,年齢〉は ETT-名詞なので,その前に置かれる数詞が1で終わる場合は ett にする (**ett** år〈1年,1歳〉, tjugo**ett** år〈21年,21歳〉).

主語が ETT-名詞・単数であれば gammalt, 複数形であれば gamla になる.答えに使われる gammal は省略することができる.

生き物の年齢ばかりでなく,ものの古さについて言う場合にも使える.

  Hur gammal är du?   〈君は何歳ですか〉
  — Jag är tjugoett år（gammal）. 〈21歳です〉
  Hur gammalt är tornet?   〈そのタワーは築何年ですか〉
  — Det är bara fyra år（gammalt）. 〈まだ4年です〉
  Hur gamla är dina föräldrar? 〈あなたのご両親は何歳ですか〉
  — Min mamma är fyrtionio och min pappa är femtioett.
          〈母は49歳で,父は51歳です〉
  Hur gammalt är ditt hus? 〈あなたの家は築何年ですか〉
  — Det är åtta år（gammalt）. 〈築8年です〉

14.4 値段

スウェーデンの貨幣単位は en krona/（複）kronor（略字 kr,1 kr ≒ 15円～16円）である.その下の貨幣単位に ett öre（単複同形,100 öre = 1 kr）があるが,日常生活では 50 ウーレコインはもはや使われない.なお,〈お金〉pengar は複数形でしか使われない.

  Hur mycket kostar det?/Vad kostar det?〈いくらですか〉
  （この2つの表現はほぼ同じ意味で使われる）
  Det kostar 81 kr（= åttioen kronor）.〈81クローナです〉
  Det kostar 40:50 kr（= fyrtio och femtio, fyrtio kronor och femtio öre）.
  〈40クローナ 50 ウーレです〉（öre が出てきたときの表現）

öre を伴う値段は krona/kronor と öre の貨幣単位はともに省略されて発音されるのが普通である.öre を伴わない値段には krona/kronor を付加して発音する.

  Hur mycket blir det?〈（合わせて）いくらになりますか〉
  Det blir 3 587 kr.（= tretusenfemhundraåttiosju kronor）.
  〈3,587クローナになります〉

Hur mycket kostar den här pennan?/ Vad kostar den här pennan?
〈このペンはいくらですか〉
Den kostar 21 kr. (= tjugoen kronor).〈それは 21 クローナです〉
Boken kostar trettioen kronor.〈その本は 31 クローナです〉
Den är dyr/billig.〈それは高い／安い〉
Äpplet kostar 10 kr. (= tio kronor)〈そのリンゴは 10 クローナです〉
Det är dyrt/billigt.〈それは高い／安い〉

　ちなみに，dyr〈高価な expensive〉，billig〈安価な cheap〉という形容詞があるが，〈値段〉は ett pris（複数形は例外的に priser になることに注意）であることから，「高い値段」／「安い値段」という表現を ×ett dyrt pris/×ett billigt pris などにしないように．正解は ett högt pris/ett lågt pris である（hög〈high〉, låg〈low〉）．また，ett bra pris は日本語にそのまま直すと「いい値段」であるが，スウェーデン語の意味するところは〈リーズナブルな価格〉のことである．

　スウェーデンの貨幣単位はクローナ（krona）であって，クローネ（krone）ではない．後者はデンマーク，ノルウェーの貨幣単位である．

　kosta [kɔsta]〈費用がかかる〉（英 cost）は動詞である．ちなみに，ガラス製品で有名なメーカー Kosta [ku:sta] の o は長母音でコースタである．

　貨幣単位の krona の代わりに俗語で（en）spänn（単複同形）も頻繁に聞かれる．

14.5　役に立つ表現

(1)「〜につき」という表現

① 度量衡の場合には次の 2 通りの言い方がある．
　　[per ＋度量衡の名詞単数未知形] ＝ [度量衡の名詞単数既知形]
　　　10 kronor per kilo　　＝ 10 kronor kilot　　〈1 キロにつき 10 クローナ〉
　　　10 kronor per meter　＝ 10 kronor metern　〈1 メートルにつき 10 クローナ〉
　　　10 kronor per liter　 ＝ 10 kronor litern　 〈1 リットルにつき 10 クローナ〉
② 時間の場合には次の 2 通りの言い方がある（8.4(2) 参照）．
　　[per ＋名詞単数未知形] ＝ [i/om ＋単数既知形]
　　　en gång per sekund　＝ en gång i sekunden　〈1 秒につき 1 回〉
　　　en gång per minut　 ＝ en gång i minuten　 〈1 分につき 1 回〉
　　　en gång per timme　 ＝ en gång i timmen　 〈1 時間につき 1 回〉

en gång per dag	= en gång **om** dagen	〈1日につき1回〉
en gång per dygn	= en gång **om** dygnet	〈1昼夜 (24時間) につき1回〉
en gång per vecka	= en gång i vecka**n**	〈1週間につき1回〉
en gång per månad	= en gång i månade**n**	〈1カ月につき1回〉
två gånger per år	= två gånger **om** året	〈1年につき2回〉
en gång per kväll	〈1晩につき1回〉	
en gång per natt	〈1夜につき1回〉	
en gång per sommar	〈1夏につき1回〉	

per を用いる表現は kväll を始めとして他の様々な時間・期間にも応用できるが，前置詞 i もしくは om を用いる方法は上記に挙げた表現に限られる．ただ，前置詞 i/om の表現の方が頻繁に出現する．注意すべきは，どの名詞で i，どの名詞で om を取るのかを混同しないこと．繰り返しの感じられる，自然界の周期のあるもの (日，昼夜，年) は om (原義「〜の周り」．28.4 参照) を取るものと考えられる．

(2)「〜する時間だ」という表現 [Det är dags att ＋不定詞]

Det är dags att gå nu. 〈さあ，行く時間だ〉
Det är dags för dig att gå hem. 〈さあ，君は家に帰る時間だ〉
Nu är det dags att börja arbeta. 〈さあ，仕事を始めるときだ〉
なお，Hur dags? は〈何時に〉の意味．

練習問題

1. 基数詞
   次の数詞をスウェーデン語で綴りなさい．
   (1) 7   (2) 12   (3) 14   (4) 17   (5) 18   (6) 23   (7) 45   (8) 79

2. 基数詞
   次の数詞をスウェーデン語で綴りなさい．
   (1) 532   (2) 8 480   (3) 13 600   (4) 350 000

3. 加減乗除
   次の計算をスウェーデン語で綴りなさい．
   (1) 8 ＋ 5 ＝ 13
   (2) 25 － 9 ＝ 16
   (3) 6 × 9 ＝ 54
   (4) 24 ÷ 3 ＝ 8

4. 年齢・値段
   次の日本語をスウェーデン語しなさい．
   (1) 彼らの息子は3歳です．
   (2) 私の母は51歳です．
   (3) そのソファーは5,670クローナです．
   (4) その鶏肉はキロ当たり45クローナ50ウーレです．

5. 作文
   次の日本語をスウェーデン語に直しなさい．
   (1) この木は樹齢何年ですか？
   (2) その大きな冷蔵庫はいくらしますか？
   (3) さあ朝食を取る時間だ．
   (4) 一方の授業は1回当たり50クローナで，もう一方は1回当たり45クローナだ．

スウェーデンの地理 2　スウェーデンの 3 地域

　スウェーデンは大きく 3 つの地域に分けることができます．南から **Götaland**（ユータランド），**Svealand**（スヴェーアランド）そして **Norrland**（ノッルランド）です．ユータランドとスヴェーアランドという名前は，それぞれかつてその地域に住んでいた götar（ユータ族）と svear（スヴェーア族）に由来しています．一方，ノッルランドは norr（北）という語が含まれていることからもわかるように，スウェーデンの北部を指します．

　さらに **landskap**（ランドスカープ）と呼ばれる歴史的・伝統的・文化的な 25 の地方区分があります．県に相当する län（レーン）という行政的な区分を表す語もあるのですが，日常的生活ではランドスカープを用いることが多く，たとえば出生地を言う場合にもレーンではなく，ランドスカープで表すことが一般的です．

15 スカンセン行きを急きょ決める
ETT BESÖK PÅ SKANSEN

Klockan halv tio på söndagsmorgonen äter familjen smörstekta plättar med vispgrädde och blåbärssylt till frukost. Sedan föreslår Ingrid ett besök på Skansen. Skansen är världens första friluftsmuseum, från artonhundranittioett. Där finns olika svenska djur och byggnader från många delar av Sverige. Barnen vill gärna åka dit, men Björn är tveksam.
— Hur mycket är klockan nu, frågar han Ingrid.
— Fem över tio, säger hon. Vi kan åka härifrån senast kvart i elva, och då är vi ju på Skansen redan under förmiddagen, eller åtminstone senast klockan tolv.
Ingrid påminner honom om deras senaste besök på Skansen är tvåtusensju.
— Eller tjugohundrasju, med andra ord. Det är alltså fem år sedan, förtydligar hon.
— Tvåtusensju? invänder Björn. Det är bara två år sedan förra gången, så det betyder tvåtusentio. Det är ju tvåtusentolv nu. Jag vill gärna stanna hemma på förmiddagen, så vi kan väl hitta på något senare i eftermiddag.
Men till sist övertalar Ingrid Björn, och klockan fem i halv tolv åker de hemifrån. De är framme vid Skansen tio över tolv. Inträdet kostar ganska mycket: hundra kronor för en vuxen och sextio kronor för ett barn, så det blir trehundratjugo kronor för hela familjen.
— Nu går vi och äter lunch någonstans, tycker Björn efter en stund. Jag är hungrig, och klockan är redan tjugo i ett.

新出単語

ett bes**ö**k [名] /besöket, besök, besöken/ 訪問，見物
Sk**a**nsen [固] スカンセン
en s**ö**ndagsm**o**rgon [名] /-morgonen, -morgnar, -morgnarna/ 日曜の朝
sm**ö**rst**e**kt [形] バターで焼いた
en pl**ä**tt [名] /plätten, plättar, plättarna/ 薄いパンケーキ
(en) v**i**spgr**ä**dde [名] /-grädden, ×, ×/ ホイップクリーム
(en) bl**å**bärss**y**lt [名] /-sylten, ×, ×/ ブルーベリージャム
en v**ä**rld [名] /världen, världar, världarna/ 世界
ett fr**i**luftsmus**e**um [名] /-museet, -museer, -museerna/ 野外博物館
arton [数] 18
n**i**ttio [数] 90
ett dj**u**r [名] /djuret, djur, djuren/ 動物
Sv**e**rige [固] スウェーデン
g**ä**rna [副] 喜んで
tv**e**ks**a**m [形] ためらっている，躊躇している
en kv**a**rt [名] /kvarten, kvartar, kvartarna/ 四分の一，15分
r**e**dan [副] すでに
åtm**i**nstone [副] 少なくとも
t**o**lv [数] 12
påm**i**nna [動] /påminner, påminde, påmint/
　påm**i**nna A om B　AにBを思い出させる
s**e**nast [形] 最近の
t**u**sen [数] 1,000
ett **o**rd [名] /ordet, ord, orden/ 単語　med andra ord 言い換えれば
alltså [副] したがって，すなわち
f**ö**rtydliga [動] /förtydligar, förtydligade, förtydligat/ 明らかにする，明確にする
bet**y**da [動] /betyder, betydde, betytt/ 意味する
h**i**tta 'på 思いつく
s**e**nare [副] のちに
till sist やっと，ついに
övert**a**la [動] /-talar, -talade, -talat/ 説得する
fr**a**mme [副] 前に，到着する，到着している
ett **i**ntr**ä**de [名] /inträdet, inträden, inträdena/ 入場料，入場
en v**u**xen [名] /den vuxna (vuxne), vuxna, de vuxna/ 大人
hel [形] 全体の，完全な
h**u**ngrig [形] 空腹の

注意すべき発音

blåb**ärs**sylt：語中に -rs- の結合があるので，その発音は [ʂ] となる．
världens första：värld〈世界〉において，強勢のある ä の後に r が後続するため，ä は [æ] になる．一方，文字 l（エル）は例外的に発音されない．すると発音上 -rd の結合が生じ，r は発音されず，d がそり舌音になり，[væːɖ] となる．所有格 världs はさらにそり舌が続き [væːɖʂ] となる．
någonstans：話し言葉では語中音 -go- が省略され nånstans となる．

15.1　時間の言い方・尋ね方

「今何時ですか」の質問表現は2通りある．日本語では「今」を添えて尋ねるのが一般的であるが，スウェーデン語では nu〈今〉は通例入れない．

　　Vad är klockan?/Hur mycket är klockan?〈今何時ですか〉
　a)　**Klockan** är ett.　〈1時です〉
　b)　**Den** är två.　　〈2時です〉
　c)　**Hon** är tre.　　〈3時です〉

その答え方では，上のように主語の立て方に3通りあり，どれも頻繁に用いられる．

　a)　主語を繰り返して Klockan とする場合
　b)　(en) klocka〈時計，鐘〉は EN-名詞でモノをさすため，それを受ける代名詞は den であるから．
　c)　(en) klocka はかつて女性名詞であったために，それを女性人称代名詞 hon で受け，それが現代でもそのまま使われているため．ちなみに，スウェーデン語で EN-名詞・単数で -a で終わっている名詞はかつて女性名詞であった．今でも -a で終わる名詞には女性を意味することが多い．en flicka, en kvinna など．なお，現在でも en människa〈人間〉は人，人類一般で受ける場合，男女の性に関係なく hon を使う．

注意　時間（英 time）はスウェーデン語では (en) tid だが，時間（英 hour）は en timme/timmar，分は en minut/minuter，秒は en sekund/sekunder である．

(1)　ぴったりの時間

　　Klockan är ett.〈1時です〉, Klockan är sex.〈6時です〉,
　　Klockan är tolv.〈12時です〉

1時には en ではなく ett を使うことに注意．13時などの時間表示は駅や，空港などで用いられるが，日常生活ではあまり用いられない．

(2)　「〜時半，〜時30分」を言い表すとき

　　Klockan är halv fyra.〈3時半です〉, Klockan är halv nio.〈8時半です〉,
　　Klockan är halv ett.〈12時半です〉

halv は〈半分，(英 half)〉だが，halv fyra は4時半ではなく，4時に「半分」

（= 30 分）足りないということである．
　日本語の表現とは時間が1時間ずれるので，慣れる必要がある．

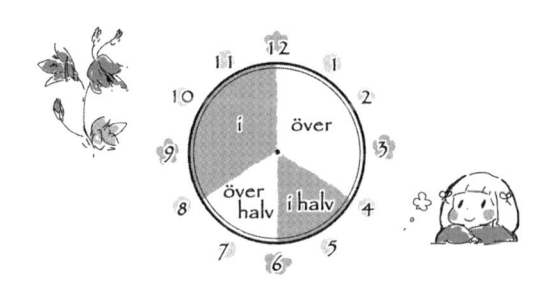

(3)「～時15分過ぎ」と「～時15分前」

　　　Klockan är kvart över tio.　〈10 時 15 分（過ぎ）です〉
　　　Klockan är kvart i fem.　　〈5 時 15 分前です〉
　kvart〈1/4,（英 quarter)〉は 60 分の 1/4，すなわち 15 分である．**över**〈～を越えて，（英 over)〉は「X 分過ぎ」に用いられる．
　i〈～の中に（含まれる），（英 in)〉は「X 分前」に用いられる．
「15 分」は，また kvart の代わりに数字 femton（15）を用いて，次のように表すこともできる．

　　　Klockan är femton (minuter) över tio.　〈10 時 15 分（過ぎ）です〉
　　　Klockan är femton (minuter) i fem.　　〈5 時 15 分前です〉

(4)「～時1分過ぎから20分過ぎまで」，「～時20分前から1分前まで」

　över〈～分過ぎ〉
　　　Klockan är en (minut) **över** nio.　　　〈9 時 1 分（過ぎ）です〉
　　　Klockan är tio (minuter) **över** nio.　　〈9 時 10 分（過ぎ）です〉
　　　Klockan är tjugo (minuter) **över** nio.　〈9 時 20 分（過ぎ）です〉
　i〈～分前〉
　　　Klockan är en (minut) **i** nio.　　　　〈9 時 1 分前です〉
　　　Klockan är fem (minuter) **i** nio.　　　〈9 時 5 分前です〉
　　　Klockan är sexton (minuter) **i** nio.　　〈9 時 16 分前です〉
　「分」に相当する en minut（単）/ minuter（複）は省略してもよい．

(5) 「〜時21分から〜29分過ぎまで」,「〜時31分から〜39分過ぎまで」

  Klockan är fyra (minuter) **i halv** nio. 〈8時26分です〉
  Klockan är en (minut) **i halv** nio. 〈8時29分です〉
  比較：Klockan är **halv** nio. 〈8時30分です〉
  Klockan är en (minut) **över halv** nio. 〈8時31分（過ぎ）です〉
  Klockan är sex (minuter) **över halv** nio. 〈8時36分（過ぎ）です〉

 「〜時半，〜時30分」を基準点に据え，その時刻からX分前であれば，**i** を用い，X分後であれば，**över** を使う。複雑な言い方であるが，日常生活ではごく普通に用いられている。

 注意 この表現が使われる範囲はおよそ20分過ぎから40分までとされている。ただし，21分から24分および，36分から39分までの時間の表し方については，個人差があり，この表現が使われないこともある。

(6) 時間に関連したその他の言い方

  Klockan är nio på förmiddagen. 〈午前9時です〉
  Klockan är fem på eftermiddagen. 〈午後5時です〉

 他に på morgonen〈朝に〉, på dagen〈昼間に〉, på kvällen〈晩に〉, på natten〈夜に〉。以下の表現も覚えておきたい。

  Klockan är mycket. 〈時間が迫っている，そろそろ時間だ〉

 〈〜時に〜する〉というように「時」が副詞的に用いられる場合，前置詞は使われず，また. klockan も言わない。「X時半」もしくはきっかりした時間を言う場合は，klockan を発音することもある。なお，kl. は klockan の略字だが，読むときは klockan ときちんと発音すること。

  Lektionen börjar (klockan) nio. 〈授業は9時に始まります〉
  Lektionen börjar (kl.) halv nio. 〈授業は8時半に始まります〉
  Lektionen börjar tio (minuter) över åtta. 〈授業は8時10分に始まります〉

 「きっかり，ぴったり，ちょうど」の場合は，precis, exakt, prick などが使われる。「およそ」は ungefär, omkring, cirka, vid X-tiden などが用いられる。

  Hur dags slutar lektionen? 〈授業は何時に終わりますか〉
  — Den slutar prick/precis/exakt (klockan) ett. 〈1時きっかりに終わります〉
  Min man kommer hem ungefär/omkring/cirka (klockan) åtta.
 〈主人は8時頃に帰宅します〉

Vid sjutiden stiger han upp.〈7時前後に彼は起床する〉

15.2　年号の言い方

　4桁の年号は tusen を使わず，hundra を用いて「何千」を表す．ただし切りのいい年は år を付す．1000 年，2000 年は通例 tusen を用いる．また 1000 年から 1099 年まで，2000 年から 2099 年までを年代として言及するとき，tusen が使われることもある．

2014 年	tjugohundrafjorton（= tvåtusenfjorton）
1986 年	nittonhundraåttiosex
1500 年	år femtonhundra
1061 年	ett tusensextioett, tiohundrasextioett
859 年	åttahundrafemtionio
45 年	（år）fyrtiofem
1000 年	år ettusen
2000 年	år tvåtusen

紀元前（B.C.），紀元後（A.D.）を表したいときは，それぞれ略語 f.Kr., e.Kr. を年号の後に付加する．読むときは必ず före Kristus, efter Kristus と読む．意味はそれぞれ〈キリスト前〉，〈キリスト後〉．

　紀元前 123 年　（år）etthundratjugotre f.Kr.（= **fö**re **Kr**istus）
　紀元後 31 年　（år）trettioett e.Kr.（= **e**fter **Kr**istus）

15.3　世紀の言い方

　スウェーデン語には世紀に相当する語（ett sekel）もあるが，実際にはそれほど用いられない．-talet「〜年代」という言い方でそれを表現するほうがはるかに一般的である．

　700-talet（= sjuhundratalet）〈700 年代〉
　1100-talet（= elvahundratalet）〈1100 年代〉
　1900-talet（= nittonhundratalet）〈1900 年代〉
　2000-talet（= tjugohundratalet）〈2000 年代（2000 年〜2099 年まで）〉
　（これを tvåtusentalet と読むと〈2000 年代（2000 年〜2999 年まで）〉になって

しまうので注意）
1960-talet（= nittonhundrasextiotalet）〈1960年代〉
Sverige var ett fattigt land under 1800-talet（= artonhundratalet）.
〈1800年代スウェーデンは貧しい国だった〉
Strindberg skrev den här pjäsen på 80-talet（= åttiotalet）.
〈ストリンドバリは80年代にこの戯曲を書いた〉
その期間に生じたことを表すには前置詞påもしくはunderを用いる.

注意 1世紀は -talet が使えず，första århundradet「最初の100年」という言い方をする.「世紀」自体は（ett）sekel もしくは（ett）århundrade があるが，-taletに比べて，用いられる頻度数は極端に少ない．これを使うとたとえば〈20世紀〉は tjugonde seklet, もしくは tjugonde århundradet と言うが，実際には，歴史を語る際も日常の会話も -talet を用いた 1900-talet（= nittonhundratalet）が圧倒的に多い．

15.4　役に立つ表現

自分の希望を述べる表現

[**Jag skulle gärna vilja** ＋不定詞] がきわめて丁寧な表現で，例文の下に行くほど，丁寧度が低下する．

　　Jag skulle gärna vilja tala med dig.
　　〈できることならあなたとお話しをしたいのですが〉
　　Jag skulle vilja tala med dig.
　　〈あなたとお話しをしたいのですが〉
　　Jag vill gärna tala med dig.
　　〈あなたとぜひお話しをしたい〉
　　Jag vill tala med dig.
　　〈あなたと話をしたい〉

練習問題

1. 時間の言い方
   次の時間をスウェーデン語で答えなさい．
   (1) 午後3時です．
   (2) 午前9時半です．
   (3) 8時15分すぎです．
   (4) 6時15分前です．
   (5) 10時17分です．
   (6) 12時12分前です．
   (7) 2時26分です．
   (8) 3時33分です．

2. 年号・世紀（年代）の言い方
   次の年号・世紀（年代）をスウェーデン語で綴りなさい．
   (1) 1164年　　　　　　　(2) 1397年
   (3) 1520年　　　　　　　(4) 1700年
   (5) 2020年　　　　　　　(6) 紀元前300年
   (7) 紀元後226年　　　　 (8) 1450年代

3. 希望を述べる表現
   次の日本語を丁寧度に注意してスウェーデン語に直しなさい．
   (1) さしつかえなければあなたを夕食に招待したいのですが．
   (2) あなたを夕食に招待したいのですが．
   (3) あなたをぜひ夕食に招待したい．
   (4) あなたを夕食に招待したい．

4. 作文
   次の日本語をスウェーデン語に直しなさい．
   (1) 彼らは遅くとも2時15分前にはストックホルムに到着してなくてはならない．
   (2) 私たちは彼らに彼の提案を思い出させなければならない．
   (3) 今何時ですか．―11時27分です．
   (4) 私は躊躇している彼らを説得したい．

16 スカンセンでのひと時
PÅ SKANSEN, FORTSÄTTNING

Det är första gången som Hedda besöker Skansen, men andra gången för Tor. Björn och Ingrid berättar för barnen om första Skansenbesöket tillsammans.

— Måndagen den sjätte augusti tvåtusenett, säger Björn. Det var över tjugofem grader varmt då. Eller minns jag fel?

— Torsdagen den fjärde oktober på hösten samma år, annars är det rätt, korrigerar Ingrid honom. Det är min födelsedag, så jag kommer ihåg det Skansenbesöket mycket väl.

Nu är det söndagen den trettionde september, så Ingrid har snart födelsedag. Björn fyller år på vintern, den tolfte januari, Tor är född på sommaren, den nittonde juli och Hedda på våren, den elfte maj.

På Skansen kan man titta på många olika slags djur som finns i Sverige, till exempel vargar, björnar, lodjur, älgar och rävar. Men där finns också exotiska djur som ormar och apor. Man kan även köpa svensk hemslöjd, och Ingrid hittar en vacker bricka i björkträ från norra Sverige. Den kostar trehundrasextioåtta kronor.

— Den är väldigt fin. Jag vill gärna ha den i födelsedagspresent, säger hon.

新出単語

en fortsättning [名] /-sättningen, -sättningar, -sättningarna/ 続き，継続
första [数] 第1番目の
besöka [動] /besöker, besökte, besökt/ 訪れる
andra [数] 第2番目の
ett Skansenbesök [名] /besöket, besök, besöken/ スカンセンに遊びに行くこと
tillsammans [副] 一緒に
en måndag [名] /-dagen, -dagar, -dagarna/ 月曜日
sjätte [数] 第6番目の
augusti [名] 8月
var [動] vara の過去形
en grad [名] /graden, grader, graderna/ 度，度合
varm [形] 暖かい，暑い
minnas [動] /minns, mindes, mints/ 覚えている
fel [副] 間違って，誤って
en torsdag [名] /-dagen, -dagar, -dagarna/ 木曜日
fjärde [数] 第4番目の
oktober [名] 10月
höst [名] /hösten, höstar, höstarna/ 秋
annars [副] さもないと，そうでなければ，そのほかの点では
rätt [形] 正しい
korrigera [動] /korrigerar, korrigerade, korrigerat / 訂正する
en födelsedag [名] /-dagen, -dagar, -dagarna/ 誕生日
väl [副] よく，申し分なく
trettionde [数] 第30番目の
september [名] 9月

fylla [動] /fyller, fyllde, fyllt/ 満たす
tolfte [数] 第12番目の
januari [名] 1月
född [形] 生れた
nittonde [数] 第19番目の
juli [名] 7月
en vår [名] /våren, vårar, vårarna/ 春
elfte [数] 第11番目の
maj [名] 5月
titta [動] /tittar, tittade, tittat/ (på ...)（～を）見る，目を向ける
en varg [名] /vargen, vargar, vargarna/ オオカミ
en björn [名] /björnen, björnar, björnarna/ クマ
ett lodjur [名] /lodjuret, lodjur, lodjuren/ オオヤマネコ
en älg [名] /älgen, älgar, älgarna/ ヘラジカ
en räv [名] /räven, rävar, rävarna/ キツネ
exotisk [形] 異国情緒の，エキゾチックな，外来の
en orm [名] /ormen, ormar, ormarna/ ヘビ
en apa [名] /apan, apor, aporna/ サル
även [副] ～さえ
köpa [動] /köper, köpte, köpt/ 買う
(en) hemslöjd [名] /hemslöjden, ×，×/ 手工芸品
en bricka [名] /brickan, brickor, brickorna/ お盆，トレイ
ett björkträ [名] /-träet, -trän, -träna/ 白樺の木材，材木
norra [形] 北の
en födelsedagspresent [名] /-presenten, -presenter, -presenterna/ 誕生日のプレゼント

注意すべき発音

korrigerar：語中の -ge- は [ɟeː] もしくは [ʃeː] の発音.
jag kommer ihåg det Skansenbesöket mycket väl：「十分，よく」の意味では väl に強勢が置かれる．なお，ihåg は小辞で強勢が置かれる．
slags：slag [slɑːg] の所有格 slags の a は短母音になり，[slaks] と発音される．

16.1　序数詞

1番目	första	11番目	elfte
2番目	andra	12番目	tolfte
3番目	tredje	13番目	trettonde
4番目	fjärde	14番目	fjortonde
5番目	femte	15番目	femtonde
6番目	sjätte	16番目	sextonde
7番目	sjunde	17番目	sjuttonde
8番目	åttonde	18番目	artonde
9番目	nionde	19番目	nittonde
10番目	tionde	20番目	tjugonde

21番目	tjugoförsta	40番目	fyrtionde
22番目	tjugoandra	50番目	femtionde
23番目	tjugotredje	60番目	sextionde
24番目	tjugofjärde	70番目	sjuttionde
25番目	tjugofemte	80番目	åttionde
26番目	tjugosjätte	90番目	nittionde
27番目	tjugosjunde	100番目	hundrade
28番目	tjugoåttonde	1,000番目	tusende
29番目	tjugonionde	1万番目	tiotusende
30番目	trettionde	100万番目	miljonte

話し言葉では 21 番目から 29 番目までの語中の -go- は発音されないことが多い．

31番目以上の言い方は，21番目から29番目と同じ方法で造る．0番目は nollte があるが，まず用いられない．

 Den första dottern är läkare och den andra dottern är lärare.
 〈1番目の娘は医師，2番目の娘は教師だ〉
 Jag bor på sjätte våningen.〈私は7階に住んでいる〉
 Kung Carl XVI（= den sextonde）Gustaf〈カール・グスタヴ国王16世〉

16.2　曜日名，月名，季節名

(1)　曜日名

曜日名は文頭に立たない限り，小文字で書く．また，-dag の g は通例発音されない．曜日名は合成語であるが，すべてアクセント I で発音される（5.1(2)⑥参照）．

en vecka〈1週間〉:
 måndag〈月曜日〉, tisdag〈火曜日〉, onsdag〈水曜日〉, torsdag〈木曜日〉, fredag〈金曜日〉, lördag〈土曜日〉, söndag〈日曜日〉

 Jag har lektion i svenska på onsdag.
 〈私は(今週は)水曜日に授業があります〉
 Min son kommer hem nu på fredag.
 〈息子はこの金曜日に家に帰ってきます〉

「～曜日に」は前置詞 på を使う．「今週の～曜日に，一番近い～曜日に，この～曜日に」を明確に言いたい場合は nu på ... を用いる．

曜日に未知形もしくは既知形・複数が使われることもある．その場合，未知形は「毎週X曜日に」，既知形は「たいてい，通例X曜日に(は)」の意味になる．一方未知形・単数では「今週はX曜日に」を意味する (7.5 参照)．

 Jag arbetar på lördagar.　〈私は毎週土曜日に働きます〉
 Jag storhandlar på fredagarna.
 〈私はたいてい金曜日にまとめ買いをします（まとめ買いをするのは通例金曜日だ）〉
 Jag arbetar på lördag.　〈私は今週は土曜日に働きます〉

(2) 月名

月名も文頭に立たない限り，小文字で書く．強勢のある母音は太字にしてある．
en månad〈1カ月〉:
　januari〈1月〉, februari〈2月〉, mars〈3月〉, april〈4月〉, maj〈5月〉, juni〈6月〉, juli〈7月〉, augusti〈8月〉, september〈9月〉, oktober〈10月〉, november〈11月〉, december〈12月〉
　Det är mycket kallt i Sverige i januari.〈スウェーデンは1月はすごく寒い〉
「〜月に」は前置詞 i を使う．

(3) 季節名

　en vår〈春〉, en sommar〈夏〉, en höst〈秋〉, en vinter〈冬〉
　Här snöar det mycket på vintern.〈ここは冬になると雪がたくさん降る〉
前置詞 på の後の季節名は既知形を用いる．

16.3 日付

日付を言う場合は序数詞を用いるが，その前に必ず den を添えること．順序は「曜日(既知形) + den 序数詞 + 月 + 年」のようになる．
　Idag är det fredagen den 18 (= artonde) oktober 2013 (= tjugohundratretton).
　〈今日は2013年10月18日金曜日だ〉
日付を尋ねる疑問文
　Vilket datum är det idag?〈今日は何日ですか〉
　— (Det är) den 31 (= trettioförsta) mars.〈3月31日です〉
なお，曜日を尋ねる疑問文
　Vad är det för dag idag?〈今日は何曜日ですか〉
　— Det är söndag.〈日曜日です〉
誕生日を尋ねる疑問文
　När är du född?〈あなたはいつ生まれたのですか〉
　— Jag är född den tjugoandra december 1981.
　〈私は1981年12月22日に生まれました〉
注意 今生きている人には必ず現在形（**är** född）を用いる．詳しくは 25.2(1)

参照.

 När fyller han år?〈彼はいつ誕生日を迎えますか〉
 — Han fyller år onsdagen den 13 augusti.
〈彼は 8 月 13 日の水曜日に誕生日を迎える〉

16.4 等位接続詞

接続詞は等位接続詞と従位接続詞に分けられる．等位接続詞は同等の文と文，句と句，単語と単語を結ぶ．従位接続詞は従位節を導く接続詞である（従位節は従属節もしくは副文とも呼ばれる）．従位接続詞については 22 課で詳しく学ぶ．

(1) 並列

och〈そして，〜と〜〉
 英語の and に相当し，頻繁に用いられる．
　Min pappa är bilmekaniker och min mamma är sjuksköterska.
〈父は自動車整備工で，母は看護婦です〉
　Läraren frågar och studenterna svarar.〈先生が質問して，学生たちが答える〉
　Jag sitter på biblioteket och läser en bok.〈私は図書館で本を読んでいます〉
　Jag handlar på måndag och torsdag.
〈私は今週は月曜日と木曜日に買い物をします〉
　Han vill skaffa en bil och ett hus.〈彼は車と家を手に入れたいと思っている〉
samt〈〜および〜〉
 主として書き言葉に使われるが，用法に次のような制約がある．
 1) och の繰り返しを避けたいときに最後の並列の接続詞として用いられる．
　Ni måste arbeta nu på måndag, tisdag och fredag samt hela nästa vecka.
〈あなたたちは今週の月曜日，火曜日と金曜日そして来週は一週間通して働かなくてはいけません〉
 2) 従位節と従位節，句と句，単語と単語を結ぶことはできるが，主節と主節を結ぶことはできない．

(2) 逆接

men〈しかし，でも〉．英語の but に相当する．
 Han är flitig, men hon är lat.〈彼は勤勉だが，彼女は怠け者だ〉
 Han arbetar fort men slarvigt.〈彼は仕事は速いが，雑だ〉
fast〈そうはいうものの，とは言っても，もっともだが，でも，しかし，ただし〉
 ほぼ men に近いが，直前の文を受けて，追加的に逆接を添え，その内容を多少薄めるときに使われる．fast は従位接続詞としても用いられるが，等位接続詞として用いられるときは，fast の前にしばしば息継ぎが置かれる（23.2(2)⑥ 譲歩，23.3(3)②を参照）．
 Jag tror att han talar franska, fast jag är inte säker på det.
 〈彼はフランス語を話すとは思うけれど，私には確信がない〉
inte A utan B〈A ではなく B だ〉．
 接続詞としての utan には必ず否定辞 inte が先行する．A をまず否定辞で完全に打ち消した上で，utan の後に A と対立的な内容 B が続く，一方 inte A men B では A と B との間には特に対比はない．
 Rummet är inte stort utan litet.〈その部屋は大きいのではなくて，小さいです〉
 Rummet är inte stort men dyrt.〈その部屋は大きくはないが，（料金が）高い〉
 Jag är inte arg utan förvånad.
 〈私は怒っているのではなくって，驚いているのだ〉
 Jag är inte arg men besviken.〈私は怒ってはいないが，がっかりしている〉

(3) 選択

eller〈もしくは，または，（言い換えて）すなわち〉
 Dricker du kaffe eller te?
 〈コーヒーを飲みますか，それとも紅茶を飲みますか〉
 Vill du gå ut eller vill du stanna hemma?
 〈外出したいのですか，それとも家にいたいのですか〉
 Vi kan köpa en bil, eller vi kan klara oss utan.
 〈私たちは車を買うこともできるし，それなしでもやっていける〉
 en mil eller 10 kilometer〈1 ミールすなわち 10 キロメートル〉
 Anvisning till Isländskan eller Nordiska Fornspråket（1818）
 〈『アイスランド語すなわち古ノルド語への手引き』1818 年〉

（デンマークの言語学者 Rasmus Rask（1787-1832）の著書 Vejledning i det islandske sprog. 1811. のスウェーデン語訳の書名．この eller は「または」ではない．「古アイスランド語すなわち古ノルド語」の意味である）

（4）　理由

för〈それというのは，だって〉

　前の文に対する理由説明やその判断の根拠を付加的に示す．för は等位接続詞であるから文頭には置かれない．

　　Hon vill åka hem för hon mår inte bra.
　　〈彼女は家に帰りたいと思っている．それというのも体調がすぐれないから〉
　　Att ha födelsedag är roligt, för jag får alltid en present.
　　〈誕生日は楽しい，だっていつもプレゼントをもらえるから〉

ty〈それというのは，その訳は〉

　för と同義だが，かなり硬い書き言葉である．ty も等位接続詞であるから文頭に置くことはできない．

　　Han kom inte till mötet, ty han var sjuk.
　　〈彼は会合に来なかった．その訳は病気だったからである〉

（5）　間接的因果関係・帰結

så〈そういうことで，それで，それだから，そんな訳で，そのため〉

　直前の文の内容が「そうであるから」→「こうする（なる）」という意味で用いられる．すなわち「前述の文の内容から自然に導かれる帰結の1つとして」の意味がある．従位接続詞としての så や副詞としての så との違いは 23.3（3）に詳述．

　　Hon mår inte bra, så hon vill åka hem.
　　〈彼女は体調がよくない，それで家に帰りたがっている〉
　　Det regnade mycket igår, så vi gick inte och handlade.
　　〈昨日は雨がたくさん降ったので，私たちは買い物に出かけなかった〉

（6）　比較　（比較級については 26 課および 27 課を参照）

än ...〈～よりも～だ〉

　　Din bil är dyrare än min.〈君の車は私のよりも高価だ〉

Jag tycker om dig mer än hon.（merに強勢が置かれる）/Jag tycker mer om dig än hon.
〈彼女が君を好きであることより私の方がもっと君が好きだ〉
Jag tycker om dig mer än henne.（merに強勢が置かれる）/Jag tycker mer om dig än henne.
〈私は彼女より君のほうが好きだ〉
（この än は直後に目的格の henne がきているので，前置詞としても解釈できる）
Din väska är lite annorlunda än min.〈君のかばんは私のとは少し違う〉

(7) 相関接続詞

重点が置かれる方の選択肢を下線で示す．

inte bara A utan även（också）B 〈A ばかりでなく B も〉

英語の not only A but also B に相当する．後半部の utan även（också）B が，やや変形して次の文につながることの方が多い．前半の inte bara A があれば，後半は予測できるので，いったん文が途切れることが多い．一文中に utan även（också）B までそろった完全な形で出て来ることはそう多くはない．

Han är inte bara min lärare utan också min vän.
〈彼は私の先生であるばかりでなく，友人でもある〉
Hennes man kan tala inte bara svenska utan även japanska.
（= Hennes man kan inte bara tala svenska. Han kan även tala japanska.）
〈彼女の夫はスウェーデン語ばかりでなく，日本語も話すことができる〉

såväl A som B 〈A はもちろん B も〉

Såväl barn som föräldrar var nöjda med utflykten.（= inte bara barn utan också föräldrar）
〈子供たちはもちろん親たちもその遠足に満足していました〉

A såväl som B 〈B はもちろん A も〉

Han ger mig ofta mat såväl som kläder.（= inte bara kläder utan även mat）
〈彼はしばしば私に衣服ばかりでなく食べ物もくれる〉

visserligen（förvisso, nog, visst）... men ... 〈確かに〜ではあるが〉

前半部の内容を認める一種の譲歩文である．英語の indeed（to be sure, it is true）... but ... に相当する．

Visserligen är han duktig men han är inte vänlig.
〈確かに彼は優秀ではあるが，感じのいい人ではない〉

練習問題

1. 序数詞

   次の序数詞をスウェーデン語で答えなさい．
   - (1) 第4の
   - (2) 第6の
   - (3) 第7の
   - (4) 第22の
   - (5) 第35の
   - (6) 第63の

2. 日付

   次の日本語を日付の言い方に注意してスウェーデン語にしなさい．
   - (1) 私は6月10日木曜日に誕生日を迎えます．
   - (2) 私は1999年8月13日に生まれました．
   - (3) その授業は4月9日月曜日に始まります．

3. 月の名前

   次の文に含まれる祝祭日を調べた上で，カッコ内に入る適切な月の名前を答えなさい．（fira：祝う）
   - (1) Man firar jul i (　　　　　)．
   - (2) Man firar midsommar i (　　　　　)．
   - (3) Man firar påsk i (　　　　　) eller (　　　　　)．
   - (4) Man firar Valborgsmässoafton den 30 (　　　　　)．

4. 作文

   次の日本語をスウェーデン語に直しなさい．
   - (1) あなたたちはいつ誕生日を迎えますか．（2通りで）
   - (2) 日本は8月はすごく暑い．
   - (3) イングリッドは私たちにスウェーデンの冬について語ってくれる．
   - (4) 秋には新鮮なスウェーデン産アンズタケを買うことができます．
   - (5) 彼女がスウェーデンに行くのは5回目です．

17 日曜日の晩自宅で
SÖNDAGSKVÄLL HEMMA

Klockan fem på eftermiddagen är familjen hemma igen. Det blir en lugn hemmakväll. Barnen får sitta och titta på barnprogram, Björn står och viker tvätt och Ingrid håller på att laga kvällsmat. De ska äta kantarellomelett. Kantarellerna ligger och fräser i stekpannan i lite smör, och det börjar dofta gott i köket. Efter en stund är Björn klar med tvätten, och vill hjälpa Ingrid att duka. Omeletten ligger och blir klar i stekpannan. Ingrid ber Björn att passa den, för hon vill sitta och se på barnprogrammen en stund med Tor och Hedda.

Under tiden som omeletten blir klar behöver Björn ringa till föräldrarna. De pratar tio minuter, och han håller på att glömma omeletten. Ingrid ropar från vardagsrummet:

— Borde inte omeletten vara klar nu? Kan du titta till den?

Björn avslutar telefonsamtalet och tar genast av omeletten, som ser pösig och blank ut.

— Nu kan ni få komma och äta, ropar han. Eller sitter ni och tittar på TV fortfarande?

— Nej Björn, vi sitter inte längre och tittar på TV, svarar Ingrid. Vi tänker komma och äta kvällsmat!

Klockan nio ligger barnen och sover i sängarna, precis som de ska göra, och Björn och Ingrid sitter vid köksbordet med en kopp te. De måste planera veckan som kommer. Det verkar bli en bra vecka.

新出単語

en söndagskväll [名] /-kvällen, -kvällar, -kvällarna/ 日曜の晩
lugn [形] 穏やかな，落ち着いた
en hemmakväll [名] /-kvällen, -kvällar, -kvällarna/ 家で過ごす晩
stå [動] /står, stod, stått/ 立っている
vika [動] /viker, vek, vikit/ 折る，たたむ
en tvätt [名] /tvätten, tvättar, tvättarna/ 洗濯，洗濯物
hålla 'på att ～している，～しそうになる
(en) kvällsmat [名] /maten, ×, ×/ 晩御飯
kantarellomelett [名] /-omeletten, -omeletter, -omeletterna/ アンズタケのオムレツ
fräsa [動] /fräser, fräste, fräst/ ジュージューと音を立てる
en stekpanna [名] /-pannan, -pannor, -pannorna/ フライパン
lite [代] 少しの
klar [形] 準備ができた，済んだ
duka [動] /dukar, dukade, dukat/ テーブルをセッティングする
en omelett [名] /omeletten, omeletter, omeletterna/ オムレツ
be [動] /ber, bad, bett/ お願いする，依頼する

passa [動] /passar, passade, passat/ 気をつける
ringa [動] /ringer, ringde, ringt/ 電話をかける
glömma [動] /glömmer, glömde, glömt/ 忘れる
böra [助動] /bör, borde, bort/ ～すべきだ，～したほうがよい，～に違いない
titta 'till ちょっと見る
avsluta [動] /avslutar, avslutade, avslutat/ 終える，終わらせる
ett telefonsamtal [名] /-samtalet, -samtal, -samtalen/ 電話の会話
ta 'av 取る
genast [副] すぐに，ただちに
se 'ut ～のように見える
pösig [形] ふわっとふくらんだ
blank [形] 輝いている，なめらかな
inte längre もはや～ない
tänka [動] /tänker, tänkte, tänkt/ ～するつもりだ（20課を参照）
en kopp [名] /koppen, koppar, kopparna/ カップ
verka [動] /verkar, verkade, verkat/ ～と思われる，～のように見える

注意すべき発音

omelett の /me/ は綴りの通りに発音される．日本語の「オムレツ」の発音に惑わされないようにすること．なお，本文中の疑問文 Borde inte omeletten vara ...? の inte と主語の語順については 18.3 ② の説明を参照．

17.1 進行している行為を表す表現

スウェーデン語は英語のように，行為を表す動詞に直接 -ing を付して進行形を表すことはできないが，進行している行為を表す手段には以下のような方法がある．これらの動詞が過去形になれば，過去に進行していた行為を表す．

(1) 現在形で

スウェーデン語の現在形は，進行している行為も表すことができる．進行している行為かどうかは発言時の状況による．

  Vad gör du? 〈君は何をしているのですか〉
  Han springer hit. 〈彼はこっちに向かって走っている〉
  Jag badar just nu.〈今私は風呂に入っているところだ〉

(2) [sitta/stå/ligga och 一般動詞]

sitta〈座っている〉/stå〈立っている〉/ligga〈横になっている〉と接続詞 och そして進行している行為を表す動詞の結合で表現する．この構文がスウェーデン語では最もよく使用されている．

  Han sitter och läser en bok. 〈彼は本を読んでいるところだ〉
  Han står och väntar på tåget.〈彼は電車を待っている〉
  De ligger och sover. 〈彼らは眠っている〉

過去に進行している行為を表すときは，sitta/stå/ligga とそれに続く動詞両方を過去形にすること．

  Han satt och läste en bok. 〈彼は本を読んでいた〉

この構文には次のような特徴がある．

① この構文において強勢は och に続く動詞に置かれ，sitta/stå/ligga には置かれない．これは sitta/stå/ligga にもともとある「座っている，立っている，横になっている」などの意味が弱まり，och に続く動詞の意味が前面に出てくるからである．したがって，この構文を日本語に直すときは，sitta/stå/ligga は特に翻訳する必要はない．sitta/stå/ligga は静止している体位を示すので，移動の概念を含む動詞とは通例，結びつかない．

② これらの行為が行われている場所を示す副詞を用いる場合は，sitta/stå/ligga の直後に置かれることが多い．

Han sitter hemma och läser en bok.〈彼は自宅で本を読んでいるところだ〉
　　Han satt på biblioteket och läste en bok.〈彼は図書館で本を読んでいた〉
③　この構文は［一般動詞 och 一般動詞］とはまったく異なった振る舞いをする特殊な構文である．以下の対の例文の上段は［sitta/stå/ligga och 一般動詞］構文，下段は［一般動詞 och 一般動詞］である．
　　Han sitter och dricker.〈彼はお酒を飲んでいるところだ〉
　　Han röker och dricker.〈彼は煙草を吸い，酒も飲む〉
　　（下段の例文は「進行」にも「習慣」にも解釈できるが，必ず「進行」の意味になるとは限らない）
疑問文
　　Sitter han och läser en bok?〈彼は本を読んでいるところですか〉
　　Röker och dricker han?〈彼は煙草を吸い，酒も飲みますか〉
否定文
　　Han sitter inte och dricker.〈彼はお酒を飲んでいません〉
　　?Han röker inte och dricker.
　　（文の前に付した？は適切な文ではないことの意味）
　　→ Han röker inte men dricker.〈彼は煙草は吸わないが，酒は飲む〉
　　→ Han röker inte och dricker inte heller.
　　　〈彼は煙草も吸わないし，酒も飲まない〉

注意　［sitta/stå/ligga och 一般動詞］の構文では inte の否定の範囲が och の後ろの一般動詞にまで及ぶ．Han sitter inte och dricker. は〈彼は座っていないが，酒を飲んでいる〉の意味にはならない．たとえば，英語の助動詞を含む *He can not speak Swedish.* において，*not* は *can* を否定するだけでなく，*speak* までも同時に否定しているのと同じ現象である．
　さらに以下の疑問文を参照すると，［sitta/stå/ligga och 一般動詞］の構文が助動詞に近い振る舞いをする特殊な構文であることがわかる．
　　Sitter han och läser en bok?　　：*Can he speak Swedish?*
　　Röker och dricker han?　　　　：× *Can speak he Swedish?*

(3)　［hålla på och 一般動詞］

　hålla〈維持する〉と小辞 på（英 on）そして一般動詞との結合を用いて，進行している行為を表す．hålla に後続する動詞は同じ時制にすること．なお，小辞（29課参照）の på には強勢がある（例文では太字で示す）．

Jag håller **på** och läser en bok. 〈私は本を読んでいるところだ〉
Håller han **på** och lagar mat? 〈彼は食事を作っているところですか〉
Hon håller inte **på** och tittar på TV. 〈彼女はテレビを見ていません〉
[hålla **på** och 動詞] のかわりに [hålla **på** att 不定詞] も使われる.
Jag håller **på** att skriva ett brev. 〈私は手紙を書いているところだ〉
過去に進行していた行為を表すときは，[hålla **på** och 動詞] の場合は，hålla も次の動詞もともに過去形にするが，[hålla **på** att 不定詞] の場合は，hålla のみを過去形にする.
Jag höll **på** och läste en bok. 〈私は本を読んでいた〉
Jag höll **på** att läsa en bok. 〈私は本を読んでいた〉
[hålla **på** att 不定詞] には「すんでのところで～しそうだ」の意味もある.
Jag håller **på** att dö av hunger. 〈私は空腹で死にそうだ〉

17.2 助動詞 〔2〕

bör 〈～すべきだ，～に違いない〉．英語の ought にほぼ相当する.
    Du bör tala med din lärare.
    〈君は君の先生と話をするべきだ〉
    Han bör vara framme i Stockholm nu.
    〈今頃彼はストックホルムについているはずだ〉
borde 〈～したほうがいい，～であるはずなのだが〉．bör の過去形であるが，もはや過去の意味はなく，bör よりも丁寧で，多くは助言などに用いる表現である.
    Du borde besöka en läkare.
    〈君は医者に行って診てもらったほうがいい〉
    Han borde vara läkare.
    〈彼は医者であるはずなのだが〉
lär 〈～らしい，～だそうだ，～はずだ〉．伝聞あるいはそれに基づく発言者の推測を表す．現在形のみで過去形はない.
    Han lär vara en mycket duktig konstnär.
    〈彼はきわめて才能のある芸術家らしい〉
våga 〈～する勇気がある，あえて～する〉．英語の dare にほぼ相当する.
    Jag vågar inte gå ut ensam på kvällen.
    〈晩は私は怖くて1人で外出できません〉

Han vågade äta surströmming.
〈彼は発酵させたスウェーデン独特の缶詰のニシンを思いきって口にした〉

17.3　役に立つ表現

se ut 〈外見が～のように見える〉

ut は小辞で強勢がある（太字で示す）．
① se ＋形容詞＋ **ut**
形容詞は se と ut の間に置かれ，主語の性・数に呼応して変化する．
　　Ser jag stark **ut**?　　　　　〈私，強そうに見えますか〉
　　De ser mycket nöjda **ut**.　　〈彼らはとても満足そうにみえる〉
　　Hur såg det **ut** i rummet?　〈部屋はどんなふうでしたか〉
② se **ut** att ＋不定詞
　　Det ser **ut** att bli regn ikväll.　〈今晩は雨が降りそうだ〉
　　Priset ser **ut** att stiga nästa år.　〈来年は物価が上がりそうだ〉
③ se **ut** som ＋名詞
　　Han ser **ut** som en forskare.　〈彼は研究者のように見える〉
④ se **ut** som om ＋文
　　som om は英語の *as if* に対応している．
　　Det ser **ut** som om det blir storm imorgon.〈明日は嵐になりそうだ〉

練 習 問 題

1. 進行している行為を表す表現 1
   次の文を指示にしたがって書き換えなさい．
   Pappan står och diskar.
   (1) 否定文に
   (2) 疑問文に
   (3) i köket を加えて

2. 進行している行為を表す表現 2
   カッコ内の動詞を使って，作文しなさい．
   (1) 彼女は彼らの作文を直している．（sitta）
   (2) イングリッドはトールに電話をしている．（hålla）
   (3) ヘッダはベッドで音楽を聴いている．（ligga）
   (4) ビューンは外で星を見ているのですか？
       （stå，星：en stjärna（複数既知形で））

3. 助動詞
   助動詞を使って，作文しなさい．
   (1) 君はただちにお母さんを説得するべきだ．
   (2) 彼はストックホルムで生まれたそうだ．
   (3) 私の娘は怖くて1人で家にいることができません．
   (4) 彼女のことは忘れた方がいい．

4. se ut
   Se ut を使って，作文しなさい．
   (1) その男の子たちは落ち着いて見えます．
   (2) 彼はクマのように見える．
   (3) そのヘラジカは今にも死にそうに見える．（死ぬ：dö）

スウェーデンの地理 3　ユータランド(1)

ユータランドには 10 のランドスカープがあります．最南端に位置するのが **Skåne**（スコーネ）です．穀倉地帯であり，スウェーデン第 3 の都市 Malmö（マルムー）があります．デンマークの首都コペンハーゲンとは Öresundsbron（ウーレスンド橋）で結ばれており，往来が活発です．**Blekinge**（ブレーキンゲ）はその豊かな植生から「スウェーデンの庭」と呼ばれています．**Halland**（ハッランド）にはスウェーデンでは珍しく砂の海水浴場が多くあります．**Småland**（スモーランド）は Kosta Boda をはじめとするガラス製品の工房として名高く，また世界的家具メーカーである IKEA の発祥の地でもあります．**Gotland**（ゴットランド島）と **Öland**（ウーランド島）はスウェーデンで第 1 番目，第 2 番目に大きな島ですが，それぞれランドスカープでもあります．ゴットランド島にはかつてハンザ同盟の都市であった Visby（ヴィースビ）があり，中世の佇まいを残しています．

18 水曜日の朝のできごと
ONSDAGSMORGON HEMMA

En vanlig veckomorgon hemma hos Björn och Ingrid brukar se ut så här:
Först går Björn upp. Han tvättar sig och kammar sig, men rakar sig inte varje morgon, utan varannan. Han vill komma i tid till sitt jobb, så han väcker Ingrid efter en stund. Till sist går Ingrid upp. Ingrid väcker sedan Hedda och Tor, och Björn lagar frukost. Man äter ofta smörgås till frukost i Sverige. Barnen gör sig i ordning och klär på sig sina kläder, medan Björn dukar fram frukosten.

— Skynda er att äta upp nu, vi måste komma i tid, säger han efter en stund. Var och en bär bort sin tallrik till diskbänken sedan.

— Du stressar oss, säger Ingrid. Vi behöver tid för oss under frukosten! Koncentrera dig på din egen frukost istället för att beklaga dig över oss!

Björn och Ingrid skyndar sig, men ger sig iväg från huset i en känsla av osämja.

— Man ska prioritera sin relation och sina nära, säger Ingrid. Björn, vi måste prata med varandra om det här ikväll.

— Jag vårdar vår relation ganska bra, invänder Björn. Men man kan alltid diskutera. Nu måste vi skynda oss!

新出単語

en **o̱nsdagsmo̱rgon** [名] /-morgonen, -morgnar, -morgnarna/ 水曜日の朝
va̱nlig [形] 普通の
en **ve̱ckomorgon** [名] /-morgonen, -morgnar, -morgnarna/ 平日の朝
så här このように，こんなぐあいに
gå ˈupp 起きる，起床する
tva̱tta [動] /tvättar, tvättade, tvättat/ 洗う
sig [代]（3人称再帰代名詞目的格）自分自身を，自分自身に
ka̱mma sig /kammar, kammade, kammat/ 髪をとかす
ra̱ka sig /rakar, rakade, rakat/ 髭をそる
i̱nte A u̱tan B AでなくB
vara̱nnan [代] /vartannat/ 1つおきの
i tid 間に合って
va̱cka [動] /väcker, väckte, väckt/ 起こす
en **smo̱rgås** [名] /-gåsen, -gåsar, -gåsarna/ オープンサンドイッチ
göra sig i o̱rdning 準備をする
klä [動] /klär, klädde, klätt/　**klä ˈpå sig** 服を着る
me̱dan [接] 〜する間，一方で〜
sky̱nda sig /skyndar, skyndade, skyndat/ 急ぐ
upp [副] 上へ
va̱r och e̱n それぞれ，各自
si̱n [代] /sitt, sina/（3人称再帰代名詞所有格）自分自身の

en **ta̱llri̱k** [名] /tallriken, tallrikar, tallrikarna/ 皿
en **di̱skba̱nk** [名] /-bänken, -bänkar, -bänkarna/（台所の）流し台
stre̱ssa [動] /stressar, stressade, stressat/ ストレスを与える，せかす
koncentre̱ra sig /koncentrerar, koncentrerade, koncentrerat/ 集中する
e̱gen [形] 自己の，自分自身の
istä̱llet för att 〜する代わりに
bekla̱ga sig /beklagar, beklagade, beklagat/（över …）（〜について）苦情を言う，ぐちをこぼす
ge sig ˈiva̱g 出発する
en **kä̱nsla** [名] /känslan, känslor, känslorna/ 感情
(en) **o̱sa̱mja** [名] /osämjan, ×, ×/ 不和，仲たがい
prioriteṟa [動] /prioriterar, prioriterade, prioriterat/ 〜を優先する
en **rela̱tion** [名] /relationen, relationer, relationerna/ 関係
nä̱ra [形] 近しい，身近な
vara̱ndra [代] お互い（に，を），相互（に，を）
vå̱rda [動] /vårdar, vårdade, vårdat/ 〜に気を使う
disku̱te̱ra [動] /diskuterar, diskuterade, diskuterat/ 議論する

注意すべき発音

sig：発音は [sɛj].
tvättar sig：現在形の語尾 -r と直後の3人称再帰代名詞 sig の語頭の子音が連続しているため，-r s- の結合が生じ，そり舌音の [ʂ] となる．この課に出てく

る kammar sig, rakar sig, gör sig i ordning, skyndar sig, ger sig iväg も同様である．

18.1 再帰代名詞

まず，以下の文をみてみよう．
 Pappa tvättar Mats.　〈お父さんはマッツ(の体)を洗ってあげる〉
 →（代名詞で置き換えると）Han tvättar honom.
 Mamma tvättar Ingrid.　〈お母さんはイングリッド(の体)を洗ってあげる〉
 →（代名詞で置き換えると）Hon tvättar henne.

代名詞で置き換えた文をみると，主語の Han と目的語の honom は明らかに異なる人物を示している．同様に，2つ目の文においても，主語の Hon と目的語の henne は同一人物ではない．そこで，主語と同一人物すなわち自分の体を洗うと表現したい場合に，honom, henne などの代名詞が使えないことがわかる．主語と同一人物や同一物に働きかける場合には，つまり主語が自分に何かを働きかけるときには，スウェーデン語では特別な人称代名詞 sig [sej] を使う．この代名詞は自分の行う行為が自分に帰ってくることから「再帰代名詞」と呼ばれている．

 Han tvättar sig.　〈彼は自分(の体)を洗う〉
 Hon tvättar sig.　〈彼女は自分(の体)を洗う〉
 De tvättar sig.　〈彼らは自分(の体)を洗う〉

しかし，1人称や2人称においては，それぞれ1人称や2人称の人称代名詞目的格を使うため，主語と目的語が同一人物であることが明らかなので，sig は使用しない．

 Jag tvättar mig.　〈私は私(の体)を洗う〉
 Du tvättar dig.　〈君は君(の体)を洗う〉
 Vi tvättar oss.　〈私たちは私たち(の体)を洗う〉
 Ni tvättar er.　〈あなたたちはあなたたち(の体)を洗う〉

したがって，特に問題となるのは3人称（単数・複数）の場合のみである．sig は必ず主語と同一人物／同一物を示す．

また，3人称（単数・複数）再帰代名詞が動詞の現在形の直後に続く場合（han tvättar sig），語末と語頭の間で -r s- の結合が生じ，常にそり舌音 [ʂ] になることに注意．

	単 数	複 数
1人称	Jag tvättar mig	Vi tvättar oss.
2人称	Du tvättar dig.	Ni tvättar er.
3人称	Han tvättar sig. Hon tvättar sig. Den tvättar sig. Det tvättar sig.	De tvättar sig.

18.2　再帰動詞

再帰代名詞を取る動詞を再帰動詞という．日本語の感覚からは，再帰代名詞の存在がまったく感じられず意味が予測できないような動詞はとりわけ注意を必要とする．

身繕い：kamma sig〈髪の毛をとかす〉，raka sig〈ひげをそる〉，klippa sig〈髪を切る〉

姿勢：lägga sig〈横になる，寝る，就寝する〉，sätta sig〈腰掛ける，座る〉，resa sig〈立ちあがる，起立する〉，ställa sig〈並ぶ，立つ〉

婚姻関係：förlova sig med X〈Xと婚約する〉，gifta sig med X〈Xと結婚する〉，skilja sig från X〈Xと離婚する〉

着脱：klä på sig〈服を着る〉，klä av sig〈服を脱ぐ〉，ta på sig〈(服，靴下，メガネ，帽子や装飾品など) 身に着ける，着る〉，ta av sig〈(服，靴下，メガネ，帽子や装飾品など体から) 外す，脱ぐ〉，ta med sig〈持って行く〉

感覚・感情：ångra sig〈後悔する〉，roa sig〈楽しむ〉，känna sig X〈Xのように感じる〉

その他：skynda sig〈急ぐ〉，vila sig〈休息する〉，lära sig X〈Xを学ぶ〉，ge sig iväg〈出かける〉，bry sig om X〈Xを気にかける〉(否定文で用いられることが多い)，bestämma sig för X〈Xを決意する，決心する〉，vänja sig vid X〈Xに慣れる〉

känna sig X〈Xのように感じる〉(Xは形容詞．形容詞は主語の性と数に一致させる)

Jag känner mig sjuk.〈私は病気のような気がする〉
Han känner sig frisk.〈彼は健康のようだ〉

De känner sig glada. 〈彼らは嬉しそうだ〉
gifta sig med X〈Xと結婚する〉
　　　Han gifter sig med henne snart. 〈もうじき彼は彼女と結婚する〉
lära sig X〈Xを学ぶ〉(lära は〈教える〉が原義であるから，目的語が再帰代名詞であれば〈自分にXを教える〉→〈Xを学ぶ〉)
　　　Han lär **sig** svenska.　　〈彼はスウェーデン語を学んでいる〉
　　　　　　　　　　　　　　　(←〈彼は自分にスウェーデン語を教え込んでいる〉)
　　　Han lär **honom** svenska. 〈彼は（別の）彼にスウェーデン語を教えている〉

18.3　語順〔2〕：代名詞と否定辞 inte

　再帰代名詞に限らず，目的語や主語が代名詞のとき，否定文にするとき注意しなくてはならないのは，否定辞 inte の語順である．
① 目的語と inte の語順
　　　Jag tvättar mig inte.　　　〈私は自分（の体）を洗わない〉
　　　Han tvättar sig inte.　　　〈彼は自分（の体）を洗わない〉
　　　Jag tvättar inte min son. 〈私は自分の息子（の体）を洗わない〉
　　　Han tvättar inte Erik.　　〈彼はエーリック（の体）を洗ってあげない〉
　一般に主節において，目的語が名詞であれば，否定辞 inte は動詞の直後に置かれるが，目的語が代名詞の場合は，強調など特別な意図がない限り，通例 inte はその代名詞の直後に置かれる．助動詞が含まれていれば，目的語が代名詞であろうと名詞であろうと，inte は助動詞の直後に置かれる．なお，従位節の場合は，いずれの場合も inte はまったく別のルールによる語順となる（23.3 参照）．
　　　Han hjälper inte mamma.　〈彼は母を手伝ってあげない〉
　　　Han hjälper henne inte.　〈彼は彼女を手伝ってあげない〉
　　　Han hjälper mig inte.　　〈彼は私を手伝ってくれない〉
　　　Han kan inte hjälpa mig. 〈彼は私を手伝うことができない〉
　ちなみに，語順を換えた Jag hjälper inte henne. 〈私は彼女は手伝ってあげない〉も問題なく成立する．しかし，その場合には inte A utan B の構文が下地にあると考えられる．つまり，Jag hjälper inte henne utan honom. 〈私は彼女は手伝ってあげないけど，彼はいいよ〉というニュアンスが伴ってくる．なお，× Han hjälper mamma inte. は不可．
　なお，前置詞や小辞（29 課）の後に目的語を伴う動詞では，目的語が名詞であ

ろうと代名詞であろうと，否定辞 inte は常に動詞の直後に置かれる．
　前置詞（på に強勢はなく，動詞に強勢が置かれる）
　　Han **hälsar** inte på läraren/henne.〈彼はその先生／彼女に挨拶をしない〉
　小辞（på に強勢がある）
　　Han hälsar inte **på** läraren/henne.〈彼はその先生／彼女を訪問しない〉
なお，助動詞がある場合も目的語が何であれ，否定辞 inte は助動詞の直後に置かれる．
　　Han kan inte hälsa på läraren/henne.
　　〈彼はその先生／彼女に挨拶できない〉〈彼はその先生／彼女を訪問できない〉

② 主語と inte の語順
　否定疑問文での主語と inte の語順の関係も，目的語と inte の語順の関係とまったくパラレルに，主語が名詞であるか代名詞であるかによって決まってくる．
　目的語もしくは主語が代名詞 →〔代名詞 + inte〕
　［動詞+ 代名詞 目的語 + inte］の語順は［動詞+ 代名詞 主語 + inte ］でも同じ．
　目的語もしくは主語が名詞 →〔inte + 名詞〕
　［動詞+ inte + 名詞 目的語 ］の語順は［動詞+ inte + 名詞 主語 ］でも同じ．
　　Han är inte student. → Är han inte student?〈彼は学生ではないのですか〉
　　Erik är inte student. → Är inte Erik student?
　　〈エーリックは学生ではないのですか〉
もちろん，Är inte **han** student? や Är **Erik** inte student? の語順も可能だが，その場合は特に強調や驚きなど，何らかの特殊な意図が入ってくる（太字の語には強勢が置かれる）．〈彼（エーリック）は学生ではないのですか（おかしいな，そんなはずはないのになあ．私はそうだと思っていたのに）〉

18.4　再帰所有代名詞 sin, sitt, sina

再帰代名詞目的格は sig であったが，その所有代名詞 sin/sitt/sina も主語と同一人物・同一物を示し，主語が 3 人称（単数・複数）の場合にのみ用いられる．
　　Han säljer **sin** bil.　〈彼は自分の車を売る〉
　　Hon säljer **sitt** hus.　〈彼女は自分の家を売る〉
　　De säljer **sina** bilar/**sina** hus.
　　〈彼らは自分が所有している車(複数)／家(複数)を売る〉

> **注意** 通例の所有代名詞を使用すると，主語と同一の物ではなくなり，まったく別の人物の物を示す．

Han säljer **hans** bil. 〈彼は彼（別の男性）の車を売る〉
Hon säljer **hennes** hus.
〈彼女は彼女（別の女性）の家（単数もしくは複数）を売る〉
De säljer **deras** bilar/**deras** hus.
〈彼らは彼ら（別の人たち）の車（複数）／家（単数もしくは複数）を売る〉

再帰所有代名詞が誰を指すかは主語に依存するので，主部に入ることはできない．

Han åker till Paris med sin fru. 〈彼は自分の妻と一緒にパリへ行く〉
Han åker till Paris med hans fru. 〈彼は他人の妻と一緒にパリへ行く〉
× Han och sin fru åker till Paris. （sin が主語に含まれるので文法的に間違った文）
Han och hans fru åker till Paris.
（文法的には正しいが，「他人の妻」もしくは「自分の妻」の2通りに解釈できるため，通例このような曖昧な文は回避され，次のような表現が用いられる）
Han åker till Paris med sin fru. 〈彼は自分の妻と一緒にパリへ行く〉）

18.5 人称代名詞 man

人称代名詞 man は「世間一般の人々」という不特定の人たちを表す．英語の総称人称 they, we, you に相当する．人称代名詞であるため，たとえば han と比較すると類似性がわかりやすいであろう．一方，名詞 en man〈男性，夫〉とはまったく別の品詞である．人称代名詞 man は名詞ではないので，不定冠詞を伴わず，もちろん既知形も複数形も存在しない．

代名詞 man で気をつけなければならない点は，主格が名詞 man と同音異義語で，ともに人間を指すという点で共通しているため，解釈に際してしばしば違和感を感じないために誤訳を見過ごしてしまう恐れがあるということと，その目的格も不定冠詞の en や数詞の en とも同音異義語であるため，容易に混同してしまうことである．

訳すとき「世間一般の人々」などとすると違和感が生じるので，「皆が，誰もが」とか，あるいは「世間一般の人々」などが訳文に出ないように受身にして訳

すとよい．また，「世間の人」の意味が文脈で理解されていれば，特に訳出しなくてもよい．

主格	man	han
目的格	en	honom
所有格	ens	hans
再帰代名詞目的格	sig	
再帰所有代名詞	sin/sitt/sina	

Man säger att Erik är en duktig student.
〈エーリックは優秀な学生だと（世間の人が／みんなが）言っている〉
(man を「世間の人」などと訳すといかにも仰々しく，不自然であれば「皆が」とか，あるいは受身にして「～と言われている」と訳すとよい)
Man vet aldrig vad ens vänner säger om en.
〈友人たちが自分について何を話しているのかわかったものではない〉
(man は「世間一般の人々は」で，ens (vänner) の ens は「世間一般の人々の（友人）」，om en は「世間一般の人々について」)
Man måste visa sitt pass vid passkontrollen.
〈入国審査の際には各自のパスポートを見せなければならない〉
(sitt は主語と同一人物，すなわち主語 man「誰もが」のこと)

注意 de は確かに英語の they に相当するが，スウェーデン語では「世間一般の人々」は意味せず，必ず特定の「彼ら」である．スウェーデン語の人称代名詞 de は文脈からたいてい特定できる「彼ら」である．
— Vad ska man göra för att söka arbete på den här banken?
— Man måste visa sina betyg. De brukar kräva det.
〈この銀行で求職する際には，何をしたらいいのですか〉
〈成績を見せなくてはなりません．彼らはたいていそれを要求してきます〉
De は文脈から「採用する側の銀行の人たち」とすぐに特定できる．man は当然世間一般の人は誰でもの意味であるが，最初の man はこの質問を発している自分自身（jag）のこととも考えられるし，またたとえば自分の息子のことを念頭に入れて質問しているとも考えられる．2つ目の man も回答者が暗に質問者の意図を読んで，あなた（du）と考えて回答しているとも考えられる．man は誰を指すか曖昧にしておく機能ももっている．

なお，sina betyg は複数形であることから，最後に出てくる det とは一致していないようにみえる．この det はその成績表そのものを具体的に指しているのではなく，そのようなものという概念を指している．Har du några pennor? Ja, det har jag. の det と同じ機能．

När *man* söker arbete, vill de ofta se *ens* betyg.
〈人が求職する際は，彼ら（＝採用者側）はたいていその人の成績を見たいと願う〉
（求職の際の一般論であるが，ここの de も文脈からすぐに特定できる「彼ら」，すなわち「採用者側」のことである．この man および ens は「世間一般の人であれば誰でも」の意味）

さらに，上記の従位節の中の主語である代名詞 man を下記のように名詞に換えると後続の代名詞は以下のように変わり，man の特徴がより一層見えるであろう．

När *en man* söker arbete, vill de ofta se *hans* betyg.
〈男性が求職する際は，彼らはその男性の成績を見たいと願う〉
（en man は「男の人」であり，それを受ける所有代名詞は hans である）

① man は状況によって様々な人を指すこともある．
Man tycker att han är dum.
〈みんな彼は愚かだと思っている〉／〈彼は愚かだと（私は）思う〉
（man 一般について言えることだが，man が示唆する「人」の意味範囲は広く，曖昧でさえあり，状況により誰でも意味することができる．「皆」でもありうるし，この場合「私」jag でもありうる．その場合，あえて jag を前面に出さない事情を読み取ることが大事である．ここで Jag tycker att han är dum. と言ってしまうと，han är dum という内容の責任を自分が負わなくてはならなくなる．それを回避するために自分をぼかす意図で主語を man にし，「（自分を含むかもしれない）皆」として使われている）

Kan jag få sitta här?　〈私，ここに座らせてもらってもいいですか〉
Kan man få sitta här?　〈ここに座らせてもらってもいいですか〉
（ともに「ここに座ってもいいですか」の意味であるが，主語が jag であると「自分」を前面に出すので，自分の権利を強く主張していると捉えられる恐れがある．

一方，主語に man を用いると，誰もが座ってよい席であるかどうかを尋ねていて，特に自分の権利を前面に出していないため，聞き手にはソフト

に聞こえるかもしれない．反面，誰もが座って構わない席だから，空席であれば誰が座ってもいいのだという尊大な印象も与えかねない．要するに，その場の状況により，様々に解釈されるのが man の1つの大きな特徴でもある）

② man は示唆する人が単数であろうと複数であろうと述部は単数で呼応させる．
　Man är tvungen att flytta från det här området p g a översvämning.
　〈洪水のためにこの地域から（住民は皆）移転せざるをえない〉
　? Man är tvungna att flytta från det här området p g a översvämning.
　　（man は明らかに複数の人々を指していても，述部の過去分詞（24課参照）は単数形 tvungen で呼応する方が普通である．tvungna でも間違いとは言えないが，容認度が落ちるので，単数で呼応するとしておいた方が無難である．もちろん，man がここでも jag を指すことは文脈次第で十分ありうるが，呼応に関しては主語が単数扱いなので何ら問題はない）

注意　man は意味の上では，通例複数の人を意味するが（25.3(2)参照），単数の人を示唆することも頻繁にある．man が主語のとき，それに呼応する形容詞は，たとえ man が意味的に複数を指すと考えられても，単数で一致させるほうが一般的である．人称代名詞 man はもともと普通名詞 en man〈男〉の主格・単数から発達して成立したので，文法的には現在でも単数扱いである．ちなみに，同じ人称代名詞をもつドイツ語の man（Mann〈男〉は名詞）やフランス語 on（ラテン語 homō〈人，男〉）も同じような変遷を遂げているが，現代の英語はこの代名詞がなく，one, they, we, you などを用いている．

練習問題

1. 再帰代名詞・再帰動詞
   適切な再帰代名詞を入れなさい.
   (1) Snart börjar lektionen! Vi måste skynda (　　　　).
   (2) Du måste lägga (　　　　) tidigt ikväll.
   (3) Jag brukar känna (　　　　) trött på kvällen.
   (4) Han rakar (　　　　) varje morgon.
   (5) Ni måste lära (　　　　) japanska.
   (6) Snart ska de ge (　　　　) iväg på en resa.

2. 再帰所有代名詞
   カッコ内の日本語を参考に, 適切な代名詞の所有格を入れなさい.
   (1) Ingrid ringer till (　　　　) föräldrar varje vecka.（自分の親に）
   (2) Vi ska sälja (　　　　) hus.（自分たちの家を）
   (3) De är hemma för (　　　　) söner ska komma dit.（自分たちの息子たちが）
   (4) De leker med (　　　　) barn.（自分の子供（単数）と）
   (5) Går du ofta ut med (　　　　) hund?（自分の犬と）
   (6) Gillar ni (　　　　) arbete?（自分たちの仕事を）

3. 語順
   下線の語を文頭にして, 単語を並び替えて文を作りなさい.
   (1) Björn, dem, gillar, inte
   (2) Erik, hund, inte, kammar, sin
   (3) dag, han, inte, rakar, sig, varje
   (4) beklagar, de, det, inte, sig, över
   (5) barn, Ingrid, inte, sina, väcker, ?
   (6) bil, han, inte, sin, tvättar, ?

4. 人称代名詞 man
   次の日本語をスウェーデン語にしなさい.
   (1) 人は自分自身の健康を優先しなければならない.（健康: en hälsa）
   (2) 私は勤勉に働くことが人の義務だと思う.（義務: en plikt, 勤勉に: hårt）
   (3) 人にストレスを与えるものは何だろう？

スウェーデンの地理 4 ユータランド (2)

Västergötland（ヴェステルユートランド）にはスウェーデン第 2 の都市 Göteborg（ユーテボリ）があり，Volvo と SAAB という世界的に有名な自動車メーカーがあります．北部は Vänern（ヴェーネン湖）と Vättern（ヴェッテン湖）に挟まれていますが，2 つの湖は Göta kanal（ユータ運河）で結ばれています．19 世紀初頭に作られたこの運河はさらに **Östergötland**（ウステルユートランド）を通り，Östersjön（バルト海）へと抜けます．ユータランド西部には **Bohuslän**（ボーヒュースレーン）と **Dalsland**（ダールスランド）があります．ボーヒュースレーンは複雑な入江の海岸線が続く，漁業と観光が盛んなランドスケープです．（Götaland では a が入りますが，Östergötland と Västergötland では a が入らないことに注意しましょう）

19 イングリッドとビューンが仲直りする
INGRID OCH BJÖRN REDER UT SAKER OCH TING

Både Ingrid och Björn känner sig ledsna över frukostbråket. På kvällen, efter middagen, säger Björn:
— Jag var på dåligt humör i morse, så jag vill be dig om ursäkt för det. Jag kände mig så stressad. Och hela dagen blev dyster av vårt bråk.
— Jag förlåter dig, svarar Ingrid. Jag åkte till jobbet med en känsla av tristess och jag tänkte ringa eller sms:a dig flera gånger under förmiddagen. Fast jag hann aldrig göra det.
— Jag funderade på precis samma sak, erkänner Björn. Och jag skickade faktiskt ett sms till dig efter lunch. Men det gick aldrig iväg, och det såg jag sedan.
— Vad stod det i ditt sms, frågar Ingrid.
— Jag skrev: "Du är det bästa i hela mitt liv! Jag betedde mig illa i morse, kan du förlåta mig för det?"
— Det kan jag absolut göra, svarar Ingrid.

新出単語

reda 'ut /reder, redde, rett/ 解決する
ett ting [名] /tinget, ting, tingen/ 物
saker och ting 物事，出来事
känna sig /känner, kände, känt/ 感じる
ledsen [形] 悲しい
ett frukostbråk [名] /-bråket, -bråk, -bråken/ 朝食時の喧嘩
dålig [形] 悪い
ett humör [名] /humöret, humör, humören/ 機嫌
i morse [副] 今朝
be om ... ～を求める，乞う
en ursäkt [名] /ursäkten, ursäkter, ursäkterna/ 弁解　be om ursäkt 謝る
stressad [形] ストレスがたまっている
blev [動] bli（グループ4）の過去形
dyster [形] 気分が暗い
ett bråk [名] /bråket, bråk, bråken/ 喧嘩
förlåta [動] /-låter, -lät, -låtit/ 許す
(en) tristess [名] /tristessen, ×, ×/ 憂うつ，陰うつ

sms:a [動] /sms:ar, sms:ade, sms:at/ smsを送る
flera [形] より多くの，många の比較級
　flera gånger 何度も
fast [接] けれども
precis [副] ちょうど，きっかり
hann [動] hinna（グループ4）の過去形
aldrig [副] 決して～ない
erkänna [動] /-känner, -kände, -känt/ 認める
skicka [動] /skickar, skickade, skickat/ 送る
faktiskt [副] 実際に
ett sms [名] /sms:et, sms, sms:en/ sms
gick [動] gå（グループ4）の過去形
iväg [副] 離れて
såg [動] se（グループ4）の過去形
stod [動] stå（グループ4）の過去形
stå [動] /står, stod, stått/ 書いてある，載っている
skrev [動] skriva（グループ4）の過去形
bäst [形] 最もよい，bra/god の最上級
bete sig /beter, betedde, betett/ 振る舞う
illa [副] 悪く

注意すべき発音

ledsna：語中の d は発音されないので /lesna/．ledsen も同様に /lessen/ となる．
humör：(ett) humör の強勢は ö（長母音）にあり，ETT-名詞．一方，形が類似している (en) humor は〈ユーモア〉の意味で，強勢は u（長母音）にある．単数・既知形は humorn，複数形はない．19.7 参照．
i morse：rs の結合があるので，発音はそり舌音 [ʂ] になる．なお，ursäkta の rs も同様にそり舌音になる．
tristess：強勢は e に置かれる．precis も借入語で，強勢は i に置かれる．
sms:a：名詞 sms は [es:em:es:]，動詞の発音は [es:em:'es:a]（不定詞）である．

19.1 過去を表す副詞表現

[**förra** + 既知形]
　förra veckan〈先週〉, förra månaden〈先月〉, förra året〈去年〉
[**i** を用いる場合]
　i går〈昨日〉, i förrgår〈おととい〉, i fjol〈去年〉, i natt〈昨夜, 今夜〉(この句は過去も未来も表すことができる. どちらであるかは文脈で判断する)
[**i** + **...se**]
　i morse〈今朝〉, igår morse〈昨日の朝〉
[**i** + 曜日名 **s**] 過ぎ去った一番近い曜日
　i måndags〈この間の月曜日〉, i tisdags〈この間の火曜日〉, i onsdags〈この間の水曜日〉, i torsdags〈この間の木曜日〉, i fredags〈この間の金曜日〉, i lördags〈この間の土曜日〉, i söndags〈この間の日曜日〉
　måndag i förra veckan〈先週の月曜日〉, förra måndagen〈先週の月曜日〉
[**i** + 四季名 **as**]
　i våras〈この間の春〉, i somras〈この間の夏〉, i höstas〈この間の秋〉, i vintras〈この間の冬〉,
[**i** + 行事名 **as**] 以下の 2 つのみ.
　i påskas〈この間の復活祭で〉, i julas〈この間のクリスマスで〉
för X sedan〈**X** 前〉(英語の ... ago に相当)
　för en timme sedan〈1 時間前〉, för tio dagar sedan〈10 日前〉, för två veckor sedan〈2 週間前〉, för fem år sedan〈5 年前〉
　(sedan の直前の名詞が複数形語尾 -ar, -or, -er である場合や år〈年〉のとき, -rs- の結合が生じるので, そり舌音 [ʂ] になることに注意)

19.2 過去形について

　過去形の作り方は大きく分けて 2 種類ある. 英語の過去形を考えてみると, d が含まれる接尾辞を用いる場合 (play/played, like/liked) と動詞の語幹の母音を交替させる場合 (sing/sang) があるが, 英文法では前者のような動詞を規則動詞, 後者のような動詞を不規則動詞と呼んでいる. スウェーデン語にもまったくパラレルな作り方があり, 前者を弱変化動詞 (グループ 1, 2A, 2B, 3), 後者を強変化動詞 (グループ 4) と呼んでいる.

8課で現在形の語尾をもとに暫定的に動詞の活用のグループ分けを示したが、ここからは各過去形の形を示すことで、スウェーデン語文法で一般的に用いられる動詞の分類（グループ1, 2A, 2B, 4）を提示していく。

19.3　弱変化動詞の過去形の作り方の基本

弱変化動詞のグループに所属する動詞は、数が多く、比較的新しい概念を表すものが多い。スウェーデン語の弱変化動詞には4種類あり、-de, -te, -dde いずれかの接尾辞を取る。

	不定詞	現在形	過去形
1	arbeta〈働く〉	arbetar	arbeta**de**
2 A	stänga〈閉める〉	stänger	stäng**de**
2 B	läsa〈読む〉	läser	läs**te**
3	bo〈住んでいる〉	bor	bo**dde**

過去形の語尾の選択は現在形の語尾から自動的にわかる。言い換えれば、現在形の語尾を正確に把握していないと、過去形の語尾の選択に迷うことになる。スウェーデン語の動詞は不定詞などよりも、まずは現在形の語尾をしっかり学習することが大事となる。以下に示す説明ではグループ4の動詞は除く。

(1)　グループ1

現在形が **-ar** で終わる動詞は不定詞に **-de** を付加する。
　現在形 arbet**ar** → 過去形 arbeta**de**
　　laga〈修理する〉, lyssna〈耳を傾ける〉, simma〈泳ぐ〉, studera〈研究する〉, städa〈掃除する〉, tala〈話す〉, titta〈目を向ける〉, vänta〈待つ〉

(2)　グループ3

現在形が単音節語で［長母音 + r］で終わっている動詞は不定詞に **-dde** を付加する。ただし、現在形が kör〈運転する〉や lär〈教える〉のようなゼロ語尾の動詞は除く。その意味で現在形ゼロ語尾の動詞にはどんな動詞があるかをしっ

かり覚えていれば，このグループと混同することはない．現在形ゼロ語尾動詞については8課参照．

  現在形 bor → 過去形 bodde
   må〈(体調などで) 感じる〉, nå〈届く〉, spy〈嘔吐する〉, sy〈縫う〉, tro〈信じる〉

(3)　グループ2A

現在形の語尾が -er の動詞は，不定詞の語末の -a を除いてから，-de を付加する．
  現在形 stänger → 過去形 stängde
   hänga〈吊るす〉, kyla〈冷す〉, lyda〈従う〉, betyda〈意味する〉, ställa〈立てて置く〉, värma〈温める〉

注意　グループ2Aと3の過去形には同じ -dde で終わる動詞がいくつかあるので，過去形から不定詞や現在形を復元するときに混同しないように注意．
  グループ2A: led|a〈導く〉 led|er led|de（最後の -de のみが過去形の語尾）
  グループ3: ske〈生じる〉 sker ske|dde（-dde が過去形の語尾）
こうして過去形がたまたま -dde になること，そしてたとえば，不定詞 klä[da] や現在形 klä[de]r で語末の [da] や語中音の [de] が脱落することから，一部の動詞はグループ2Bからグループ3に移行していく経過がみてとれる．
  かつてはグループ2Aであったが，現在では完全にグループ3に移行した動詞：
   (2A) kläda　kläder　klädde → (3) klä　klär　klädde〈服を着せる〉
  グループ2Aに留まりつつも，グループ3にもなりつつある動詞：
   (2A) breda　breder　bredde → (3) bre　brer　bredde〈薄く広げる〉

(4)　グループ2B

現在形の語尾が -er で終わる動詞には，過去形を作る際に不定詞の語末の -a を除いてから，-de ではなく -te を付加するグループがある．
  現在形 läser → 過去形 läste
このグループを2Bと呼ぶことにする．グループ2Bはグループ2Aと接尾辞の付け方は基本的に同じであるが，問題はなぜグループ2Aが -de を，グループ2Bが -te の接尾辞を取るのか，その見分け方である．その鍵は現在形の語尾 -er の直前の子音にある．直前の子音が無声子音（p, k, s, x, t）であればグループ2B,

そうでなければ，すなわち有声子音であればすべてグループ2Aとなる．
- **p**：hjälper〈助ける〉→ hjälpte, köper〈買う〉→ köpte
- **k**：leker〈遊ぶ〉→ lekte, tycker〈思う〉→ tyckte, tänker〈考える〉→ tänkte, åker〈(乗り物に乗って)行く〉→ åkte, försöker〈試みる〉→ försökte, väcker〈目覚めさせる〉→ väckte
- **s**：löser〈解く〉→ löste, reser〈旅行する〉→ reste
- **x**：växer〈成長する〉→ växte (xを有するのはこの動詞のみ)
  (xは結局[ks]と発音されるので，sと同じ扱いになる)
- **t**：byter〈替える〉→ bytte, möter〈出会う〉→ mötte, sköter〈世話する〉→ skötte

例外：kröna〈冠をかぶらせる〉：kröner → krönte

注意 過去形の語尾は，英語やドイツ語の過去形の語尾からも推測できるように，元来有声子音dを含んでいる．いまここに，グループ2Bのような無声子音 (p, k, s, x, t) の直後に過去形の本来の語尾deを付加させてみよう．そうすると，*köpde, *lekde, *resde, *bytde などとなり，無声子音＋有声子音の結合が生じ，いかにも発音しにくい．この連続［無声子音（p/k/s/x/t）＋有声子音（de）］を避けるために，有声子音の語尾dが無声子音tに変わりteになったのである．翻って，英語の過去形 robbed, opened, begged の接尾辞dは[d]と発音されて何ら問題はないが，stopped, liked, missed など無声子音 (p, k, s) の直後の語尾dは[t]に変えて発音している．スウェーデン語は発音されている通りに，綴りをdeからteに変更したが，英語は綴り字dを維持した結果，dを[t]と発音せざるをえなくなっていることがみてとれる．

(5) 注意すべき弱変化動詞グループ2の過去形

以下に分類するように3つに分けられる．
① ゼロ語尾動詞
ゼロ語尾の動詞のいくつかはグループ2Aに属し，過去形を作るときは不定詞の語末の -a を除いてから，-de を付加する（ゼロ語尾動詞の音構造の特徴は8課を参照）．なお，ゼロ語尾の動詞はグループ4にもあるが，過去形の作り方はまったく異なる．

	不定詞	現在形	過去形
2 A	höra〈聞こえる〉	hör	hörde

hyra〈レンタルする〉/hyrde, köra〈運転する〉/körde, lära〈教える〉/lärde, tåla〈耐える〉/tålde

② -mma/-nna で終わる動詞
過去形では m/n の綴りを 1 つ落としてから（10.1(1)を参照），**-de** を付加する．なお，グループ 4 にも -mma/-nna で終わる動詞があるが，過去形の作り方はまったく異なる．

	不定詞	現在形	過去形
2 A	drömma〈夢見る〉	drömm**er**	dröm**de**
	känna〈感じる・触る〉	känn**er**	kän**de**

bestämma〈決心する〉/bestämde, bränna〈燃やす〉/brände, glömma〈忘れる〉/glömde, gömma〈隠す〉/gömde, skrämma〈おびえさせる〉/skrämde, tömma〈空にする〉/tömde

なお，現在形が -mmer で終わる動詞の命令形も m を 1 つ落としてから作る（9.3①（注意）参照）．
　　glömmer → Glöm!, gömmer → Göm!, kommer〈来る〉→ Kom!
ただし，現在形が -nner で終わる動詞の命令形は n を落とさないで作る．
　　känner → Känn!, bränner〈燃やす〉→ Bränn!, vinner〈勝ちとる〉→ Vinn!

③ 現在形が -nder / -Cter で終わる動詞（C は子音）
過去形では d, t を重ねない．× sändde や × lyftte にしないこと．

	不定詞	現在形	過去形
2 A	sända〈送る〉	sänd**er**	sän**de**
2 B	lyfta〈持ち上げる〉	lyft**er**	lyf**te**

2A：använda〈使う〉/använde, hända〈生じる〉/hände, tända〈火をともす〉/tände, vända〈ひっくり返す〉/vände
2B：gifta〈結婚させる〉/gifte, mista〈失う〉/miste, vetta〈〜に面している〉/vette, fästa〈固定する〉/fäste, välta〈ひっくり返す〉/välte

（6） グループ2, 3の過去形の幹母音の長さ

① グループ2Aであれ，グループ3であれ，語末が -dde で終わる過去形の幹母音は，不定詞・現在形の幹母音が長くても，常に短くなる．
　　グループ2A：tyda（長母音）〈読み解く〉：ty**dde**（短母音）
　　グループ3：bo（長母音）〈住んでいる〉：bo**dde**（短母音）

② グループ2Bで語末が -tte で終わる過去形の幹母音は，不定詞・現在形の幹母音が長くても，常に短くなる．
　　byta（長母音）〈替える〉：by**tte**（短母音）
　　möta（長母音）〈出会う〉：mö**tte**（短母音）

③ グループ2（ただし上記①②を除く）の過去形の幹母音は，不定詞・現在形の幹母音が長ければ，それを引き継いで常に長い．短母音の発音の規則（V + CC）は適用されない．
　　kyla（長母音）〈冷す〉：kylde（長母音）
　　höra（長母音）〈聞こえる〉：hörde（長母音）
　　resa（長母音）〈旅行する〉：reste（長母音），
　　åka（長母音）〈（乗り物に乗って）行く〉：åkte（長母音）

ただし，köpa（長母音）〈買う〉の過去形 köpte の幹母音は（長母音）／（短母音）ともに存在するが，強勢が置かれない場合には短母音で発音されることが多い．köpa はたいてい何らかの目的語を取るので，たとえば Jag köpte en **bil**〈私は車を買った〉などでは強勢は目的語 bil にあって，köpte にはないため短母音になることが多い．

19.4　強変化動詞

スウェーデン語の大部分の動詞は弱変化動詞，とりわけグループ1に属し，強変化動詞に分類される動詞は限られている（しかもそのうち核になり重要なのはとりあえず90個程度）．弱変化動詞の過去形の接尾辞の成立はゲルマン語の歴史の中でも後発であるが，この強変化動詞はそれよりもはるか以前から伝承されてきたものである．その多くは英語やドイツ語の不規則動詞に分類される動詞と重なるばかりでなく，古くから継承されてきただけあって，人間本来の行動や営みにかかわる意味（「食べる」「飲む」「眠る」「来る」「与える」「取る」「横たわっている」「座っている」「立っている」など）を有する動詞が圧倒的に多い．巻末の

表に挙げるグループ4の動詞のほぼ90個程度はスウェーデン語を学習する上では絶対に必修である．これらの活用をすべて記憶すれば，今後新たに出てくるグループ4の動詞はこれらの動詞に接頭辞が冠されているか，あるいはこれらの動詞を核にした複合動詞に過ぎない．

巻末の活用表には助動詞や母音の変音をみせつつも，本来は弱変化動詞（下記19.5を参照）に属するものも多少含まれている．

グループ4の動詞は不定詞・現在形の幹母音を変えることによって過去形を形成する．その変化の仕方，すなわち母音の交替にはある程度のパターン（アップラウトと呼ばれている）があるので，それに沿って，動詞の活用を記憶に定着されたい．もちろん，このパターンに完全にしたがわないものもある．

	［不定詞・現在形］〜 ［過去形］間の母音の交替	不定詞／現在形	過去形
1	i 〜 e	bita/biter〈噛む〉	bet
2	u 〜 ö	bjuda/bjuder〈招く〉	bjöd
3	y 〜 ö	bryta/bryter〈壊す〉	bröt
4	i 〜 a	binda/binder〈縛る〉	band
5	ä 〜 a	bära/bär〈運ぶ〉	bar
6	a 〜 o	fara/far〈(乗物で) 行く〉	for

グループ4の動詞のほとんどは現在形に語尾 -er を取る．その90個程度の動詞をすべて記憶にインプットすれば，今後 -er で終わる現在形の動詞がでてきても，この90個の動詞にヒットしなければ，それらはすべてグループ2Aもしくは2Bに所属することになる．グループ2Aになるか2Bになるかは，その現在形の語尾 -er の直前の子音が有声か無声かによって簡単に区別できることは先に（19.3(4)）で述べた通りである．

> 注意

- be/bad, bli/blev, dra/drog, ge/gav, ta/tog において
それぞれの過去形に不定詞・現在形にはなかった子音が出てくるのは，元来それらの子音は不定詞・現在形にもあって，過去形と完了分詞にそれが今でも保持されているためである．不定詞・現在形に子音がないのは，それを脱落させた短縮形が現在では一般的になってしまったためである．

be(dja)/be(de)r/bad〈乞う〉
bli(va)/bli(ve)r/blev〈〜になる〉

dra(ga)/dra(ge)r/drog〈引っ張る〉
gi(va)＞ ge /gi(ve)r＞ ger/gav〈与える〉
ta(ga)/ta(ge)r/tog〈取る〉

- skjuta の過去形 sköt では不定詞・現在形にあった j が消えることに注意.
- stjäla の過去形 stal では不定詞・現在形にあった j が消えることに注意.
- skära [ɧæːra]/skar [skɑːr] と stjäla [ɧɛːla]/stal [stɑːl] の場合，不定詞・現在形と一方の過去形においては，母音が交替するばかりでなく，語頭の子音の発音も変わることに注意.

19.5　本来弱変化に属する特殊な動詞

　語幹の母音が交替しているために，強変化動詞に便宜上分類されているが，過去形に接尾辞 -de/-te があることから，本来は弱変化に属すべき動詞がある（21.1(3) 注意 参照）．以下に不定詞と過去形を示す．

　göra〈〜する〉/gjorde（過去形の語頭子音は gj- になる．21.1(3) 注意2 参照）
　ha〈持っている〉/hade
　　（過去形の a は短母音になることに注意．hade はかつての過去形が hafþe であったため a はそのまま短母音を維持しているのである．なお，かつての変化形は ha(va), ha(ve)r, *hafþe*, haft）
　heta〈〜と称する〉/hette

　なお，以下に示す動詞の不定詞・現在形と過去形との間の母音の変化はウムラウトによるものである．過去形はウムラウトの影響を受けていないので，ウムラウトを起こす前のオリジナルな母音がみえる．以下に不定詞と過去形を示す．

　böra〈〜すべきである〉/borde
　　（過去形の o は長母音になる．21.1(3) 注意1 参照）
　dölja〈隠す〉/dolde　　　（過去形の o は長母音になる）
　glädja〈喜ばせる〉/gladde
　（過去形の a は短母音．不定詞・現在形の ä は長母音）
　lägga〈横にして置く〉/lade, la
　（話し言葉では lade の語末音の de が脱落した la を用いることが多い）
　säga〈言う〉/sade, sa
　（話し言葉では sade の語末音の de が脱落した sa を用いることが多い）
　sätta〈据える〉/satte

sälja〈売る〉/sålde　　　　　（過去形の å は短母音）
välja〈選ぶ〉/valde　　　　　（過去形の a は長母音になる）
vänja〈慣れさせる〉/vande　　（過去形の a は長母音になる）

19.6　過去形は何を表すか

(1)　過去において終了した行為や過去の習慣

Jag köpte bilen för två år sedan.　　〈私は2年前にその車を購入した〉
De kom hem alldeles nyss.　　　　　〈彼らは今しがた帰宅した〉
Var han på banken i förrgår?　　　　〈彼はおととい銀行に行きましたか〉
Vi steg upp tidigt på morgonen som barn.　〈子供の頃私たちは朝早く起きた〉

(2)　過去において継続していた行為

Igår tittade min man på TV hela dagen.　〈昨日夫は一日中テレビを見ていた〉
Min son studerade svenska under tiden.
〈息子はその間スウェーデン語を勉強していた〉
När min fru kom hem läste jag tidningen.
〈妻が家に帰ってきたとき私は新聞を読んでいた〉

(3)　過去形を使用して現在のその場での驚きや感嘆を表す

　動詞は確かに過去形であるが，表しているのは現在の込められた感情であり，感嘆文で言い表す内容と同じである．［Det + var（vara の過去形）+ 形容詞中性形］の構文で，補語の形容詞は「感情」「評価」などを表す（28.4 前置詞 av 参照）．
　　Det var väldigt gott!（= Vad gott!)〈うまい！すごくおいしい！〉
　　　（食べ物を一口食べて歓声をあげるとき．まだ完食したわけではない．現在形を用いた Det är väldigt gott.〈それはとてもおいしい（食べ物）です〉は単なる事実の描写や確認の意味でしかない）
　　Det var roligt att se dig!（= Vad roligt att se dig!)
　　〈あなたに会えてとっても嬉しいです〉
　　　（今会ったばかりで喜びを発する表現．もちろん別れるときにも使えるが，

それはもう単なる過去形で〈あなたに会えてよかったです〉の意味になる）
Det var synd/tråkigt!（= Vad synd/tråkigt!)　〈ああ残念！〉
Det var länge se(da)n!　　　　　　〈久しぶりだね！〉

注意　過去形 var を用いて丁寧さを示す場合もある．
Hur var namnet?　　〈お名前をお聞かせください〉

19.7　役に立つ表現

humör〈機嫌〉を使った慣用句

句によって未知形／既知形になるので注意．
Han blev på dåligt humör.　〈彼は不機嫌になった〉
Hon är på gott humör.　〈彼女は上機嫌である〉
tappa/förlora humöret　　〈腹を立てる〉
fatta humör　　　　　　〈憤慨する，怒る，むっとする〉

humör は ETT-名詞だが，humor は EN-名詞で〈ユーモア〉の意味．なお，この課の **注意すべき発音** の項参照．
Han har humor.〈彼にはユーモアがある〉
svart humor　　〈ブラックユーモア〉

練 習 問 題

1. 過去形 弱変化動詞
   次の動詞の現在形・過去形・命令形を順に答えなさい．
   - (1) öppna（開ける，グループ1） (2) stänga（閉める，グループ2）
   - (3) tömma（空にする，グループ2） (4) fylla（満たす，グループ2）
   - (5) släcka（消す，グループ2） (6) tända（火をつける，グループ2）
   - (7) bo（住んでいる，グループ3） (8) flytta（引越しする，グループ1）

2. 過去を表す副詞表現
   次の表現をスウェーデン語に直しなさい．
   - (1) 昨年6月に
   - (2) おとといの晩に
   - (3) 20年前に
   - (4) この前の土曜日の朝8時半に

3. 過去形 グループ4の動詞
   カッコ内の動詞の過去形を使って，作文しなさい．
   - (1) 昨日何をしてたの．（göra）
   - (2) トールはヘッダと一緒に2時間前に昼食を食べた．（äta）
   - (3) シャシュティンはこの間のクリスマスにスウェーデンに飛行機で戻った．（flyga）
   - (4) 彼はこの間の春にお父さんになった．（bli）

4. 作文
   - (1) 彼らはこの間の水曜日にその問題について謝った．
   - (2) 彼は子供のように振る舞った．
   - (3) smsを送る代わりに手紙を1通書いて郵便で送った．
     （手紙：ett brev，郵便で：med posten）
   - (4) 彼は腹を立てたように見えた．

スウェーデンの地理 5　スヴェーアランド

スヴェーアランドには 6 つのランドスカープがあります．Mälaren（メーラレン湖）の北にあるのが **Uppland**（ウップランド），南にあるのが **Södermanland**（スーデルマンランド）です．首都 Stockholm は，北部はウップランドに，南部はスーデルマンランドに属します．ウップランドではヴァイキング時代のルーン碑文を多く目にすることができます．一方，スーデルマンランドには多くの宮殿や館が残っています．スヴェーアランド中部には **Närke**（ナルケ）と **Västmanland**（ヴェストマンランド）があります．さらにその西にある **Värmland**（ヴァルムランド）は『ニルスのふしぎな旅』で著名な Selma Lagerlöf（セルマ・ラーゲルーヴ，1858-1940）をはじめとする偉大な作家を輩出しています．**Dalarna**（ダーラナ）はスウェーデン人の心のふるさとであり，夏至祭をここで過ごそうと毎年多くの観光客がやってきます．また，3 月最初の日曜日に Vasaloppet（ヴァーサ・ロペット）と呼ばれる 90 km を走り抜く有名なクロスカントリースキーの大会が行われます．

20 夕食の計画
MIDDAGSPLANER

I mitten av veckan börjar Björn och Ingrid planera en släktmiddag som de ska ha om några veckor. Då tänker de bjuda både Björns och Ingrids föräldrar, alla sina syskon med deras barn och dessutom två fastrar och en moster.

— Det blir jättetrevligt att ha så många släktingar här på middag nästnästa vecka, tycker Ingrid.

— Ja, det kommer att bli väldigt kul både för oss och alla som kommer, håller Björn med. Vad ska vi bjuda på för mat, tycker du?

— Jag tänker göra jordgubbstårta till efterrätt i alla fall, säger Ingrid. Det kommer alla att gilla!

— Då lagar jag kalops som varmrätt, föreslår Björn. Det är ju en traditionell svensk köttgryta och det passar perfekt att ha jordgubbstårta som efterrätt en stund senare. Då serverar vi en middag med bara svenska rätter. Men vi bjuder på franskt vin, eller hur?

— Franskt, italienskt eller kanske något från Sydamerika, säger Ingrid. Vi får se om ett tag! Vi kan prova några olika sorter nu i helgen, på fredag eller lördag.

— Det låter bra, tycker Björn. Jag handlar det i morgon.

新出単語

en middagsplan [名] /-planen, -planer, -planerna/ 夕食の献立ての計画
i mitten av ...　〜の半ばに，中旬に
en släktmiddag [名] /-middagen, -middagar, -middagarna/ 親戚が集まる夕食会
ett syskon [名] /syskonet, syskon, syskonen/ 兄弟姉妹
dessutom [副] 加えて
en faster [名] /fastern, fastrar, fastrarna/ 父方のおば
en moster [名] /mostern, mostrar, mostrarna/ 母方のおば
jättetrevlig [形] とても楽しい
en släkting [名] /släktingen, släktingar, släktingarna/ 親戚の人
nästnästa [形] 次の次の
kul [形] 楽しい
hålla ˈmed (om A)　(Aに) 同意する
en jordgubbstårta [名] /-tårtan, -tårtor, -tårtorna/ イチゴケーキ
en efterrätt [名] /-rätten, -rätter, -rätterna/ デザート
i alla fall とにかく，いずれにせよ
(en) kalops [名] /kalopsen, ×, ×/ カロップス（スウェーデンの牛肉の煮込み料理）
en varmrätt [名] /-rätten, -rätter, -rätterna/ メインディッシュ
traditionell [形] 伝統的な
en köttgryta [名] /-grytan, -grytor, -grytorna/ 肉の煮込み料理
perfekt [形] 完璧な
servera [動] /serverar, serverade, serverat/ （飲食物を）出す
ett vin [名] /vinet, viner, vinerna/ ワイン
italiensk [形] イタリアの
Sydamerika [固] 南米
ett tag [名] /taget, tag, tagen/ 少しの時間
prova [動] /provar, provade, provat/ 試す
en sort [名] /sorten, sorter, sorterna/ 種類
en helg [名] /helgen, helger, helgerna/ 土・日，休日，祝日
låta [動] /låter, lät, låtit/ 聞こえる

注意すべき発音

vi får se：「様子をみる，静観する，確かめる」の意味で使われるこの表現では常に se に強勢が置かれる．
helgen：-lg の発音は既知形になっても [lj]．したがって [heljen]．

20.1 未来を表す副詞

[**i** + 未知形単数]「発話時点から一番近い未来の～」
 i morgon〈明日〉(i morgon は imorgon のように 1 語としても綴られることもある), i övermorgon〈あさって〉, i morgon bitti〈明日の朝早く〉
 i eftermiddag〈今日の午後〉, ikväll〈今晩〉, i natt〈今夜〉(i natt は過去を表す副詞〈昨夜〉としても使われる)
 i vår〈この春〉, i sommar〈この夏〉, i höst〈この秋〉, i vinter〈この冬〉
 i jul〈このクリスマスに〉, i påsk〈この復活祭に〉

[**nu på** + 曜日名, 季節名など]「もう～（すぐ）にも」
 nu på onsdag〈もうこの水曜日にも〉, nu på våren〈この春すぐにも〉, nu på eftermiddagen〈この午後にも〉

[**nästa** + 未知形単数]「次の, 次回の～」
 nästa vecka〈来週〉, nästa månad〈来月〉, nästa år〈来年〉, nästa måndag〈来週の月曜日〉, nästa vinter〈来年の冬〉
 (nästa dag は「明日」でないことに注意. 過去もしくは未来時のある時点からみての〈翌日〉の意味)

[**nästnästa** + 未知形単数]「次の次の～」
 nästnästa vecka〈再来週〉, nästnästa månad〈再来月〉, nästnästa år〈再来年〉, nästnästa tisdag〈再来週の火曜日〉

[**om** + 時を表す未知形名詞]「今から～後」
 om en timme〈今から 1 時間後〉, om tre veckor〈3 週間後〉, om tio år〈10 年後〉
 om は発話された現時点からみての未来のことを表す. 過去もしくは未来のある時点からみての先のことは efter を用いる.
 Jag beställde en bok och den kom efter en vecka.
 〈本を注文したところ, 1 週間後に届いた〉

20.2 未来を表す表現

(1) 現在形を用いる

現在形を用いて未来のことを表す場合は, コンテクストからその行為が未来で

あることが明らかな場合である．そうでないときには未来を表す副詞を付加して未来を表す．

  Blir det regn, tror du?　　〈雨になると思いますか〉
  Jag kommer strax.　　　　〈すぐにいきます〉
  Jag ringer om tio minuter.　〈10 分後に電話します〉

（2）　ska を用いる

 8 課ですでに多少説明したが，ska（なお，別形の skall は現在ではほとんど用いられない）は現在形であって，未来形などではないことをまず確認しておく．ska は「誰かが決めたこと，何かで規定されたことを宣言する」助動詞の現在形である．さらに確認しておきたいのは，ska を単純に未来を表す助動詞などと考えてはいけないということである．
 主語が 1 人称の場合，ほとんどはその主語が決めたことである．主語が 2 人称の疑問文であればその 2 人称の主語が決めたこと，肯定文・否定文であればその 2 人称の主語の人に向かって発言している人が決めたことである．

  Jag ska åka till Sverige nästa år.
 〈来年私はスウェーデンに行くことを決めている〉と発言することにより
  →〈来年私はスウェーデンに行くことにしている〉
  Ska vi inte arbeta tillsammans?
 〈一緒に仕事をするということに決めませんか〉
  →〈一緒に仕事を(することに)しませんか〉
  Ska vi gå så småningom?
 〈そろそろ行くことにしましょうか〉　お互いに決断を確認し合っている．
  →〈そろそろ行きましょうか〉　Ska vi gå? の表現は英語の Let's go, shall we? に近い表現である．英語でもここに shall が使われることにスウェーデン語の ska の意味との共通性が認められる．
  Ska du äta lunch här?
 〈君はここで昼食を食べることにしているのですか〉
  →〈君はここで昼食を食べるのですか〉
  Du ska städa idag.
 〈今日はあなたは掃除をするのだ（と発言者，たとえば母親が決めている）〉
  →〈今日はあなたは必ず掃除をするのよ〉
 一方，主語が 3 人称のときは，「誰が決めたのか，どこで規定されているのか」

は文脈で判断するしかない．通例その主語，あるいはそれを発言した人，もしくはまったくの第三者（法律や規定なども含まれる）が決めたことを示す．

① 主語が決めたこと
Han ska bli läkare.
〈彼は医者になろうと決めている〉→〈彼は医者になることにしている〉

② 発言者が決めたこと
"Han ska bli läkare." säger pappa bestämt.
〈「彼は医者になるのだ」と父は断固として言っている〉
「彼は医者になる（と発言者である父が決めている）」→「発言者が彼の職業を決めてつけてしまっている」→「（発言者の決定により）〈彼を医者にさせる〉」

Det ska bli en trevlig fest.
〈素敵なパーティになる（と発言者が決めている）〉
→〈素敵なパーティになるようにしましょう〉

③ 法律や規定などが決めたこと
Man ska inte stjäla.
〈ものを盗まない（と法律で決まっている）〉→〈盗みを働いてはならない〉

息子が母親に Du ska städa i ditt rum idag.〈今日は部屋を掃除しなさい〉（この ska を使って母親が息子の行動を（勝手に？）決めている）と言われて，息子が ska に強勢を置いて下記のように返答したら，以下のような，ややふてくされた意味になることは，これで理解できるであろう．

Ja, ja. Jag **ska** städa.〈わかったよ，やるよ！（やればいいんでしょう）〉

ska の意味の根幹は「決めたこと」にあり，問いただせば必ず「誰か」もしくは「何か」が決定したことが明確に答えられるということである．なお，この助動詞の名詞形は（en）skuld は「責め，負債」の意味である．すなわち，「決めたこと」ことから「実行の約束，義務の履行」を求められることがその背景にある．

さらに，ska には伝聞を表す用法もある．
Han ska vara en mycket duktig forskare.
〈（誰かの話や噂などによると）彼は非常に優秀な研究者だそうだ〉

(3) [kommer att ＋不定詞]

この表現は未来へと向かう"時間のベルトコンベア"を想像するとわかりやすい．そのベルトコンベア上のある事態（A）が発生時点を通過したら，時の流れ

にしたがって必然的に行き着く事態（B）を描写するときにこの表現を使用する．つまり，何かが生じるきっかけや前提（A）とそれによって起こる事態や結果（B）との間に切っても切れない連動関係があるときにこの表現が用いられる．通常時間の流れは後戻りができず，この流れは人間の意志では変更できない．つまり，この流れ（A→B）の中に人の意志が介入できない，言い換えれば人の意志が混じらないことから，「純粋未来」，「単純未来」などと呼ばれている．ただ，文脈から十分に読み取れるときには，連動関係のきっかけとなる最初のAは必ずしも明示されるわけではない．

Du kommer att bli sjuk om du dricker det här smutsiga vattnet.
〈この汚い水を飲むと，病気になります〉
〔A：（前提）汚い水を飲むこと〕→〔B：（その必然的結果）病気になること〕
Aを実行してしまったら，当然の成り行きとしてBになり，A→Bの流れはもはや人間の意志では通常とめることができない．

Det kommer säkert att bli krig om situationen fortsätter på det här viset.
〈こんなふうに状況が続くと，間違いなく戦争になる〉
Jag kommer att vara i Uppsala nästa vecka.
〈来週は（スケジュールにしたがえば）私はウップサーラにいることになります〉
Vi kommer alla att dö.〈（生まれたからには）私たち皆死ぬのです〉

なお，過去形のkom attはあまり使われない．代わりに，［skulle＋不定詞］か［skulle komma att＋不定詞］が使われる（skulleはskaの過去形）．

(4)　［tänker＋不定詞］

tänkerを用いた場合は常に主語の個人的な意向を表す（22.4参照）．
Jag tänker arbeta nästa söndag. 〈私は来週の日曜日に仕事をするつもりだ〉
Hon tänker berätta allt för polisen nu på eftermiddagen.
〈彼女はこの午後にでも警察にすべてのことを話すつもりでいる〉
Tänker du åka till Japan i sommar?〈君はこの夏に日本に行くつもりですか〉

20.3　相関等位接続詞

både A och B〈AもBも両方とも〜である〉
Både du och jag måste gå dit.〈君も私も2人ともそこへ行かなくてはなりま

せん〉
Vi tänker arbeta både på lördag och söndag.
〈私たちはこの土曜日，日曜日両日とも働くつもりだ〉
(både は接続詞で，必ず både A och B の結合で表れる．一方 båda/bägge は代名詞で〈両方とも〉の意味．båda två/bägge två〈2つとも，2人とも〉，båda ögonen/bägge ögonen〈両目〉)

antingen A eller B〈A か B かどちらか一方が～である〉
Antingen mamman eller pappan hämtar barnet på dagis.
〈お母さんかお父さんのどちらかが保育園に子供を迎えに行く〉

varken A eller B〈A も B もともに～でない〉
Varken du eller jag behöver laga mat ikväll.
〈君も僕も今晩食事を作る必要はない〉
Jag varken skrattade eller grät.
〈私は笑いもしなかったし，泣きもしなかった〉
(varken ... eller ... にはすでに否定の意味が含まれているので，inte を付け加えてはいけない)

参考　主語と述語・再帰代名詞の呼応の問題

相関等位接続詞を用いた場合，主語と形容詞，主語と再帰代名詞の間の呼応はどのように図られるのかが常に気にかかるところである．SAG（1999. vol.4: p.925）によると以下のようにまとめることができよう．選択において×ははじめから排除されるが，？は躊躇される選択肢．なお，varken も antingen とほぼ同じように振る舞う．

主語と形容詞の間での数の一致・再帰代名詞との呼応：
Antingen {jag eller han / han eller jag} är {tvungen/ × tvungna} att tvätta {× mig/?sig/?oss}.〈私もしくは彼が体を洗わざるをえません〉
(主語のどちらが eller の前であろうと後ろであろうと再帰代名詞の選択には影響しない)

主語と形容詞の間の性・数の一致：
Antingen köket eller matsalen måste vara {?färdig/ × färdigt/?färdiga} på fredag.
〈台所か食堂は金曜日に完成していなくてはならない〉

主語と形容詞の間の数の一致：
Antingen han eller barnen blir {× tvungen/tvungna} att tvätta sig.
〈彼もしくはその子供たちは体を洗わざるをえなくなる〉

結論的には，このような呼応で迷うような文は一般的にはじめから避けられる．

20.4 可算名詞と集合名詞

släkting は可算名詞で, 親戚の構成員1人ひとりを指す. 一方 släkt は〈親戚一同, 一族郎党〉の意味で集合名詞. 1つの集合体, まとまりという視点で捉えられている（24.3 と 26.2(2B)④を参照）.

集合名詞		それを構成する個々の可算名詞	
en släkt	〈親戚, 親族〉	en släkting	〈親類の人〉
en familj	〈家族〉	en familjemedlem	〈家族の一員〉
		en pappa, en mamma, ett barn	〈父, 母, 子〉
(ett) hår	〈髪〉	ett hårstrå	〈髪の毛一本〉
(ett) ris	〈お米〉	ett risgryn	〈米一粒〉

ちなみに, 通例数えられない名詞とともに使われる mycket (= *much*) が可算名詞とともに使用されると全体で集合名詞的な意味をもち, 一方可算名詞とともに使われる många (= *many*) には「個々の」意味が出てくる（26.2(2B)④参照）.

| mycket bilar | 〈大量の車〉 | många bilar | 〈何台もの車〉 |
| mycket blommor | 〈大量の花〉 | många blommor | 〈いろいろな種類の花〉 |

20.5 親族名称

スウェーデン語の親族名称にはいくつかの特徴がある. まず1点目は, farfar〈父方の祖父（← 父方の父）〉, barnbarn〈孫（← 子供の子供）〉のように単純な組み合わせによって合成語が形成されるという点である. もう1つの特徴は, 日本語と違って父方か母方かを厳密に区別するという点である. たとえば, 父方・母方双方を含む「おじさん」というような包摂語はなく, farbror〈父方のおじさん〉か morbror〈母方のおじさん〉のように区別しなければならない. なお, 血筋のつながりがない「おじさん」,「おばさん」はそれぞれ farbror, tant となる. したがって, farbror は血筋に関係なくてもしばしば用いられる.「いとこ」には借用語 kusin を使う. 強勢は i（長母音）にあり, s は濁らない. その他に「兄弟・姉妹」を包括的に表す syskon もある. なお, barn, barnbarn, syskon は ETT-名詞であることに注意.

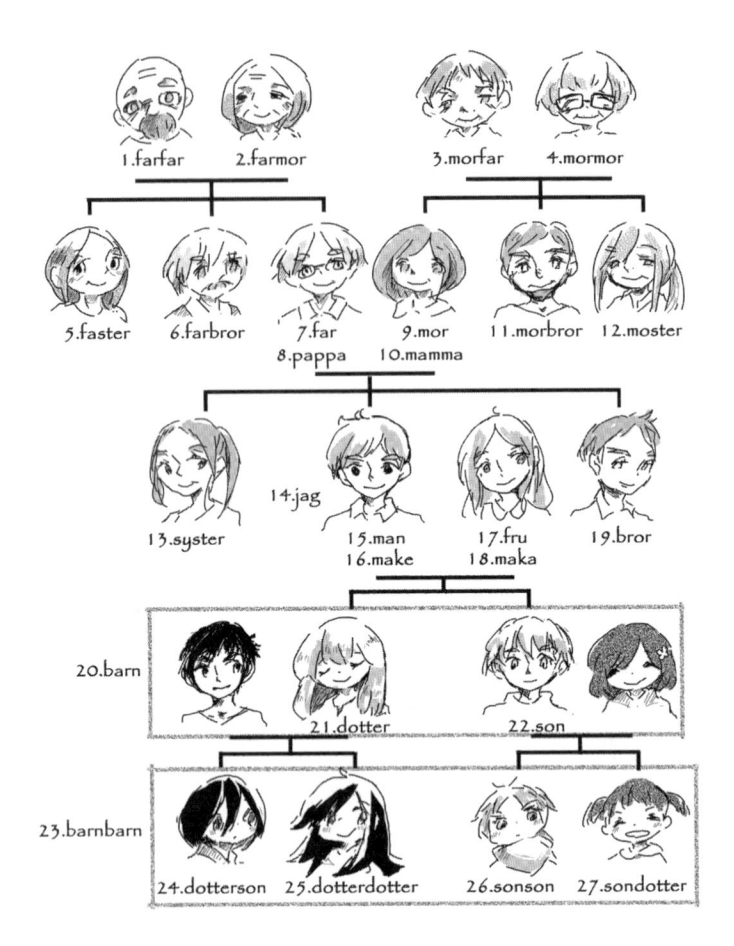

1.	farfar	父方の祖父	11.	morbror	母方のおじ	21.	dotter	娘
2.	farmor	父方の祖母	12.	moster	母方のおば	22.	son	息子
3.	morfar	母方の祖父	13.	syster	姉もしくは妹	23.	barnbarn（ett）	孫
4.	mormor	母方の祖母	14.	jag	自分	24.	dotterson	娘の息子
5.	faster	父方のおば	15.	man	夫	25.	dotterdotter	娘の娘
6.	farbror	父方のおじ	16.	make	（男性）配偶者	26.	sonson	息子の息子
7.	far	父	17.	fru	妻	27.	sondotter	息子の娘
8.	pappa	お父さん	18.	maka	（女性）配偶者			
9.	mor	母	19.	bror	兄もしくは弟			
10.	mamma	お母さん	20.	barn（ett）	子供			

練 習 問 題

1. 未来を表す副詞
   次の表現をスウェーデン語にしなさい．
   (1)（発話時点から）6日後に
   (2) 明日早朝5時に
   (3) この午前すぐにも
   (4) 再来週の半ばに

2. 未来を表す表現1
   次の文で kommer att あるいは ska のどちらが適切か答えなさい．
   (1) Det är väldigt varmt! Jag（ska/kommer att）öppna fönstret.
   (2) Det（ska/kommer att）vara varmt imorgon.
   (3) Ingrid（ska/kommer att）bli frisk inom en månad.
   (4) Vad（ska vi/kommer vi att）ha till middag idag?
   (5) Sven（ska/kommer att）fylla 60 år nu på fredag.
   (6) Vi（ska/kommer att）skriva en uppsats till imorgon.

3. 未来を表す表現2
   カッコ内の指示にしたがって作文しなさい．
   (1) 私はコーヒーとクッキーを出すつもりです．（tänka を使って）
   (2) 私たちは新しいレシピを試すことにします．（ska を使って）
   (3) 楽しい夏になるだろう．（komma att を使って）
   (4) 2時間後にあなた方を迎えに行きます．（現在形で）

4. 作文
   次の日本語をスウェーデン語にしなさい．
   (1) イングリッドはコーヒーも紅茶も好きだ．
   (2) トールかヘッダが掃除しなければならない．
   (3) スヴェンもビューンもそれには賛成しない．

21　ビューンが金曜日の夕食を作る
BJÖRN LAGAR FREDAGSMIDDAG

Klockan är sju på fredagskvällen. Björn har lagat mat i en och en halv timme, och middagen är nästan klar. Han har tärnat kött, hackat lök, paprika och andra grönsaker och alltsammans har kokat i vitt vin över en timme. Nu gör han en fruktsallad, och väntar på att potatisgratängen i ugnen ska bli klar. När den har blivit färdig, ropar han till Ingrid och barnen:

— Nu är middagen serverad! Kom hit när ni har tittat klart på tv!

Ingrid, Hedda och Tor kommer när det har gått tre minuter.

— Vad har du lagat för god mat, undrar Ingrid när alla har satt sig vid matbordet. Du har ju hållit på med middagen i nästan två timmar!

— Jag har gjort en spansk köttgryta, berättar Björn, och potatisgratäng. Den grytan har jag inte lagat på två år. Och till efterrätt har jag blandat en god fruktsallad med hallon, päron, äpple och banan. Den gick snabbt att laga, jag gjorde klart den på tio minuter.

新出単語

- en fredagsmiddag [名] /-middagen, -middagar, -middagarna/ 金曜の夕食
- tärna [動] /tärnar, tärnade, tärnat/ さいの目に切る
- (ett) kött [名] /köttet, ×, ×/ 肉
- hacka [動] /hackar, hackade, hackat/ みじん切りにする
- en lök [名] /löken, lökar, lökarna/ たまねぎ
- en paprika [名] /paprikan, paprikor, paprikorna/ パプリカ，ピーマン
- en grönsak [名] /-saken, -saker, -sakerna/ 野菜（一般的に複数形で使われる）
- alltsammans [代] 全部
- en fruktsallad [名] /-salladen, -sallader, -salladerna/ フルーツサラダ
- vänta [動] /väntar, väntade, väntat/ 待つ
- en potatisgratäng [名] /-gratängen, -gratänger, -gratängerna/ ジャガイモのグラタン
- en ugn [名] /ugnen, ugnar, ugnarna/ オーブン
- när [接] ～するときに
- blivit [動] bli（グループ4）の完了分詞
- färdig [形] 出来上がった
- serverad [形]（食事が）出される
- gått [動] gå（グループ4）の完了分詞
- satt [動] sätta（グループ4）の完了分詞
- sätta [動] /sätter, satte, satt/ 置く，据える
- sätta sig 座る，腰かける
- hålla 'på med A Aに取り組んでいる
- gjort [動] göra（グループ4）の完了分詞
- spansk [形] スペインの
- en gryta [名] /grytan, grytor, grytorna/ 鍋，煮込み料理
- blanda [動] /blandar, blandade, blandat/ 混ぜる
- ett hallon [名] /hallonet, hallon, hallonen/ ラズベリー，キイチゴ
- ett päron [名] /päronet, päron, päronen/ セイヨウナシ
- ett äpple [名] /äpplet, äpplen, äpplena/ りんご
- en banan [名] /bananen, bananer, bananerna/ バナナ
- gå att （物理的に）～することができる
- gjorde [動] göra（グループ4）の過去形
- snabbt [副] 素早く

注意すべき発音

snabbt：bbの後に無声子音tが続くため，/snappt/ のように発音される．

21.1 完了形

スウェーデン語の完了形（現在完了，過去完了）は基本的に英語の完了形の用法とほぼ同じであるが，過去分詞（perfekt particip）を用いずに，代わりに完了分詞（supinum）を使う．すなわち［ha + 完了分詞］で形成される．スウェーデン南部の一部の方言では［vara + 過去分詞］も並行して用いられることがあるものの，現代標準スウェーデン語ではもっぱら［ha + 完了分詞］が使用される．

（1） 完了分詞と過去分詞の違い

完了形に対して過去分詞ではなく，完了分詞を用いるのは北欧語の中でもスウェーデン語のみで，他の北欧語は英語と同様，過去分詞を用いている．これは，過去分詞の単数・中性形の語尾の母音が18世紀に変化したことをきっかけに，①の用法（完了分詞）と②③の用法（過去分詞）が分かれてしまったからである（完了形の成立については，21.1 参考 を参照）．

今，英語の過去分詞の機能を考えると，以下のような3通りの用法がある．
- ① He has written a letter. （完了形の中で用いられている過去分詞）
- ② The letter was written. （受動態の中で用いられている過去分詞）
- ③ The written letter （形容詞的に用いられている過去分詞）

英語の過去分詞は①②③のすべての機能をもっているが，スウェーデン語は①を完了分詞が，②と③は過去分詞が担っている．スウェーデン語の過去分詞は形容詞と同じように性・数・未知／既知に呼応して語尾を変えなくてはならないが，完了分詞は屈折変化をせず，1つの形しか存在しない．上記の3つの英語の例文をスウェーデン語に直してみると，以下のようになる（skriva（不定詞）〈書く〉）．

完了分詞 (skrivit)
→ ① 完了形（ha + 完了分詞）：Jag har *skrivit* ett brev.〈私は手紙を一通書いた〉

過去分詞 (skriven/skrivet/skrivna)
→ ② 受動態（vara + 過去分詞）：Brevet var *skrivet*.〈その手紙は書かれてあった〉
→ ③ 形容詞的に使用：det *skrivna* brevet〈その書かれた手紙〉

なお，過去分詞は24課で詳しく扱う．

(2) 完了形の意味

　英語もスウェーデン語も現在完了形の助動詞は har（英語 have）で現在形であることから，決して過去のことを言い表しているのではなく，今現在のことを述べているという解釈しかできない．スウェーデン語で頻繁に使われる完了の原型ともいえる構文 Jag har det trevligt.〈私は快適に過ごしている〉が現在のことを述べているのとまったく同様に，現在完了も現在のことを伝えているのであって，決して過去のことを問題にしているのではない．一方，完了分詞（英語の場合は過去分詞）は確かに過去に生じたことを述べてはいるが，［har ＋ 完了分詞］の総体は決してその過去を問題にしているのではなく，その生じた事態が今現在どのような影響を及ぼしているのかを伝達することが主眼なのである．
　現在完了は完了分詞によって過去に起きた事態を表し，助動詞 har の現在形によりその過去の事態が及ぼしている現在のことを言及する表現である．
　ちなみに，日本語には現在完了形はないが，それでも現在完了を思い起こさせる表現がある．日本語の「腐った肉」という表現はここで言う現在完了形の本質を理解する上できわめて役に立つ．「腐った」の「た」は過去を示しているように思えるが，そうではない．この表現全体を聞いて私たちは「いつ腐ったの？」などという過去のことは考えない．真っ先に思い浮かべるのは，それがもたらす影響，たとえば，「この肉は食べられない」「臭いがきついだろうなあ」などであろう．スウェーデン語の現在完了形も同様で，完了形が用いられたときは，その表現によって，話し手が何を示唆しようとしているのかを聞き手は汲み取らなくてはならない．これが完了形の一番重要な点である．難しいように思えるが，状況からは比較的容易に推察できる．ただ，示唆する意味はその状況によりバリエーションがあることは言うまでもない．

　　Min vän har varit i Sverige.〈私の友人はスウェーデンに行ったことがある〉
　　→ 示唆する意味：「それゆえに，友人はスウェーデンのこと知っているから尋ねてみよう」あるいは「それゆえに，スウェーデンに行くときはガイドをしてもらおうか」など．
　　Han har redan lagat vår dator.
　　〈彼はもう私たちのコンピュータを直してくれた〉
　　→ 示唆する意味：「それゆえに，私たちはもういつでもまたコンピュータが使える」あるいは「（忙しいのにもう直してくれて）彼に感謝しなくては」
　　Pappa har arbetat hela dagen idag.〈父は今日一日中仕事をしていた〉
　　→ 示唆する意味：「それゆえ，父はすごく疲れているに違いない」あるいは

「それゆえに，父への込み入った話は明日にしましょう」など．
　Jag har gjort min läxa, mamma.〈お母さん，宿題終わらせたよ〉
　　→ 示唆する意味：「だから，もう遊びに行ってもいいでしょう」など．
　示唆する意味を読み取るコツとしては，完了形が用いられたら，「だから，何？」と常に自分に問いかけたり，自分が完了形を使用する場合は逆に「だから，こうなの」というその先の伝達内容が相手に届くように心がけたりすることである．とはいえ，示唆内容は一様ではないが，その読み取りは状況や文脈でたいてい容易に推察できるので，そう難しく考えることはない．一般に言われる「完了」「経験」などという用法は使用された意味を結果から分類しているに過ぎず，これらの分類にこだわると完了形の本質を見失ってしまう．

(3) 完了分詞の形

　完了分詞は語尾が -t もしくは -tt で終わる．以下に，不定詞-現在形-過去形-完了分詞の順で挙げる．なお，完了分詞は太字にしてある．

グループ1
　　tala　　　talar　　　talade　　**talat**　　〈話す〉
グループ2
　A）stänga　　stänger　　stängde　　**stängt**　　〈閉める〉
　B）köpa　　　köper　　　köpte　　　**köpt**　　　〈買う〉

（注意）以下の場合は過去形同様に注意が必要である（19.3(5)を参照）．
不定詞が -mma/-nna で終わる過去形／完了分詞は m/n を1つ落す．
　　glömma　　glömmer　　glömde　　**glömt**　　〈忘れる〉
　　känna　　　känner　　　kände　　　**känt**　　〈感じる〉
不定詞が -nda, -Cta で終わる過去形／完了分詞はそれぞれ -nde/-nt, -Cte/-Ct になる．
　　använda　　använder　　använde　　**känt**　　〈使う〉
　　lyfta　　　　lyfter　　　　lyfte　　　　**lyft**　　　〈持ち上げる〉
グループ3：完了分詞は -tt になることに注意！
　　bo　　　bor　　　bodde　　**bott**　　〈住んでいる〉
グループ4：大多数は -it で終わる特徴がある．
　　sitta　　sitter　　satt　　**suttit**　　〈座っている〉
　　ta　　　tar　　　tog　　　**tagit**　　〈取る〉
一方，グループ4の以下の3つの助動詞と3つの動詞の完了分詞は -at で終わ

るので特に注意が必要である．

助動詞

kunna	kan	kunde	**kunnat**	〈〜ができる〉
skola	ska	skulle	**skolat**	〈〜することにしている〉
vilja	vill	ville	**velat**	〈〜したいと思っている〉

動詞

heta	heter	hette	**hetat**	〈〜と称する〉
ligga	ligger	låg	**legat**	〈横たわっている〉
veta	vet	visste	**vetat**	〈知っている〉

さらに，グループ2，グループ3に類似した活用語尾（過去形／完了分詞）をもつ動詞もいくつかある．19.5 参照．

グループ2の活用に類似

sälja	säljer	sålde	**sålt**	〈売る〉	(sålde/sålt 共に短母音)
välja	väljer	valde	**valt**	〈選ぶ〉	(valde/valt 共に長母音)
vänja	vänjer	vande	**vant**	〈慣らす〉	(vande/vant 共に長母音)
böra	bör	borde	**bort**	〈〜すべきだ〉	
göra	gör	gjorde	**gjort**	〈する，行う〉	
lägga	lägger	lade	**lagt**	〈横にする，置く〉	
säga	säger	sade	**sagt**	〈言う〉	
sätta	sätter	satte	**satt**	〈据える，置く〉	

注意1 borde [bœːde]/bort [bœːt] 共に長母音．bort が短母音 [bɔtː] では「向こうへ」の意味になる．なお，bort はお互いに長短ばかりでなく o の母音の質も異なる．

注意2 gjorde [jœːde] は長母音，gjort は長母音 [jœːt]／短母音 [jʊtː] ともにある．

グループ3の活用に類似：完了分詞は -tt になることに注意！

be	ber	bad	**bett**	〈願う，乞う〉
gå	går	gick	**gått**	〈歩いて行く〉
få	får	fick	**fått**	〈もらう〉
dö	dör	dog	**dött**	〈死ぬ〉
ge	ger	gav	**gett**	〈与える〉
le	ler	log	**lett**	〈微笑む〉
se	ser	såg	**sett**	〈見える〉
stå	står	stod	**stått**	〈立っている〉

参考 完了形の成立ち

　まずは英語の take it easy〈落ち着く〉を思い起こしてみよう．これは SVOC の文型で O＝C すなわち [it＝easy] である．it は話し手も聞き手も共通にわかっている漠然とした周囲の状況のことである．それを easy とみなすので「そのような今の状況＝気楽」ということになる．それを動詞 take で「受け止める」となり，「そのような状況を気楽に受け止める → 落ち着く」という意味が出てきている．スウェーデン語でも同じ表現 ta det lugnt＝take it easy があり，形容詞 lugn〈落ち着いた〉は [det＝lugnt] であるので，det に合わせて中性単数形で呼応している．

　さて，日常会話などでも頻繁に用いられる，上に類似した次のような構文がある．

　　　Jag har det trevligt nu. 〈私は快適に過ごしている〉

　この構文は，上の英語とパラレルで，SVOC を形成している．この例は動詞が ta ではなく ha ではあるが，続く目的語 det と直後の形容詞 trevlig が呼応して trevligt となり，[O＝C] すなわち [det＝trevligt] を形成し，動詞 har の目的語となっている．図示すれば {har＋[det＝trevligt]} となる．この ha の意味は「そのような状況・事態をもっている，目の前にしている，有している，経験している」などに相当する．det は「話し手も聞き手も了解している漠然とした周囲の状況」を指しており，trevligt が〈快適な〉を意味するので，全体で「お互い共通理解の状況を快適な状態でもっている」ことから〈快適に過ごしている〉という意味になる．ちなみに，別れの挨拶表現 Ha det så bra!〈ごきげんよう！〉も [det＝så bra] を次回に会うまで ha していてねということになる．つまり，「今の好調さをずっとおもちくださいね」というのがこの表現の元来の趣旨である．

　この延長線上に過去分詞が使われている以下のような表現がスウェーデン語にある．

　　　De har det bra（gott）/dåligt ställt.〈彼らは暮らし向きが良い／苦しい〉

　　　（ställt は ställa〈置く〉の過去分詞・中性単数形で det に呼応して「周囲の状況が良い／悪い状況に置かれているのを経験している」の意味を形成している）

　実は英語も北欧語の完了形もまさにこれらの構文を出発点としていることを理解すれば完了形の意味するところはわかりやすくなる．そこで，完了形の成立ちを把握するために，英語を例にその経過を追ってみよう．本来は古英語で記されるべきであるが，わかりやすいように，現代英語で表記してみる．

　　　a) I have [a letter written].〈私は一通の手紙が書かれた状態で手元にある〉

　　→ b) I [have written] a letter.〈私は一通の手紙を書いてしまっている〉

　a) の文は Jag har det trevligt とまったく同じ構文で，trevligt と同じ機能を有し

ている過去分詞 written が名詞の後に置かれているに過ぎない [a letter = written]．b) はそれ以後，時代がさがり，目的語 (a letter) と過去分詞の語順が倒置した結果出来上がった構文である．語順転倒の大きな理由の1つは，たとえば [can write] a letter のように通例助動詞が直後に不定詞を従える語順にならい，助動詞 have も直後に過去分詞を後続させて語順の転倒が生じたものと考えられている．さらに，目的語と過去分詞の間の性・数の呼応も消滅し，ここに [have + 過去分詞 + 目的語] の結合が成立したものと考えられている．

　したがって，現在完了形はその定動詞 (英 have/has；スウェーデン語 har) が現在形であることから，意味するところはあくまでも現在のことなのである．

21.2　動詞の活用とアクセントⅠとアクセントⅡ

　スウェーデン語のすべての語には高低のアクセントⅠもしくはⅡをもつことは説明した (5課参照)．以下の表で網掛けのない活用形はアクセントⅠを示し，波線を付した活用形はアクセントⅡを表す．1音節語はアクセントⅠ，2音節語はアクセントⅡが原則であるが，その原則から逸脱しているのがグループ2と4の現在形である．これらは2音節語でありながら，アクセントⅠである（太字で示してある）．決してアクセントⅡで発音しないこと．スウェーデン人にとっては非常に耳障りに聞こえるという．スウェーデン語が上達してきたら特にこの点に最大の注意を払うこと．

分類	不定詞	現在形	過去形	完了分詞	命令形
1	arbeta〈働く〉	arbetar	arbetade	arbetat	Arbeta!
2 A	stänga〈閉める〉	**stänger**	stängde	stängt	Stäng!
2 B	läsa〈読む〉	**läser**	läste	läst	Läs!
3	tro〈信じる〉	tror	trodde	trott	Tro!
4	binda〈縛る〉	**binder**	band	bundit	Bind!

21.3　[när + har/hade +完了分詞]〈～した後で〉

　スウェーデン語では「～した後で」を表すのに，[när +完了形] による副詞節が頻繁に用いられる．

När vi har ätit middag tittar vi på TV. = Vi tittar på TV när vi har ätit middag.
〈私たちは夕飯を食べ終えてから，テレビを見る〉
När han hade slutat skolan började han arbeta som lärare.
 = Han började arbeta som lärare när han hade slutat skolan.
〈彼は学校を終えたあとで，先生として働き始めた〉
比較：Vi tittar på TV när vi äter middag.（närの節内の動詞が主節と同じ時制の場合，2つの行為は同時進行）
〈私たちは夕飯を食べているときに，テレビを見る〉

注意1　従位節の中の完了形で用いられる har/hade の省略：
närの節に限らず，一般に従位節内に完了形が用いられるとき，完了を示す助動詞の現在形／過去形の har/hade は省略することができる．この省略はやや書き言葉的なのだが，話し言葉でもよく耳にする．（22.3参照）
När han（har）badat, brukar han dricka ett glas kallt öl.
 = Han brukar dricka ett glas kallt öl när han（har）badat.
〈彼はお風呂からでるとたいていグラス一杯の冷たいビールを飲む〉

注意2　「～の後で」を表す別の表現について：
「～の後で」と聞くと efter（英 after）を先に頭に浮かべてしまうが，まずは [när＋完了形] を使うようにしたい．eftーを使う場合，efter は接続詞ではなく，前置詞なので，その後に直接，節を導入できず，まずは仮目的語の det（つまり後続の att 以下の節・句を指す．23課参照）を挿入し，その後に真の目的語に相当する内容を [att＋ha＋完了分詞] もしくは att-節で表す．なお，この仮目的語の det は省略されることが多い（23.1 (7) を参照）．
Efter（det）att ha badat, brukar han dricka ett glas kallt öl.
 = Efter（det）att han（har）badat, brukar han dricka ett glas kallt öl.
〈彼はお風呂からでるとたいていグラス一杯の冷たいビールを飲む〉
　ちなみに，英語にも「～の後で」を表すとき，スウェーデン語のように [when＋完了形] を用いる表現法がある．
　When I had read the paper, I began to work.

21.4　時間の長さを表す前置詞 i と på の用法

　スウェーデン語では時間の長さを示すときに，i と på の2通りの前置詞を使い分けなければならない．

i を用いる場合：
行為の継続する（しばしば思ったより長い）期間や時間数を示す．この前置詞 i は省略することができる．またどの時制においても使うことができる．
Han lagade bilen (i) två timmar. 〈彼は車を2時間（も）修理していた〉
Nu har jag bott i Uppsala (i) tio år.
〈私はこれでウップサーラに10年住んでいることになります〉
(I) hela mitt liv har jag rest. 〈私は一生ずっと旅をしている〉
Har du arbetat länge här? (länge の前には i は使用しない)
〈あなたはここで長いこと働いているのですか〉

på を用いる場合：
「一定期間を区切っての時間」「～に限った時間」「必要とする時間」などを示し，しばしば終点が意識される．前置詞 på は省略することはできない．

① 否定文で用いられる på
行為が行われていない期間や時間数を示す．上記 i の用法の否定として用いられる．多くは否定辞とともに使われる．一方，否定辞がなくとも最上級や första などを通じて言外に「行為が行われていない空白の期間」が示唆されるときには肯定文であっても på が用いられる．

Jag har inte sett henne på fem månader.
〈私は彼女を5カ月間見かけていない〉
Middagen blev den mest lyckade på länge.（26課の本文）
〈ディナーはここ一番の出来になった〉
Det är det första brev som jag har fått på tjugo dagar.
〈20日ぶりにはじめて手紙をもらった〉
比較：Jag har inte bott i Helsingfors i fem år utan i tre år.
〈私はヘルシンキに5年ではなく3年住んでいます〉
（これは inte A utan B〈A ではなく B なのだ〉の構文の中で使われているのであって，住んでいないという否定された「空白の状態」の継続ではなく，住んでいる「有の継続状態」の訂正に過ぎないので問題はない）

② 肯定文で用いられる på
否定もしくは「空白の期間」の意味を含まない文中の［på＋時間数］はその動詞が表す行為の達成にかかる（しばしば思ったより少ない）時間数を表す．
Vi måste behärska svenska på ett år.
〈私たちは1年でスウェーデン語をマスターしなくてはならない〉
Han lagade bilen på två timmar.

〈彼はその車を2時間で修理した．その車を直すのに2時間かかった〉
比較：Han lagade bilen（i）två timmar.〈彼は車を2時間修理していた〉
　i を用いたら，修理する行為が2時間続いたことのみ言及し，車が直っているのかどうかについてまでは述べていない．一方，laga bilen **på** två timmar は車の修理が完了し，それに必要とした時間数を述べている．別のスウェーデン語表現で言い換えれば，次のようになる．

　　Han lagade bilen på två timmar. ≒ Det tog två timmar för honom att laga bilen.
　　〈彼はその車を2時間で修理した〉≒〈彼がその車を直すのに2時間かかった〉
　肯定文中の［på＋時間数］はさらに予め枠組みとして決められた一定の時間数も示す．
　　Vi har hyrt lokalen på tre timmar.
　　〈私たちは3時間という時間を切って会場を借りている〉
　　Han har rest bort på en vecka.〈彼は1週間の予定で出かけています（不在です）〉
　　ett föredrag på en timme〈(長さが) 1時間の講演〉
　　(28課の前置詞の på「総量・範囲」の用法も参照)

注意　alltid はたいてい〈いつも〉と訳されるが，完了形の中で使われると〈いつも〉の訳では適さない．〈ずっと前から，昔から〉とするとわかりやすくなる．alltid には〈どんなときにでも，いつのときでも〉の意味があると解釈すれば納得がいくであろう．
　　Jag har alltid bott här.　　　　〈私はずっとここに住んでいる〉
　　Han har alltid tyckt om att dansa.〈彼は昔からダンスをするのが好きだ〉
ちなみに，för alltid〈いつまでも，ずっと，永遠に〉である．
　　Han har lämnat Sverige för alltid.〈彼は永遠にスウェーデンを去った〉

21.5　［助動詞＋ha＋完了分詞］

(1)　［助動詞の過去形 skulle/borde＋ha＋完了分詞］

　助動詞 skola/böra の過去形と完了不定詞で，仮定法過去完了を表すことができる．ただ，この2つの助動詞で仮定法過去完了を形成すると，その表現するところはたいてい「後悔の念」である．「あのときに戻れれば」というのが言外に示唆

される．後悔の気持ちは，skulle のほうがより強く，borde は幾分抑えめである．

 Jag skulle inte ha gift mig med dig.
 〈お前と結婚するべきではなかった（ウーム，どうしようもない）〉
 Jag skulle ha börjat läsa svenska tidigare.
 〈もっと早くからスウェーデン語の勉強を始めておくべきだった〉
 Han borde ha läst mera svenska när han var ung.
 〈彼は若い頃にもっとスウェーデン語を勉強しておけばよかったのにね〉
 Jag borde inte ha kommit till Tokyo om man tänker efter.
 〈考えてみたら，東京に来なければよかったのかもしれない（でも，もう遅い）〉

[borde ＋ ha ＋完了分詞] には次のような用法もある．
 Mitt brev borde ha kommit fram idag.
 〈私の手紙は今日には着いているはずだが〉

（2）　[måste ＋ ha ＋完了分詞]

 måste には，英 must と同様に「〜に違いない」の意味がある．måste のあとに完了不定詞がくると「〜であったに違いない，〜してしまっているに違いない」の意味になる．

 Han måste ha varit sjuk igår. 〈彼は昨日病気だったに違いない〉
 （Han måste vara sjuk. 〈彼は病気に相違ない〉）
 Hon måste ha gjort fel. 〈彼女は間違いをしたに違いない〉

（3）　[skulle/borde/måste（＋ ha）＋完了分詞] における ha の省略

 話し言葉ではこれらの助動詞と完了分詞に挟まれた不定詞 ha は，主節，従位節に関係なく，省略されることがある．書き言葉では省略しないほうがよいとされている．

 Jag skulle（ha）gjort/sagt det.
 〈あれをやっておくべき／言っておくべきだった（ああ，しまったな！）〉

（4）　[ville ＋ ha ＋完了分詞] よりは [hade ＋ velat ＋不定詞] を使う

 「〜しておきたかった」は hade と velat（vilja の完了分詞）を用いるほうが普通である．

Jag hade velat träffa dig när vi var unga.
〈お互い若いころに僕は君と出会いたかった〉

21.6　心態副詞 ju, väl, nog

　頻繁に使われる1音節の副詞 ju, väl, nog には「心態副詞」と呼ばれる機能があり，話し手が発言の内容に対して自身の心の内，心的態度を注入する役割がある．väl, nog は通常の副詞，ju は接続詞の機能もある．これらの見分け方は以下の基準（強勢の有無，母音の長短，語順）で区別できる．（心態副詞は太字）．väl については，13.7(2)を参照．

	意　味	強勢	母音の長短	語　　順
ju	〈お分かりのように〉	無	短	定動詞の直後
	接続詞〈～するほどに〉	有	長	形容詞・副詞比較級の直前
väl	〈でしょう？〉	無	短	定動詞の直後
	〈よく，上手に〉	有	長	原則的に自由
nog	〈おそらく〉	無	短	定動詞の直後
	〈十分に〉	有	長	原則的に自由
	〈確かに ... だが ...〉	有	長	文頭

ju：話し手がこれから話す内容や事態を聞き手がすでに知っている，あるいは即座に特定や認識ができるという前提に立っているときに使われる．英語の as you know に近い．なお，接続詞 ju は 23.2 (2) ⑦を参照．
　Det är **ju** vår bröllopsdag idag. Har du glömt det?
　〈今日は私たちの結婚記念日よ．あなた忘れたの？〉
　Det har jag **ju** sagt till dig många gånger.〈このことは君に何回も言ったよ．〉

nog：話し手が何らかの根拠に基づいてその時点で真実もしくは正しいと判断することに対して用いられる．ほぼ jag tror att に相当する．なお，動詞 tro の意味（22.4）も確認されたい．また，16.4(7) の末尾も参照．
　Det blir **nog** snö ikväll.〈(こんなに寒いからには)今晩きっと雪になる．〉
　Jag måste **nog** åka hem så småningom.
　〈(夜も遅いし，ここでお暇が妥当の判断) そろそろ家に帰ろうかと思います．〉
　Nog är han duktig men inte erfaren nog.〈確かに優秀だが，経験が十分でない．〉

練 習 問 題

1. 完了分詞 弱変化動詞
   次の動詞（不定詞）の現在形・過去形・完了分詞・命令形を順に答えなさい．
   (1) väcka（起こす，グループ 2）　　(2) glömma（忘れる，グループ 2）
   (3) skicka（送る，グループ 1）　　(4) bete sig（振る舞う，グループ 3）
   (5) ringa（電話をかける，グループ 2）(6) tända（火をつける，グループ 2）
   (7) klä（着せる，グループ 3）　　(8) prova（試す，グループ 1）

2. 完了分詞 強変化動詞
   カッコ内の動詞を完了分詞にして，作文しなさい．
   (1) ストックホルムに春がやってきた．（komma）
   (2) 彼は一度も寿司を食べたことがない．（äta）
   (3) トールはちょうど作文を書いたところです．（skriva）
   (4) イングリッドが元気になった後で，ビョーンはすべてを彼女に語った．
       （bli）

3. 時間の長さを表す前置詞 i と på
   次のカッコ内に i か på を入れ，それを日本語に直しなさい．
   (1) Ingrid har inte kört bil（　　　）tio år.
   (2) Björn har arbetat som lärare（　　　）20 år.
   (3) Åsa har skrivit färdigt uppsatsen（　　　）en halvtimme.
   (4) Koka pastan（　　　）sju minuter!
   (5) Idag lagade jag kalops för första gången（　　　）flera år.

4. 作文
   完了形を使って，作文しなさい．
   (1) イングリッドは自分の父と 2 時間話した．
   (2) 私はこの日を長いこと待っていた．
   (3) 彼は 1 分でその玉ねぎをみじん切りにした．
   (4) ジャガイモが茹で上がった後で，それをさいの目に切ります．

22 新たな隣人たち
NYA GRANNAR

En fredag ringer det på ytterdörren vid femtiden på eftermiddagen. Björn undrar vem det kan vara, och går för att öppna. Där står ett par i samma ålder som Björn och Ingrid. De presenterar sig som Johan och Maria, och berättar att de har köpt huset bredvid. Björn frågar när de ska flytta in, och om de inte vill komma in på en kopp kaffe. Johan svarar att de ska flytta in den första december, men att de tyvärr inte har tid för kaffe just nu.

— Men gärna en annan gång, säger Maria.

— Det kommer att bli många tillfällen att fika i framtiden, svarar Björn.

Ingrid har kommit ut till ytterdörren, och nu undrar hon om Johan och Maria bor i närheten. Johan menar att de bor ganska nära. Men Maria tycker tvärtom att det inte är nära.

— Jag undrar vem som skulle kalla en mil för "nära" mer än Johan, skrattar hon.

Björn och Ingrid säger att de önskar Johan och Maria välkomna till området, och att det ska bli trevligt att ha dem som grannar.

新出単語

en granne [名] /grannen, grannar, grannarna/
　隣人
en ytterdörr [名] /-dörren, -dörrar, -dörrarna/
　玄関のドア
vid femtiden　5時ごろ
för att　～するために
ett par [名] /paret, par, paren/ カップル
en ålder [名] /åldern, åldrar, åldrarna/ 年齢
presentera sig　/presenterar, presenterade,
　presenterat/ 自己紹介する
Johan [固] ヨーハン（男性名）
Maria [固] マリーア（女性名）
bredvid [副] そばに，わきに，並びの
flytta [動] /flyttar, flyttade, flyttat/ 引っ越す，
　移動する，移す
om [接] ～かどうか（英 whether），もしも
　（英 if）
december [名] 12月
tyvärr [副] 残念ながら
just [副] まさに

ett tillfälle [名] /tillfället, tillfällen, tillfällena/
　機会
en framtid [名] /framtiden, framtider,
　framtiderna/ 未来　i framtiden 未来に
kommit [動] komma（グループ4）の完了分
　詞
(en) närhet [名] /närheten, ×, ×/ 近所　i
　närheten 近所で，近くで
mena [動] /menar, menade, menat/ (～という)
　意見である，（強く）思う
tvärtom [副] それとは逆に，それとは反対に
kalla [動] /kallar, kallade, kallat/ 呼ぶ
en mil [名] ミール（距離の単位，10km）
mer än ...　～以上に，～を超えて，～を上
　回って，～以外に
önska [動] /önskar, önskade, önskat/ 望む
välkommen [形] 歓迎される　önska ...
　välkommen ～を歓迎する
ett område [名] /området, områden, områdena/
　地域，地区

注意すべき発音

presenterar sig：-r s- の子音連続があるのでそり舌音 [ʂ] になる．
flytta in：in は小辞なので強勢が置かれる．

22.1　直接話法と間接話法

　話された内容をそのままにして，引用符を付し一語一語相手に伝えるのが直接話法である．一方，話された内容に変更をきたさない限りに，語句に多少の変更も含みながら，引用符を付さずに伝えるのが間接話法である．
　直接話法，間接話法にかかわらず，内容を伝える，いわゆる伝達動詞として，次のような動詞がある．

伝達動詞：säga〈言う〉，berätta〈語る〉，meddela〈連絡・伝言する〉，informera〈知らせる〉，påstå〈主張する〉，svara〈答える〉

思考内容，知覚内容を伴う動詞：tycka〈(個人的・主観的に) 思う〉，tro〈信じる〉，anse〈思う〉，fundera〈考える〉，känna〈感じる〉，mena〈～の意見である〉，veta〈知っている〉，vill veta〈知りたい〉，se〈見える，わかる〉，höra〈聞く〉

疑問を呈する動詞：fråga〈尋ねる〉，undra〈疑問に思う〉

(1) 直接話法

直接話法の伝達動詞と引用文との間に，コロンもしくはコンマを挿入する．

Erik säger: "Jag är trött idag."
〈エーリックは「私は今日は疲れている」と言っている〉
Maria frågar: "Arbetar du imorgon?"
〈マリーアは「あなたは明日仕事をしますか」と尋ねている〉
Karin frågar: "Vad heter han?"
〈カーリンは「彼の名前は何といいますか」と尋ねる〉

(2) 間接話法

同じ内容を直接話法と間接話法で表現する場合，英語と同じように時制の一致が適用される．また状況に応じて主格，目的格，所有格の代名詞も変更しなくてはならない．直接話法の代名詞が間接話法で変わるのは，伝達者の立ち位置が変わるからである．すなわち，直接話法ではある人の発言を伝達者がその人の発言の通りに " " で再現しているのに対し，間接話法では発言した人の発言内容を聞いて，伝達者自身の視点に立って報告するからである．さらに状況に応じて時の副詞も変更しなくてはならない．直接話法にあった引用符は不要となる．

時の副詞の変更

直接話法の伝達文に以下の時の副詞が含まれ，伝達動詞が過去形の場合，伝達文で表される事柄は伝達されるよりも前のことになるので，これが間接話法になると，以下のように変わることがある．しかし，発話の時点により変わらないこともある．

　　i går〈昨日〉　　　　→ föregående dag〈前日〉, dagen före〈その前の日〉

i dag 〈今日〉	→	den dagen 〈その日〉, samma dag 〈同日〉
i morgon 〈明日〉	→	följande dag 〈翌日〉, dagen efter 〈その次の日〉, dagen därpå 〈すぐその翌日〉

他の時の副詞も同様に，過去を表す副詞は ［föregående ＋ X］，［X ＋ före］に，現在を表す副詞の ［denna ＋ 未知形名詞］もしくは ［den här ＋ 既知形名詞］は ［samma ＋ X］に，未来を表す副詞は ［följande ＋ X］，［X ＋ efter］，［X ＋ därpå］に変更されることがある．

förra veckan/månaden/året; ifjol 〈先週〉／〈先月〉／〈去年〉，〈昨年〉	→	föregående vecka/månad/år 〈前の週〉／〈前の月〉／〈前の年〉
denna vecka/månad; i år 〈今週〉／〈今月〉／〈今年〉	→	samma vecka/månad/år 〈同週〉／〈同月〉／〈同年〉
den här veckan/månaden 〈今週〉／〈今月〉	→	samma vecka/månad 〈同じ週〉／〈同じ月〉
nästa vecka/månad/år 〈来週〉／〈来月〉／〈来年〉	→	följande vecka/månad/år 〈翌週〉／〈翌月〉／〈翌年〉

次に，伝達される文が，肯定文であるか，疑問詞を含まない疑問文（いわゆる ja/nej で答えられる疑問文や A eller B 〈A あるいは B〉の選択疑問文も含む）であるか，あるいはまた疑問詞を含む疑問であるかにより，伝達文を導く語や語順が変動する．

直接話法の伝達文が肯定文か疑問文か

① 伝達文が肯定文の場合 → **att** で伝達文を導く

間接話法では伝達文を導く接続詞には att（機能的に英語の that に相当する）を用いる．以下の例では，間接話法の日本語訳のみを挙げる．

直接話法　　　　　　　　間接話法

Erik säger: "**Jag** är trött idag." → Erik säger **att han** är trött idag.
〈エーリックは今日（自分は）疲れていると言っている〉

Erik sade: "Jag är trött **idag**." → Erik sade **att han var** trött **den dagen**
〈エーリックはその日（自分は）疲れていたと言っていた〉

Erik sade till Karin: "**Du** verkade glad igår." → Erik sade till Karin **att hon hade verkat** glad **föregående dag** .

"**Du** verkade glad igår.", sade Erik till Karin.→ Erik sade till Karin **att hon hade verkat** glad **föregående dag** .
〈エーリックはカーリンに昨日は嬉しそうだったねと言った〉

（伝達動詞が引用文の後になると，コロンよりコンマが使われる．また伝達動詞の目的語（すなわち，引用文）が文頭に置かれると，語順の規則により伝達動詞と主語は必ず転倒させる．英語の "I am tired", *said Erik.* の語順（O + V + S）は古ゲルマン語のこの規則の名残り．スウェーデン語は今もこの規則が生きている．7.1 余話1 参照）

命令文が含まれるとき：

　直接話法に動詞の命令形が含まれる場合，間接話法にする際，いろいろな対処法が考えられる．たとえば動詞の命令形は間接話法の伝達文において命令に近い意味をもつ各種の助動詞（få, måste, skola など）を用いることが多い．

　　Pappa sade: "Kom hem senast kl. 10!"
　　→ Pappa sade att jag **måste** komma hem senast kl. 10.
　　〈父は私が遅くとも10時までに帰宅するように言った〉
　　Mamma säger till sin son: "Reta inte din lillasyster!"
　　→ Mamma säger till sin son att han *inte* **får/ska** reta sin lillasyster.
　　〈母は息子に妹をいじめてはいけないと言っている〉
　　（なお，間接話法の inte の位置については下記 22.2 を参照）

② 伝達文に疑問詞が含まれない疑問文の場合 → **om** で伝達文を導く

　ja/nej, jo/nej で答えられる疑問文や A eller B〈A あるいは B〉の選択疑問文の場合，間接話法で伝達文を導く接続詞は om（機能的に英語の if, whether に相当する）を用いる．語順は肯定文の語順になる．なお，om の代わりに，書き言葉では時折 huruvida が用いられることもある．

　　Jan frågar sin fru: "Arbetar du imorgon?"
　　→ Jan frågar sin fru **om** hon arbetar imorgon.
　　〈ヤーンは妻に明日仕事をするのかどうかを尋ねる〉
　　Hans frågade mig: "Vill Karin dricka kaffe eller te?"
　　→ Hans frågade mig **om** Karin ville dricka kaffe eller te.
　　〈ハーンスはカーリンがコーヒーを飲みたいのか紅茶を飲みたいのかと私に尋ねた〉

③ 伝達文に疑問詞が含まれる疑問文の場合
(i) 伝達文の疑問詞が主語・主部に含まれない場合 → 疑問詞の後に伝達文が続く

　間接話法の伝達文はまず疑問詞で始まり，語順は主語，定動詞の語順となる．

Jan frågar sin klasskamrat: "Var bor du?"
→ Jan frågar sin klasskamrat **var** han bor.
〈ヤーンはクラスメートにどこに住んでいるかと尋ねている〉
Hon frågade: "Vem ska jag träffa idag?"
→ Hon frågade **vem** hon skulle träffa den dagen.
〈彼女はその日に自分は誰に会うことになっているのかと尋ねた〉

（ii）伝達文の主語・主部に疑問詞が含まれている場合
→ **疑問詞（＋名詞）＋ som** の後に伝達文が続く
　伝達文の主語・主部に疑問詞が含まれる場合は，疑問詞の後にその疑問詞が主語であることを示す som が挿入される．
Jan frågade: "Vad hände igår?"
→ Jan frågade **vad som** hade hänt föregående dag.
〈ヤーンは前日何が生じたのかと尋ねた〉
Hon frågade: "Vem ska träffa mig idag?"
→ Hon frågade **vem som** skulle träffa henne den dagen.
〈彼女はその日に誰が自分に会うことになっているのかと尋ねた〉
　単独で主語になれる可能性のある疑問詞は vem〈誰が〉，vad〈何が〉，vilken（vilket, vilka)〈どんな，どの〉，hurdan (hurdant, hurdana)〈どんな〉である．一方名詞を主部に取り入れることができる疑問詞は vilken（vilket, vilka）と hurdan (hurdant, hurdana)，vems〈誰の〉である．
Hon frågade: "Vilken bil tillhör vår familj?"
→ Hon frågade **vilken bil som** tillhörde hennes familj.
〈彼女はどの車が自分の家族のものなのかと尋ねた〉
Jag vet inte **vems katt som** är svart.
〈誰のネコが黒色なのか私は知りません〉
Vi undrar **vilket/hurdant rum som** är lämpligt för mötet.
〈どちらの部屋／どのような部屋がその会合に適しているのだろうかと私たちは思っている〉
（vilken を用いた場合は「どんな，どの」の両義的な意味があるが，hurdan は「どんな」のみである）

22.2 語順〔3〕: 従位節の中の否定辞 inte の位置（「BIFF の規則」）

　間接話法の伝達文のような従位節中の否定辞 inte の語順について，スウェーデン語には BIFF-regel（「BIFF の規則」）と呼ばれる独特のルールがある．BIFF というのは "**B**isats har ***i**nte* **f**öre **f**inita verbet."〈従位節（副文）(Bisats) は *inte* を定動詞 (finita verbet) の前にもつ〉という主旨の文の主要語の頭文字を取った略語である．主節では inte は通例定動詞の直後に置かれるが，従位節の中では定動詞の直前に置かれる．従位節はここに出てくる名詞節ばかりでなく，関係詞に導かれる関係節や，従位接続詞に導かれる副詞節においてもこの規則が適用される (23.3 参照)．主節と従位節を比べると inte の位置が移動しているようにみえるので，「移動の副詞」とも呼ばれている．移動の副詞の代表的なものが inte であるが，その他にもいくつかの否定辞や頻度を表す副詞そして文修飾副詞などの一定の副詞に限られている．

　代表的な移動の副詞:
　　否定辞: inte〈～でない〉, icke〈～でない〉, ej〈～でない〉, aldrig〈絶対に～しない〉, knappast〈ほとんど～でない〉, knappt〈ほとんど～でない〉.（なお，icke と ej は堅い文体で使われる）
　　頻度を表す副詞: alltid〈いつも〉, sällan〈めったに～しない〉
　　文修飾副詞: absolut〈絶対に〉, alltså〈すなわち〉, bara〈～だけ〉, egentligen〈本来は〉, faktiskt〈本当に，実を言うと〉, gärna〈喜んで〉, ju〈わかっているように〉, kanske〈ひょっとしたら〉, möjligen〈ひょっとしたら〉, naturligtvis〈もちろん〉, nog〈思うに，多分〉, också〈～もまた〉, sannolikt〈おそらく〉, säkert〈間違いなく〉, troligen〈思うに〉, tyvärr〈残念ながら〉, vanligen〈普通は，通例は〉, verkligen〈実際に〉, väl〈～でないかしら〉など．

　移動の副詞の例:
　　Han sade att maten **inte** var god.
　　〈彼はその食べ物はおしくないと言った〉
　　Han tyckte att det **verkligen** var kallt i Stockholm.
　　〈彼はストックホルムは本当に寒いと思った〉
　　Hon frågade om jag **inte** ville ha en kopp kaffe.
　　〈彼女は私がコーヒーを一杯飲みたくないかと尋ねた〉
　　Jag undrar varför du **alltid** dricker te.

〈君はなぜいつも紅茶を飲むのだろうか〉
De studenter som **inte** kan simma måste stanna kvar idag.
〈泳げない学生は今日は残らなくていけません〉
Eftersom du **inte** är frisk, tycker jag att du **inte** borde gå ut.
〈君は健康でないのだから，外出しないほうが良いと私は思う〉
Han ringde just när jag **inte** var hemma.
〈私がちょうど家にいないときに彼が電話をしてきた〉

否定辞と文修飾副詞がともに出現するときは，主節は［文修飾副詞＋否定辞］の順番であるが，従位節においてもこの順を維持してBIFFの規則が適用される．

Hon sade: "Han är **kanske inte** student."（主節）
〈彼はひょっとしたら学生ではないかも」と彼女は言った〉
Hon sade att han **kanske inte** var student.（従位節）「BIFFの規則適用後」
〈彼は学生ではないかもしれないと彼女は言った〉
Jag vet **faktiskt inte** hur det gick till.（主節）
〈それがどうなったのか私は本当に知らない〉
Han påstod att han **faktiskt inte** visste hur det hade gått till.（従位節）「BIFFの規則適用後」
〈それがどうなったのか本当に知らないと彼は言い張った〉

ただし，否定辞と頻度の副詞がともに出現するときは，主節は［否定辞＋頻度数の副詞］の順番となるが，従位節においてもこの順を維持してBIFFの規則が適用される．

Han sade: "Jag dansar <u>**inte alltid**</u>."（主節）
〈「私はいつもダンスをするわけではない」と彼は言った〉
Han sade att han **inte alltid** dansade.（従位節）「BIFFの規則適用後」
〈いつもダンスをしているわけではないと彼は言った〉

22.3　従位節の[har/hade＋完了分詞]のhar/hadeの省略

従位節内に完了形があると，完了を示す助動詞の現在形har/過去形hadeは省略することができる．この省略はやや書き言葉的なのだが，話し言葉でも頻繁に生じる．harもしくはhadeのどちらが省略されているのかは，時制や文脈から判断すること（21.3. 注意1 参照）．

名 詞 節：Hon säger att hon (har) läst svenska vid Osaka universitet.
　　　　　〈彼女は大阪大学でスウェーデン語を勉強したことがあると言っている〉
形容詞節：De elever som (har) ätit färdigt får gå ut och leka.
　　　　　〈食べ終えた生徒たちは外に行って遊んでもよい〉
副 詞 節：Om det inte (hade) regnat igår, skulle vi ha spelat fotboll.
　　　　　〈もし昨日雨が降らなかったら，私たちはサッカーをやっていたのに〉

22.4　「思う，考える」に相当する動詞 tycka, tro, tänka の意味の違い

tycka：個人的な価値判断．通例，確固とした根拠は示せない．
　　　Jag tycker att hans bok är bra.
　　　〈(あなたたちはどう思うか勝手ですが) 私(の意見や直感で)は彼の本は良いと思う〉
tro：何らかの根拠に基づく判断．証拠が崩れない限り，本人はそれが唯一正しいこともしくは真実だと信じている．
　　　Jag tror att hans bok är bra.
　　　〈(書評などから判断すると) 私は彼の本は良いと思う〉
tänka：物事を解決することを目指して，意向・画策を前提とした思考をすること．
　　　Jag tänker åka till Sverige. 〈私はスウェーデンに行くつもりだ〉
　　　Jag ska tänka på saken tills imorgon.
　　　〈明日までその件について (何か良い解決策があるかどうかを) 考えてみることにします〉

練 習 問 題

1. 話法
   次の直接話法の文を間接話法にしなさい．
   (1) Karin frågar: "Hur gammalt är huset?"
   (2) Maria sade: "Jag var polis."
   (3) Hon frågar: "Vilken framtid har mina barn?"
   (4) Han sade: "Jag ska flytta imorgon."
   (5) Hon frågade: "Var han ledsen igår?"
   (6) Johan frågade henne: "Var kommer du ifrån?"
   (7) Wallander sade till henne: "Ge mig pistolen!"
   (8) Maria frågade honom: "Vad vet du om mig?"
   (9) Sara frågade: "Vem har skrivit boken?"
   (10) Göran frågar: "Vilken ytterdörr passar mitt hus?"

2. 従位節の中の否定辞 inte の位置
   次のカッコ内の語を並び替えて，適切な文を作り，それを日本語に直しなさい．
   (1) Han berättade att（han / inte / något / sälja / ville）.
   (2) Alla vill veta（hände / sedan / som / vad / verkligen）.
   (3) Jan visste att（alltid / inte / livet / roligt / så / var）.
   (4) Det är en bok som（elever / kan / man / naturligtvis / rekommendera / till）.
   (5) Vakten påstod att（de / fick / in / inte / komma / tyvärr）.
   （守衛：en vakt）

3. 作文
   (1) 彼女は彼らが教師であると自己紹介したと言った．
   (2) レイフ・エーリックソンはその地域を Vinland と呼びました．
   (3) 彼は一度も自分の父に会ったことがないと語りました．
   (4) 彼女は彼らは本来は引っ越す必要はないと主張しています．
   (5) 近くのバス停を見つけるために GPS を使うことができます．
   （バス停：en busshållplats）

23 夕食の買い出し
MIDDAGSINKÖP

När det är en vecka kvar tills släktmiddagen, åker Björn och Ingrid till ICA i Liljeholmen, där det finns ett stort sortiment av livsmedel. Björn invände först att de skulle kunna vänta tills det blev lördag, för att han hellre ville stanna hemma den här dagen. Men Ingrid höll inte med.

— Kommer du ihåg förra släktmiddagen när vi inte handlade förrän det bara var en dag kvar, frågade hon. Det blev väldigt ont om tid därför att vi väntade så länge.

Eftersom Björn mindes den gången, åkte de iväg till Liljeholmen, så att det inte skulle bli stressigt igen. Trots att de har bestämt att de ska servera kött, hamnar de vid fiskdisken. Ingrid frågar Björn om han inte tycker att gäddorna ser goda ut.

— Jag tycker de ser för gamla ut, säger Björn medan han börjar gå bort mot köttdisken. Vi gör som vi har bestämt.

Så fort han har kommit fram till köttdisken får han syn på just det slags kött han vill ha. Men samtidigt som han lägger ner några köttpaket i korgen, kommer Ingrid med en stor gädda.

— Vi kan ju äta gädda till middag ikväll, föreslår hon. Jag har ett recept du kommer att gilla!

新出単語

ett **middagsinköp** [名] /-inköpet, -inköp, -inköpen/ 夕食の買い物
kvar [副] 残って
tills [接]・[前] 〜（する）まで
ett **sortiment** [名] /sortimentet, sortiment, sortimenten/ 品揃え
ett **livsmedel** [名] /-medlet, -medel, -medlen/ 食料品
skulle [助] skola（グループ4）の過去形
hellre [副] むしろ，どちらかと言えば，gärna の比較級
höll [動] hålla（グループ4）の過去形
förra [形] 前の
ond [形] 悪い　**ha ont om ...** 〜が不足している
därför [副] そのため，したがって
länge [副] 長い間
eftersom [接] 〜なので，〜だから

stressig [形] せわしい，ストレスの多い
trots [前] 〜にもかかわらず
hamna [動] /hamnar, hamnade, hamnat/ 行き着く
en **fiskdisk** [名] /-disken, -diskar, -diskarna/ 魚売り場
en **gädda** [名] /gäddan, gäddor, gäddorna/ カワカマス
mot [前] 〜に向かって
en **köttdisk** [名] /-disken, -diskar, -diskarna/ 肉売り場
så fort 〜するとすぐに
en **syn** [名] /synen, syner, synerna/ 視力，視覚，見方　**få syn på ...** 〜を目にする
samtidigt [副] 同時に
ett **köttpaket** [名] /-paketet, -paket, -paketen/ 肉のパック
en **korg** [名] /korgen, korgar, korgarna/ かご

23.1　存在文［Det finns X（＝未知形名詞）＋場所を表す副詞（句）］について

　モノ・人の存在を表すときに，仮主語 det を文頭に置き，真主語を動詞 finns の直後に置く．通例，場所を表す副詞（句）がその後に続く．文脈上，その場所について聞き手がすでにわかっていると話者が思っていれば，場所を表す副詞（句）は省略される．

　　Det finns en bok på bordet.〈テーブルの上に本が1冊ある〉

(1)　なぜ，仮主語 Det を必要とするのか？

　理論的には同じ意味を En bok finns på bordet. とでも言えそうであるが，実際にはあまり使われない．それは en bok が未知形であることに原因がある．名詞の未知形は，これから存在を伝えるものが，何であるかを聞き手が知らないと話者

が思っているときに使われる．その未知形の名詞をいきなり文頭に置くと，聞き手は聞き逃してしまう恐れがある．つまり，聞き返される可能性のある効率の悪い文型であるということになる．そのような非効率を避けるためには，「これからあなたの知らないヒトやモノの存在を示しますよ」ということを示すシグナルのような語を先に置く必要がある．そのような語はできるだけ軽くて実質的な意味をもっていない方がよい．それがスウェーデン語では代名詞単数中性形の det なのである．意味はきわめて軽いので，その解釈に特に注意が消費されることはない．しかし，この語が出てくると，聞き手はこのすぐ後に何か新しい情報が出てくるということがわかるので，聞き耳を立てて，構える態勢にはいる．つまり，det という意味的にはほとんどゼロに近い代名詞が，機能的にはきわめて重要な役割を担っていることになる．これが仮主語 det の存在意義なのである．

　仮主語は英語でも意味的には限りなくゼロに近い代名詞 it が用いられている．日本語でも，これから何か重要なこと，深刻なことを述べるときは，よく「あの～」「ねえ，ねえ～」「実は～」などから始めるが，これらもこれと同じ機能をもっていると考えるとわかりやすい．一方，主語が既知形の場合は，聞き手がすでに知っているヒト・モノなので，予告などする必要はない．したがって，det を使わず，いきなり既知形の主語を文頭においても何ら問題はないのである．

　　Boken finns på bordet.〈例の本はテーブルの上にあります〉

（2）　真主語の名詞は未知形でなくてはならない．

　仮主語の後に現れる真主語は聞き手にとって新しい情報なので，名詞は未知形でなくてはならない．その名詞は，単数であっても複数であっても構わない．

（3）　存在を表す動詞は finns のみか？

　存在を表す finns は不定詞（finnas）が母音でなく，s で終わっていることから，特殊な動詞であることがわかる．これは 25 課で詳述するが，元来は受動態から（さらに古くは s 語尾は［動詞＋再帰代名詞（sig）］から）発展したものである．言ってみれば finna〈見出す〉の受動態であるから「（～に）見出される」→「存在している，ある」のように理解されていったものと思われる．finns は具体的なモノから抽象的なモノまで幅広く使える「存在の動詞」である．

　一方，それとは別に，人間の体位を表す動詞（sitta, ligga, stå 17 課参照）を使った［Det ＋ sitter/ligger/står ＋ X（＝未知形名詞）＋場所を表す副詞（句）］で存在

を示すこともできる．

　　Det sitter många människor på biblioteket.
　　〈その図書館ではたくさんの人が（座って）いる〉
　　Det står några kunder framför kassan.
　　〈レジの前に何人かの買い物客が（並んで）いる〉
　　Det ligger en patient i sängen.〈ベッドに患者が 1 人（横になって）いる〉

　真主語の X が人間の場合は下記の例のように，［och ＋動詞］を加えて存在と同時に進行する行為を表すこともできる（17.1 (2) 参照）．

　　Det sitter många människor på biblioteket och läser böcker och tidningar.
　　〈その図書館ではたくさんの人が（座って）本や新聞を読んでいる〉

　さて，X にモノが来たときにどの動詞を使うかは，多くの場合は形状から，すなわち通常置かれる状態が垂直であるか（花瓶など），水平であるか（鉛筆など）などでおおよその判断ができる．しかし，形状からは判断できない場合もあり，その際の判断の目安を示す．

　　stå〈立っている〉→〈（人間はその状態から）すぐに次の行動に移せる，準備が整っている〉→〈（モノが）いつでも使える状態にある〉
　　Det står en vas på bordet.〈テーブルの上に花瓶が 1 本（立って）おいてある〉
　　　（花瓶は形状から通例，垂直に置かれるが，同時にその花瓶がすぐに使える状態で存在していることを示している）
　　Det står en cykel framför huset.〈家の前に自転車が 1 台（立てかけて）おいてある〉
　　　（自転車がすぐに使える状態，つまり通例の自転車の置き方であることを示している．倒れた状態であれば Det ligger en cykel framför huset. になる．ちなみに，「自転車を（通常の状態で）置く」は ställa en cykel で，自動詞 stå に対応した他動詞 ställa〈立てかける〉を使う）
　　Det står många skor i hallen.〈玄関にはたくさんの靴が（並んで）ある〉
　　　（靴は平べったいが ligga は使わず，靴がいつでも履ける状態にあることを示すため，stå を使う．対応する他動詞は ställa skor〈靴を並べる〉である）
　　sitta〈座っている〉→〈（休んでいるので）次の行動に移るには，まず立ち上がらなければならないというハードルがある〉→〈その場からすぐには動けない・動きたくない〉→〈そこに固着・残留してしまっている，くっついてしまっている〉
　　Det sitter en hund i trappan.〈階段でイヌが 1 匹（座って，休んで）いる〉
　　Det sitter några småfåglar på en gren.

〈枝に何匹かの小鳥が(座って，休んで)とまっている〉
　　　(日本語の「停まる，止まる」から「留まる，とどまる」も参考)
　　Det sitter tre spikar i väggen. 〈壁に釘が3本打ちつけてある〉
　　　　ちなみに，存在文ではないが Värken sitter i axeln.〈肩に痛みがある〉でも痛みが頑固に肩にくっついて離れない感覚から sitta が使われている．このように，一般に，sitta の主語がモノの場合は「くっついていて離れない，とれない」の意味が多い．
　ligga〈横になっている〉→〈一番広い面積部分を下にして横たわっている〉→
　　〈地理的に建物や都市などがそこに横たわっている，～がある〉
　　Det ligger en tidning på bordet.〈テーブルに新聞がおいてある〉
　　Det låg en röd matta på golvet.〈床に赤い絨毯が1枚敷いてあった〉
　　Det ligger en skola bredvid kyrkan.〈教会の横に学校が1校ある〉
実際には sitta/ligga/stå の用法はかなり複雑である．

(4)　否定文・疑問文はどう作ったらよいのか？

否定文：
　　Det finns inte någon bok på bordet.〈テーブルの上に本が1冊もありません〉
　　Det står inte en bil i garaget.〈ガレージに車がありません〉
　　Det låg inte en röd matta på golvet.
　　〈床に赤い絨毯が敷いてありませんでした〉
疑問文とその答え：
　　Finns det en bok på bordet?〈テーブルの上に本が1冊ありますか〉
　　— Ja, det finns det.〈はい，あります〉
　　— Nej, det finns det inte.〈いいえ，ありません〉
　　　(finns を一般動詞扱いとして，代動詞 gör で受けることもできる)
　　— Ja, det gör det. Nej, det gör det inte.
　　Finns det några böcker på bordet?〈テーブルの上に本が何冊かありますか〉
　　— Ja, det finns det.　Nej, det finns det inte.
　　　〈はい，あります〉，〈いいえ，ありません〉
　　— Ja, det gör det.　Nej, det gör det inte.
　　　〈はい，あります〉，〈いいえ，ありません〉
　　　(真主語が複数でも変わらない．仮主語とはいえ det が主語であるから)
　　Står det en bil i garaget?〈ガレージに車が置いてありますか〉

— Ja, det gör det.　Nej, det gör det inte.
〈はい，置いてあります〉，〈いいえ，置いてありません〉
Låg det en röd matta på golvet?〈床に赤い絨毯が敷いてありましたか〉
— Ja, det gjorde det.　Nej, det gjorde det inte.
〈はい，敷いてありました〉，〈いいえ，敷いてありませんでした〉

(5)　倒置文はどうなるのか？

場所を表す副詞（句）が文頭に置かれることも頻繁にある．
På bordet finns（det）en bok.〈テーブルの上に本が1冊ある〉
この場合，倒置の規則通り仮主語の det は動詞 finns の後に置かれるが，その det はしばしば省略される．det は本来，文頭に立って，後方に未知の事柄が来ることを予告する機能をもっているが，副詞（句）が文頭に来ることにより，動詞の後ろにまで下がってしまった仮主語の det には予告の機能が薄れてしまい，不要とも余剰とも感じられて省略されてしまうのである．

(6)　仮主語 det は他の構文でも出現するのか？

Det är mycket svårt att uttala ö-ljudet.〈öの音を発音するのはなかなか難しい〉
仮主語 Det が真主語 att uttala ö-ljudet を指していると言われる構文であるが，これも上記の説明で同じように理解できる．すなわち，Det は聞き手がはじめて聞かされる未知の情報がその後方にあること，つまり真主語の内容を予告する機能をもっている．また，この文型を取るもう1つの要因は，真主語が長く重いこともある．もちろん Att uttala ö-ljudet är mycket svårt. とも言えるが，これは話し言葉より，聞き逃してしまうことが生じない書き言葉に出現する方が多い．

(7)　仮目的語 det もあるのか？

文の後方に未知の情報や重い句があるときには，先に仮主語を立てておくことを説明したが，目的語でも同じ現象がみられる．
Han tog det för givet att vi skulle köpa hans bok.
〈彼は私たちがてっきり彼の本を買うものと思っていた〉
（tog の目的語 det は後続の att-節を予告している）
Efter（det）att han（hade）ätit, gick han på bio.

〈彼は食事を済ませてから映画を見に行った〉

　　（detは直後のatt-節を予告している．このdetは省略されることが多い（21.3 注意2 参照）．なお，hadeの省略については21.3 注意1 を参照）

　仮目的語はさらに合成接続詞（堅い文体）などでも用いられる．i det att...〈～でもって〉，på det att...〈～という点において〉，under det att...〈～している間〉（= medan）

23.2　従位接続詞

　接続詞は等位接続詞と従位接続詞に分けられる．等位接続詞についてはすでに16課で解説した通りだが，もう一度繰り返すと，同等の文と文，句と句，単語と単語を結ぶ役割をもっている．一方，従位接続詞は従位節を導く接続詞である（従位節は従属節もしくは副文とも呼ばれる）．本課では従位接続詞について学ぶ．

　従位接続詞は等位接続詞に比べて数が多い．スウェーデン語では従位節には下記23.3のBIFFの規則が適用されるため，等位接続詞と従位接続詞はしっかり区別しなくてはならない．以下では特に重要な従位接続詞に ★ を付した．

(1)　名詞節を導く

★ **att ...** 〈～であるということ〉英語の接続詞 that に相当する．
　Jag visste inte att han var sjuk.〈彼が病気であることを私は知らなかった〉
　Det är nog bäst att du tar bussen.〈そのバスに乗るほうがいいですよ〉
　　（相手に優しく助言するときにこの Det är nog bäst att.... や Du borde + 不定詞が用いられる）
　Att du glömde det!〈あなたがそれを忘れるなんて！〉
　　（att-節のみで感嘆文を表すこともできる）

★ **om ... /huruvida ...** 〈～であるかどうか〉
　英語の接続詞 if, whether に相当する．huruvida は堅い書き言葉にしか使われない．
　Jag frågade honom om maten smakade bra.
　〈食事が美味しいかどうかを私は彼に尋ねた〉

(2) 副詞節を導く

① 時間関係

★ **när ...**〈～のとき〉
　När sonen kom hem, drack jag kaffe.
　〈息子が家に帰ってきたとき，私はコーヒーを飲んでいた〉
★ **när +完了形**〈～した後で〉 21.3 を参照
Nu när ...〈今や～であるから〉 英語の Now that ... に相当する．
　Nu när du har blivit 20 år, måste du tänka på din framtid.
　〈おまえはもう 20 歳になったのだから，自分の将来を考えなくてはならない〉
När +主語+ väl ...〈いったん～したからには〉 英語の once that ... に相当する．
väl に強勢が置かれることに注意．
　När han väl har somnat, vaknar han sällan under natten.
　〈彼は一度眠ってしまうと夜中はめったに目が覚めない〉
då ...〈～のとき〉，〈～なので〉
　〈～のとき〉の意味では då と när は同じ意味であるが，då はやや堅い文体で使われる．また då の節には過去時制が使われる傾向が強い．さらに，då は「理由」を示す接続詞としても用いられる．なお，nu när ..., när ... väl にならって，nu då ..., då ... väl も同じ意味で使われる．
　　Då jag var barn, brukade jag leka på stranden.
　　〈子供のころ，私はよく岸辺で遊んだものだ〉
　　Då han inte hade pengar, kom han till mig.（2 通りの解釈ができる）
　　〈「時間」お金がないと／「理由」お金がないので，彼は私のところに来た〉
★ **medan ...**〈～している間〉，〈～する一方で，～する〉英語の while に相当する．
〈する一方で〉，〈～なのに〉のように対比や譲歩の意味もあり，そのときは däremot が主語の直後に置かれることがある．
　　Medan hon lagar mat, lyssnar hon ofta på musik.
　　〈彼女は食事を作っている間，音楽をよく聴く〉
　　Du roar dig med dina vänner medan jag (däremot) arbetar.
　　〈僕が働いているのに，君は友達と遊んでいる〉
★ **innan ...**〈～する前に〉
　innan は接続詞であるが，innan (det blir) midnatt → innan midnatt〈午前 0 時前〉となれば，innan は前置詞とも解釈できる．〈～する前に〉を表す前置詞には före があるために，innan は接続詞として使うべきとされるが，実際には頻繁に前置

詞としても使われている.
　　Vi måste gå hem innan det blir regn.
　　〈雨が降る前に私たちは家に帰らなくてはいけない〉
　　Gör läxorna innan du tittar på TV.〈テレビを見る前に宿題をやりなさい〉
★ **inte ... förrän ...**〈〜になってようやく〜する〉英語の not ... until ... に相当する.
förrän は必ず否定辞（inte, aldrig, knapp など）が先行する．意味は「〜するまで〜しない」というように否定に捉えるのではなく，肯定に捉えるようにすると原文の意味に近くなる（13.8 (1) 参照）．
　　De kom inte förrän bion hade börjat.
　　〈映画が始まってようやく彼らはやってきた〉
　　Det dröjde inte länge förrän han kom tillbaka.
　　〈間もなくして彼が戻ってきた〉
　比較：inte ... förrän と inte ... innan の違い
　　Han kom **inte** tillbaka **förrän** han fyllde 30 år.
　　〈30歳になってようやく帰ってきた〉（「ようやく，やっと」を強調したうえでの肯定的意味）
　　Han kom **inte** tillbaka **innan** han fyllde 30 år.
　　〈30歳になるまでは帰って来なかった〉（「来なかった」という否定的事実の確認）
★ **sedan ...**〈〜して以来〉英語の時を表す接続詞 since に相当する.
sedan はしばしば sen と発音される．スウェーデン語の sedan には英語の since のように理由を表す用法はない．
　　Sedan min man blev pensionerad, sitter han bara hemma och tittar på TV.
　　〈私の夫は定年退職してから，家でテレビばかり見ています〉
★ **tills ...**〈〜するまで〉
tills は接続詞だが，話し言葉では前置詞としても使われる（28.4 参照）．なお，till は前置詞である．もともとは前置詞句 till dess (att-節) が短縮されて接続詞 tills になった．
　　Vi stannar här tills du mår bra.〈君の気分がよくなるまでここに留まろう〉
　　Vänta tills klockan blir tio = Vänta till/tills klockan tio.
　　〈10 時まで待ってください〉
så länge (som) ...〈〜する限り〉
　　Han ska bo på det här hotellet så länge som pengarna räcker.
　　〈お金が続く限り，彼はこのホテルに滞在することにしている〉

* **så fort（som）... /så snart（som）...**〈～するや否や，～するとすぐに〉
  Så fort/snart（som）de såg oss, vinkade de.
  〈彼らは私たちを見るやいなや，手を振った〉
  Skriv så snart（som）du kan！ = Skriv så snart som möjligt！
  〈出来るだけ早く手紙を書いてください〉

just（som）... /just när ... /bäst（som）...〈まさに～の瞬間〉
  Han fotograferade mig just när jag ramlade omkull.
  〈ちょうど私が転んだそのときに彼は私の写真を撮った〉

varje gång ...〈～するといつも，～するたびに〉
  Varje gång jag går ut, händer det någonting.
  〈私が外出するといつも何かが起きる〉

② 原因・理由

* **därför att ... /för att ...**〈なぜなら，～だから〉
  これらの接続詞は、聞き手がまだ知らないであろうと話し手が想定する理由を述べるときに用いられる．主節の後に置かれ，通例文頭に立つことはない．未知の理由を聞き手にここではじめて紹介するために，その情報をしっかり伝達しようとする配慮が働いて文末に置かれる．därför att から där が省略された för att は主として話し言葉で用いられる．

  Inger gråter därför att hennes pappa har dött.
  〈インゲルは泣いている．父親が亡くなったからなの〉
  Varför kom du inte förra veckan？ Därför att jag hade influensa.
  〈君はなぜ先週来なかったのですか〉〈インフルエンザにかかっていたので〉
  （答えの Därför att が文頭にあるが，この従位節に対応する主節 "Jag kom inte" は Varför の質問の中にすでに含まれている．答えではそれが省略されているので，文頭に立っているようにみえるに過ぎない（=［Jag kom inte］därför att jag hade influensa）．

* **eftersom ... /då ...**〈～なので〉
  därför att と違って，これらの接続詞は聞き手がその理由・原因をすでに知っていると話し手が想定するときに使われる．eftersom が導く節は文頭にもまた主節の後にも置くことができる．då が時ではなく，理由を表すときは文頭に置かれることが多い．

  Vi har ingen undervisning eftersom det är helg imorgon.
  〈明日は休日なので授業はありません〉
  Eftersom du känner chefen, kan du inte försöka övertala henne？

〈あなたは上司を知っているのだから,彼女を説得してくれませんか〉
Då/eftersom vi var där, hälsade vi på Erik.
〈せっかくそこまで行ったので,私たちはエーリックに会いに行った〉
därför att と eftersom の違い：
Jag ska hjälpa dig därför att du är min vän/eftersom du är min vän.
〈君は僕の友人だから手助けすることにする〉

（ここは därför att も eftersom もともに可．ただし意味は異なる．därför att では「君は知らなかったかもしれないが,実は私は君を友人とみてきたのだ」と告白しているのに等しい．eftersom では「今までの友人関係があって,その誼みで」の意味となる）

さらに eftersom は話し手が聞き手にとって既知内容の理由と想定している場合に使われるので，Varför? の疑問の答えを導く接続詞として eftersom は不適切である．

Varför kom du inte förra veckan?　× Eftersom jag hade influensa.
〈君はなぜ先週来なかったのですか〉

③　意図・目的

★ **så att ... /för att ...**〈〜するように，〜することを意図・目的にして〉
så att ... が，「意図・目的」を表す場合は，så att の節内に助動詞（kunna, skola など）を伴うことが多い．så att の att は省略されることもある．för att は②の「原因・理由」以外に，話し言葉では「意図・目的」も表すことができる．

Skynda dig så att du inte missar bussen.
〈バスに乗り遅れないように急ぎなさい〉
Han talade högt, så (att) alla skulle höra vad han sade.
〈皆が自分の言っていることが聞こえるようにと彼は大きい声で話した〉
Mamman gav pojken godis för att han skulle hålla tyst.
〈母親は男の子を静かにさせるためにお菓子を与えた〉

④　原因・結果

★ **så att ...**〈それで〜，そのため〜，その結果〉
「意図・目的」と同じ接続詞が用いられるので，どちらの意味になるかは文脈から判断しなくてはならない．この場合も，話し言葉では att が省略されることがある．

Hon grälade med alla sina vänner så att hon till sist blev ensam.
〈彼女は友達皆とけんかして，とうとう1人きりになってしまった〉
Han talade snabbt, så (att) vi hade svårt att följa med.
〈彼は話すのが早かったので，私たちにはついて行くのが難しかった〉

★ **så + 形容詞／副詞 + att ...**〈あまりにも～なので，そのため～〉英語 so ... that ... に相当する．

　så は次に続く形容詞・副詞の意味する程度の強さを聞き手に想像させる機能をもつ．それがどの程度の強さかを話し手が聞き手に正確にかつ明瞭に言い表しておきたいとき，その内容を att-節の中に埋め込んで明らかにする．聞き手が状況から att 以下の内容を容易に想像できると話し手が判断したときや，聞き手に意図的に想像させたいときには，att 以下は特に述べなくてもよい．

　　Hon blev så chockad (att hon glömde bort allt).
　　〈彼女はあまりにもひどいショックを受けたので，(彼女はすべてを忘れてしまった)〉

⑤　条件

★ **om ... /ifall ...**〈もしも～〉
ifall は話し言葉で用いられる．om を省略し，主語と述語動詞を転倒させても，条件文を作ることができる．

　　Om du fryser, stänger jag fönstret.= Fryser du, då/så stänger jag fönstret.
　　〈もしあなたが寒いようでしたら，窓を閉めます〉
上の例文中の då も så も前の条件文の内容を言い換えて，それぞれ「そのときには」「その場合には，そうであれば」の意味になる (23.3 (3) ① 参照)．以下のように考えるとわかりやすい．

　　疑問文：Fryser du ? 〈あなたは寒いですか？〉
　　推論：　Då/Så stänger jag fönstret.
　　　　　〈それだったら，私は窓を閉めましょう〉．
om はこれら疑問文と推論を 1 つの文に連結する接続詞とも考えられる．

　ところで，om が省略され，動詞で始まる条件文 [VS (条件節).., VS (主節)...] は比較的頻繁に出現する．動詞が文頭に来ているのにもかかわらず，疑問文でないときはまずこのタイプの条件文ではないかと疑ってみること．

　　Jag stannar hemma ifall det regnar imorgon.
　　〈もし明日雨が降るなら，私は家にいます〉
　　Om du säger det, måste det vara sant.
　　〈あなたがそう言うのであれば，本当に違いない〉
　　Om jag vore/var en fågel, skulle jag flyga härifrån.
　　〈もしも私が鳥であれば，ここから飛んで行くのに〉
　　　（仮定法過去：現在の事実に反すること．vore は vara の接続法過去形）

Om jag hade pengar, skulle jag åka till Sverige på en gång.
〈もしも私にお金があれば，今すぐにでもスウェーデンに行くのに〉
　　（仮定法過去：現在の事実に反すること）
　Om jag hade haft pengar då, skulle jag ha köpt ett hus.
〈もしもあの頃私にお金があれば，家を一軒買っていたのに〉
　　（仮定法過去完了：過去の事実に反すること）

bara ...〈～しさえすれば〉
　Bara du säger "Ja", blir jag mycket glad.
〈君が「はい」と言ってくれさえすれば，僕はすごく嬉しくなる〉

★ **som om ...**〈あたかも～であるかのように〉文字通り英語の as if ... に相当．
　Han uppför sig som om han är（var）ett barn.〈彼は子供のように振舞う〉
　　（現在の事実に反するので仮定法過去である var が使われるが，現在では現在形でも頻繁に出現する）
　De pratade som om de visste allt. = De pratade som visste de allt.
〈彼らは何でも知っているかのように話をした〉
　　（⑤条件 om の項で述べたように，om-節の主語と述語の語順を入れ替えれば，om は省略することができる．したがって [som om + S + V] 節内で om が省略されると [som + V + S] になる）

så vitt (som) ...〈～である限りは〉
　Så vitt jag vet, är han inte gift.〈私が知っている限り，彼は結婚していない〉

⑥　譲歩

★ **fast ... /fastän ...**〈～だけれども〉
　fast, fastän は通例文頭には置かれない．fastän (= fast と än の合成語) は fast に比べてやや口語的である．話し言葉では fast は等位接続詞にもなり，ほぼ men に近い意味になる（16.4(2)参照）．等位接続詞か従位接続詞かの区別は難しいが，もし否定辞が続けばその否定辞の語順で判断できる（23.3(3)②参照）．
　Han är snål fast han är rik.（従位接続詞）
〈彼は金持ちだけれども，けちだ〉
　Han är rik, fast (= men) han är snål.（等位接続詞）
〈彼は金持ちだ，とは言ってもけちだけど〉

★ **även om ...**〈～であるにせよ〉
　Han brukar komma till mötet även om han är sjuk.
〈彼は病気であってもたいてい会合に出てくる〉

★ **trots att ...**〈～にもかかわらず〉

 Han kom till mötet igår trots att han var sjuk.
 〈彼は病気であったにもかかわらず昨日会合に出てきた〉
 これらの2つの譲歩の接続詞 trots att と även om は交換して使うことができない．
  × Han kom till mötet igår *även om* han var sjuk.
  × Han brukar komma till mötet *trots att* han är sjuk.
även om には条件を表す接続詞 om が含まれているので，仮定の意味が必ず含意される．一方，trots att-節は事実を表す内容でなくてはならない．

[疑問詞(主語以外)+主語+ **än** ...]〈たとえ～であっても〉

 英語 whoever, whatever などに相当．ここに使われる疑問詞には他に vem, vad, vilken, hur, när, var, vart, varifrån, hur dags がある．ただし varför はできない．än には強勢が置かれる．
 Jag struntar i vad han än säger. 〈彼が何と言おうと構うものか〉
 Jag vill följa med dig vart du än åker.
 〈あなたがどこへ行こうとも私はあなたについて行きたい〉
 Det hjälper inte hur du än skriker.
 〈お前がいくら叫んでも，どうにもならない〉
 Hur sent du än kommer hem serverar jag dig middag.
 〈あなたがどんなに遅く帰ってきても，夕食の支度はできています〉
 När jag än ringer, är han borta. 〈いつ電話をしても，彼は不在だ〉
他に vem du än träffar〈君が誰に会おうとも〉，vilken bok du än väljer〈君がどの本を選ぼうとも〉，hur man än gör〈どのようにやっても〉，var de än bor〈彼らがどこに住んでいようとも〉など．

[疑問詞(主語)+ som + **än** ...]〈誰が／何が～であっても〉

 疑問詞 vem, vad, vilken/vilket/vilka が主語として現れる場合は，その直後に som を挿入する．än には強勢が置かれる．
 Vad som än händer blir jag inte förvånad.
 〈何が起ころうとも私は驚きません〉
 Jag tänker aldrig göra det, vem som än ber mig.
 〈誰が私にお願いしてきても私は絶対にそうしません〉

[**så**+形容詞+主語+ är/var ...]〈～である／であったにもかかわらず〉

 Så ung han är (= fast han är ung) kan han flera språk.
 〈彼は若いにもかかわらず，何カ国語もできる〉

Han grät så vuxen han var.〈大の大人であるにもかかわらず，彼は泣いた〉
vare sig A eller B ...〈AであろうとBであろうと〉
　　Vare sig det regnar eller snöar, måste du komma till kontoret.
　　〈雨が降ろうと雪が降ろうと，君は事務所に来なくてはいけません〉
⑦　比較
★ **ju 比較級 ... desto 比較級 ...**〈～すればするほど，ますます〉
　　比較級とともに使われる（比較級については26課および27課参照）．最初のju 以下の節は従位節で［ju + S + V］の語順，後半の desto 以下の主節では，主語と動詞の語順が転倒し，［desto + V + S］となる．［ju/desto 比較級 ..., desto/ dess/ju 比較級］というようなバリエーションもある．意味は英語の［the 比較級 ..., the 比較級］に相当する．
　　Ju närmare vi kom till stan desto fler människor mötte vi.
　　〈町に近づけば近づくほど，私たちは多くの人に出会った〉
　　Ju flera som kommer, desto roligare blir festen.
　　〈来る人が多ければ多いほど，それだけパーティーは楽しくなる〉
　　　　（従位節の flera が主語でもある場合は，主語のマーカー som を挿入する）
　　Ju tidigare festivalen börjar, desto fler barn vill vara med på den.
　　〈フェスティヴァルが時間的に早く始まれば，それだけより多くの子供たちが参加したいと希望する〉
　　　　（主節の語順について，desto fler が主語 barn を修飾している．このような場合は主語と動詞は転倒しない）
　　Ju fortare (det är), desto bättre (är det).〈速ければ速いほど良い〉
　　Det blir svårare, ju längre vi tvekar.
　　〈私たちの躊躇する時間が長引けば長引くほど，困難になっていく〉
　　　　（主節が従位節に先行すると，desto は使われない）
★ **som ... /såsom ... /liksom ...**〈～するように～だ，～のように〉
　　Hon uppförde sig precis som vi förväntade oss.
　　〈彼女は私たちがまさに予想していたように振舞った〉
　　Såsom vi nyss har hört, kommer affären att vara stängd klockan 6.
　　〈今聞いたように，店は6時に閉店になる〉

23.3　語順〔4〕: BIFF の規則のまとめ

　22 課で間接話法，すなわち att や om などに導かれる名詞節に BIFF の規則が適用されることを説明したが，この規則は従位節すべてに適用される．したがって，形容詞節（関係代名詞節，関係副詞節）や副詞節においても，細心の注意を払わなくてはならない．とりわけ副詞節を導く接続詞にどんな接続詞があるのかを把握しておく必要がある．ただその数が多いので，逆に BIFF の規則の適用を受けない等位接続詞（och, men, för, så, eller）さえ覚えておけば，それ以外の接続詞に導かれる節はすべてこの BIFF の規則が適用されると考えればよい．

(1)　形容詞節（関係節）

① 関係代名詞節

　De studenter som *ännu inte har* fyllt 20 år får inte dricka sprit.
　〈まだ 20 歳になっていない学生はアルコールを飲んではいけません〉
　Igår talade jag med en man vars åsikter jag *inte tyckte* om.
　〈私はその人の意見は好きになれなかったのだが，そのようなある男性と昨日話をした〉
　Han påstår att han inte har stulit min kamera, vilket *inte är* sant.
　〈彼は私のカメラを盗んでいないと言い張っているが，それは本当ではない〉

② 関係副詞節

　Just den dagen då/när jag *inte var* hemma kom ett viktigt meddelande.
　〈私が家にいなかったまさにその日に大事な知らせが来た〉
　Måste jag bo i en lägenhet där det *inte finns* något badrum?
　〈バスルームのないアパートに私は住まなくてはならないのですか〉

(2)　副詞節

　23.2(2) の随所に否定辞を伴った従位接続詞の例文を挙げたが，それらも参照のこと．

　Säg bara till, när du *inte förstår*.
　〈わからないときはちょっと一言声を掛けてください〉
　Eftersom du *inte är* myndig, har du inte rösträtt.
　〈君は成年ではないので，選挙権はありません〉

Han slängde bort klockan trots att den *inte var* trasig.
〈時計は壊れていないにもかかわらず,彼は捨ててしまった〉
Fast han *inte var* helt frisk, gick han till arbetet.
〈彼は完全に健康ではなかったにもかかわらず,仕事に出かけた〉
Om det *inte regnar* imorgon, ska vi ta en promenad.
〈もし明日雨が降らなかったら,散歩することにしましょう〉

(3) 等位接続詞か従位接続詞かの区別が難しい接続詞

så と fast は等位接続詞でもあれば,従位接続詞でもある.これらの接続詞の直後に否定文が続けば,BIFF の規則の適用の有無,すなわち否定辞の語順を通して,それが等位接続詞か従位接続詞かを即座に判断できる.しかし,肯定文が続くときには,どちらの接続詞に属するのかは,文脈から判断しなくてはならない.

① så
接続詞 så
så は等位接続詞でもあり,また従位接続詞の så att の att が省略されれば så 単体で従位接続詞にもなる.さらに,副詞としての så もあるが,難しいのは等位接続詞か従位接続詞かの区別である.

等位接続詞の så は「前述の文を理由とし,そこから個人的な結論の一つとして,だから〜のようになる・する」の意味がある (16.4(5) 参照).2つの文の間に直接的な関係はなく,いわば,「個人的理由づけ」などを示す.

一方従位接続詞の så では主節の内容を「客観的な原因」とみなし,その結果が従位節に現れる.原因と結果の関係がより直接的であると強く感じられる.

図式化すると,
  等位接続詞:「前文が理由」→「så に続く文は個人的結論」
  従位接続詞:「主節が客観的・直接的な原因」→「従位節がその必然的な結果・結末」
  等位接続詞:Barnen var mycket glada, så jag ville inte säga sanningen.(個人的理由づけ)
    〈子供たちはすごく喜んでいて,それで私は本当のことを言いたくなかった〉
  従位接続詞:Han talade snabbt, så (att) vi inte kunde förstå honom.(客観的原因・結果)
    〈彼は話すのが早かったので(それが原因で)私たちは彼の言っ

ていることがわからなかった〉

従位接続詞の så には「意図・目的」を意味する用法もあり，注意が必要である．

 等位接続詞：Han lade sig tidigt så han kunde vakna av sig själv.（個人的理由づけ）
  〈彼は早めに横になった，そんな訳で自然と目が覚めることができた〉
 従位接続詞：Han lade sig tidigt så（att）han kunde vakna av sig själv.（意図・目的）
  〈自然と目が覚めるように彼は早めに横になった〉

副詞 så

後続の文の直前に置かれる．så は副詞であるから必ずその文の主語と述語動詞は転倒するので，上記の場合と比べて見分けやすい．この så は主として話し言葉に頻出する．前の文の内容を受けての言い直し・繰り返しで，日本語の「その場合には，それで」に近く，冗語的であるので，なくてもまったく問題はない（23.2(2)⑤参照）．

 Eftersom dörren var låst,（så）kunde han inte komma in.
 〈ドアは鍵がかけられていたので，（それで）彼は中に入れなかった〉
 Om du hjälper till, så får du ett äpple.
 〈ちょっとお手伝いをしてくれたら，（そしたら）リンゴがもらえるよ〉

② **fast**

等位接続詞の fast はその直前に息継ぎが入ることが多い（16.4(2)，23.2(2)⑥参照）．

 等位接続詞：Många tror att han är rik, fast det är inte sant.（付加的な逆接）
  〈多くの人は彼が金持ちだと思っているが，そうではない〉
 従位接続詞：Han är lycklig fast han inte är rik.（譲歩）
  〈彼はお金持ちではないにもかかわらず，幸せだ〉

練習問題

1. 存在文
    次の文を指示にしたがって書き換えなさい.
    Det finns ett köttpaket i korgen.
    (1) 否定文に
    (2) 疑問文とその答え（肯定・否定ともに）
    (3) 場所句を文頭に置いた倒置文に

2. 従位接続詞 (1)
    カッコ内に適切な時の接続詞を入れて, 日本語に訳しなさい.
    (1) Jag väntade länge (　　　) det blev mörkt.
    (2) Tvätta händerna (　　　) du äter eller lagar mat!
    (3) Sven drack två koppar kaffe (　　　) han läste artikeln.
    (4) Han kunde inte simma (　　　) han var åtta.
    (5) (　　　) jag hade ätit blev jag trött och somnade i soffan.

3. 従位接続詞 (2)
    カッコ内に適切な接続詞を下から選び, 日本語に訳しなさい.
    (1) (　　　) det var kallt ute gick jag in i huset.
    (2) Han springer varje dag (　　　) det regnar eller snöar.
    (3) Han sprang igår (　　　) det regnade.
    (4) (　　　) jag vore du skulle jag inte välja den där boken.
    (5) Varför ser hon glad ut? (　　　) hon har fått en pojkvän.

    　　　　　därför att, eftersom, om, trots att, även om

4. 作文
    (1) 私は彼をその図書館の外で見かけた.（syn を使って）
    (2) テーブルを買ったところなので私たちにはお金が不足している.
    (3) あなたがどの道を選ぶとしても, 私はあなたのことを助けます.
    (4) 彼は彼女の声を聞くとすぐに走って戻ってきた.

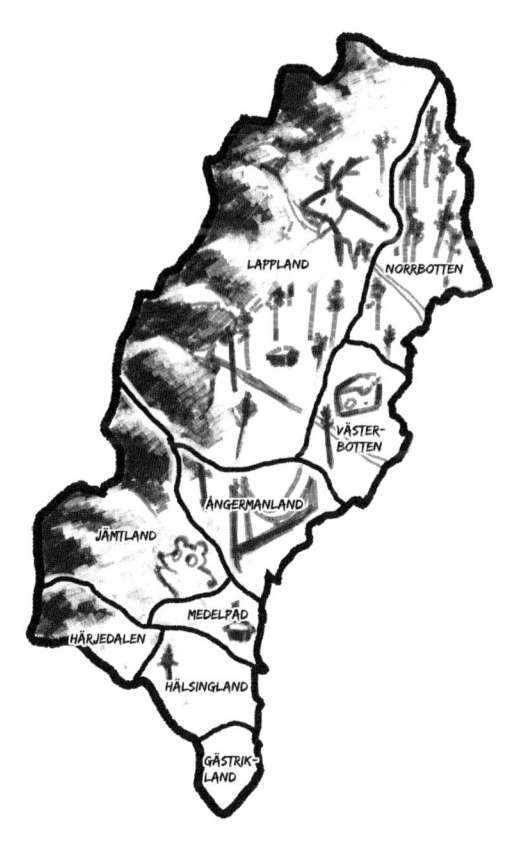

スウェーデンの地理 6　ノッルランド(1)

ノッルランドには9つのランドスカープがあります．この地域の海岸部は世界一臭い食べ物として知られる surströmming（シューシュトゥルンミング）というニシンを発酵させた缶詰の産地として有名です．最北にあるのが **Lappland**（ラップランド）です．この地名は「ラップの人たち（現在はサーミ人と呼ばれている）の土地」に由来しています．ここにはスウェーデンの最高峰 Kebnekaise（ケブネカイセ．標高2106m．サーミ語由来）があります．ラップランドの東側には **Norrbotten**（ノッルボッテン）と **Västerbotten**（ヴェステルボッテン）があります．ヴェステルボッテンはスウェーデンの東側にありますが，väster（西の）という語を含んでいます．これはかつてフィンランドがスウェーデン領であった時代に，Bottenviken（ボスニア湾）を挟んで西側を Västerbotten，フィンランド側つまり東側を Österbotten（ウステルボッテン，öster は「東の」の意味）と呼んでいたためです．ラップランドとヴェステルボッテンの南には **Ångermanland**（オンゲルマンランド）があります．

24 盗まれた自転車
DEN STULNA CYKELN

På tisdagsmorgonen skulle Björn cykla till jobbet eftersom han var försenad av ett telefonsamtal med en kollega. Men när han kom ut till cykelstället utanför huset upptäckte han att hans cykel var borta. Han gick tillbaka in i huset och sa upprört till Ingrid:
— Min cykel är stulen!
— Vad tråkigt! utbrast Ingrid. Jag har hört att det är flera cyklar som har blivit stulna här i området, trots att de varit låsta.
— Ja, jag såg det på lokalnyheterna häromdagen, svarade Björn. Där blev det rekommenderat av polisen att man skulle ställa in cyklarna i garaget på nätterna.
— Tänk att man ska bli tvingad till såna extraåtgärder, sa Ingrid. Men det är viktigt att stölden blir anmäld, så du måste gå till polisen den här veckan och göra en anmälan.
Björn var ledsen hela dagen eftersom cykeln nyligen var inköpt av Ingrid som en present till honom. På hemvägen från jobbet gick han in på en cykelaffär och valde ut en ny cykel som var utrustad med extra kraftiga lås. När han kom hem, berättade han för Ingrid att hans cykelturer till jobbet nu blivit räddade av att han köpt en ny cykel.

新出単語

stulen [動] stjäla（グループ4）の過去分詞
stjäla [動] /stjäl, stal, stulit/ 盗む
en tisdagsmorgon [名] /-morgonen, -morgnar, -morgnarna/ 火曜の朝
försenad [形] 遅くなった，遅れた
kom [動] komma（グループ4）の過去形
ett cykelställ [名] /-stället, -ställ, -ställen/ 駐輪場，自転車置き場
upptäcka [動] /-täcker, -täckte, -täckt/ 発見する
borta [副] 遠くで，離れて，不在で，消えている
sa [動] säga（グループ4）の過去形
upprört [副] 興奮して，怒って
tråkig [形] 退屈な，困った，残念な
utbrast [動] utbrista（グループ4）の過去形
utbrista [動] /utbrister, utbrast, utbrustit/ 声をはりあげる，突然叫びだす
höra [動] /hör, hörde, hört/ 聞こえる
varit [動] vara（グループ4）の過去形
låsa [動] /låser, låste, låst/ 鍵をかける
såg [動] se（グループ4）の過去形
en lokalnyhet [名] /-nyheten, -nyheter, -nyheterna/ ローカルニュース
häromdagen [副] 先日
rekommendera [動] /rekommenderar, rekommenderade, rekommenderat/ 薦める
en polis [名] /polisen, poliser, poliserna/ 警察，警察官
ställa [動] /ställer, ställde, ställt/ 置く，立てかける
ett garage [名] /garaget, garage, garagen/ ガレージ
tvinga [動] /tvingar, tvingade, tvingat/ 強いる，無理に～させる
såna [代] sådana の短縮形
en extraåtgärd [名] /-åtgärden, -åtgärder, -åtgärderna/ 余分（計）な対策，特別な対策
viktig [形] 重要な
en stöld [名] /stölden, stölder, stölderna/ 窃盗，盗み
anmäla [動] /anmäler, anmälde, anmält/ 通報する，届け出る
(en) anmälan [名] /anmälan, ×, ×/ 通報，届け出
nyligen [副] 最近
en present [名] /presenten, presenter, presenterna/ プレゼント，贈り物
en hemväg [名] /-vägen, -vägar, -vägarna/ 帰り道
en cykelaffär [名] /-affären, -affärer, -affärerna/ 自転車屋
valde [動] välja（グループ4）の過去形
välja 'ut 選び出す
utrusta [動] /utrustar, utrustade, utrustat/ 装備を施す，搭載する
extra [副] 特別に，余分に
kraftig [形] 力強い，頑丈な
ett lås [名] /låset, lås, låsen/ 錠
en cykeltur [名] /-turen, -turer, -turerna/ サイクリング
rädda [動] /räddar, räddade, räddat/ 救う

注意すべき発音

garage の語末の発音に注意：未知形の語末2文字の -ge の発音は [ʃ]/[ɧ] となり，

既知形 -get では [ʃet]/[fjet] となる. すなわち, garage [garɑːʃ]/garaget [garɑːʃet]. これはフランス語からの借入語で, 発音もそのまま取り入れられたためである. 同様の発音の例は他に, やはりフランス語からの借入語で bagage〈旅客手荷物〉, bandage〈包帯〉, sabotage〈破壊活動〉（すべて ETT-名詞）などがある.

24.1 過去分詞

スウェーデン語の過去分詞は文法的に形容詞と同じ扱いになり, そのほとんどは「～される」という意味を有している. この意味が受動態表現に結びついている. スウェーデン語の過去分詞は, 英語と違い完了形には用いられない. すでに学習したように, 完了形には完了分詞が用いられる（21課参照）.

(1) 過去分詞と形容詞

過去分詞は指し示す名詞・代名詞の性・数, そしてそれが名詞であればさらに未知形か既知形かにより, これまで学習してきた形容詞とまったく同じように 3 通りに変化する. また形容詞には限定用法と叙述用法があったが, 過去分詞にもすべてこれが適用される.

(2) 限定用法における過去分詞と形容詞の関係

過去分詞の限定用法と形容詞の限定用法を比べた表をみてみよう.

	未/既	形容詞 EN-名詞	過去分詞 EN-名詞	形容詞 ETT-名詞	過去分詞 ETT-名詞
単数	未知形	en mogen banan	en stulen banan	ett moget äpple	ett stulet äpple
単数	既知形	den mogna bananen	den stulna bananen	det mogna äpplet	det stulna äpplet
複数	未知形	mogna bananer	stulna bananer	mogna äpplen	stulna äpplen
複数	既知形	de mogna bananerna	de stulna bananerna	de mogna äpplena	de stulna äpplena

(en mogen/stulen banan〈熟した／盗まれたバナナ〉, ett moget/stulet äpple〈熟した／盗まれたリンゴ〉)

この表からわかるように, 形容詞の変化形と過去分詞の変化形は一致している. 12課で形容詞は語末がどのような音で終わっているかによって, 変化には一定の

パターンがあることを学んだが，数ある過去分詞もすべてその形容詞の変化のパターンにならっている．

そこで，動詞のグループ別に過去分詞の変化パターンをみてみよう．

（3） 過去分詞の変化形のタイプ

① 弱変化動詞の過去分詞の変化形

動詞分類	不定詞	現在形	過去形	完了分詞	過去分詞 単数共性	単数中性	既知/複数
1	måla	målar	målade	målat	**målad**	**målat**	**målade**
2A	använda	använder	använde	använt	**använd**	**använt**	**använda**
2B	köpa	köper	köpte	köpt	**köpt**	**köpt**	**köpta**
3	sy	syr	sydde	sytt	**sydd**	**sytt**	**sydda**

（過去分詞：målad〈ペンキなどが塗られた〉，använd〈使用された〉，köpt〈購入された〉，sydd〈縫われた〉）

- グループ1の過去分詞 målad：13課ですでに学んだ lagad〈修理された〉，lagat, lagade と同じ変化．既知形／複数形は×målada ではなく，målade になることに注意．
- グループ2Aの過去分詞 använd：rund〈丸い〉，runt, runda, すなわち語末が［-C + d］で終わる形容詞と同じ変化．
- グループ2Bの過去分詞 köpt：kort〈短い，背が低い〉，kort, korta, すなわち語末が［-C + t］で終わる形容詞と同じ変化．
- グループ3の過去分詞 sydd：語末が -dd であるため，［-C + d］で終わる形容詞 rund〈丸い〉，runt, runda と同じ変化．つまり，グループ2Aの過去分詞と同じ変化になる．ただし，単数・中性形は×sydt ではなく，sytt になることに注意．
- なお，弱変化動詞の過去分詞を作るコツとしては，共性単数形は過去形から語末のeを外す．中性単数は完了分詞と同じ．既知形／複数形は共性単数形に -a を加える．ただしグループ1は -a ではなく -e になることに注意．

② 強変化動詞の過去分詞の変化形

強変化動詞はグループ4に属するが，グループ4は厳密には強変化動詞ばかりでなく，弱変化動詞と強変化動詞の混合形も存在する（19.5 および 21.1(3) 注意 を参照）．混合形であるかどうかは，過去形に典型的な弱変化語尾の -de/-te が見

出せるかどうかで区別ができる．このタイプ（ii）と不定詞が単音節の一部の動詞の過去分詞（iii）は上でみた①の変化形が適用される

(i) 完了分詞が -it で終わる過去分詞は形容詞 mogen と同じ変化をする．

完了分詞の語尾 -it を -et に変えると，過去分詞単数・中性形ができる．たとえば，skrivit → skrivet. この skrivet は形容詞 mogen〈熟した〉/moget/mogna と同じ変化形をとるので，その中に組み入れると，skriven/skrivet/skrivna ができる．

これらの動詞の完了分詞の語尾 -it とその過去分詞の単数・中性形の語末 -et を混同しないこと．

(ii) 弱変化と強変化の混合型の動詞の過去分詞はグループ 2A，グループ 2B の過去分詞と同じ変化形になる．完了分詞が過去分詞の単数・中性形と一致する．それをもとに，形容詞 rund〈丸い〉/runt/runda の変化形パターンに組み入れると，以下の変化形ができる．

グループ 2A の過去分詞の変化形と同じになる動詞

gjord/gjort/gjorda〈行われた〉(< göra), lagd/lagt/lagda〈置かれた〉(< lägga)
sagd/sagt/sagda〈言われた〉(< säga), såld/sålt/sålda〈売られた〉(< sälja)
vald/valt/valda〈選ばれた〉(< välja), vand/vant/vanda〈慣れた〉(< vänja)

グループ 2B の過去分詞の変化形と同じになる動詞

satt/satt/satta〈据えられた〉(< sätta)

(iii) 不定詞が単音節の動詞の過去分詞．

グループ 3（グループ 2A とも同じ）の過去分詞の変化形と同じになる動詞．ただし，単数・中性形は -tt である．

ombedd/ombett/ombedda〈依頼された〉(< be)
andfådd/andfått/andfådda〈息切れのする〉(< få)
sedd/sett/sedda〈見られた〉(< se)
förstådd/förstått/förstådda〈理解された〉(< stå)

なお，グループ 4 に限らず，はじめから接頭辞のある動詞（förstådd〈理解された〉など）や過去分詞になったときに小辞を接頭辞にする動詞（utsåld〈売り切れた〉など），さらに接頭辞を伴わなければ存在できない過去分詞（ombedd〈依頼された〉など）もある．

以下に強変化動詞の代表的な過去分詞の変化形を表にしてまとめる．グループ 4 は形容詞で言うならば mogen のタイプと rund のタイプにほぼ集約される．

過去分詞から みた動詞分類	不定詞	現在形	過去形	完了分詞	過去分詞		
					単数共性	単数中性	既知/複数
mogen に同じ	bjuda	bjuder	bjöd	bjudit	**bjuden**	**bjudet**	**bjudna**
2A に相当	göra	gör	gjorde	gjort	**gjord**	**gjort**	**gjorda**
2A に相当	lägga	lägger	lade	lagt	**lagd**	**lagt**	**lagda**
2A に相当	sälja	säljer	sålde	sålt	**såld**	**sålt**	**sålda**
3 に相当	se	ser	såg	sett	**sedd**	**sett**	**sedda**
2B に相当	sätta	sätter	satte	satt	**satt**	**satt**	**satta**

〈過去分詞：bjuden〈招待された〉, gjord〈行われた〉, lagd〈置かれた〉, såld〈売られた〉, satt〈据えられた〉, sedd〈見られた〉〉

(4) 叙述用法における過去分詞と形容詞の関係

　形容詞と同じように過去分詞の叙述用法を示してみよう．意味は〈バナナ／リンゴは熟していた／盗まれた〉．

　　　　形容詞　　　　　　　　　過去分詞
　　Bananen var mogen.　　　Bananen var stulen.
　　Äpplet var moget.　　　　Äpplet var stulet.
　　Bananerna var mogna.　　Bananerna var stulna.

　変化形は過去分詞にあっても形容詞と同様に，主語の性・数に必ず一致させる．唯一異なるのは，過去分詞の場合は「～される」の意味をもつため，動作主 av ...〈～によって〉を伴うこともできるということである．スウェーデン語の過去分詞は完了形を作ることには一切関与しないので，結局機能は限定用法も含めて形容詞とほぼ同じ扱いと考えてよい．

　　Bananen var stulen av Erik.
　　〈そのバナナはエーリックに盗まれて，なくなっていた〉
　　Äpplet var stulet av henne.〈そのリンゴは彼女に盗まれて，なくなっていた〉
　　Bananerna var stulna av pojkarna.
　　〈それらのバナナは少年らによって盗まれて，なくなっていた〉

24.2　受動態

　スウェーデン語の受動態は3通りの仕方で作られる．1つは [bli + 過去分詞]，

もう1つは［vara＋過去分詞］，そして他動詞に語尾sを付加して作る［s-受動態］である．この課では前者2つの受動態について説明する．s-受動態は次の課で扱う．

（1）［bli＋過去分詞］と［vara＋過去分詞］の用法の違い

　［bli＋過去分詞］の受動態はbli〈～になる〉を用いるため，ある瞬間（もしくは漸次的に）にある状態から次の状態に移行すること，すなわち瞬時的もしくは漸次的な「移行」「変化」に重点が置かれる．多くは1回限りの行為を表すため，その行為に具体性があり，様態の副詞や時制との連動性が強く，多くは過去形で用いられる．現在形で使われることは少なく，その場合は未来表現のkommer attと同じ意味をもつ．さらに，［bli＋過去分詞］の受動態は，不特定の人々がかかわる出来事よりは，しばしば個々人がかかわる行為を描写することから，主観性も帯びてくる．
　一方，［vara＋過去分詞］を用いる受動態は行為の結果生じる継続的な「状態」を示す．すなわち「移行」「変化」の結果である「状態」を表す．
　［bli＋過去分詞］
　　Plånboken blev stulen medan jag sov.
　　〈私が眠っている間，財布が盗まれた〉
　　（財布が有る状態から盗まれて無くなる一瞬の変化を表す）
　［vara＋過去分詞］
　　När jag vaknade, märkte jag att plånboken var stulen.
　　〈目が覚めたとき，財布が盗まれて，手元にないということに私は気がついた〉
　　（盗まれて，財布がなくなっている状態を示す）
　図示すると，以下のようになる．

　　　　〔財布がある状態〕〔財布が盗まれる瞬間〕➡［bli＋過去分詞］
　　　→→→→→→→→→→→｜→→→→→→→→→→→→→→→
　　　　　　　　　　　　　〔財布が盗まれた結果，消えている状態〕➡［vara＋過去分詞］

（2）　受動態の行為者

　受動態の行為者は前置詞avで表される．ただ，受動態が［bli＋過去分詞］，［vara＋過去分詞］，s-受動態のどの形を通して表されようとも，行為者まで実際に明示

する受身文は全体の1割程度と言われている.
 Han blev bjuden på lunch av Berits familj.
 〈彼はベーリットの家族によって昼食に招待された〉
 Han blir snart kallad till en hälsoundersökning.
 〈彼は間もなく健康診断に呼ばれるでしょう〉
 Huset blev målat av ägaren.〈所有者によってその建物はペンキが塗られた〉
 Huset var målat av ägaren.
 〈所有者によってその建物にペンキが塗られていた〉
 Räkningen är redan betald av din pappa.
 〈支払いは君のお父さんによってすでに済んでいます〉
 Skrivbordet som jag sitter vid är gjort av bokträ.（av：それを成立させている素材・材質を表す前置詞）
 〈私が（普段）向かっている机はブナの木でできている〉
 Kopparna är fyllda med kaffe.（med：手段・材料を表す前置詞）
 〈カップはコーヒーで満たされている〉

（3）　小辞を伴う動詞が受動態で表れる場合

 能動態で小辞を伴う動詞を定動詞として含む文が受動態になると，その小辞は過去分詞の直前に置かれ，しかも1語として綴られる（29.4参照）.

受動態	能動態
Hon blev **överkörd** av en bil igår.	← En bil körde **över** henne igår.
〈彼女は昨日車に轢かれた〉	〈一台の車が昨日彼女を轢いた〉
Ett passagerarplan har blivit **nedskjutet** av dem.	
〈ある旅客機が彼らによって撃墜された〉	
	← De har skjutit **ned** ett passagerarplan.
	〈彼らはある旅客機を撃墜した〉
Lärarna är mycket **omtyckta** av alla.	← Alla tycker mycket **om** lärarna.
〈その先生たちは皆にとても好かれている〉	〈皆その先生たちのことが好きだ〉

24.3 注意すべき名詞の複数形

2通りの複数形をもつ名詞:
　kollega〈同僚〉の複数形はタイプ(1)の複数形 kollegor とは別に kolleger もある．両者に意味的な違いはないと考えられる．一方，ärta〈グリーンピース〉も ärtor と ärter の2通りの複数形があるが，ärtor は1個1個のグリーンピースと捉え，ärter は集合的に捉えている．なお，集合名詞については 20.4 を参照．

-an で終わる EN-名詞:
　anmälan〈届け〉は未知形にもかかわらず，強勢のない -an で終わっている EN-名詞である．このような名詞の単数・既知形は単数・未知形と同じ形が用いられる．複数形はこの形から造ることはできない．とはいえ，意味的には複数にもなりえるので，必要な場合は，ほぼ同じ意味をもつ他の名詞 en anmälning にいったん置き換えてから作ることになる（複数形：anmälningar）．このような -an で終わる EN-名詞は他にも ansökan（ansökningar）〈応募〉，begäran〈要望〉，början〈始まり〉，dyrkan〈崇拝〉，fruktan〈恐怖〉，efterfrågan（efterfrågningar）〈需要〉，förfrågan（förfrågningar）〈照会，問い合わせ〉，förväntan（förväntningar）〈期待〉，inbjudan（inbjudningar）〈招待〉，längtan〈切望〉，strävan（strävanden, sträva〈努力する〉の現在分詞 strävande の複数未知形）〈努力〉，tvekan〈ためらい〉，uppfostran〈しつけ〉，verkan（verkningar）〈効果〉，önskan（önskningar）〈願望〉がある．（ ）内の語はその前に置かれた -an で終わる名詞とほぼ同じ意味をもっており，多数の意味をもたせたいときは，これらの語を複数形にしてから使う．

練習問題

1. 過去分詞
   次の動詞の過去分詞の変化形を共性単数・中性単数・複数／既知の順に答えなさい．

   (1) låsa (2) fylla (3) hacka (4) klä〈着せる，飾る〉 (5) välja (6) bjuda

2. 過去分詞
   カッコ内の動詞を適切な過去分詞の形に変え，日本語に直しなさい．

   (1) Dörrarna var（låsa）.
   (2) Hedda hittade en（låsa）låda.
   (3) Flaskan är（fylla）med vatten.
   (4) Glaset är（fylla）med vin.
   (5) Löken är（hacka）i småbitar.
   (6) Stek den（hacka）löken i smör.
   (7) Julgranen är（klä）med ljus.
   (8) Rummet är（klä）med blommor.
   (9) Vem blev（välja）till Lucia?
   (10) Vilka blev（välja）till slut?
   (11) Han blev（bjuda）på julfest.
   (12) Jag upptäckte att även de var（bjuda）.

3. 受動態
   次の日本語をスウェーデン語に直しなさい．

   (1) その先生はすべての生徒に嫌われている．
   (2) 彼は窃盗で通報されました．
   (3) 彼女の同僚たちはその計画を聞いて憤慨した．（upprörd を使って）
   (4) スヴェンはその駅で遅れた電車を待っていた．（försenad を使って）
   (5) 警察はその盗難車をユーテボリ郊外で発見した．

25 警察署で
PÅ POLISSTATIONEN

Några dagar efter cykelstölden åkte Björn till polisstationen för att göra en anmälan. Det var en solig och varm höstdag, och han svettades under cykelturen dit. I receptionen möttes han av en polis som undrade vad han ville ha hjälp med.

— Jag skulle vilja anmäla att min cykel saknas, sade Björn. Eller att den har stulits, rättare sagt.

— Det stjäls tyvärr många cyklar nuförtiden i området där ni bor, berättade en polis medan Björns stöldanmälan togs emot av en annan polis. Det sker oftast på nätterna, när det inte finns några människor ute. Alla hoppas förstås att de ska få tillbaka sina cyklar, men vi hör tyvärr aldrig talas om att det händer.

— Vi får hjälpas åt att hålla lite koll, vi som bor i området, sade Björn. Tjuvarna skräms kanske bort av att det finns folk ute på gatorna.

— Ja, så länge ni inte låtsas att ni är poliser så är det en bra idé, svarade polisen. Men vissa människor verkar lockas av att stjäla, vilka skyddsåtgärder som än vidtas av folk. Igår berättades det på TV om att ett stängsel hade klippts sönder för att man skulle kunna stjäla cyklarna som låsts fast innanför stängslet.

Efter besöket på polisstationen träffades Björn och Ingrid i närheten för att åka och hämta barnen på daghemmet, som skulle stänga om en halvtimme.

新出単語

en **polisstation** [名] /-stationen, -stationer, -stationerna/ 警察署
en **cykelstöld** [名] /-stölden, -stölder, -stölderna/ 自転車の盗難
solig [形] 晴れた
en **höstdag** [名] /-dagen, -dagar, -dagarna/ 秋の日
svettas [動] /svettas, svettades, svettats/ 汗をかく
en **reception** [名] /receptionen, receptioner, receptionerna/ 受付
möta [動] /möter, mötte, mött/ 会う, 出迎える
ville [助動] vilja（グループ4）の過去形
(en) **hjälp** [名] /hjälpen, ×, ×/ 助け
sakna [動] /saknar, saknade, saknat/ 〜を欠く, 〜がいなくて寂しい, 行方不明である
sade [動] säga（グループ4）の過去形
stulit [動] stjäla（グループ4）の完了分詞
rättare sagt より正確に言うと
nuförtiden [副] 最近は, 近頃は
en **stöldanmälan** [名] /-anmälan, ×, ×/ 盗難届
ta 'emot 受け取る
ske [動] /sker, skedde, skett/ 起こる, 生じる
oftast [副] 頻繁に
en **människa** [名] /människan, människor, människorna/ 人間, 人
hoppas [動] /hoppas, hoppades, hoppats/ 希望する
förstås [副] 当然, もちろん
få 'tillbaka 返してもらう
tala [動] /talar, talade, talat/ 話す
hända [動] /händer, hände, hänt/ 起こる

hjälpas 'åt 助け合う
en **koll** [名] /kollen, kollar, kollarna/ 確認, チェック　**hålla koll på ...** 〜を見張る
en **tjuv** [名] /tjuven, tjuvar, tjuvarna/ 泥棒
skrämma [動] /skrämmer, skrämde, skrämt/ 怖がらせる, 脅かす
bort [副] 遠くへ, 離れて, 向こうへ
(ett) **folk** [名] /folket, ×, ×/ 人々, 民族, 国民
en **gata** [名] /gatan, gator, gatorna/ 通り
så länge 〜する限り
låtsas [動] /låtsas, låtsades, låtsats/ ふりをする
en **idé** [名] /idén, idéer, idéerna/ 考え
viss [形] 一定の, 決まった
locka [動] /lockar, lockade, lockat/ おびき寄せる, そそのかす
en **skyddsåtgärd** [名] /-åtgärden, -åtgärder, -åtgärderna/ 予防（対）策
än [副] 〜しようとも
vidta [動] /-tar, -tog, -tagit/ **vidta åtgärder** 対策を講じる
ett **stängsel** [名] /stängslet, stängsel, stänglen/ フェンス, 囲い
klippa [動] /klipper, klippte, klippt/ （ハサミを使って）切る, 切断する
sönder [副] 壊れた
fast [副] 固定した
innanför [前] 〜の内部に, 内側に
träffa [動] /träffar, träffade, träffat/ 会う
ett **daghem** [名] /daghemmet, daghem, daghemmen/ 保育所
stänga [動] /stänger, stängde, stängt/ 閉める, 閉まる

注意すべき発音

skrämma bort, låsa fast, klippa sönder：小辞の bort, fast, sönder には強勢が置かれる．
sakna：最初の a の後に子音が 2 つ連続するが，短母音にならず長母音である．このように長母音になる語は［強勢のある母音(V) + 子音(C) + l/n/r + a/e］のような構成を取る特徴がある．多くは派生前の語(名詞や形容詞)が長母音をもっており，派生後(多くは動詞)もその長母音を保つためである．派生前の語末は強勢のない -el, -en, -er で終わる．また，派生によらずはじめから長母音をもっている語もある．

[V + C + l + a/e]: kavla〈麺棒で延ばす〉, kavle〈麺棒〉(＜ kavel〈麺棒〉), hagla〈あられ・ひょうが降る〉(＜ hagel〈あられ・ひょう〉), medla〈仲裁する〉(＜ medel〈手段〉), prägla〈心に刻む〉(＜ prägel〈特色・印象〉), spegla〈反映する〉(＜ spegel〈鏡〉), odla〈耕す〉, rädsla〈恐れ〉(短母音もありうる), tavla〈絵画〉, tävla〈競う〉, ödla〈トカゲ〉

[V + C + n + a/e]: blekna〈色あせる〉(＜ blek〈(顔色が)青白い〉), likna〈似ている〉(＜ lik〈同様な，等しい〉), sakna〈いなくて寂しい〉(＜ sak〈もの〉), vakna〈目が覚める〉(＜ vaken〈目が覚めている〉)(以上の -na で終わる動詞は北欧語に特徴的な「始動動詞」である), beväpna〈武装する〉(＜ vapen〈武器〉), räkna〈数える〉, fräkne〈そばかす〉(たいていは複数形 fräknar で使われる)

[V + C + r + e]: 比較級：nedre〈より下方へ〉, övre〈より上方へ〉, högre〈より高く〉, lägre〈より低く〉, havre〈オート麦〉, hägring〈蜃気楼〉

その逆に，母音に強勢があり，続く子音が 1 個しかないにもかかわらず，短母音となる語がある．

döma〈判決を下す〉, domare〈裁判官〉(＜ dom〈判決〉), romare〈古代ローマ人〉(＜ Rom〈ローマ〉), cykel〈自転車〉(＜ cykla〈自転車に乗る〉), frukost〈朝食〉

människa：語末の -ska には強勢が置かれていないにもかかわらず，また硬母音 a が続くにもかかわらず，例外的に [ɦa]/[ʃa] と発音される．低地ドイツ語(参考：ドイツ語 Mensch [menʃ]〈人間〉)からの借用に起因する．
förstås：〈当然，もちろん〉の意味で å は短く発音される．詳しくは 25.5(3) を参照．

25.1　s-動詞について

s-動詞は動詞に語尾 s（もともとは 3 人称再帰代名詞 sig を起源とする）を付加することにより形成される．s-動詞は大きく分けると次の 4 つの用法がある．ただ，これらの 4 つの用法が，必ずしも明瞭に区別できるとは限らない場合もしばしばある．

① 受身（受動態）
② 相互性（「お互いに～しあう」）
③ 習慣性・攻撃性
④ デポーネンス（deponens）

参考　デポーネンス deponens という言葉はラテン語の動詞 deponere〈はずす，捨てる，やめる〉の現在分詞で，「受動の意味をはずす」と解釈されている．元来，古典ギリシア語やラテン語の文法で用いられてきた文法用語で，「異相動詞」「異態動詞」などとも呼ばれている．スウェーデン語のデポーネンスも形態上は受動だが，受動の意味を有せず，能動の意味になっていることから，これにならって使われた術語である．ただ，スウェーデン語のデポーネンスは上記①から④のどの用法までを含むのか，その範囲が文法書によって異なるが，ここでは学習的見地からスウェーデン語の多くの学習書が取っている分類にしたがって①から③を除く残りの用法をすべてデポーネンスとした．

s-動詞の作り方

s-動詞は原則的に動詞の語末に -s を付加することによって作ることができる．ただ，現在形を s-動詞にするときはやや注意を要するが（下記の説明参照），それ以外の時制ではそのまま s を付加すれば s-動詞を作ることができる．

まずは「受身」を例にその活用を示す．s-動詞の活用タイプは基本的に，これまで説明してきた能動の動詞の活用の分類が有効で，以下のようになる．ただ，s-動詞の受動態は命令形が存在しない．

グループ	不定詞	現在形	過去形	完了分詞
1	talas〈話される〉	talas	talades	talats
2 A	stängas〈閉められる〉	stängs	stängdes	stängts
2 B	köpas〈購入される〉	köps	köptes	köpts
3	sys〈縫われる〉	sys	syddes	sytts
4	skrivas〈書かれる〉	skrivs	skrevs	skrivits

現在形に s 語尾を付加する場合：

① グループ 1 の現在形：talar（能動態現在）→ talas（受動態現在）
現在形の語尾 r が脱落するので，talars にはならない．

② グループ 3 の現在形：syr（能動態現在）→ sys（受動態現在）
現在形の語尾 r が脱落するので，syrs にはならない．
グループ 4 の単音節の不定詞の動詞も同じ扱い．
　ber → bes〈お願いされる〉, ser → ses〈お互いに見合う，見られる〉,
　tar → tas〈取られる〉

③ グループ 2A, 2B, 4 において能動態現在形の語尾が -er の場合，s-動詞の現在形は -er を落としてから，s を付加する．
　stänger → stängs, köper → köps, skriver → skrivs
一方，現在形に stänges, köpes, skrives というように -es が用いられることもあるが，現在ではほとんど使われない．

④ ただし，-s ではなく -es 語尾を使わなくてはならない場合は以下のような動詞に限られる．
グループ 2B の中で不定詞の語末 a の直前の子音が s の場合．
　läser → läses〈読まれる〉, löser → löses〈解かれる，溶かされる〉など．

⑤ グループ 2A, 4 で現在形がゼロ語尾の s-動詞の受動態・現在形は能動態の現在形にそのまま s を付加すればよい．
　グループ 2A：köras → körs〈運転される〉, läras → lärs〈教えられる〉
　グループ 4：göras → görs〈行われる〉, skäras → skärs〈切られる〉,
　　stjälas → stjäls〈盗まれる〉

⑥ 不定詞（能動態）が -ja で終わる以下の 2 つの動詞の能動態現在形と s-動詞の現在形では j も脱落することに注意．

　能動態（不定詞・現在形）　　　　s-動詞（不定詞・現在形）
　glädja〈喜ばす〉　gläder　　　glädjas〈喜ぶ〉　gläds（長母音）
　stödja〈支持する〉 stöder　　　stödjas〈支持される〉 stöds（長母音）

これ以外の -ja で終わる動詞は規則通り，現在形にも j が残る．
　följas〈同行する〉följs, skiljas〈分かれる〉skiljs (skils になることもある．共に短母音), säljas〈売られる〉säljs, väljas〈選ばれる〉väljs, vänjas〈慣らされる〉vänjs

⑦ 不定詞が -nda で終わるグループ 2A（användas〈使用される〉, sändas〈送られる〉）の s-動詞の受動態は，以下の 2 通りが考えられる．しかし，現在ではもっぱら i ）の活用が普通である．s-動詞の現在形の語尾は上記注意③で

説明したように, -es はもはやあまり用いられない. しかも ii) の活用では現在形と過去形の区別がつかない.

	不定詞	現在形	過去形	完了分詞
i)	användas	används	användes	använts
ii)	användas	användes	användes	använts

一方, 不定詞が -Cta で終わるグループ2B (lyftas〈持ち上げられる〉, fästas〈しっかり留められる〉, giftas〈結婚する〉) は, 以下の i) のように現在形と完了分詞の区別がつかないが, 完了分詞は常に助動詞 ha とともに用いられるので, 文脈で両者の区別に問題が生じることはほとんどない.

また ii) のように -es 語尾では現在形 (lyftes) と過去形の区別がつかなくなるが, 上記③で述べたように, 現在では i) にみられるように現在形は lyfts しか用いられないので, 現在形と過去形の区別に問題は生じない.

	不定詞	現在形	過去形	完了分詞
i)	lyftas	lyfts	lyftes	(ha) lyfts
ii)	lyftas	lyftes	lyftes	(ha) lyfts

25.2　s-動詞による受身

原則的に他動詞であれば語末に s を付加することによって受身を作ることができる. この受動態を「s-受動態」と呼ぶ. ( ) 内は対応する適切な能動態があればそれを示してある. 受身の行為者は必要であれば av ...〈〜によって〉で表される.

　　Bollen kastades av honom.
　　〈ボールは彼によって投げられた〉 (Han kastade bollen).
　　Banken stängs kl. tre på eftermiddagen.〈銀行は午後3時に閉まる〉
　　(De stänger banken kl. tre på eftermiddagen.)
　　Hur stavas det här ordet?
　　〈この単語はどう綴られるのですか, この単語のスペルは?〉

(1) s-受動態の特徴

　[bli + 過去分詞] と [vara + 過去分詞] の違いは 24 課で説明したように，前者は（一瞬もしくは漸次的な）変化に，後者はその（持続的な）結果状態に重点がある．一方，s-受動態は動詞が表す行為の中身，つまり行為そのものに重点がある．

　　Bilen blev lagad av bilmekanikern.
　　〈その車はその自動車修理工によって修理された〉
　　Bilen är lagad av bilmekanikern.
　　〈その車は自動車修理工によって修理されて，もう動く状態である〉
　　Bilen lagas av bilmekanikern.
　　〈その車は（職業的にみて）自動車修理工により修理される〉

　[bli + 過去分詞] は自動車修理工が故障の状態から正常な状態に戻す変化に重点がある．多くは 1 回限りの特定の行為を示す．そのときの行為（具体的行為）が行われる時制も重要な関心事項である（多くは過去時制）．

　一方，[vara + 過去分詞] で表される受動態は，修理した結果，正常な状態となり，いつでも動くという結果のほうに重点がある．つまり，結果状態の持続性を示している．

　s-受動態では，修理工が職業柄故障した車を直し，またこうした修理をこれまでにも何回も行い，今後も続けるであろうと見込まれる行為そのものに関心が寄せられている．つまり，1 回限りの移行に関心があるのでもなく，また行為の結果状態に関心があるわけでもなく，動詞の行為「修理」そのものに重点がある．したがって，行為者にはあまり焦点が当たらないため，行為者が示されることは少なく，客観的に行為を観る場合に使われる．そのため，不定詞や現在形では規則，指示，情報，ことわざ，料理のレシピなどで頻繁に用いられる．s-受動態を通して繰り返しの行為を示唆したり，客観性などをもたせたいときなどに使用される傾向が強い．過去形では過去の事実の客観的描写に使われる．時間の面からいうと，[bli + 過去分詞] の行為は特定の一時点に生じるが，s-受動態にはそのような時点があまり前面に出てこない．

　　客観的描写：August Strindberg föddes 1849.〈アウグスト・ストリンドバリは
　　　1849 年に生まれた〉
　　　　（動詞 föddes は「生まれた」ということに関心があり，過去の客観的
　　　　事件として捉えている．生きている人には「生まれた」後の結果状態
　　　　「今も生きている」ことが継続しているので är född が使われるが，亡

くなっている人は生まれた後のそれからの結果状態が見込めないので var född は用いず通例 föddes が使われる〉

客観的描写（一回限りのことではない）：Stockholm besöks varje sommar av många turister.
〈ストックホルムは毎夏たくさんの観光客の訪問を受ける〉

規定（繰り返し・定期的）：Affärerna öppnas klockan nio.
〈それらのお店は9時に開けられる（開きます・開店します）〉

規則：Ordet "händer" uttalas med accent Ⅰ.
〈händer という語（hand〈手〉の複数形 / hända〈生じる〉の現在形）はアクセントⅠで発音される〉

指示：Den här medicinen ska tas efter varje måltid.
〈この薬は毎食後に飲むこと〉

情報：Lunch serveras i matsalen kl. 12.〈昼食は食堂で12時に出されます〉

レシピ：Potatisen ska skäras i smala strimlor.〈ジャガイモは千切りにすること〉

なお，s-受動態が完了形になると，変化も示すことができるので，［bli＋過去分詞］との違いはみえにくくなる．

（能動態）Polisen har gripit honom.〈警察は彼を捕まえた〉
→（受動態）Han har gripits av polisen. ≒ Han har blivit gripen av polisen.
〈彼は警察官によって捕らえられた〉

（この受動態の両例はほぼ同じ意味で，両例とも完了形であることから示唆している意味は Han är gripen nu.〈彼は今拘束されている状態にある〉である）

また，過去時制においても，両者の違いが薄くなるが，客観性に重点がある s-受動態の特徴と一回限りを表す［bli＋過去分詞］の特性から，以下の例の違いを考えてみよう．

a) Hunden kördes över av tåget. 〈その犬は電車に轢かれた〉
b) Hunden blev överkörd av tåget.〈その犬は電車に轢かれてしまった〉

a) の s-受動態で述べると，客観的な一事件として捉えられている．一方，［bli＋過去分詞］で表された b) は取り返しのつかない命がそのときに失われたことを言い表しているので，b) のほうがより適切に聞こえる．もちろん，状況や条件，文脈が異なれば，これらの解釈にさらに幅が加わる可能性がある．

(2) [det + s-動詞] による受身

非人称の det を主語にした s-受動態による受身構文がある．この構文では行為者は特定できないため av などで明示されることはない．この構文は仮主語 det を用いた構文なので，真主語には未知形がくる．しかし，真主語が文中に現れないときも，その見えない主語の意味するところはやはり未知で特定できない人々を示唆している．言い換えれば「世間一般の人々」すなわち man である．このことから「世間一般の人々（集団）によって展開される行為，広く遍く行われる行為」を表すことがわかる．しかも，そこに使用されているのは s-受動態であることから，「定期的・慣習的に行われる行為」なども表しうる．特に自動詞が受身のときは，次から次へと繰り返される行為を示す．

Det äts mycket kräftor i augusti. 〈8月にたくさんのザリガニが食される〉
Det dansades här hela natten. 〈ここで一晩中ダンスが繰り広げられた〉
Det föds många barn i det här landet.
〈この国ではたくさんの子どもが生まれる〉

さらにこれは存在構文と同一でもあるので，s-受動態の動詞によって新たに出現するもの（未知形）の存在を表すこともできる（23.1 参照）．

Det bildades ett svart moln ovanför berget.〈山の上で黒い雲が形成された〉

25.3　s-動詞による相互性

「お互いに〜をし合う」という相互性を表し，以下のような動詞がある．一部副詞を必要とする動詞もあるので注意．なお，（ ）内の番号は動詞のグループの分類番号（25.1 の最初の表参照）．

(1)　相互性を表す代表的な動詞

相互性を表す動詞：knuffas（1）〈押し合う〉，kramas（1）〈ハグする，抱擁する〉，kyssas（2B）〈（恋愛感情の混じった）キスをする〉（現在形は kysses であることに注意），mötas（2B）〈出会う〉，pussas（1）〈（親子間・友人間での）キスをする〉，råkas（1）〈偶然に出会う〉，ses（4）〈出会う〉，slåss（4）〈殴り合う，けんかをする〉（語尾は -ss で，å は短母音），träffas（1）〈出会う〉，trängas（2A）〈押し合いへし合いする〉など．

副詞を伴うこともある動詞：följas åt（2A）〈同行する〉，hjälpas åt（2B）〈互いに助け合う〉，skiljas (åt)（2A）〈（互いに）別れる〉，talas vid（1）〈話し合いをもつ〉など.
　上記の例からわかるように，s-動詞で相互性の「互に〜し合う」の意味を表すことができるのは，身体的接触性が高い意味をもつ動詞に限られている．一方，代名詞 varandra〈お互い〉を加えた［動詞＋varandra］は原則的にどの動詞でも「相互性」を表すことができる．

　　De kramar varandra　〈彼らはお互いにハグし合う〉　　＝ ○ De kramas.
　　De älskar varandra　〈彼らはお互いに愛し合っている〉＝ × De älskas.
　　（受身の意味〈彼らは愛されている〉では成立する）
　　Vi känner varandra väl〈私たちはお互いによく知っている〉＝ × Vi känns väl.
　　Han och hon tittar på varandra〈彼と彼女は見つめ合っている〉
　　　　　　　　　　　　　　　　　　　　　　　　　　　　　　＝ × Han och hon tittas på.

（2）　相互性の用法の主語

　相互に何かをするのであるから，主語は必ず複数の人やモノを指し示す名詞，代名詞（vi, ni, de, man（18.5②　注意　を参照））でなくてはならない．しかし，主語の名詞が常に複数形でなくてはならないという意味ではない．集合名詞 familj, folk などは単数形であるが，複数の人を意味しているので使うことができる．

　　Ska vi sitta och talas vid om saken.
　　〈そのことでじっくり話し合いをしましょうか〉
　　Vid rusningstid trängs folk på tåget.
　　〈ラッシュアワーの時間帯は，電車は込み合います〉
　　Hans familj träffades igen i Venedig.〈彼の家族はベニスで再会した〉
　　（familj は単数形だが，複数の人を意味している）
　　Man måste hjälpas åt.〈人は助け合わなくてはなりません〉
　　（man は文法的には単数扱いだが，複数の人を意味している）

25.4　s-動詞による攻撃性・習性を表す用法

　以下の動詞が現在形で用いられたときに，その主語は「一方的な攻撃性」「その攻撃的な習性や傾向，習慣，性格，恒常的性質」を有することを示す．目的語は

取らない．

　代表的な動詞：bitas（4）〈噛む〉, brännas（2A）〈ヒリヒリする〉, luras（1）〈騙す〉, nypas（4）〈つねる〉（過去形 nöps, 完了分詞 nypts）, retas（1）〈いじめる〉, rivas（4）〈引っ掻く〉, slåss（4）〈けんか早い〉, sparkas（1）〈蹴る〉, stickas（4）〈チクチクする〉

　以上の動詞は常に「攻撃性・習性」に留まるのではなく，文脈によっては「受身」にも「相互性」にもなることに注意．ただし，「攻撃性・習性」の意味では，bitas, nypas, rivas の現在形の母音は短い（bits〈噛む〉, nyps〈つねる〉, rivs〈引っ掻く〉）．長母音で発音されればこれらは「受身」の意味になる（bits〈噛まれる〉, nyps〈つねられる〉, rivs〈引っ掻かれる，取り壊される〉）．また，slåss〈殴る〉も，重子音 ss のスペルからもわかるように å は短母音である．一方受身の slås〈殴られる〉は長母音である（25.5(3)参照）．

　　　Hunden bits.　　　　　　〈その犬は噛む習性がある〉
　　　Akta dig! Den där katten rivs.〈気をつけて．あの猫は引っ掻くから〉
　　　Mammas kofta sticks.　　　〈お母さんのカーディガンはチクチクする〉

攻撃の対象を示すときには前置詞が必要になる．
　　　Han retas med mig.〈あの人は僕をいじめる〉
　　　（行為者を示す av の句があると，受身の意味になる．Han retas av sina kompisar.〈彼は仲間にいじめられている〉．Han retas のみでは〈あの人は人をいじめる〉）

ただ，現在形でなくなると，「攻撃性・習性」の意味は失われる．
　　　現在形：Han retas.　〈あの人は人をいじめる〉
　　　過去形：Han retades.〈彼はいじめられていた〉

25.5　デポーネンス

　s-動詞でありながら，受動態にもならず，相互性でもなく，攻撃性の意味もない，ごく普通の能動態の自動詞と同様の機能をもつ動詞がある．このような動詞はデポーネンスもしくはデポーネンス動詞と呼ばれる．これに分類される動詞の多く（「自発・再帰」を除く）は，s-語尾を取り除いたら，そのような動詞は存在しないか，もしくは存在している場合はまったく別の意味になる．

　　　andas〈息をする〉　　：*anda〈動詞としては存在しない〉
　　　hoppas〈希望する〉　　：hoppa〈跳ぶ〉

(1) デポーネンスの分類

デポーネンス動詞の多くに，その意味から「身体的作用」，「心的認識・体験」，「自発・再帰的」の3つの特徴がみられ，中には前置詞を必要とするものもある．「自発的特性」は「心的認識・体験」とも重なり，これら3者を明確に区別することは難しい．

① 身体的作用

andas (1)〈息をする〉, brås på (3)〈(身体的特徴などが)似ている〉, födas (2A)〈生まれる〉, kräkas (2B)〈嘔吐する〉, kvävas (2A)〈息がつまる〉, svettas (1)〈汗をかく〉, åldras (1)〈老いる〉

Andas in, andas ut!〈息を吸って，息を吐いて〉
Carl von Linné föddes 1707 och dog 1778.
〈カール・フォン・リネーは1707年に生まれ1778年に亡くなっている〉

> **余話**
> カール・フォン・リネーはスウェーデンの植物学者．リンネと誤ってカナ表記されているが，実際の発音はリネー．ノーベル賞で有名な Alfred Nobel も実際の発音はノベッルである．

② 心的認識・体験

avundas (1)〈羨む〉, blygas (2A)〈(内気で)恥ずかしく思う〉, envisas (1)〈強情を張る〉, försonas (1)〈仲直りする〉, glädjas (4)〈喜ぶ〉, hoppas (1)〈希望する〉, hämnas (1)〈復讐する〉, höras (2A)〈聞こえる〉, kännas (2A)〈感じられる，〜のような気がする〉, minnas (2A)〈記憶している〉, märkas (2B)〈(何となく)気づく〉, saknas (1)〈〜がなくて困っている〉, skämmas (2A)〈(罪悪感から)恥ずかしく思う〉, synas (2B)〈〜のように見える〉, trivas (2B)〈居心地がよい，気に入っている〉, tyckas (2B)〈〜のように思える〉, töras (4)〈(しばしば相手に気を使いながら)あえて〜する〉 など．

Det känns skönt att sova i rena lakan.
〈清潔なシーツで眠るのは心地よく感じる〉
Sju personer saknas vid olyckan.〈その事故で7人が行方不明だ〉
Trivs du i Sverige?〈スウェーデン滞在(在住)は気に入っていますか〉
Jag törs inte fråga.

〈(失礼あたるかもしれないので) 私は質問する勇気がありません〉

③ **自発・再帰的**

特にその意図がないのにもかかわらず，何かをきっかけに自然に心的もしくは物理的に別の状態が引き起こされる事態に対して s-動詞が用いられることがある。öppna〈開ける〉に対する öppnas〈開く〉のように，多くは対応する他動詞が存在し，一部は öppna sig〈開く〉のように［他動詞＋再帰代名詞］で置き換えることもできる。

Han *gläds*（= gläder sig）åt sonens framgång. 〈彼は息子の成功に喜ぶ〉
Mina ögon *fylldes*（×fyllde sig）med tårar när jag såg att min son hade *förändrats*（= förändrat sig）.
〈息子が変わったのを見て，私の目は涙でいっぱいになった〉
Dörren *öppnades*（= öppnade sig）automatiskt. 〈ドアが自動的に開いた〉
Boken *säljs*（×säljer sig）bra. 〈その本はよく売れる〉

②の「心的認識・体験」に分類されているデポーネンス動詞の多くもここに含まれるが，kännas〈～のような気がする，感じられる〉，märkas〈(何となく) 気が付く〉などをみていると，日本語の「自発」と通底するものが感じられる。これは，スウェーデン語の s-動詞も日本語の「れる，られる」と同様に「受身」の意味を有しているからであろう。

④ **その他**

behövas（2A）〈必要とする，必要である（英 be necessary)〉，fattas（1）〈不足している〉，finnas（4）〈存在している〉，lyckas（1）〈(困難なことを) どうにか～する，うまくやってのける〉，låtsas（1）〈～のふりをする〉(låtsas の t は発音されない)，minskas（1）〈減少する〉，misslyckas（1）〈失敗する〉，rymmas（2A）〈収容能力がある〉，samlas（1）〈集まる〉，skiljas（2A）〈離婚する〉，slåss（4）〈闘う〉，umgås（4）〈交際する〉，vistas（1）〈滞在する〉，ökas（1）〈増加する〉など。

Det fattas 100 kr i kassan. 〈レジで100クローナ足らない〉
Han låtsades vara sjuk. 〈彼は仮病を使った〉
Lyckades du lösa problemet? 〈その問題を何とか解くことができましたか〉
Vi måste slåss för friheten. 〈私たちは自由のために闘わなくてはならない〉

(2) 注意すべきデポーネンス動詞の活用

上記の動詞の中で特に注意すべき活用（×はその形が存在しない）。

不定詞	命令形	現在形	過去形	完了分詞
födas（2A）〈生まれる〉	×	föds（長母音）	föddes	fötts（短母音）
kännas（2A）〈感じる〉	(känns!)	känns	kändes（nは1個）	känts（nは1個）
minnas（2A）〈記憶している〉	minns!	minns	mindes（nは1個）	mints（nは1個）
skämmas（2A）〈恥ずかしく思う〉	skäms!（mは1個）	skäms（mは1個）	skämdes（mは1個）	skämts（mは1個）
skiljas（2A）〈離婚する〉	skiljs!	skiljs/skils	skildes	skilts
synas（2B）〈～のように見える〉	×	syns（短母音）/synes（長母音）	syntes（過去形の語尾がdではなくt）	synts
slåss（4）〈闘う〉	slåss!	slåss	slogs	slagits
umgås（4）〈交際する〉	umgås!	umgås	umgicks	umgåtts
glädjas（4）〈喜ぶ〉（長母音）	gläds!（長母音）	gläds（長母音）	gladdes（短母音）	glatts（短母音）
töras（4）〈あえて～する〉（長母音）	×	törs（短母音）	tordes（長母音）	torts（長母音）

synas の現在形は syns と synes の2通りがあるが，それぞれ意味が異なる．ここで言うデポーネンスの〈～のように見える，思える〉では synes を，受身の意味〈見られる〉や相互性の〈お互いに会う〉では syns が使われる．

デポーネンス：Det synes mig vara onödigt.〈私には不必要に思える〉

受身：Hans hus syns därborta.〈彼の家があそこに見える〉

相互性：Vi syns på stationen!（ややおどけた表現）〈駅で会いましょうね〉

(3) 注意すべきデポーネンス動詞の発音

短母音化が生じると意味が特殊化，つまり受身以外の意味になる．以下は短母音で発音された場合の意味を示してある（攻撃性と短母音化については25.4参照）．

hörs：デポーネンス〈聞こえてくる〉もしくは相互性〈お互いに連絡を取り合う〉

ses：相互性〈お互いに出会う〉

behövs：デポーネンス〈必要である（det är nödvändigt）〉

Det behövs mycket pengar till hans projekt.

（behövs の ö は短母音 → デポーネンス）

〈彼のプロジェクトには多額のお金が必要である〉
一方，受身の場合は長母音が保持される．
　　Jag vill ha ett arbete där mina kunskaper behövs.
　　(behövs の ö は長母音 → 受身)
　　〈私の知識が必要とされる仕事に就きたい〉
以下の同綴異義語は短母音化が引きおこす意味の特殊化「相互性，攻撃性・習性，デポーネンス」を通り越して，副詞化してしまったユニークな例である．
　　förstås [fœˈʂtoːs]　長母音保持：s-受動態現在形〈理解される〉
　　förstås [fœˈʂtɔsː]　短母音化：副詞〈もちろん〉
　　(〈もちろん〉は副詞とはいえ，出自は受身や自発的な意味「(皆に共通に) 理解されている」「おのずと理解される，自明」から)

練 習 問 題

1. s-動詞の作り方
   次の動詞の不定詞・現在形・過去形・完了分詞の -s を付加した形を答えなさい.
   (1) städa (2) bygga (3) väcka (4) läsa (5) nå〈達する, ～に連絡を取る〉

2. s-動詞による受身
   次の文を練習問題1に出てきたs-動詞を使って, スウェーデン語に直しなさい.
   (1) すべての部屋は毎日掃除されなければならない.
   (2) その教会は200年前に建てられました.
   (3) 私はしばしば悪夢で目が覚める.（悪夢：en mardröm（複数未知形で））
   (4) 私はその本が多くの人に読まれることを期待します.
   (5) 彼らは一時的に電話では連絡が取れません（つきません）.
   （一時的に：för tillfället,　電話で：per telefon）

3. 受身, 相互性, 攻撃性・習性, デポーネンスの用法
   次のスウェーデン語を日本語に訳しなさい.
   (1)(a) Hästen sparkas.（蹴る：sparka）
   　(b) Han sparkades av hästen och fördes till sjukhus.（運ぶ：föra）
   (2)(a) Professorn träffades av en boll.
   　(b) Professorn träffas på sitt rum på onsdagar mellan kl.10 och 12.
   　(c) Professorerna träffades på universitetet.
   (3)(a) Dörren till garaget öppnades automatiskt.
   　(b) Dörren till garaget har öppnats med en kofot eller något annat verktyg.
   　　（バール：en kofot, 道具：verktyg）

4. 作文
   次の日本語をスウェーデン語に直しなさい.
   (1) 彼は警官に成りすまし, その部屋のカギを1つ借りることに成功した.
   (2) 我々はその盗まれた車を取り戻すためにお互い協力しなくてはならない.
   (3) 私が覚えている限り, 私たちは一度もあったことはありません.
   (4) それは一昨日起こりました. 正確に言うと36時間前に.

26 親戚との食事会
SLÄKTMIDDAGEN

På släktmiddagen skulle det komma nästan lika många gäster som på senaste julen, konstaterade Ingrid den lördagen när festen skulle äga rum.
— Är det för många? undrade hon. Men det är ju så roligt att bjuda både alla äldre och yngre släktingar!
— Det blir mycket roligare om det kommer många människor i olika åldrar. I julas blev det ju den trevligaste festen någonsin, och då var vi mer än tjugo personer, sade Björn.
Middagen blev den mest lyckade på länge. Alla berömde Björns och Ingrids goda mat. Ingrids pappa Gunnar tyckte att Björns kalops var den mest vällagade han smakat.
— Och jordgubbstårtan var den godaste tårta jag smakat i hela mitt liv, ropade Jonatan, som var Tor och Heddas näst äldsta kusin, sju år gammal.
Men Jonatans syster Embla, som var ett år äldre, tyckte att hennes födelsedagstårta två veckor tidigare varit ännu läckrare.
— Det brukar alltid bli bra om man lagar allting själv, förklarade Björn. Mycket bättre än köpt färdigmat. Jag tycker själv att kalopsen idag var den bästa av alla dem som jag lagat. Men kalopsen som jag åt på jobbet förra veckan var usel. Den var riktigt dålig, ja sämre än sämst faktiskt!
— Era middagar är de mest fantastiska vi vet, sade Björns ena syster. Maten hos er är mer enastående och mycket mer smakrik än någon annan mat. Det är nog det mest typiska för middagarna hemma hos er!

新出単語

lika [副] 等しく
en gäst [名] /gästen, gäster, gästerna/ 客, ゲスト
en jul [名] /julen, jular, jularna/ クリスマス
　i julas この前のクリスマスに
konstatera [動] /konstaterar, konstaterade, konstaterat/ 確認する, 立証する
en fest [名] /festen, fester, festerna/ パーティー
äga [動] /äger, ägde, ägt/ 所有する　äga rum 開催される, 行われる
rolig [形] 楽しい
all [代] すべて(の)
äldre [形] より年上の, gammal の比較級
yngre [形] より若い, ung の比較級
ung [形] 若い
någonsin [副] これまでで, いつか
mer [副] より多くの, mycket の比較級
än [接] ～よりも (比較級で)
mest [副] 最も多くの, mycket の最上級
lyckad [形] 成功した
på länge これまでで, これまでのところ
berömma [動] /berömmer, berömde, berömt/ 称賛する
en pappa [名] /pappan, pappor, papporna/ お父さん, 父
Gunnar [固] グンナル (男性名)
vällagad [形] よく調理された
smaka [動] /smakar, smakade, smakat/ 味がする, 味わう
en tårta [名] /tårtan, tårtor, tårtorna/ ケーキ
Jonatan [固] ヨーナタン (男性名)
näst [副] 次に
äldst [形] 一番年上の, gammal の最上級
en kusin [名] /kusinen, kusiner, kusinerna/ いとこ
Embla [固] エンブラ (女性名)
en födelsedagstårta [名] /-tårtan, -tårtor, -tårtorna/ 誕生日ケーキ
tidigare [副] 以前
ännu [副] (比較級を強める) より一層, 更に
läcker [形] 美味しい, 美味の
själv [代] 自身
förklara [動] /förklarar, förklarade, förklarat/ 説明する
bättre [形] より良い, bra/god の比較級
(en) färdigmat [名] /-maten, ×, ×/ 調理済み食品, 出来合いの食べ物
åt [動] äta (グループ4) の過去形
usel [形] 酷い
riktigt [副] 本当に
sämre [形] よりひどい, dålig の比較級
sämst [形] 最もひどい, dålig の最上級
ena [代] 一方 (の)
enastående [形] 比類のない, 特有な, ユニークな
smakrik [形] 風味豊かな
typisk [形] 典型的な, 特徴的な

26.1 形容詞の比較級・最上級

AとBを比較して，どちらがその状態の差が大きいのか，小さいのか，あるいは3者以上の比較の中でどれが最高なのか最低なのか述べるときに用いられる．

　　Du är starkare än jag, men han är starkast/den starkaste av oss.
　　〈君は僕より強い．でも彼が私たちの中でいちばん強い〉

26.2 形容詞の比較級・最上級の作り方

　形容詞の比較級・最上級の作り方は大きく分けて，4通りある．形容詞に直接 -(a)re, -(a)st が付加される場合の (1), (2A), (2B) と形容詞の直前に mer(a), mest が置かれる場合 (3) である．最上級は既知形の名詞とともに用いられたときには，形容詞によって -e もしくは -a を付加し，最上級の前には限定詞（den/det/de）が置かれる．これについては下記の 26.3 で説明する．
　アクセントについて (1) -are, -ast のタイプの比較級・最上級はアクセントⅡ，一方 -re, -st の (2A), (2B) のタイプの比較級・最上級はアクセントⅠである．

(1) -are, -ast

このタイプは表にあるように，さらに〔1〕〔2〕〔3〕〔4〕と分類した．

タイプ	原級	比較級	最上級	最上級既知形
〔1〕	kall〈寒い，冷たい〉	kallare	kallast	den/det/de kallaste
〔2〕	enkel〈単純な〉	enklare	enklast	den/det/de enklaste
	mogen〈熟した〉	mognare	mognast	den/det/de mognaste
	vacker〈美しい〉	vackrare	vackrast	den/det/de vackraste
〔3〕	dum〈愚かな〉	dummare	dummast	den/det/de dummaste
	allmän〈一般的な〉	allmännare	allmännast	den/det/de allmännaste
〔4〕	ringa〈わずかな〉	ringare	ringast	den/det/de ringaste

タイプ〔1〕　ほとんどの形容詞が **kallare/kallast** のタイプに属する
　　varm〈暖かい，暑い，熱い〉, billig〈安価な〉, dyr〈高価な〉, fin〈素敵な（英語≒fine）〉, kort〈短い，背が低い〉, ny〈新しい〉, stark〈強い〉, svag〈弱

い〉, tråkig〈退屈な〉, rolig〈楽しい〉, intelligent〈知的な〉, intressant〈興味深い〉, glad〈嬉しい，陽気な〉, arg〈怒っている〉, ljus〈明るい〉, mörk〈暗い〉, trött〈疲れている〉, pigg〈元気のよい〉, mjuk〈柔らかい〉, hård〈硬い，厳しい〉, ren〈清潔な〉, smutsig〈汚い〉, lätt〈容易な，軽い〉, svår〈難しい〉, rik〈金持ちの〉, fattig〈貧乏な〉

タイプ〔2〕　強勢のない -el, -en, -er で終わる形容詞

比較級・最上級では e が脱落する．強勢のない -el, -en, -er で終わる EN-名詞タイプ(2)の複数形（fågel/fåglar, öken/öknar, åker/åkrar）で e が脱落するのと同じ現象である．

-el：dunkel〈薄暗い〉, nobel〈高潔な〉, simpel〈簡素な〉, ädel〈高貴な〉
-en：häpen〈びっくりした〉, trogen〈忠実な〉, vaken〈目が覚めている〉, frusen〈凍った〉（動詞グループ 4 の -en で終わる一部の過去分詞）

ただし，välkommen〈歓迎される〉, välko**m**nare, välko**m**nast（比較級・最上級で m が 1 つ脱落する）

-er：nykter〈しらふの〉, läcker〈美味な〉, mager〈やせこけた〉（英 meagre〈貧弱な〉）, säker〈確実な〉

タイプ〔3〕　[強勢のある短母音 + m/n] で終わる形容詞

比較級・最上級では重子音 mm/nn になる．ただし，nn で終わる重要な形容詞は allmän〈一般的な〉のみ．

[強勢のある短母音 + 単子音 m]：tom〈(容器などが) からの〉, öm〈触ると痛い，思いやりのある〉.

他に -sam で終わる形容詞：långsam〈ゆっくりとした〉, långsammare, långsammast.

なお，tam〈飼いならされた〉, grön〈緑色の〉, fin〈素敵な〉などは長母音なので子音は重ねない．

tunn〈薄い〉や noggrann〈丹念な〉ははじめから重子音 nn で終わるので，上記のタイプ〔1〕に同じ．

タイプ〔4〕　すでに -a で終わる形容詞 ringa などは比較級・最上級で a を重ねない

注意　形容詞の原級が中性形（中性形から副詞になった場合も含めて）であっても，また複数形で使われていても，その比較級・最上級を作るときは原級の単数・共性形から出発する．下記の (2A), (2B) の形容詞も同じことが言える．たとえば，単数・中性形の svårt の比較級・最上級を ×svårtare/×svårtast などにしてはならない．

原級	比較級	最上級	最上級・既知形
svår〈難しい〉(単数・共性形)			den svåraste
svårt (単数・中性形)	svårare	svårast	det svåraste
svåra (複数形)			de svåraste

（2A） -re, -st（原級の母音が変わる．×はその形が存在しないことを表す）

原級	比較級	最上級	最上級既知形
låg〈低い〉	lägre（長母音）	lägst（長母音）	den/det/de lägsta
lång〈長い，背が高い〉	längre	längst	den/det/de längsta
trång〈狭い，込み合った〉	trängre	trängst	den/det/de trängsta
få〈(否定的に)少数の，英 few〉	färre（短母音）	×	×
små〈些細な〉	smärre（短母音）	×	×
ung〈若い〉	yngre	yngst	den/det/de yngsta
tung〈重い，辛い〉	tyngre	tyngst	den/det/de tyngsta
stor〈大きい〉	större（短母音）	störst（短母音）	den/det/de största
grov〈粗い，粗野な〉	grövre（長母音）	grövst（長母音）	den/det/de grövsta
hög〈(高さが)高い〉	högre（長母音）	högst（**短母音！**）	den/det/de högsta

① このタイプの形容詞は上記の10個のみである．比較級・最上級にするとき，hög を除いて原級の母音の変わり方には3通りのパターンがある．
  å ＞ ä：låg lägre lägst u ＞ y：ung yngre yngst o ＞ ö：stor större störst
② 比較級・最上級における母音の長さ
 ⅰ）比較級・最上級でも原級の長母音が保持さる場合：låg/lägre/lägst, grov/grövre/grövst
 ⅱ）比較級・最上級で母音が短くなる場合：stor（長母音）/större（短母音）/störst（短母音）
 ⅲ）比較級では長母音が保持されるが，最上級では短母音になる場合：hög（長母音）/högre（長母音）/**högst**（**短母音**）
③ 最上級の語尾 -st の前の子音の同化
 後続の無声子音 -st に同化されて g＞k, v＞f の発音になる：
 lägst [lɛ:kst], högst [høkst], grövst [grø:fst]
④ 最上級既知形の語尾は -a である．ただし，男性を表す単数形の名詞が続く場合は -e になる．

den yngsta studenten〈一番年下の学生〉, den yngste pojken〈一番年下の男の子〉

⑤ 最上級を欠く få と små について

få〈(否定に) 少しの〉は意味も語源も英語の few に相当する. 最上級が欠落しているが, 必要であれば同じ意味を表す他の形容詞 fåtalig〈数の少ない〉(fåtaligare/fåtaligast)の最上級を利用する. ちなみに, ノルウェー語やデンマーク語には最上級まで揃っている (få/færre/færrst). スウェーデン語もかつては färst が存在したが, 今では標準語としてはまれにしか使われない.

形容詞 små は liten の複数形とは別に,〈マイナーな, 些細な〉の特殊化された意味をもつ. この意味では små/smått/små という変化をする.

små bokstäver〈小文字〉, små fartyg〈小型船〉, ett/många smärre problem〈1つの／多数の大したことのない問題〉(比較級 smärre は単数でも複数でも使われる)

Det är så smått, så jag kan inte se tydligt.
〈余りにも小さくって, はっきり見えない〉

(2B) -re, -st (原級と比較級・最上級はまったく別の語を使う)

原級	比較級	最上級	最上級既知形
god/bra〈善良な〉	bättre	bäst	den/det/de bästa
dålig〈悪い〉	sämre	sämst	den/det/de sämsta
	värre	värst	den/det/de värsta
ond〈邪悪な〉	värre	värst	den/det/de värsta
gammal〈古い, 老いた〉	äldre	äldst	den/det/de äldsta
liten〈小さい〉	mindre	minst	den/det/de minsta
mycket〈多量の(英 much)〉	mer(a)	mest	den/det/de mesta
många〈多数の(英 many)〉	fler(a)	flest	den/det/de flesta

① 原級と比較級・最上級ではまったく別の形容詞が使われ, 両者の間に断絶がみてとれる. このように語形変化の一部に異なる語源の語で充てることを「補充法」と呼んでいる. このような形容詞の原級と比較級・最上級は上記の7語のみである.

② god には godare, godast もあるが, その場合は〈善良な〉の意味ではなく,〈(味

や香りなどが）良い，おいしい〉の意味である．現代のスウェーデン語で god が使われる場合，後者の意味が多い．

③ dålig〈悪い〉には2通りの比較級・最上級がある．何かが悪化する場合には，2通りの捉え方があり，良い面が減少していくことで悪化する場合と，悪い面が増加して悪化していく場合である．前者には sämre/sämst 後者には värre/värst が使われる．

　　sämre/sämst は前提として悪化する前は，必ず良い面がある．
　　　Landets ekonomi var inte så dålig förra året, men i år blir den sämre.
　　　〈その国の経済は昨年はそんなに悪くはなかったが，今年は落ち込むだろう〉
　　värre/värst は前提として悪化する前から，悪い面がみられる．
　　　Landets ekonomi var mycket dålig förra året och i år blir den värre.
　　　〈その国の経済は昨年はかなりひどくて，今年はもっと悪化するだろう〉

sämre/sämst は良い面の減少に注目し，värre/värst は悪い面の増加に重点が置かれる．したがって，人の健康状態が悪くなるときは，通例 sämre/sämst が使われるが，病原菌などはじめから「悪い」の前提を含んでいるものは，それが悪化したら当然 värre/värst が用いられる．sämre/sämst の意味は言い換えれば mindre bra/minst bra に相当する．日本語では「劣っていく，衰えていく，衰退・低下・劣化・弱化していく」に近い．

　　Hans hälsotillstånd blir sämre och sämre dag för dag.
　　〈彼の健康状態は日ごとに悪くなっていく〉
　　Hans sjukdom blir värre och värre.〈彼の病気はますます悪化していく〉

このような違いを比較級・最上級で使い分ける言語は，英語やドイツ語にもなく，他のノルド語にも存在しない．スウェーデン語の特徴の1つである．

一方，話し言葉では dålig/dåligare/dåligast もみられるが，健康状態，モラル，性格などに使われることが多く，sämre/sämst のもつ意味と重なる．

なお，ond〈邪悪な，悪意のある，不吉な〉の比較級・最上級が värre/värst であるのは，ond の前提に「良い面」が含まれていないからである．ただし，ondare/ondast となることも頻繁にある．

④ mycket と många の比較級・最上級

英語ではそれぞれ much と many に相当するが，英語の場合，両者ともに比較級・最上級は more/most になることから，スウェーデン語の många の比較級・最上級を mer(a)/mest にしないように注意すること．mycket と många の比較級・最上級は異なる語を使う．

mycketは形容詞としても使われ，その場合修飾される名詞が複数形であれば集合名詞とみなされる（20.4参照）．
　　Det finns mycket folk/bilar på gatan.
　　〈通りにはたくさんの人がいる／車がある〉
　mångaの最上級はflestであるが，実際には圧倒的にde flestaで出てくるので，många/fler(a)/de flestaと覚えておくほうが効率的である．
　なお，［flera＋名詞の複数形］のときは，予想していたよりも多い数であることを示す（絶対比較級26.11および下記⑤参照）．
　　flera år〈何年も〉（比較：många år〈長年〉）

⑤　merとmera，flerとfleraの-aの有無の違い
　mer(a)のように表記しているが，-aの有無で特に意味や用法上の違いは認められない．一方，fler(a)は比較を前提としない絶対比較級（上記④ならびに26.11）で用いられるときはもっぱらfleraを使う（flera gånger〈何回も〉）．それ以外では，-aの有無で意味上の大きな差異は認められない．ただし，両者とも慣用句では句ごとに-aの有無が決まっていることには注意すること．
　　-a無し：mer eller mindre〈多かれ少なかれ〉，mer och mer〈(量的に)ますます〉，fler och fler〈(数的に)ますます〉
　　-a有り：med mera〈などなど〉，med flera〈などなど〉

⑥　äldre/äldstとmindre/minstの発音とスペル
　最上級のäldstのdは発音されない．一方minstははじめからdが表記されていないことに注意．mindre/minstは忘れやすいので，同語源のminus〈マイナス〉に関連付けて覚えておくとよい．なお，äldre/äldstは英語のelder/eldest〈年長の〉とも同じ語源である．

⑦　最上級既知形の語尾は-aである．ただし，男性を表す単数形の名詞が続くときは-eになる．
　　den äldsta studenten〈一番年上の学生〉，den äldste mannen〈一番年長の男性〉

(3)　mer(a), mestのタイプ（形容詞の前に副詞のmer(a), mestが置かれる）

原級	比較級	最上級	最上級既知形
praktisk〈実用的な〉	mer(a) praktisk	mest praktisk	den/det/de mest praktiska
intresserad〈関心がある〉	mer(a) intresserad	mest intresserad	den/det/de mest intresserade
omtyckt〈好かれた〉	mer(a) omtyckt	mest omtyckt	den/det/de mest omtyckta
spännande〈刺激的な〉	mer(a) spännande	mest spännande	den/det/de mest spännande

① このタイプに属する形容詞は以下のような特徴がある．決して長い形容詞がこのグループに属するとは限らない．
  (a) -(i)sk で終わる形容詞
    energisk〈精力的な〉, fantastisk〈素晴らしい〉, svensk〈スウェーデン的な〉, typisk〈典型的な〉
      例外：frisk〈健康な〉, friskare, friskast; den/det/de friskaste
  (b) 過去分詞が形容詞として用いられた場合
    i) 強勢の置かれない -ad で終わる動詞のグループ1の過去分詞
      begåvad〈才能に恵まれた〉, bildad〈教育のある〉, förvånad〈驚いた〉, komplicerad〈複雑な〉
    ii) -d, -t で終わる動詞のグループ2A, 2B の過去分詞
      berömd〈有名な〉, bortskämd〈甘やかされた〉, känd〈知られた〉, förskräckt〈愕然とした〉
      ただし, このタイプの一部は -are/-ast が用いられることもある.
        berömd, berömdare, berömdast; den/det/de berömdaste.
        förskräckt, förskräckare, förskräcktast; den/det/de förskräcktaste
  (c) 現在分詞（-ande/-ende で終わる．30課参照）が形容詞として用いられた場合
    fascinerande〈うっとりさせる〉, förtjusande〈魅力的な〉, strålande〈見事な〉, troende〈信心深い〉
② 原級が無変化の形容詞はこのタイプに属すことが多い.
    annorlunda〈異なった〉, gammaldags〈旧式の〉, kul〈楽しい〉, stilla〈静寂な〉, öde〈荒涼とした〉, gängse〈流布している〉
③ 同一の人・モノの性質などが比較される場合は, -are/-ast や -re/-st のタイプの比較級・最上級であっても mer(a), mest を用いる.
    Jag är mer ledsen än arg.〈私は怒っているというよりは悲しい〉
    De är mera dumma än lata.〈彼らは怠惰というよりは愚かだ〉
    Hennes klänning är mera röd än skär.
    〈彼女のドレスはピンクというよりは赤だ〉
    比較：Han är mer affärsman än forskare.
      〈彼は研究者というよりはビジネスマンだ〉
④ 比較級・最上級が mer(a)/mest にも -are/-ast にもなる形容詞もいくつかある. どちらを選ぶかは方言差というよりは, 状況や個人差によるものと思われる.
    framgångsrik〈大成功の〉framgångsrikare/framgångsrikast;

		mer(a) framgångsrik/mest framgångsrik
allmän〈一般的な〉	allmännare/allmännast;	mer(a) allmän/mest allmän
van〈慣れている〉	vanare/vanast;	mer(a) van/mest van
känd〈知られた〉	kändare/kändast;	mer känd/mest känd

⑤ 最上級既知形の語尾はそれぞれの形容詞の曲用とまったく同じである（12課参照）．

比較級・最上級を覚えるにあたって

　まず，(2A) と (2B) の -re/-st タイプの形容詞の意味を俯瞰すると，どれもみな人間の営みにとってきわめて重要な語である．まずはこのグループの形容詞合計 17 個を覚えること．次に，mer(a)，mest で比較級・最上級を作る形容詞は，原則的に -(i)sk で終わる形容詞，現在分詞，過去分詞に絞られる．この規則さえを知っていれば，残りの形容詞はすべて -are/-ast に帰するということがわかる．

　以下のような長そうにみえる形容詞も mer(a)/mest で比較級・最上級を作ってはならない．

intressant〈興味深い〉	intressantare/intressantast
internationell〈国際的な〉	internationellare/internationellast
populär〈人気のある〉	populärare/populärast
sannolik〈もっともらしい〉	sannolikare/sannolikast
fantasifull〈想像力に富む〉	fantasifullare/fantasifullast
riskabel〈危険の多い〉	riskablare/riskablast

（比較級・最上級において e の脱落に注意）

26.3　やや特殊な比較級・最上級

原級	比較級	最上級	最上級既知形
fjärran〈遠方の〉	fjärmare		fjärmast	den/det/de fjärmaste
nära〈近い〉	närmare〈より近い，綿密な〉	närmast	den/det/de närmaste

　これらは fjär + mare/fjär + mast, när + mare/när + mast に分けられ，-mare/ -mast は mera/mest が後置されたものと言われる．ちなみに，英語にも類似の例がある：furthermore〈さらに〉, furthermost〈最も遠い〉, westernmost〈最西端の〉など．

一方，sen〈遅い〉の最上級 senast/sist は意味的にもそれぞれ英語の latest/last に対応している．

　　Hans senaste bok〈一番最近（出版した）彼の本〉：Hans sista bok〈彼の最後の本〉．

26.4　比較級の叙述的用法

　比較級では何かあるいは誰かと比較する場合は，英語の than に相当する än〈〜よりも〉を用いる．比較級は1つの形しかなく，未知形，既知形の名詞に対しても一切変化しないが，mer(a)/mest とともに使われる原級の形容詞は，15課および16課で習ってきた形容詞と同じように主語の性・数に一致させる．

　　Erik är yngre, men längre och starkare än Johan.
　　〈エーリックはヨーハンより若いが，背が高く強い〉
　　Landskapet här är mer fantastiskt än bilden i broschyren.
　　〈ここの景色はパンフレットの写真よりも素晴らしい〉
　　（ETT-名詞・単数形の主語 Landskapet に一致させて fantastiskt）
　　Hennes kläder är mera praktiska än mina.〈彼女の服は私のよりも実用的だ〉
　　（複数形の主語 kläder に一致させて praktiska）

26.5　最上級の叙述的用法

　最上級の叙述的用法では以下の2通りの表現があるが，意味は同じである．

　　Hans son är duktigast av alla. = Hans son är den duktigaste av alla.
　　〈彼の息子は皆の中で一番優秀だ〉

限定詞が den/det/de のいずれになるかは，最上級の形容詞の後に省略された名詞の性・数に一致する．上記の場合は Hans son är den duktigaste (sonen/studenten) av alla. などと解釈されるため，限定的用法になり，最上級の形容詞に -e が付加されている．

　　Min bil är billigast. = Min bil är den billigaste.〈私の車は一番値段が安い〉
　　Ditt hus är dyrast. = Ditt hus är det dyraste.〈君の家が一番高価だ〉
　　Hans byxor är nyast. = Hans byxor är de nyaste.〈彼のズボンが一番新しい〉
　　Den här stenen är tyngst. = Den här stenen är den tyngsta.

〈この石が一番重い〉
Det där tåget är äldst. = Det där tåget är det äldsta. 〈あの電車が一番古い〉
Hennes berättelse är mest fantastisk. = Hennes berättelse är den mest fantastiska.
〈彼女の話が一番素晴らしい〉

> **余話**
> ちなみに，金属の「タングステン」は上記の例文からうかがわれるように tungsten "重い石"というスウェーデン語に由来している．ただし，現代スウェーデン語で「タングステン」はドイツ語からの借用語 volfram を使っている．

同一の人やモノを時間的・空間的に比べて最大の場合

同一の人やモノを時間的，空間的に比べて，その程度が最大の時を表すのに，限定詞を伴わない最上級の形を使う．この意味のときは，[som + 最上級] になるが，som を省略することもできる．

Jag är（som）piggast på förmiddagen. 〈私は午前中が一番元気だ〉（時間的）
（比較：Jag är piggast/den piggaste av alla på jobbet.
〈私は仕事場全員の中で一番元気だ〉）
Bajkalsjön är（som）djupast här. 〈バイカル湖はここが一番深い〉（空間的）
（比較：Bajkalsjön är den djupaste sjön i hela världen.
〈バイカル湖は世界中で一番深い湖だ〉）
Varför måste man alltid sluta när det är（som）roligast?
〈一番楽しいときになぜいつも終わりにしなくてはならないの〉（時間的）

26.6　比較級形容詞の限定的用法

比較級の形容詞が名詞の前に置かれる限定用法では，(1)，(2A)，(2B)のタイプの比較級は下の表に挙げる通り，1つの形しかなく変化しない．一方，(3)のタイプの mer(a) に続く形容詞は原級をそのまま使うので，その曲用は通例の形容詞と同じように変化する．なお，mer(a) 自体は変化しない．

(1)，(2A)，(2B)のタイプの比較級：en dyrare bil 〈より高価な車〉/ett äldre hus 〈より古い建物〉

EN-名詞	未知形	既知形
単数	en dyrare/äldre bil	den dyrare/äldre bilen
複数	dyrare/äldre bilar	de dyrare/äldre bilarna

ETT-名詞	未知形	既知形
単数	ett dyrare/äldre hus	det dyrare/äldre huset
複数	dyrare/äldre hus	de dyrare/äldre husen

(3) のタイプの比較級：en mer(a) praktisk bil/ett mer(a) praktiskt hus〈より実用的な車／建物〉

EN-名詞	未知形	既知形
単数	en mer(a) praktisk bil	den mer(a) praktiska bilen
複数	mer(a) praktiska bilar	de mer(a) praktiska bilarna

ETT-名詞	未知形	既知形
単数	ett mer(a) praktiskt hus	det mer(a) praktiska huset
複数	mer(a) praktiska hus	de mer(a) praktiska husen

26.7　最上級形容詞の限定的用法

最上級では既知形の名詞と使われることが圧倒的に多い．未知形の名詞と使われる場合は下記 26.12 の絶対最上級を参照．

(1) のタイプの最上級：den dyraste bilen/det dyraste huset〈一番高価な車／建物〉

最上級の語尾は単数であっても複数であっても -e．

	単数	複数
EN-名詞	den dyraste bilen	de dyraste bilarna
ETT-名詞	det dyraste huset	de dyraste husen

(2A), (2B) のタイプの最上級：den största/äldsta bilen〈一番大きな／古い車〉,

det största/äldsta huset 〈一番大きな／古い建物〉
最上級の語尾は単数であっても複数であっても -a.

	単 数	複 数
EN-名詞	den största/äldsta bilen	de största/äldsta bilarna
ETT-名詞	det största/äldsta huset	de största/äldsta husen

(3) のタイプの最上級：den mest praktiska bilen/det mest praktiska huset 〈一番実用的な車／建物〉
最上級を示す mest 自体は不変化．最上級の語尾は単数であっても複数であっても -a．

	単 数	複 数
EN-名詞	den mest praktiska bilen	de mest praktiska bilarna
ETT-名詞	det mest praktiska huset	de mest praktiska husen

最上級の限定的用法の応用例

所有格を使って次のような言い換えもできる．
　Tokyo är den största staden i Japan. = Tokyo är Japans största stad.
〈東京は日本で一番大きい都市だ〉
（所有格 Japans が stad を修飾しているので，stad は未知形）
　Agneta är en av de duktigaste flickorna i skolan. = Agneta är en av skolans duktigaste flickor.
〈アグネータは学校で一番優秀な女の子の1人だ〉
トップから2番目を表すには［näst＋最上級］，3番目以降は［序数詞＋最上級］を組み合わす．
　Öland är **den** näst största **ö**n i Sverige. = Öland är Sveriges näst största ö.
〈ウーランドはスウェーデンで2番目に大きな島だ〉
　Vad heter **det** tredje/fjärde högst**a** berg**et** i världen? = Vad heter världens tredje/fjärde högsta berg?
〈世界で3番目／4番目に高い山は何と言いますか〉
　Sveriges näst mest typiska mat. 〈スウェーデンで2番目に典型的な食べ物〉
　den tredje mest typiska maten. 〈3番目に典型的な食べ物〉

26.8　2者比較に対して比較級か最上級か？

　2者の比較の時，最上級も使える．最上級を用いると，比較の2者は1つの閉じられたグループと考えられ，その人たちだけが比較の対象となる．比較級では各個人との比較で，比較対象のグループが閉じられていないため，この2者以外にも比較できそうな対象がいる可能性を示唆している．この2者択一の際に最上級を使った表現は比較的多く出現するので，そのニュアンスを知っておくとよい．

　　Vem är yngre, Karin eller Monika?
　　〈カーリンとモーニカはどちらが若いのですか〉
　　Vem är yngst av de två flickorna?
　　〈その2人の女の子のうちではどちらが若いのですか〉
　　den yngre av de båda systrarna〈その（場にいる）姉妹2人の中で年下の人〉
　　den yngsta av de båda systrarna〈その2人姉妹のうちの年下の人〉
　　（最上級では閉じられたグループのために，その数は全員で2人と確定できる．すなわち2人姉妹である．この2人の中でどちらが若いのか，ということが問題になっている．一方，比較級では姉妹のうち，今ここにいるこの2人のうちで年下の人が問題になっている．つまり，他にもまだ姉妹がいる可能性がある）

26.9　比較級，最上級を修飾できる語

　比較級と最上級を修飾できる副詞は限られており，それらは比較級・最上級を表す語の直前に置かれる．これらの語は形容詞のみならず，副詞の比較級・最上級を修飾するときにも使われる．

　比較級を修飾：
　　allt〈段々〉, bara〈どんどん〉, lite〈少し〉, något〈幾分〉(強勢が置かれ，nåtと短縮形で発音されることはない), långt/mycket〈はるかに〉, än〈さらに〉, ännu〈さらに，より一層〉(än よりも ännu のほうがはるかに頻繁に用いられる), vida〈さらに〉(文体的に堅い), betydligt〈相当，明らかに，断然，みるみるうちに〉, (ju...,) desto...〈～すればするほど～になる〉
　　Det blir allt varmare dag för dag.〈日ごとに段々と暖かくなる〉
　　　= Det blir varmare och varmare dag för dag.（比較級の形容詞を och で結んで2度繰り返してもよい）

Det blir lite/något varmare.〈ちょっと／幾分暖かくなってきている〉.
Det blir ännu/mycket/betydligt varmare.
〈より一層／はるかに／断然暖かくなってきている〉
Ju varmare det är, desto gladare blir vi.
〈天候が暖かくなればなるほど，私たちも気持ちが明るくなる〉(23課（接続詞）を参照)

最上級を修飾:
allra〈すべての中で〉, hittills〈これまでに〉
Hon är den allra bästa studenten.〈彼女は皆の中で最高の学生だ〉
Det är det hittills roligaste som jag har upplevt i mitt liv.
〈それは私がこれまでの人生で経験してきた中で一番楽しいことだ〉

26.10　原級を欠く形容詞の比較級・最上級

　原級欄の（ ）内に記してあるのは，原級の意味に近いと想定される副詞や前置詞である．比較級が存在しないものもある．これらの形容詞の比較級・既知形でない最上級は副詞としても機能する．ただ，最上級は既知形で用いられることが圧倒的に多いので最上級既知形のみを示す．また，比較級・最上級になると必ずしも空間の比較になるとは限らない．

原級	比較級	最上級既知形
(bort/borta)	bortre〈ずっと向こうの〉	den/det/de bortersta〈一番向こうの〉
(in/inne)	inre〈内側の, 内面の〉	den/det/de innersta〈一番(心の)奥の〉
(ut/ute)	yttre〈外側の〉	den/det/de yttersta〈一番外側・極度の〉
(upp/uppe)	×	den/det/de yppersta〈最高の〉
(ned, ner/nere)	nedre〈下の〉	den/det/de nedersta〈一番下の〉
(mellan)	×	den/det/de mellersta〈中間の, 真ん中の〉
(över)	övre〈上の〉	den/det/de översta〈一番上の〉
(under)	undre〈下方の〉	den/det/de understa〈真下の〉
(fram/framme)	främre〈前方の〉	den/det/de främsta〈先頭の, 最前の〉
(bak/bakom)	bakre〈後方の〉	den/det/de bakersta〈最後尾の〉
(före)	förra〈前者の〉	den/det/de första〈最初の〉

26.11 絶対比較級

形容詞比較級の限定的用法において，未知形名詞を限定するとき，特に具体的な何かとの比較を前提とせず，自分の抱いていたイメージや経験と比べて，その「程度の差」を表すときに用いられる比較級を「絶対比較級」と呼んでいる．

そのときの程度の高さは原級の形容詞に ganska〈かなり〉，relativt〈比較的〉，tämligen〈割と〉などを付加して置き換えた意味に近い．どの意味を選択すべきかは文脈やその人のイメージとのズレの度合いで判断するしかない．

 en dyrare bil〈かなり高価な車〉≒ en ganska dyr bil
 ett äldre hus〈やや年月を経た建物〉≒ ett tämligen gammalt hus
 Jag tog en längre promenad i en mindre park och då såg jag en större fontän.
 〈私はやや小さめの公園で長めの散歩をしました．そのとき私はかなり大きい噴水を見ました〉

通例程度の差は「原級」，「比較級」の順で上昇するが，以下の例から，絶対比較級では意味的には逆で「原級」，「比較級」の順で下降することがわかる．

 En gammal man är äldre än en äldre man.（= En äldre man är yngre än en gammal man.）
 〈En gammal man は en äldre man よりも äldre だ〉（=〈En äldre man は en gammal man よりも yngre だ〉）

逆説的に聞こえるが，この場合，原級 gammal のほうが比較級 äldre よりも，より老けているということである．つまり，「en gammal man〈老齢の男性〉は en äldre man〈やや年配の男性〉より老けている（äldre）」ということに他ならない．äldre は「年月を経ていく，年を重ねていく」のが原義で，「年寄り，老人になる」ことを常に意味しているわけではい．2 歳から 3 歳になっても äldre を使うし，2 歳児と 3 歳児を比べたら 3 歳児のほうが äldre になる．絶対比較級の yngre も同様の関係である．「en ung dam〈若い女性〉は en yngre dam〈まあまあ若い女性〉よりも若い（yngre）」．

26.12 絶対最上級

特に何かとの比較を前提にせず，漠然と程度のきわめて高いことを示すときに用いられる最上級を「絶対最上級」と呼んでいる．しばしば mycket〈きわめて，大そう〉と当該の原級の形容詞に置き換えた意味に近い．最上級の形容詞は既知

形の語尾 -e/-a を付すが，限定される名詞のほとんどは未知形で，限定詞 den/det/de は省略されることが多い．絶対比較級と異なり，慣用句や定型句の中で使われる．

 i största hast〈大急ぎで〉, i bästa fall〈いくら良くても，せいぜいのところ〉, i värsta fall〈最悪の場合には〉, i högsta grad〈非常に〉, i minsta detalj〈事細かに〉, i sista hand〈最後に〉, i sista stund〈ぎりぎりになって〉, med största nöje〈喜んで〉, utan minsta svårighet〈何らこれという問題もなく〉, närmaste stad〈最寄りの都市〉, bäste vän〈最良の友〉

限定詞や所有形容詞を伴う場合：den djupaste tystnad〈深い沈黙〉, mina hjärtligaste/varmaste hälsningar〈私の心からの／暖かい挨拶を込めて〉(手紙文の「敬具」に相当)

名詞が既知形：i främsta rummet〈なによりもまず〉, självaste kungen〈国王直々に〉

26.13　比較級・最上級が存在しない形容詞

原級の形容詞のもつ意味から，比較級・最上級が形成できない形容詞もある．
 daglig〈毎日の〉, död〈死んでいる〉, evig〈永遠の〉, fyrkantig〈四角形の〉, gravid〈妊娠している〉, jättestor〈巨大な〉, levande〈生きている〉, total〈全体の〉, höger〈右の〉, vänster〈左の〉など．

ただし，höger〈右側〉, vänster〈左側〉を形容詞ではなく名詞として捉えれば，比較級・最上級の意味は表せる．längre till höger/vänster〈もっと右側／左側〉, längst till höger/vänster〈一番右側／左側〉．

練 習 問 題

1. 比較級・最上級の作り方
   次の形容詞の比較級・最上級を順に答えなさい.
   - (1) kort（短い, 背が低い）
   - (2) lång（長い, 背が高い）
   - (3) låg（低い）
   - (4) hög（高い）
   - (5) gammal（古い, 年をとった）
   - (6) ung（若い）
   - (7) stor（大きい）
   - (8) liten（小さい）

2. 比較級
   カッコ内の数字を参考に, 比較級を使って文を完成させなさい.
   - (1) (Sven 188 cm, Göran 180 cm)　　Göran är ＿＿＿＿＿＿.
   - (2) (Kebnekaise 2 106 m, Fuji 3 776 m)　Fuji är ＿＿＿＿＿＿.
   - (3) (Daniel 42 år, Viktoria 38 år)　　Viktoria är ＿＿＿＿＿＿.
   - (4) (Vättern 1 893 km^2, Vänern 5 650 km^2) Vänern är ＿＿＿＿＿＿.

3. 最上級
   最上級を使って, 2通りの作文をしなさい.
   - (1) Sven はクラスの中で最も背が高い.
   - (2) Kebnekaise はスウェーデンで最も高い山です.
   - (3) Viktoria は兄弟の中で最も年上です.
   - (4) Vättern はスウェーデンで2番目に大きな湖です.

4. 作文
   次の日本語をスウェーデン語にしなさい.
   - (1) 昨晩開催されたパーティーはこれまでで最も楽しいものだった.
   - (2) スウェーデン産のエビは冬が最もおいしい.
   - (3) 彼女は実際よりずっと若く見える.
   - (4) ワインは古ければ古いほど値段が高くなる.
   - (5) スウェーデンで最も典型的な鳥はなんですか.

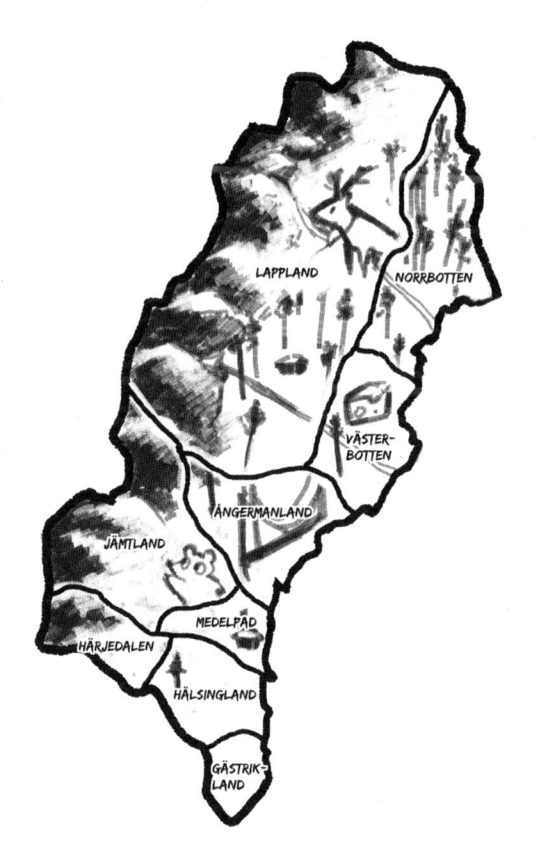

スウェーデンの地理 7　ノッルランド(2)

Jämtland（イェムトランド）と **Härjedalen**（ハリエダーレン）にはスキー場が多くあります．特にイェムトランドにはスウェーデンのアルペンスキーのメッカ，Åre（オーレ）があり，冬には多くのスキー客が訪れます．**Hälsingland**（ヘルシングランド）のランドスケープの花は亜麻です．これは19世紀に亜麻の生産で栄えたためです．**Gästrikland**（イェストリックランド）の中心都市 Gävle（イェーヴレ）では毎年クリスマス時期に，10メートルを超える巨大な julbock（ワラでできたヤギ，スウェーデンのクリスマスで飾られることが多い）がお目見えします．**Medelpad**（メーデルパード）には Flataklocken（フラータクロッケン）という山があり，スウェーデンの最北端と最南端までの距離が同じ場所にあるため，スウェーデンの中心と呼ばれることがあります．

27 ヨーハンとマリーア宅での フィーカの時間
FIKA HOS JOHAN OCH MARIA

Söndagen efter släktmiddagen undrade de nya grannarna om Björn, Ingrid och barnen ville komma och fika hos dem en stund senare. Ingrid sade att de gärna ville fika hos dem, och lovade att de skulle komma om en halvtimme. Men Björn tyckte att de egentligen inte hade tid. Han ville hellre stanna hemma och städa upp efter gårdagens stora middag. Då frågade Ingrid honom vad han helst ville: att hon och barnen skulle gå och fika hos grannarna, eller att de skulle gå hela familjen. Fast då skulle Johan och Maria kanske börja undra vilka som faktiskt bodde i huset bredvid, menade Ingrid.

— De kanske tror att jag och barnen bor ensamma här om du inte kommer med, sade hon.
— Men det går mycket fortare att städa klart om jag kan stanna hemma, invände Björn.
— Du kan väl följa med, bad Ingrid. Hur ofta fikar vi hos grannarna?
— Oftare än jag har tid med i alla fall, svarade Björn.
— Jamen allra oftast är vi ju faktiskt hemma. Vi ska vara där om tjugo minuter. Det går fort att fika och prata lite med dem!
— Det går fortast om jag inte följer med, envisades Björn.

Ingrid blev ledsen och frågade vad som var viktigast: att bli klar med all disk snabbt, eller att få de nya grannarna att känna sig välkomna. Då undrade Björn vem som var viktigast för henne: han eller grannarna? Ingrid tyckte att han inte betedde sig vuxet, och undrade var han fått sitt dåliga humör ifrån.

— Det går jättefort att ta en fika hos dem, så kom nu! Jag kan ta disken sedan, eftersom det inte verkar gå att lösa på något annat vis.

> **新出単語**

egentligen［副］実際に，本来は
städa［動］/städar, städade, städat/ 掃除する
en gårdag［名］/-dagen, -dagar, -dagarna/ 昨日
helst［副］一番〜したい，なるべくなら，
　gärna の最上級
fort［副］速く
klart［副］済ませて
följa［動］/följer, följde, följt/ 同行する，続く
bad［動］be（グループ4）の過去形
jamen［間］そうだけど，でもね

allra［副］すべての中で（最上級を強める）
envisas［動］/envisas, envisades, envisats/ 頑固
　に主張する，強情を張る
vuxet［副］大人として
fått［動］få（グループ4）の完了分詞
ifrån［前］〜から
jättefort［副］とても速く
lösa［動］/löser, löste, löst/ 解決する
ett vis［名］/viset, vis, visen/ 方法，仕方

> **注意すべき発音**

egentligen：強勢は第2音節にあることから，話し言葉では語頭の e 音が脱落し，語末の g も j になり，その結果しばしば [jentlıjen] と発音される．なお，その場合 äntligen [entlı(g)en]〈やっと，ようやく〉と発音がよく似ているので注意．

27.1　副詞と形容詞

　副詞は動詞，形容詞，副詞そして文を修飾する．形容詞の単数中性形はそのまま副詞としても使うことができる（13.6 参照）．以下，-t が付いている語は副詞で，→ の先の語が被修飾語である．

　　動詞を修飾：　Hon dansar vackert.　　　　［vackert］→［dansar］
　　　　　　　　〈彼女は美しく踊る〉
　　形容詞を修飾：Hon är otroligt vacker.　　　［otroligt］→［vacker］
　　　　　　　　〈彼女は信じられないほど美しい〉
　　副詞を修飾：　Hon dansar otroligt vackert.　［otroligt］→［vackert］
　　　　　　　　（さらに動詞を修飾する：　［vackert］→［dansar］）
　　　　　　　　〈彼女は信じられないほど美しく踊る〉
　　文を修飾：　　Hon dansar säkert.　　　　　［säkert］→［Hon dansar］
　　　　　　　　〈彼女は間違いなく踊る，彼女が踊ることは確実である〉

① 文を修飾する副詞（「文副詞」）とそれ以外の副詞は同じ語を使うことはない．
　　Han var inte *lyckligt* gift.〈彼は幸せな結婚生活ではなかった〉
　　　　（lyckligt は形容詞 gift を修飾）
　　Lyckligtvis var han inte gift.〈幸運なことに彼は結婚していなかった〉
　　　　（Lyckligtvis は文副詞．〈「彼が結婚していなかったこと」は幸運だった〉の意味）
　対応する -vis に代わり，［形容詞中性形（＝副詞）＋ nog］が文副詞として使われることも多い．
　　Märkligt nog kände jag mig inte alls nervös.
　　〈不思議なことに私はまったく気をもむことはなかった〉（Märkligt nog は文副詞）

② 日本語では副詞のように訳されるところをスウェーデン語では形容詞が使われていることがある．副詞と形容詞とでは意味が異なる．
　　形容詞：Han dog inte *lycklig*.
　　　　〈彼は幸せなまま死んだのではなかった，不遇のうちに亡くなった〉
　　副詞：*Lyckligtvis* dog han inte.〈幸運なことに彼は死ななかった〉
　英語はこのような例では共に副詞 happily を使いながらも語順で意味の違いを表すが，スウェーデン語は一方に形容詞 lycklig が使われる．そのとき形容詞は主語と同一の関係にあるため，その形容詞は主語の性・数に一致させる．
　　De dog *olyckliga*.〈彼らは不遇のうちに亡くなった〉（形容詞）
　形容詞複数形の olyckliga は主語と一致させているので，主語の状態，とりわけ主語の内面を描写している．de ＝ olyckliga の状態で彼らは「亡くなった（dog）」ということ示している．
　このように，副詞が予想される文脈でスウェーデン語では形容詞を用いたりすることがあるので注意が必要である．
　　De gick *tysta* i korridoren.〈彼らは黙ったまま廊下を歩いた〉（形容詞）
　　De gick *tyst* i korridoren.〈彼らはそっとそっと静かに廊下を歩いた〉（副詞）
　tyst は形容詞単数共性形とも，また形容詞単数中性形すなわち副詞とも解釈できる．このような［-C ＋ t］で終わるタイプの形容詞が，主語が単数のときに使われると，形容詞なのか副詞なのかは文脈から判断するしかない．
　　Han gick *tyst* i korridoren.（形容詞もしくは副詞）
　ちなみに，Jag mår bra/illa.〈私は気分がいい／悪い〉は，変化しない形容詞 bra のみをみていては形容詞か副詞かは区別できないが，副詞 illa が用いられているため，代わりに dålig〈悪い〉を代入するとしたら Jag mår *dåligt*〈私は気分が悪

い〉（副詞）にしなくてはならない．もし形容詞を用いたら，主語の内面を示すので，jag＝dålig〈私＝悪い，劣っている（性格・人）〉となってしまい，この文では意味をなさなくなる．このbra/dåligtは動詞måの意味「主語が自己の身体的・精神的状態に向き合う」その仕方の良し悪しを述べていることなのである．

　一方，以下のような動詞は副詞ではなく，Xに形容詞を必要とする．
　　förefalla X〈Xのように思える〉, känna sig X〈Xのように感じる〉, låta X〈Xのように聞こえる〉, låtsas X〈Xのふりをする〉, se X ut〈Xのように見える〉, verka X〈Xように思える〉など．

27.2　副詞の比較級・最上級の作り方

　副詞の比較級・最上級の作り方も分類も26課で述べた形容詞とほぼ同じである．副詞もその分類を踏襲する．ただ，最上級は既知形がないので，比較級・最上級はそれぞれ1つの形しかない．多くの副詞は形容詞単数中性形からの転用なので，(1), (2A), (2B) を通じて比較級・最上級を作るときは，単数中性形の語尾 -t（表中の太字）を外して，形容詞に戻してから比較級・最上級を作ること (26.2(1) 注意 参照)．

　また前課 (26.10) で挙げた，原級を欠く形容詞の比較級・最上級は副詞としても機能するので参照すること．

(1)　-are, -ast

　ほとんどの副詞はこのタイプである．原級がすでに -a で終わっている副詞 ofta などは，比較級・最上級ではaを重ねない．原級が強勢のない -elt, -ert, -et で終わる副詞は，比較級・最上級ではeが脱落する（強勢のない -el, -er, -en で終わる形容詞の副詞であるため）．また [強勢のある短母音 + mt] で終わる副詞は比較級・最上級ではmを重ねる．

　比較級・最上級は2音節語であるので，すべてアクセントIIになる．

原級	比較級	最上級
fort〈速く〉	fortare	fortast
ofta〈頻繁に〉	oftare	oftast
sent〈遅い〉 (sedan〈その後で〉)	senare〈より遅く〉 senare〈後ほど〉	senast〈最近〉 sist〈最後に〉
tidigt〈早く〉	tidigare〈以前は〉	tidigast
snart〈間もなく〉	snarare〈むしろ〉	snarast〈最速で〉
långsamt〈ゆっくり〉	långsammare	långsammast
enkelt〈単純に〉	enklare	enklast
vackert〈美しく〉	vackrare	vackrast
troget〈忠実に〉	trognare	trognast

(2A), (2B) -re, -st

形容詞の比較級・最上級の (2A), (2B) の語尾と同じ変化をする．最上級は屈折しない．目新しいのは gärna のみだが，きわめてよく使われる副詞なので覚えること．なお，2音節語にもかかわらず，アクセントIになる比較級には下線を付してある．比較級 längre はアクセントIだが，原級 länge は規則通りアクセントIIである．

原級	比較級	最上級
bra/väl〈良く〉	bättre	bäst
dåligt〈悪く〉	sämre（短母音）	sämst（短母音）
illa/dåligt〈悪く〉	värre	värst
gärna〈好んで, とかく〉	hellre	helst
lite〈少し〉	mindre	minst
mycket〈多く(英 much)〉	mer(a)	mest
länge〈(時間)長い間〉	längre	längst
långt〈(空間)遠く〉		
högt〈高く, 大声で〉	högre（長母音）	högst（短母音）
(före)〈前の〉(前置詞)	förr〈以前は〉	först〈最初に〉

注意1 gärna の比較級 hellre は，似た綴りの heller〈〜もまた（〜でない）〉（英 neither に相当）と混同しないこと．最上級 helst は l（エル）が1個であることに注意．

注意2 gärna/hellre/helst を日本語に直すときは，やや工夫する必要がある．原級は「自ら好んで，喜んで〜する」「〜することが好きだ」などの意味を文脈によって判断する．

Jag dricker gärna kaffe men min fru dricker hellre te. Helst dricker jag öl.
〈私はコーヒー派だ（好んで飲む）が，妻はどちらかと言うと（なるべくなら）紅茶を飲みたがる．私は何と言っても一番好きなのは（好んで飲むのは）ビールだ〉

Jag skulle helst vilja stanna kvar hos dig.
〈私はできることならあなたのもとに残りたい〉

さらに，「(好きだから) よく〜する」「〜する傾向がある」という意味にもなる．特に主語が無生物であったり，受動態の中で用いられたりすると，たいていは「好み」→「何かにつけて，多頻度」などから「傾向」の意味になることが多い．

Den här busken växer gärna vid stranden.
〈この灌木は水辺を好んでよく生える（傾向がある）〉

(3) mer(a), mest

-(i)skt で終わる副詞，現在分詞・過去分詞をもとにした副詞，およびいくつかの副詞は，mer(a), mest を用いた比較級・最上級の方式が適用される．

原級	比較級	最上級
praktiskt〈実用的に〉	mer(a) praktiskt	mest praktiskt
bestämt〈断固とした〉	mer(a) bestämt	mest bestämt
lagom〈適度に〉	mer(a) lagom	mest lagom
sällan〈めったに〜しない〉	mer(a) sällan	mest sällan〈まず〜ない〉

(4) -mare, -mast

形容詞の比較級・最上級（26.3）と同様，以下の2語はやや特殊である．

nära〈近くに〉	närmare〈より近くに, 綿密に〉	närmast〈一番近くに〉/ näst〈次に〉
fjärran〈遠方に〉	fjärmare	fjärmast

27.3 副詞の比較級・最上級の用例

2者の比較では än〈～より〉が用いられる．また，副詞の比較級・最上級を修飾できる語は形容詞の比較級・最上級を修飾するときと同じ語が用いられる（26.9参照）．

Kan du tala lite högre/saktare（= långsammare）?
〈もう少し大きい声で／もう少しゆっくりと話してくれますか〉
Erik springer fortare än Karin, men Christian springer fortast.
〈エーリックはカーリンよりも速く走るが，クリスティアンが一番速い〉
Karin äter lite, Berit äter ännu mindre och Petra äter minst.
〈カーリンは食が細い，ベーリットはさらに少食で，ペートラが一番食が細い〉
Lotta kom hem allra sist.〈ロッタは皆の中で，一番最後に帰宅した〉
Julias klänning var snarare skär än röd.
〈ユーリアのドレスは赤と言うよりはどちらかと言うとピンクだった〉
Min fru arbetar mer systematiskt/praktiskt i köket än jag.
〈私の妻は台所では私より整然と／効率良く仕事をこなす〉

すでに絶対比較級，絶対最上級の意味になっている副詞もある．

Vi ses senare.〈また後ほど会いましょう〉
Tidigare（= Förr）arbetade jag i den här firman.
〈かつて私はこの会社で働いていました〉
Han kommer oftast till arbetet vid tiotiden.
〈彼は職場にはたいてい10時ごろやって来る（常習化している）〉
（oftast は ofta よりは，より習慣化・慣例化・常態化している．vanligen〈たいてい〉に近い）

最上級が原級で置き換えられる場合：

Meddela mig snarast möjligt! = Meddela mig så snart som möjligt!

= Meddela mig så snart som du kan!〈できるだけ速く私に連絡をください〉
役に立つ比較級・最上級の表現：
　senast klockan 10〈遅くとも10時までに〉, tidigast i början av oktober〈早くても10月の初めに〉, minst 10 år〈少なくとも10年，最低10年〉, högst två veckor〈せいぜい2週間〉, Tack för senast!〈先日はどうもありがとうございます〉, rättare sagt〈より正確に言うと〉, sist men inte minst〈最後だからと言って決して軽んじてはならない〉, mer eller mindre〈多かれ少なかれ〉, aldrig /inte mer〈(こりごりだ)もう2度と～しない〉, inte längre〈(今までやってきたことを)もはや～しない〉など.

　副詞でありながら，最上級で単数中性の既知形を取ることがある．後ろにそれを修飾する関係節が続く特徴がある．
　Han sprang det fortaste han kunde.（= Han sprang så fort han kunde）
〈彼は力の限り速く走った〉

27.4　位置関係の相対性を示す比較級・最上級

　26.13では位置関係を示す形容詞の比較級・最上級（原級を欠く）を挙げたが，副詞で位置関係を比較級・最上級で表すには längre/längst を副詞の前に置く．位置関係は具体的な空間や，時には時間も表すが，特に今いるその場所・時点からより離れていると感じられる場所や時間を表すときに用いられる．場所が，より上方にある場合は högre/högst も使われる．
　längre in/ut〈もっとずっと 中へ，奥へ／外へ〉
　　　　　　　　　　　　　　　　　: längst in/ut〈一番中へ，奥へ／一番外へ〉
　längre upp/uppe〈もっとずっと上へ／上に〉
　　　　　　　　　　　　　　　　　: längst upp/uppe〈一番上へ／上に〉
　längre ner/nere〈もっとずっと下へ／下に〉
　　　　　　　　　　　　　　　　　: längst ner/nere〈一番下へ／下に〉
　längre fram/bak〈もっとずっと前へ／後ろに〉
　　　　　　　　　　　　　　　　　: längst fram/bak〈一番前へ／後ろに〉
　längre bort/borta〈もっとずっと向こうへ／に〉
　　　　　　　　　　　　　　　　　: längst bort/borta〈一番向こうへ／に〉
　Längre fram får du veta sanningen.〈少し先になれば真実がわかる〉
　De bor nu längst ut på halvön.〈今では彼らは半島の突端に住んでいる〉

högre upp/uppe〈もっとずっと上へ／上に〉
　　　　　　　　　　　　　：högst upp/uppe〈一番上へ／上に〉
　　　　Fågeln sitter högst uppe i trädet.〈鳥がその木の一番上にとまっている〉
方角や左右を表す前置詞句にも längre/längst が使われる．
　　　längre (ner) i söder〈もっとずっと南へ〉：längst (ner) i söder〈一番南へ〉
　　　längre (upp) i norr〈もっとずっと北へ〉：längst (upp) i norr〈一番北へ〉
　　　längre till höger/vänster〈もっとずっと右へ／左へ〉
　　　　　　　　　　　　　：längst till höger/vänster〈一番右へ／左へ〉
一方，東西南北にはそれぞれ規則通りの比較級・最上級を有する形容詞がある．
　　　östlig　〈東方の，東からの〉/östligare/östligast(e)
　　　västlig　〈西方の，西からの〉/västligare/västligast(e)
　　　sydlig　〈南方の，南からの〉/sydligare/sydligast(e)
　　　nordlig〈北方の，北からの〉/nordligare/nordligast(e)

練 習 問 題

1. 副詞と形容詞

   違いに注意して訳しなさい
   - (1)(a) De dansade glada.
   - (b) De dansade glatt.
   - (2)(a) De åt fisken rå.
   - (b) De åt fisken tysta.
   - (3)(a) Hon log naturligt när jag tog ett foto på henne.
   - (b) Naturligtvis log hon när jag tog ett foto på henne.
   - (4)(a) Han började sjunga konstigt.
   - (b) Konstigt nog började han sjunga.

2. 比較級

   比較級を使って，作文しなさい．
   - (1) 彼は私たちよりも走るのが遅かった．
   - (2) 彼女は部屋にいる他の人たちよりも大きな声で話した．
   - (3) 私はお酒を飲んだ後はいつも眠りがよくない．
   - (4) いつもより丹念に掃除しなさい．
   - (5) 彼はビールよりもワインを好んで飲む．

3. 最上級

   最上級を使って，作文しなさい．
   - (1) 彼女は我々の中で最も上手に歌った．
   - (2) 誰が一番すばやく玉ねぎをみじん切りにできますか．
   - (3) 私は教室の一番後ろに座っていた．
   - (4) 我々はその問題を遅くとも1月には解決しなければならない．
   - (5) 私は誰がサウナで一番汗をかいたのか知らない．（サウナ: en bastu）

28 まもなくクリスマス
JULEN NÄRMAR SIG

60

Under hela hösten har Tor och Hedda väntat på att det ska bli jul. I slutet av november är det den första dagen för julskyltningen i Stockholm och på många andra platser i Europa. Det är alltid på en söndag. I år har familjen bestämt sig för att åka in till stan och titta på julskyltningen tillsammans, delvis för att Björn och Ingrid planerar att köpa några av årets julklappar redan nu, en månad före jul.

De tar tunnelbanan mot stan, genom de vintriga förorterna. På marken ligger ett tunt snötäcke. De åker förbi Liljeholmen, och sedan går tunnelbanan under jord. När de kommit in till centrum vill barnen gå på varuhuset NK. Men Ingrid vill hellre gå till en klädaffär, så de bestämmer att Ingrid ska gå dit ensam medan Björn går med barnen till NK:s leksaksavdelning. Björn föreslår att de ska träffas i klädaffären om en halvtimme.

— Nej, det är roligare att ses på NK, tycker Ingrid. Ni tycker väl inte att det är så roligt med H&M:s damavdelning?

— Förresten, varför inte på ett konditori istället, föreslår Björn.

De bestämmer att de ska träffas i korsningen Hamngatan och Regeringsgatan, precis vid varuhusets entré. Där finns flera konditorier i närheten, de flesta med många läckra bakverk.

— Blir du klar på en halvtimme då, undrar Björn.

— Tror det, fast när jag var på H&M i somras tog det mig över en timme! Det finns ju alltid så mycket fint att titta på, och särskilt i just den här butiken.

— Om tre kvart från nu, blir det bättre för dig då? frågar Björn.
— Helt perfekt, tycker Ingrid. Om fyrtiofem minuter här, utanför NK:s ingång!

De skiljs åt framför NK. Björn har roligt med barnen på NK:s leksaksavdelning, medan Ingrid letar efter snygga klädesplagg inne i H&M:s modedjungel. Men efter en halvtimme tröttnar hon, och går till mötesplatsen vid NK:s ingång för att vänta på Björn, Tor och Hedda. De kommer fem minuter senare och har med sig en stor kasse med jultomtar på båda sidorna. Bakom tomtarna syns stora högar med leksaker, och Ingrid börjar skratta.

新出単語

närma sig /närmar, närmade, närmat/ 近づく
ett slut [名] /slutet, slut, sluten/ 終わり　i slutet av ...　〜の終わりに
november [名] 11月
en julskyltning [名] /-skyltningen, -skyltningar, -skyltningarna/ クリスマスの飾り付け
en plats [名] /platsen, platser, platserna/ 場所
Europa [固] ヨーロッパ
bestämma sig för 決心する，〜を決める
delvis [副] 一部は，一部には
en julklapp [名] /-klappen, -klappar, -klapparna/ クリスマスプレゼント
en månad [名] /månaden, månader, månaderna/ （暦上の）月
före [前] 〜の前に
genom [前] 〜を通って（英 through）
vintrig [形] 冬の
en förort [名] /-orten, -orter, -orterna/ 郊外
en mark [名] /marken, marker, markerna/ 地面

tunn [形] 薄い
ett snötäcke [名] /-täcket, -täcken, -täckena/ 雪化粧
förbi [前] 〜の横を，〜を通り過ぎて
en jord [名] /jorden, jordar, jordarna/ 地球，土地，大地
ett centrum [名] /centrumet, centrum, centrumen/ 中心街
ett varuhus [名] /-huset, -hus, -husen/ デパート
NK [固] NK（ストックホルムとユーテボリにあるデパート Nordiska Kompaniet の略語）
en klädaffär [名] /-affären, -affärer, -affärerna/ 衣料品店
en leksaksavdelning [名] /-avdelningen, -avdelningar, -avdelningarna/ おもちゃ売り場
träffas [動] /träffas, träffades, träffats/ お互いに会う
ses [動] /ses, sågs, setts/ お互いに会う
H&M [固] H&M（スウェーデン発祥の世界的

アパレルブランド Hennes och Mauritz の略号）
en d**a**mavd**e**lning［名］/-avdelningen, -avdelningar, -avdelningarna/ 婦人服売り場
förr**e**sten［副］ところで
v**a**rför **i**nte ～してはどうですか？（英 why not?）
ett konditori［名］/konditoriet, konditorier, konditorierna/ 喫茶店，ケーキ屋
ist**ä**llet［副］その代わりに
en k**o**rsning［名］/korsningen, korsningar, korsningarna/ 交差点
H**a**mng**a**tan［固］ハムンガータン（ストックホルムの通りの名前）
Reg**e**ringsg**a**tan［固］レイェーリングスガータン（ストックホルムの通りの名前）
en entré［名］/entrén, entréer, entréerna/ 入口
flest［形］最も多数の，många の最上級
ett b**a**kv**e**rk［名］/-verket, -verk, -verken/ 焼き菓子，パティスリー
i s**o**mras この前の夏に，この間の夏に
tog［動］ta（グループ4）の過去形
särsk**i**lt［副］特に
en but**i**k［名］/butiken, butiker, butikerna/ 店
f**y**rtio［数］40
en **i**ng**å**ng［名］/-gången, -gångar, -gångarna/ 入口

sk**i**ljas ˈ**å**t /skiljs, skildes, skilts/ 別れる
framf**ö**r［前］～の前に
l**e**ta［動］/letar, letade, letat/（efter ...）（～を）探す
snygg［形］かっこいい
ett kl**ä**desplagg［名］/-plagget, -plagg, -plaggen/ 衣服，衣類
en m**o**dedj**u**ngel［名］/-djungeln, -djungler, -djunglerna/ 流行のジャングル
tr**ö**ttna［動］/tröttnar, tröttnade, tröttnat/ 疲れる，いやになる
en m**ö**tespl**a**ts［名］/-platsen, -platser, -platserna/ 待ち合わせ場所
en k**a**sse［名］/kassen, kassar, kassarna/（取っ手付きの）袋
en j**u**lt**o**mte［名］/-tomten, -tomtar, -tomtarna/ サンタクロース
en s**i**da［名］/sidan, sidor, sidorna/ 側，ページ
b**a**kom［前］～の後ろに
en t**o**mte［名］/tomten, tomtar, tomtarna/ 小人．ここでは jultomte の略．
synas［動］/syns, syntes, synts/ 見える
en hög［名］/högen, högar högarna/ かたまり，（うず高く積まれた）山，山積
en l**e**ks**a**k［名］/-saken, -saker, -sakerna/ おもちゃ

注意すべき発音

entré：発音は [aŋˈtreː].　フランス語からの借用語のため，語頭の例外的な発音 en- に注意．同じ理由で，他にも語頭がこのように発音される語がある．engagerad [aŋgaˈɧeːrad]〈没頭している〉, enkät [aŋˈkɛːt]〈アンケート〉や pension [paŋˈɧuːn]〈年金〉の語頭音にも注意．

28.1 前置詞の特徴

　名詞や代名詞などの前に置かれ，空間的関係や時間的関係さらに方法・手段など各種の関係を示し，屈折せず，たいていはきわめて短い語で，強勢は置かれない．前置詞に後続する名詞や代名詞を前置詞の目的語と呼ぶことがある．前置詞にはじめから目的語が欠けている場合は，それは前置詞ではなく，小辞と呼ばれる強勢のある副詞である．小辞については29課参照．

(1) 前置詞の目的語

　前置詞の目的語としては名詞，代名詞以外にも，att-不定詞や名詞節，さらに形容詞や副詞(句)が来る場合もある．

　att-不定詞：Han är duktig *på att spela fotboll*.〈彼はサッカーが上手だ〉
　名詞節：att-節を目的語に取る場合は，しばしば全体で合成接続詞を形成することもある（23課参照）．*för att* ...〈〜であるから〉，*efter* (det) *att* ...〈〜した後で〉，*trots att* ...〈〜にもかかわらず〉など．
　形容詞：Du tar det *för givet* att jag alltid hjälper till.〈あなたは私がいつでも手を貸してくれるものと当然のように思っている〉（「しっかり考えもせずに，勝手に決めつける」というニュアンスが伴う．det は att-節を指す仮目的語（23.1(7)参照．英語の take A *for granted*〈A を当り前とみなす〉も参照）
　副　詞：*för alltid/gott/evigt*〈永遠に〉，*sedan i fredags*〈この間の金曜日以来〉，*tills nu*〈今まで〉，*till efter lunch*〈昼食後まで〉など．

　代名詞が前置詞の目的語となる場合，目的格ばかりでなく，主格もありうる．
　　Alla *utom han* kom hem.〈彼以外は皆帰宅した〉

(2) 前置詞の構成による分類

　前置詞には単独語，合成語，群前置詞（2語以上が集まって1つの前置詞として機能する）がある．
　単独語：i〈〜の中で〉，med〈〜とともに〉，på〈〜の表面に〉，till〈〜方に〉など．
　合成語：bakom〈〜の後ろに〉，bredvid〈〜の傍らに〉，framför〈〜の正前に〉，omkring〈〜の周辺に〉など．

群前置詞：på grund av ...〈〜のために〉, i stället för ...〈〜の代わりに〉, tack vare ...〈〜のおかげで〉など.
群前置詞の中に目的語が挿入される場合（このタイプの群前置詞は少ない）：
för tio dagar se(da)n〈10日前に〉, åt stationen till〈駅を目指して〉

（3） 前置詞の由来

いくつかの前置詞は現在分詞，過去分詞，名詞などに由来する.
現在分詞：angående, beträffande. いずれも〈〜について〉. ただし，堅い書き言葉で用いられる.
過去分詞：oavsett〈〜にかかわりなく〉, oaktat〈〜にもかかわらず〉. 堅い書き言葉で用いられる.
名詞： hos〈〜の家で〉（名詞 hus〈家〉の u の強勢が失われ o へと短母音化した）, till〈〜の方へ〉（同語源のドイツ語の Ziel〈目標〉は名詞. 英語の前置詞 till〈〜(時間的に)まで〉は北欧語からの借用）, typ〈〜のような〉(en bil typ Volvo〈ボルボのような(タイプの)車〉. typ は今も EN-名詞〈タイプ，型〉として使われている）

（4） 前置詞の目的語の格

現代のスウェーデン語では前置詞の目的語の格について，英語と同様に特に考える必要はない. しかし，古スウェーデン語では，現代のドイツ語のように，それぞれの前置詞は与格，対格，所有格の支配が決まっていた. 一部の慣用句ではかつての格支配の痕跡を残したまま使われている.

［till + 所有格］: till は上で述べたように元来「目標地点」を意味する名詞なので，どの地点を明確化するために所有格を必要としていた. つまり，所有格は後ろからかつての名詞 till を修飾していたことになり, till sängs は「寝台のところ」ということができる.

till sjöss〈沖へ，出帆，海路で〉, till fots〈徒歩で〉, sitta till bords〈食卓につく〉, gå/ligga till sängs〈就寝する，寝る〉/〈病床にふしている〉, misshandla till döds〈虐待して死なす〉, till salu〈売物に出ている（英 on sale)〉, till dess〈その時までに〉(dess は代名詞 det の所有格）.

注意1　sjö の所有格は本来 sjös だが，この句に限って sjöss が席巻してしまった. -ss であることから ö は短母音となることに注意. 短母音：döds,

長母音：fots, bords.

注意2　salu は所有格のマーク s がないように思われるが，salu 自体が現代スウェーデン語で失われてしまった名詞 *sala の所有格である．

［ur〈中から外へ〉はかつて与格支配］：
　　man ur huse〈全員総出で〉（huse は hus のかつての与格）

（5）　同じ前置詞のバリエーション

　前置詞の中にはほぼ同じ意味を表しながらも，i- や e- などを語頭に伴う長い形が併存している．i- も e- も前置詞 i が起源である．長い前置詞が現れるのは，特に強調されて強勢が置かれる場合や前置詞から小辞に変わったとき，あるいは慣用句の場合である．さらにはそのコンテキストの中での口調による選択もありうる．太字に強勢がある．

　　e-：m**o**t/em**o**t〈～に向かって，～に反して〉，mellan/em**e**llan〈～との間に〉
　　i-：bl**a**nd/ibl**a**nd〈～の間に（囲まれて）〉（ただし，ibland は副詞として〈ときどき〉の意味もある），fr**å**n/ifr**å**n〈～から〉，g**e**nom/ig**e**nom〈～を通して〉
　　Var kommer du ifrån?〈君はどこ出身ですか〉（ifrån に強勢がある）= Varifrån kommer du? も問題はないが，× Var kommer du *från*? は文法的に不可．Jag kommer från/ifrån Sverige.〈私はスウェーデン出身です〉は共に問題ない．

　他に av/utav〈～から〉，i/uti〈～の中に〉，över/utöver〈～を越えて〉など合成による前置詞もある．

（6）　中性単数代名詞が前置詞の目的語になる場合

　中性単数代名詞 det/detta が前置詞の目的語になる場合に限って，たとえば på det となるところの det を場所の副詞 där に換え，前置詞の直前に置き 1 語 därpå となることもある．英語に置き換えるなら，on it より thereon のタイプがスウェーデン語で用いられたりする．その場合，意味が特殊化した副詞になることがあるので下記に挙げる．代名詞 detta〈これ〉の場合は här- と組み合わせられる．中性単数代名詞以外はこの適用を受けない．たとえば den や dem は på den/dem のままである．

　　därefter〈その後〉，därför〈それゆえに〉，däremot〈それに反して，一方で〉，därifrån〈そこから〉/härifrån〈ここから〉，därmed〈それを（で）もって〉/härmed

〈これを(で)もって，本状により〉, därpå〈その直後の〉, därtill〈それに加えて〉, därvid〈その際に〉; veckan därpå〈その翌週〉, häromdagen〈先日〉

(7) 前置詞の目的語が文頭に先行する場合

前置詞の目的語が文頭に置かれると前置詞はもとの位置に残ったままになる．スウェーデン語ではきわめて頻繁に生じるので注意したい．一方，前置詞句全体を文頭に置くと，文体が堅くなり，書き言葉的になる．

　　Jag vill inte bo i den här stan.〈私はこの町に住みたくない〉
　　　= Den här stan vill jag inte bo i.（前置詞の目的語が文頭に来て，前置詞が文末に残る）
　　　= I den här stan vill jag inte bo.（前置詞句全体が文頭に来る．文体がやや堅くなる）
　強調構文において，強調される語が前置詞の目的語であるときも同じ扱いになる．

　　Det är *bordet* som jag lade boken på.
　　〈私が本を置いたのはそのテーブルの上です〉
　　　= Det är *på bordet* som jag lade boken.（堅い文体）

(8) 後置詞

前置詞であるから，当然その目的語の前に置かれるが，後置詞として用いられることも限られてはいるが，いくつかある．後置詞には強勢が置かれる．多くは慣用的な言い回しである．

　　detta oaktat〈これにもかかわらず〉, vänner emellan〈友人同志での話しだが〉, natten igenom〈夜通し〉, jorden runt〈世界一周〉, året runt〈年がら年中〉

28.2　空間を表す前置詞 i と på による意味の違い

スウェーデン語で頻繁に使われ，かつともに場所や時間両方を表すことのできる前置詞に i と på がある．その区別は容易ではないが，違いをいくつか以下に述べる．なお，「時間の長さを表す i と på」については 21.4 を参照．

　i は英語の前置詞 in に語源的にも意味的にも相当するが，根本的な意味は3次

元的に囲まれた空間を表し，「〜の中に」がその中核である．一方，på は意味的にも，語源的にも英語の on と同じであり，2次元の平面上の接触面にあることを表す．

　場所を表す前置詞は基本的に i である．しかし，いくつかの決まった場所の名詞は på をとる．したがって，på をとる場所名詞に注意を払う必要がある．前置詞 på を取る場所名詞には共通した特徴がある．すなわち，その場で行われる活動がその言語社会のメンバーにほぼ共通した内容を即時にしかも容易に連想させる働きをもっている．たとえば，「レストラン」と聞けば，「お金を払って食事を取ることができる場所」という活動内容が共通の理解である．したがって på restaurang となる．一方「建物」と聞いた場合には，その用途は千差万別であり，そのような場合は i huset となる．また，rum〈部屋〉ではどんな活動をする場所か特定できず，共通したイメージがわかないために i であるが，合成語 tjänsterum〈オフィス〉であれば，「仕事をする部屋」という共通の理解があるので på が使われる．

　たとえば，次のような場所名詞が på を取る．他にもまだあるので，各自でリストを作っておくとよい．

　　apotek〈薬局〉, bank〈銀行〉, bibliotek〈図書館〉, bio〈映画館〉, flygplats〈空港〉, hotell〈ホテル〉, konditori〈喫茶店，菓子店〉, konsert〈コンサート〉, kontor〈事務所〉, museum〈博物館〉, restaurang〈レストラン〉, sjukhus〈病院〉, station〈駅〉, teater〈劇場〉, toalett〈洗面所〉, universitet〈(大学院)大学〉, varuhus〈デパート〉

på を取る場所を表す普通名詞が消え，代わりにそれを表す固有名詞だけになっても，この原則は適用される．

　　på flygplatsen〈空港で〉→ på Arlanda〈アーランダ空港で〉, på Narita〈成田空港で〉

　　på hotellet〈ホテルで〉→ på Sheraton〈シェラトンホテルで〉

　　på varuhuset〈デパートで〉→ på NK〈NK デパートで〉, på Hankyu〈阪急デパートで〉

交通機関に関しても på を取る乗り物について同じことが言える．ただ，その乗り物が常に（時間にとらわれず）同じ行動（ルート）を行き交いすることが前提にある．

　　på：buss〈バス〉, flyg(plan)〈飛行機〉, färja〈フェリー〉, tåg〈電車〉

注意1　共通の活動イメージを引き起こすにもかかわらず，i を用いる重要な場所名詞が2つある．

Pojken är sju år och går i skolan.〈男の子は7歳で学校に通っている〉
De går i kyrkan varje söndag.〈彼らは毎週日曜日に教会に通う〉
（gå i skolan/i kyrkan は「通学している」/「礼拝のために教会へ通う」．前者の主語は学校の生徒，後者はその信者でなくては成立しない．授業を受けるため，礼拝をするためであって，行くという移動に重点はない．親の学校訪問や観光客の教会見学などに行く場合は，それぞれ gå till skolan/gå till kyrkan である）

注意2 同じ名詞が前置詞 i/på によって意味が異なる例：
i landet〈その国内に〉/på landet〈田舎で〉, i himmelen〈天国で〉/på himlen〈天空に〉, i stan〈都会に〉（på landet〈田舎で〉との対比）/på stan〈繁華街で，ダウンタウンで〉（stan = staden）, i våningen〈マンションの中に〉/på våningen〈（建物の）階で〉, i taket〈天井に〉/på taket〈屋根の上に〉（28.4 前置詞 i **注意1** 参照）, i hörnet〈スミ（角）で〉/på hörnet〈カド（角）で〉/vid hörnet〈辻角で，コーナーで〉（日本語でもスミやカドに同じ漢字「角」を充てている．ちなみにツノ「角」はスウェーデン語で同語源の ett horn）

28.3　所有や関係を示す様々な前置詞句

英語ではしばしば前置詞 of が使われるような句にスウェーデン語では各種の前置詞が用いられる．recension av boken〈その本の書評〉や kungen av Sverige〈スウェーデンの王〉では av は英語の of に近いように思われるが，スウェーデン語の av は所有の意味ではあまり使われない．むしろ〈～によって〉の意味が圧倒的に多い．
ett foto av Åsa〈オーサによって撮られた写真〉, ett foto på Åsa〈オーサが映っている写真〉, Åsas foto〈オーサが所有している写真〉
i, på, till, över が使用されている例
i：lektion i engelska〈英語の授業〉, professor i svenska〈スウェーデン語の教授〉
på：namnet på min hemstad〈私の故郷の町の名前〉, titeln på boken〈その本の題名〉, ryggen på Åsa〈オーサの背中〉, priset på bilen〈その車の値段〉, färgen på skjortan〈そのシャツの色〉
till：en god vän till mig〈私の親友の1人〉, författaren till boken〈その本の著者〉
över：en karta över Stockholm〈ストックホルムの地図〉

28.4　それぞれの前置詞の意味と用法

代表的なスウェーデン語の前置詞を取り上げ，その主要な用法を述べる．意味分類は常に明確に区別できるとは限らない．

av　英語の of に類似しているが，所有を表すことはほとんどない．むしろ off の「離れる」「～のことから」の出発点の意味を解釈の根本に据えた方が理解しやすい．（ちなみに，英語の of と off とは同語源）

行為者：Dessa knivar tillverkas av en svensk firma.〈これらのナイフはスウェーデンの会社によって生産されている〉

材質：Stolen är（gjord）av trä.〈その椅子は木でできている〉

部分：några av eleverna〈生徒たちのうちの何人〉

由来・出自：Jag fick en bok av honom.〈私は彼から（手渡しで）本をもらった〉．（av は手渡しだが，från では第三者を介しての意味になる）

原因・理由：Som ni ser av vår katalog, är våra varor relativt billiga.〈私たちのカタログからみてとれるように，私たちの商品はかなり安価だ〉，De dog av svält〈彼らは飢えで死んだ〉，av avund/glädje/rädsla/ilska/köld〈嫉妬で，喜びで，恐れで，怒りで，寒さで〉，av hans betyg att döma〈彼の成績から判断すると〉

性格：[心理状態を表す形容詞 + av + 再帰代名詞]で，永続的な性格を示す．

　永続的性格：Han är rädd av sig.〈彼は怖がりだ〉，Hon är glad av sig.〈彼女は明るい性格だ〉

　一時的な心的状態：Han är rädd.〈彼は恐れている〉，Hon är glad.〈彼女は嬉しがっている〉

その他：av の次に続く人の評価を形容詞で示す．英語にも同じ構文があるが，スウェーデン語は話し手の感情を表すときは過去形を用いる（19.6(3)参照）．Det var snällt/vänligt/dumt/grymt av dig att göra det.〈君がそれをしてくれるなんてご親切に（どうもありがとう）／ご丁寧に（どうもありがとう）／それをするなんて愚かだね／ひどいね（残酷だね）〉（It is kind of you to do that に相当する）

bakom〈背後で〉反対語は framför.

Vi parkerade bilen bakom huset.〈私たちは建物の後ろに車を停めた〉

Allt detta ligger nu så långt bakom mig.〈これらのことはもうすべてはるか昔のことだ（私の記憶のかなただ）〉

bland 〈3者以上の間で〉（英 among 参照）
　Hans sommarvilla ligger mitt bland höga träd.
　〈彼の夏の家は高い木々に囲まれた真ん中にある〉
　Hon är mycket populär bland ungdomar.〈彼女は若者の間ですごく人気がある〉
bredvid 〈脇に〉（英 beside 参照）. 同意語に intill〈すぐ横に，すぐ隣に〉.
　Skolan ligger bredvid kyrkan.〈学校は教会の隣にある〉
　Vi satt bredvid varandra.〈私たちは隣どうしですわっていた〉
efter 〈後で〉（英 after）. 反対語は före.
　様々な動詞との結合で〈〜の後を追って，〜の後に続いて，〜を求めて〉,〈〜にならって，〜にしたがって〉など.
　空間：till höger efter korsningen〈交差点を過ぎて右へ〉
　時間：Ska vi dricka kaffe efter bion?〈映画の後でコーヒーを飲みましょうか〉
　　　　efter klockan fem〈5時過ぎてから〉
　〈〜の後を追って，〜の後に続いて，〜を求めて〉：Bilen körde efter bussen.
　〈車はバスの後を（追って）走っていた〉
　　　leta efter〈探す〉, lyssna efter〈耳を澄まして聞く〉, längta efter〈しきりに〜したがる〉, titta efter〈見て〜を探す〉
　〈〜にならって，〜にしたがって〉：（下記の enligt 参照）. döma efter lagen〈法にのっとって裁く〉, efter vad jag har hört〈私が聞いたところによると〉, Han heter Gunnar efter sin farfar.〈彼は父方のおじいさんの名にちなんでグンナルという名前だ〉
　〈〜の残した後で〉：Du måste städa efter dig.〈自分で後片づけをしなくては駄目だよ〉
enligt 〈〜によれば，〜にしたがって〉同意語は efter.
　enligt avtalet/lagen〈協定／法律によると〉, enligt min åsikt〈私の意見では〉
framför 〈〜の前に〉（英 in front of に相当）. 反対語は bakom. fram と för の合成語. för だけでも〈〜の前で〉の意味がある（前置詞 för も参照）.
　Mitt hus ligger framför banken.〈私の家はその銀行の前にあります〉, Du har ett trevligt liv framför dig.〈君の前には楽しい人生が待っている〉, Jag föredrar te framför kaffe.〈私はコーヒーよりも紅茶を好む〉
från 〈〜から〉（英 from）. 反対語は till. 空間上・時間上の起点を示す.
　空間：Han kommer från Norge.〈彼はノルウェー出身だ〉, Tåget går från Kristianstad till Lund.〈電車はクリシャンスタからルンドへ行きます〉（スウェーデン南部の Skåne 地方にある都市名 Kristianstad は例外的に

［krɪʃansta］／［krɪʃansta］と発音される）

時間：Restaurangen är öppen från klockan 11 till 21.〈そのレストランは11時から21時まで営業している〉．Tavlan är från 1700-talet.〈その絵画 1700年代（18世紀）のものだ〉

心的距離感など：Kan du översätta texten från svenska till japanska?〈そのテキストをスウェーデン語から日本語に訳してくれますか〉．Vem kan jag hälsa ifrån?〈（電話口で引き継ぐ際に）どなたからでしょうか〉

från och med〈（～を含んだ上で）～から〉

挙げられた日時や事項が必ずフルに含まれることをあえて明確化し，強調するときに使う．省略されて fr o m と書かれるが，読むときは必ず från och med である．反対語は till och med （= t o m）．

Från och med den 1 april höjs priset på mjölk.
〈4月1日をもって牛乳の値段が引き上げられる〉
från och med nu/idag/kl. 4
〈まさに今から／まさに今日から／まさに4時から〉

注意 ① NN kommer att vara på landet från söndag till tisdag.（NN = nomen nesciō〈某氏〉）
② NN kommer att vara på landet fr o m söndag t o m tisdag.
〈某氏は日曜日から火曜日まで田舎に滞在することになる〉

①の表現では，日曜の夜に到着，火曜の早朝に出発ということもありうる．実質1日の滞在である．普通，日曜から火曜と聞いたら，3日間の滞在を思い浮かべてしまい，そこに誤解が生じる．②の表現を用いれば，それこそ日曜の朝から火曜の晩までとし，丸3日の滞在を明瞭に伝えることができる．（*Svensk ordbok* utg. av Svenska Akademien. 2009. 参照のこと）

för〈～を前にして，～前にすると〉（英 for）

för は〈～のために〉の意味を最初に浮かべがちである．それ以外にも用法が多肢にわたるので，まずは原義の〈～を前にして，～前にすると〉の意味から出発点とするとよい．

注意 スウェーデン語では för ... sedan (= 英 ... ago) を除いては för のみで時間数とともに用いることはない．また，för の同音異義語には等位接続詞〈それというのも～〉と föra〈導く〉の動詞の現在形や命令形がある．後者は他動詞であり目的語をとるので，この前置詞と混同してしまうことがある．少しでも解釈に支障があれば，動詞 föra の現在・命令形

を思い浮かべてほしい．Han för krig〈彼は戦争を押し進める〉, För anteckningar!〈ノートを取りなさい〉

空間：〈～の前で，～を前にして〉
→「（前にあるため）見えない」→「邪魔になっている」
　　　　　　　　　　　　　　↘「覆っている，隠れている」

　　　Vi hängde gardiner för fönstret.〈私たちは窓にカーテンを取りつけた〉（その結果，外が見えないように覆われる．あるいは外からは中が見えない〉，Du står i vägen för mig. Jag kan inte se tavlan.〈君は私の前に立ちふさがっている（見えなくしている，邪魔だ）．絵画が見えないのです〉，Hon gömde kakan för mig.〈彼女は私から（見えないように）クッキーを隠した〉（比較：Hon gömde kakan åt/till mig.〈彼女は私のためにクッキーを隠しておいてくれた〉）

〈～を前にして〉→〈～に対して〉：
　　　Eleverna bugade sig djupt för sin lärare.〈生徒たちは先生（を前にして）に深くお辞儀をした〉，berätta/förklara/presentera A för B〈AをBに語る／説明する／紹介する〉

　注意1　Vi läste sanskrit för professor Simonsson.〈私たちはシーモンソン教授のもとでサンスクリットを勉強した〉（「教授のため」ではない．「教授を前にして，教授の指導のもとで」の意味）

　注意2　Han är svag för sprit.〈彼はお酒に目がない（お酒を前にするとその魅力に弱くて負ける）〉（比較：Han är svag i engelska.〈彼は英語が苦手だ（英語に弱い）〉．ちなみに，お酒が飲めない場合は Han tål inte sprit.〈彼はお酒に耐えられない，お酒が飲めない〉）

〈～を前にして〉→〈～にとって，～にしては〉：Boken är svår för mig.〈その本は私には難しい〉，För att vara så gammal är han mycket pigg.〈あれだけのお年なのにあの人はとても元気だ〉，Gärna för mig〈私は（私に関しては，私についてば）いいよ，一向にかまわないよ〉

時間：nu/då för tiden〈近頃／当時は〉，för tillfället〈一時的に，目下のところ〉，för närvarande〈目下のところ，現在の状況で〉

理由・原因・目的：Vi varnar dig för att simma här.〈ここで泳がないように君に警告する〉（「ここで泳ぐということ（を前にして）であるので警告する」の意味．att-句に否定辞はないが，否定を入れて訳したほうがわかりやすい〉．Jag får inte äta godis för mamma.〈お母さんが言っているので，私はお菓子を食べてはいけないのです〉（「母のために」ではない，

lyssna på/förstå mig〈私の言っていることを聞く／理解する〉などの mig と同じ用法），Tack för att ni kom idag.〈今日は来てくれてありがとう〉

同価値・等価交換：Vi köpte en vas för 100 kr och sålde den för 500 kr.〈私たちは花瓶を 100 クローナで購入し，500 クローナで売却した〉

同等：De kallade henne（för）lögnare.〈彼らは彼女のことを嘘つきと呼んだ〉，Vi håller honom för en ärlig man.〈私たちは彼を正直な男と思っている〉

手段：Koppen är gjord för hand.〈そのカップはハンドメイドだ〉

その他：Jag har för avsikt/för vana att promenera.〈私は散歩するつもり（意向）だ／習慣がある〉，för det första〈まず最初に〉，för det mesta〈たいていは〉，steg för steg〈一歩一歩〉

förbi〈～通り過ぎて〉（英 past 参照）．Tåget gick förbi Umeå.〈電車はユーメオを通り過ぎた〉

före〈～の前に〉（英 be*fore* の -fore と同じ語源）

話し言葉では接続詞 innan が代わりに用いられこともあるが，正しくは före. 反対語は efter.

Kom före（/innan）klockan elva!〈11 時前に来なさい〉，Han är före sin tid i det här ämnet.〈彼はこの分野で時代の先端をいっている〉

genom〈～を貫いて，～を通して，～によって〉（英 through 参照）

De gick genom skogen.〈彼らは森を通り抜けて行った〉，Vi fick veta genom tidningen att han har gift sig.〈彼が結婚したということを私たちは新聞を通して知った〉，Han räddade sig genom att klättra upp i ett träd.〈彼は木に登って難を逃れた〉

hos〈～の家に，～のもとで〉（フランス語 chez に相当）

Karin bor hemma hos Åsa.〈カーリンはオーサの家に滞在している（住んでいる）〉（hemma は副詞（静止点）なので，所有格を使って誰の家かを示すことができない．その際，hos ... を付加すればそれを明示できる．方向性示す副詞 hem は前置詞 till を使い hem till Åsa〈オーサの家へ〉とする），Vad jag verkligen beundrar hos honom är hans djupa kunskaper.〈彼の中で本当に私が高く評価しているのは彼の深い知識である〉

i〈～の中で，～において〉（英 in）

時間・空間の重要な用法は 21.4 ならびに上記 28.2 で詳述したので，ここではそれ以外の用法について説明する．

空間：〈～の中に〉

Har du varit i Sverige?〈あなたはスウェーデンに行ったことがありますか〉

（正確には「スウェーデンにいたことがあるか」），De sitter i trappan och pratar.〈彼は階段で話をしている〉(trappa は階段の一段一段ではなく，階段の上にある建物の中の空間全体を指すので前置詞は i を使う．階段の一段は ett trappsteg という．ちなみに，trappa に近い響きをもつ日本語の「タラップ」はオランダ語 trap〈階段〉からの借用語)，Det står ingenting nytt i tidningen.〈新聞には何も新しいことは載っていない〉，titta i en tidning〈新聞（の中を見る）を読む〉(titta på en tidning〈新聞（の表面）を眺める〉)，Det sitter en fågel i trädet.〈その木に鳥が1匹とまっている〉(葉や枝などをつけている，こんもりとした木のもつ空間の中にいるという感覚)，Jag tog upp mitt barnbarn i knät.〈私は孫を膝に乗せた〉(膝の上とその周辺の空間を示す．同様に顔や額もその表面とその周辺を含む空間と考えている．Lotta har en mygga i ansiktet/i pannan.〈ロッタの顔／額に蚊がとまっている〉)

注意1 Det hänger en lampa i taket.〈天井から照明器具が吊るしてある〉(tak は前置詞 i を取ると「天井」になる．その理由はかつての家の構造にある．外から見れば屋根であるが，天井板がない昔の家では屋根は屋内から見上げれば，天井になる．天井は中央部に梁が通っており，屋根はその梁から左右に下方にさがる．屋内からみてその最上部の部分はヤマ型になって奥まっており，その部分にモノがあれば，囲まれていると認識されて前置詞は i を使った．現代からみると奇妙な用法に映るが，建築様式が変わってもそのままこの前置詞 i が使われているのである．なお，på taket は〈屋根の上〉となる．28.2 **注意2** 参照)

注意2 Jag har ont i huvudet/magen.〈私は頭／お腹が痛い〉，Jag har ont i tanden/en tand.〈私は歯が痛い〉(既知形 tanden では「あなたも知っている例の歯が痛む」．未知形では「歯が一本痛い」の意味．体に1つしかない部位はどの部位であるかが聞き手にすぐにわかるので，既知形である．同じ名称の部位が複数 (arm〈腕〉，hand〈手〉，finger〈指〉，ben〈脚〉，fot〈足〉，öga〈目〉，öra〈耳〉など) あるときは既知形にすべきか未知形にすべきか，上記の説明から判断して選択すること)

〈～（に食い込むように）中に〉
　　Boken föll i golvet.〈本が（ズシンと）床に落ちた〉(på golvet でないのは，重量のある本が落下して床の中に「食い込む」という認識があるため．また動詞 falla 自体にも何か重いものが落下する意味があるため)，De sitter i gräset/i sanden och äter glass.〈彼らは芝生の上で／砂の上（に

座って）アイスクリームを食べている〉（座ると，体が芝生や砂を圧迫して食い込むという感覚．しかし，på gräsmattan〈芝生〉は matta〈絨毯〉からの連想で på を使う），Jag skar mig i fingret.〈私は指をちょっと切ってしまった〉（ナイフが指の内部に食い込んだという感覚，比較：Jag skar **av** fingret.〈私は指を切り落としてしまった〉．av は小辞）

時間：Han kom i tid till arbetet.〈彼は仕事場に時間通り来た〉，Han kom i måndags och han reser igen på onsdag.〈彼は先日の月曜日に来て，水曜日にはまた出かけてしまう〉，i jul〈このクリスマスに〉，i vår〈この春に〉，i januari〈1月に〉，i våras〈この間の春に〉，i natt〈今夜，昨夜〉，förr i tiden〈昔は〉，i ungdomen〈若い頃は〉

科目・分野：en lärobok i svenska〈スウェーデン語の教科書〉

〈～に，～として〉：Vad vill du ha i present?〈プレゼントに何が欲しい？〉（som present とすると，「（あくまでも）プレゼントとして」という意味になる），betala 2 000 kr i hyra〈家賃として2,000クローナ支払う〉，Vad heter du i efternamn?〈あなたの苗字は何といいますか〉

その他：tala i telefonen〈電話で話す〉，en klänning i blått〈青いドレス・ワンピース〉

inför〈～を前にして，～目前にして，～を控えて〉
inför publiken〈聴衆を前にして〉，inför resan〈旅行を目前に控えて〉，inför Gud〈神の御前で〉

innanför〈～の内側で〉（英 inside 参照）．反対語は utanför〈～の外側で〉．innanför muren〈壁の内側で〉

inom〈～の内で，～の範囲内に〉（英 within 参照）
stanna kvar inom Sveriges gränser〈スウェーデンの国境線内に留まる〉，Paketet måste hämtas inom en vecka.〈小包は1週間以内に取りに来なければならない〉，inom kort〈間もなくして〉

längs〈～に沿って〉（英 along）．同意語に utmed や efter がある．
Vi promenerar varje dag längs stranden.〈私たちは毎日岸辺沿いに散歩する〉

med〈～とともに，～を含んで，～でもって，～に関して〉（英 with 参照）
多くの動詞や形容詞との結合で使われる．意味の分類は難しい例も多々ある．

手段・方法：Alla betalade med kreditkort.〈全員がクレジットカードで支払った〉，Han åkte med flyg/båt till Island. = Han åkte till Island med flyg/båt.（どちらの語順も可）〈彼は飛行機／船（を使って）でアイスランドへ行っ

た〉（交通手段として数ある選択肢の中から「飛行機／船を用いた」ということに重点が置かれる．一方 Han åkte (flyg/båt) till Island.〈彼は（飛行機／船に乗って）アイスランドへ行った〉は目的地に重点があり，交通手段は省略もできる）

〈～と一緒に，～を含んで，～でもって〉：
Vill du följa med mig på bio ikväll?〈今晩私と一緒に映画を見に行きますか？〉，Vi börjar lektionen med uttalsövning och avslutar den med ett litet prov.〈私たちは授業を発音練習で始めて，小テストで終わりにする〉，Jag har ingenting att göra med henne.〈私は彼女とは何のかかわりもない〉，Det är fullt med folk på stan.〈繁華街は人で一杯だ〉

関心・判断の対象：この用法は頻繁に使われる．Det intressanta med boken är beskrivningen av huvudpersonens känslor.〈その本の興味深いところは主人公の感情描写だ〉，Det är gott med en skinksmörgås på kvällen.〈晩の1枚のハムサンドはおいしいね〉

附帯状況：De simmade med kläderna på.〈彼らは服を着たまま泳いだ〉，Han kom tillbaka med en mobiltelefon i handen.〈彼は携帯電話を手にして戻ってきた〉

その他：med andra ord〈言い換えれば〉，med tiden〈時とともに，時が過ぎていくと〉

mellan〈～の間で〉（英 between 参照）

原則として2者の間だが，3者以上で使われることもある．mellan Stockholm och Oslo〈ストックホルムとオスロの間〉，Han arbetar mellan klockan åtta och fem.〈彼は8時から5時まで働く〉（från klockan åtta till fem とも言えるが，スウェーデン語では mellan ... och ... の方が好まれる），sambandet/skillnaden mellan A och B〈AとBとの関連性／違い〉

mot〈～に向かって，～の方に，～に逆らって〉（意味は英 against に近い．語源は英 meet に同じ）

空間：tåg mot Tokyo〈東京方面行きの電車〉（tåg till Tokyo〈東京行きの電車〉．これは終着駅が東京）

Polisen kom fram mot min bil.〈警察官が私の車の方に向かってやってきた〉

時間：Det blir kallare mot kvällen.〈晩になると，より寒くなる〉，mot slutet〈終盤に向かって〉

〈～に逆らって，～に対して〉：Han handlade mot lagen.〈彼は法律に違反して

行動した〉．Han var artig/snäll/vänlig/ärlig/elak/sträng mot mig.〈彼は私に対して礼儀正しかった／優しかった／親切だった／正直だった／意地悪だった／厳しかった〉

nedför〈(方向性) ～の下に向かって〉．（英 down 参照）．反対語は uppför.
Pojken sprang nedför trappan.〈男の子は階段を駆け降りた〉

nedanför〈(静止点) ～の下の方に，稜線などに沿って下に〉（英 below 参照）．反対語は ovanför.
Byn ligger nedanför berget.〈その村は山のふもとにある〉（比較：Under berget finns det guld.〈山の真下に金（の鉱脈）がある〉）

nära〈～の近くで〉（英 near）
Han arbetar på en fabrik nära Uppsala.〈彼はウップサーラの近くの工場で働いている〉Han är nära döden.〈彼は死期が近い〉．Det var nära ögat.〈危機一髪だった〉

om〈～まわりで，～の周辺，～の回り，～について〉（英 about, around 参照）
空間：Jag fryser om fötterna.〈私は足元が冷える〉．Till höger om bokhyllan finns det ett skrivbord.〈本棚の右に机がある〉．Uppsala ligger norr om Stockholm.〈ウップサーラはストックホルムの北に位置している〉

時間：om fem minuter〈(現時点から) 5分後〉，idag om en vecka〈1週間後の今日〉

注意 om は発言時を基準にしての未来を，一方 för ... sedan（英 ... ago）は発言時を基準にさかのぼる過去を表す．om en månad は「今から1カ月後」，för en månad sedan は「今から1カ月前」，efter en månad は過去，未来を問わず，あることが起きてからその1カ月後．ちなみに，あることが起きる1カ月前は en månad innan/före を使う．Du måste meddela mig en månad innan/före din avresa.〈出発の1カ月前に私に連絡をしなくてはなりません〉．なお，inom en månad は〈1カ月以内に〉．

頻度：fyra gånger om dagen/dygnet/året〈1日に／24時間に／1年に4回〉

〈～について〉：Vad tycker du om Sverige?〈君はスウェーデンについてどう思うか〉(om に強勢は置かれない．om に強勢が置かれると小辞になり「好きだ」の意味になる)，berätta/handla om ...〈～について語る／扱う〉，Det är verkligen synd om henne.〈彼女のこと本当に気の毒だ〉

注意 Var rädd om dig!〈気をつけてね〉
vara rädd **om** hälsan は健康について心配・懸念を感ずる．→〈健康に気をつける，注意を払う〉

vara rädd **för** spöken は幽霊を前にして心配・懸念を感ずる．→〈幽霊を恐れる，怖がる〉)

その他：Vi har gott/ont om tid.〈私たちには時間はたっぷりある／不足している〉(ha gott/ont om ... の目的語は可算名詞も不可算名詞も可), om vartannat〈ごちゃごちゃに，(互いに)入り乱れて〉

omkring, runtomkring〈～のまわりで，およそ〉(英 round 参照)．具体的な空間では runtomkring を使う．

omkring klockan tio〈10 時前後〉, omkring 1 000 kronor〈約 1,000 クローナ〉, Runtomkring slottet finns det en vacker park.〈その城館の周りには美しい公園がある〉

ovanför〈～の上方で〉(英 above 参照)．反対語は nedanför.

en stor tavla ovanför dörren〈ドアの上の大きな絵〉

ovanpå〈～に接触しているその上方に〉

De bor ovanpå oss.〈あの人たちは私たちのすぐ上の階に住んでいる〉

per〈～につき〉(英 per)．en gång per natt〈一晩につき一回〉, tala per telefon〈電話で話す〉

på〈～の上で，～に接触して，～に付着して〉(英 on)

時間・空間の重要な用法は 21.4 ならびに上記 28.2 で詳述したので，ここではそれ以外の用法について説明する．

空間：Golvlampan står på golvet.〈スタンドランプが床の上に立ている〉, Familjen bor på Strandgatan i Visby på Gotland.〈その家族はゴットランド島のヴィースビのストランドガータン通りに住んでいる〉(島は一般に på を取る．på Island〈アイスランドで〉, på Nya Zeeland〈ニュージーランド〉(Zeeland の z は s で発音)．日本やイギリスは島国だが i Japan, i Storbritannien である．一方面積が大きいにもかかわらずグリーンランドは på Grönland である), På vilken våning bor du?〈君は何階に住んでいますか〉, Är du på väg till Tokyo?〈君は東京に行く途中ですか〉, på andra sidan gatan/ån〈通りの反対側／川の向こう側〉, ligga på mage(n)/rygg(en)〈うつ伏せ／仰向けになっている〉, De läser på universitetet/högskolan.〈彼らは大学で勉強している〉(正しくは vid universitetet と言われているが，今では på universitetet も浸透している)

> **余話**
> スウェーデンの大学には universitet と högskola の 2 種類があるが，前者は総合大学で，昔からある伝統的な主要の学問分野の学部を有し，かつ博士課程まで備わっている．一方，後者は総合大学ではなく，多くは博士課程までは設置されていない．

付随・付着：namnet på staden〈その都市の名前〉, priset på bensin〈ガソリンの値段〉

時間：på morgonen/dagen/eftermiddagen/kvällen〈朝に／昼間に・日中に／午後に／晩に〉（om kvällen なども時折使われるが，多くは南部スウェーデンで用いられる．やや詩的などと言われる），på måndag/söndag〈この月／日曜日に〉（スウェーデンのカレンダーでは週は月曜日から始まる），på våren/hösten〈春／秋に〉, på semester〈有給休暇で〉, på 70-talet〈70年代に〉, på den tiden〈当時，その頃〉, Han gjorde läxan på tio minuter.〈彼は 10 分で宿題を仕上げた〉

総量・範囲：どのくらいの容量・広さ・高さ・(空間的・時間的) 長さ・深さ・重さ・年齢時間・かさ・などを有しているかを示す．期限を区切る時間の表現 på（21.4 参照）も広くはこの用法に入る．
Trädgården är 10 meter på längden och 8 meter på bredden.〈その庭は奥行きが 10 メートル，幅（間口）が 8 メートルある〉, en flaska på två liter〈(容量が) 2 リットルのビン〉, en bok på 500 sidor〈(頁数が) 500 頁ある本〉, en lägenhet på tre rum och kök〈(広さが) 3 部屋と台所のあるマンション〉, en lektion på 50 minuter〈(時間の長さが) 50 分授業〉, en lax på fem kilo〈(重さが) 5 キロの鮭〉, en flicka på tre år〈(年齢が) 3 歳の女の子〉, ett kvitto/en räkning/en hyra på 1 000 kronor〈(金額が) 1,000 クローナの領収書／請求書／家賃〉

[動詞 + på ...] の結合：一部の動詞と結びついて，「一時的な動き，小さい動き，小刻みな動き」などを示す． Lukta bara på den här blomman!〈この花をちょっと匂ってごらん〉, Hunden viftade på svansen.〈その犬はしっぽをちょこちょこ振っていた〉, lyfta på hatten〈(挨拶のため) 帽子をちょっと持ち上げる〉, smaka på soppan〈スープをちょっと味見する〉

その他：Vad heter det på svenska?〈それをスウェーデン語で何と言うのですか〉, Jag var bjuden på fest.〈私はパーティに招かれた〉

sedan〈〜以来〉（英 since 参照）．話し言葉では sen と発音されることが多い．
Det har snöat sedan den 4 december.〈12 月 4 日以来ずっと雪が降ってい

る〉，sedan dess〈それ以来〉

till〈〜へ，〜に〉（英 to, till）．到着点を含意する方向性．

空間：抽象的な意味での到着点も含む．Jag har alltid velat resa till Japan〈私はかねてから日本に行きたいと願ってきた〉，Kom hem till oss!〈私たちのうちに来てください〉，tåget till Östersund〈ウステシュンド行きの電車〉，till höger/till vänster〈右へ／左へ〉，Gerd utbildade sig till läkare.〈ヤード（女性の名前）は医者になる教育を受けた〉，Kennedy valdes till amerikansk president.〈ケネディはアメリカの大統領に選ばれた〉

時間：Vi arbetar från klockan nio till fem.〈私たちは9時から5時まで働きます〉，Det här tåget startar natten till fredagen.〈この電車は木曜の深夜に出発する〉（「金曜日（の朝）に向かう夜」であることから木曜の深夜のこと．この表現は交通機関の時刻表などによく見られる）

行為の実行時期の設定：till によって実行時期を設定・明示して，実行される行為がその時期に生じることを示す．Mitt barnbarn börjar skolan till hösten.〈秋に孫が学校に通い始める〉，Åker du hem till jul?〈クリスマスに実家に帰りますか〉

行為の成立目標の設定：動詞の表す行為が行き着く到着点，すなわち目標・目的を示す．

Vi sparar pengar till en ny bil.
〈私たちは新車を買うためにお金を貯めている〉

逆に till を通して目標・目的を先に明示して，それに適合，もしくは成就させる行為を示すこともできる．

Vad ska vi äta till middag idag?
〈今日の夕飯には何を食べることにしましょうか〉

所属・附属：en vän/bekant/släkting/dotter till mig〈私の友人／知人／親戚／娘〉

Katten hör till familjen.〈そのネコはその家族の一員だ〉（höra till ≒ tillhöra〈所属する〉）

互いに補完し合い，多くは2つ揃って一体を成す関係：[A till B] の構造で，A が B に付着して，互いに切り離せない密接な関係を示す．nyckeln till lägenheten〈マンションの鍵〉，locket till pannan〈鍋の蓋〉，en förstad till Paris〈パリ近郊〉，orsaken/skälet till hans vrede〈彼の怒りの原因／理由〉

その他：Jag känner henne bara till namnet/till utseendet.〈私は彼女を名前／外見だけでしか知らない〉，

Hans dotter är gladlynt till sin natur.〈彼の娘は生まれながらにして性格が明るい〉, Han är lärare till yrket.〈彼の職業は教師だ〉, till min förvåning〈私が驚いたことに〉

［till ＋所有格］：28.1(4)の前置詞の目的語の格参照.

till och med〈（～を含んだ上で）～まで〉

挙げられた日時が必ずフルに含まれることをあえて明確化し，強調するときに使う．省略されてｔｏｍと書かれるが，読むときは必ず till och med である．反対語は från och med（= fr o m）.

Mitt kreditkort gäller t o m den 31 december.〈私のクレジットカードは12月31日まで有効だ〉

さらに，〈～でさえも〉の意味もある．その否定語は inte ens〈～でさえも～でない〉．

Han sålde till och med sin frus bil.〈彼は自分の妻の車さえ売ってしまった〉
Inte ens hans bästa kompisar var där.〈彼の最良の友人さえも誰1人として来なかった〉

tills〈～まで〉（英 until）．前置詞句 till dess の短縮形．接続詞としても使われる．（23.2(2)参照）

Ska vi avvakta tills i morgon?〈明日まで様子を見ましょうか〉, tills vidare〈当分の間，さしあたり〉

trots〈～にもかかわらず〉（英 in spite of）. 23課の接続詞 trots att も参照.

Vi gick ut och handlade trots ösregnet.〈土砂降りの雨にもかかわらず私たちは買い物に出かけた〉

trots allt〈それにもかかわらず，それでもなお〉

undan〈～を逃れて〉 De flydde undan polisen.〈彼らは警察から逃亡した〉

under〈～の(真)下に，(時間) ～の間〉（英 under）

時間の意味で使われることがきわめて多い．under はその時間帯に何かが行われていることを表す．

空間：Det ligger en penna under bordet.〈テーブルの下にペンが転がっている〉

時間：Under kriget arbetade min moster för Röda korset.〈戦時中母方の叔母は赤十字で働いていた〉

抽象的な意味〈その下で，そのもとで〉：under alla/inga omständigheter〈どんな場合・状況下でも，何がなんでも／どんなことがあっても決して～でない〉, under namnet ...〈～という名のもとに〉, barn under 6 år〈6未満の子供〉

uppför〈(方向性) 〜の上に向かって〉(英 up). 反対語は nedför.
　　Han cyklade uppför backen.〈彼は坂を自転車で登った〉
ur〈〜の内部から外へ〉(英 out of に相当).
　　Hon kom ut ur rummet.〈彼女は部屋から出てきた〉, Vi drack öl direkt ur flaskan.〈私たちはビンから直接ビールをラッパ飲みした〉, citera en sida ur hans roman.〈彼の長編小説から1頁を引用する〉, Datorn är ur funktion〈そのパソコンは故障している〉(反対語は i funktion〈稼働中, 作動中〉)
utan〈〜なしで〉(英 without 参照)
　　Han gick ut i regnet utan paraply.〈彼は雨の中を傘なしで出かけていった〉, utan vidare〈即刻, その場ですぐに, これということもなく〉
utanför〈〜の外側で〉(英 outside 参照)
　　Vi bor fyra mil utanför Stockholm.
　　〈私たちはストックホルムから40キロ離れた郊外に住んでいる〉
　　Jag vill helst stå utanför denna sak.
　　〈できることなら, 私はこの件にはかかわりたくない〉
utmed〈〜に沿って〉同意語 efter, längs を参照. utmed kusten〈海岸線に沿って〉
utom〈〜を除いて, 〜を別にして〉(英 except 参照)
　　Utom mig var ingen av mina klasskamrater närvarande.
　　〈私以外にクラスの仲間は誰もいなかった〉
　　Alla utom hon kom för sent.〈彼女以外は全員遅刻してきた〉
via〈〜を経由して〉(英 via)
　　Jag åker till Paris via Amsterdam.
　　〈私はアムステルダム経由でパリに行きます〉
vid〈〜の付近で, 〜のあたりに〉
　空間：Han sitter vid skrivbordet och läser en bok.〈彼は机に向かって本を読んでいる〉, Vi träffas vid Sergels torg!〈サルゲル広場で会いましょう〉
　時間：Han blev professor vid 50 års ålder.〈彼は50歳のころに教授になった〉, vid midnatt〈真夜中に〉, vid avresan/ankomsten〈出発時に／到着時に〉
　その他：en man vid namn Nils Öberg〈ニルス・ウーバリという名の男性〉, kärlek vid första ögonkastet〈一目惚れ〉
åt〈〜の方へ〉
　方角・方向：Åt vilket håll går du?〈どっちの方へ行くの〉, Sväng åt höger/vänster!〈右／左へ曲がれ〉, Vi vinkade åt grannen.〈私たちは隣人に向かって手を振った〉

〈～（人）に〉：Det var rätt åt dig!〈君にはそれが当然の報いだ，自業自得だ〉，Jag har en biljett åt dig till konserten ikväll.〈今晩のコンサートのチケットを君のために一枚とってある〉

その他：en sak åt gången〈一度に１件ずつ〉

över〈～を越えて〉（英 over）

空間：Lampan hänger över bordet.〈照明器具がテーブルの上に掛っている〉，Butiken ligger tvärs över gatan.〈そのお店は通りの向こうにある〉

移動：Han gick över bron.〈彼は橋を渡った〉

時間：stanna över natten〈１泊する〉，Det har gått över tiden.〈時間切れだ〉

〈（数値上）～を越えて〉：示された数値を含まない，それを越えた数値を表す．Slottet är över tre hundra år gammalt.〈その宮殿は築300年を越えている〉，över förväntan〈期待（値）以上〉

群前置詞

för ... se(da)n〈～前〉（英 ... ago に相当）

現在の時点から過去を振り返っての時間数を述べる．その意味で現在の時点から未来の時間数を表す om とは対称の関係にある．Vi kom hem för tre dagar sedan.〈私たちは３日前に家に帰ってきました〉，De kom tillbaka för inte så länge sedan.〈彼らはちょっと前に戻ってきた〉

Idag för ... sedan〈今日から数えて～前〉（現時点の今日を強調して，それをもとに〈～前〉）

Idag för en vecka sedan kom jag tillbaka från Sverige.〈ちょうど１週間前に私はスウェーデンから帰国した〉→〈スウェーデンから帰ってきて今日でちょうど１週間だ〉

för +所有格+ skull〈特定の～のために〉（英 for ... sake）

Du behöver inte koka kaffe bara för min skull.〈わざわざ私のためにコーヒーをいれる必要はありません〉，för guds skull〈どうかお願いだから，頼むから〉，för säkerhets skull〈念のために〉

sedan ... tillbaka〈～より以来ずっと〉完了形よりはむしろ現在形とともに使われることが多い．

Jag bor ju här sedan flera år tillbaka.〈私はここには何年も前から住んでいるのですよ〉

åt ... till〈～の方を目指して〉「そこを目指す，そちらを目印にして向かう」の意味．

Vi gick åt stationen till.〈私たちは駅の方へと向かった，駅を目指して〉

練習問題

1. 前置詞 i と på
   カッコ内に適切な前置詞 i か på を補いなさい．
   (1) (　　) daghemmet〈保育園〉　(2) (　　) hemmet〈家〉
   (3) (　　) gymnasiet〈高等学校〉　(4) (　　) parken〈公園〉
   (5) (　　) kaféet〈カフェ〉　(6) (　　) butiken〈店〉

2. 所有関係を表す前置詞
   カッコ内に適切な前置詞を補いなさい．
   (1) Priset (　　) olja går ner.〈原油の価格は落ちている〉
   (2) En syster (　　) honom är gift.〈彼の妹の1人は既婚だ〉
   (3) Han är professor (　　) historia vid Lunds universitet.
      〈彼はルンド大学の歴史学の教授だ〉
   (4) Jag vill ha ett sjökort (　　) Stockholms skärgård.
      〈私はストックホルム群島の海図が欲しい〉
   (5) Vad är det svenska namnet (　　) denna växt?
      〈この植物のスウェーデン語名は何ですか〉

3. 空間を表す前置詞
   カッコ内に適切な前置詞を補いなさい．
   (1) Han visade ett foto (　　) henne.〈彼は彼女に写真を1枚見せた〉
   (2) Det är inte så lätt att simma (　　) strömmen.
      〈流れに逆らって泳ぐのは容易ではない〉
   (3) Översätt nästa mening (　　) japanska!
      〈次の文を日本語に翻訳してください〉
   (4) Tjuven hoppade (　　) staketet.〈泥棒は垣根を跳び越えた〉
   (5) Jag har ont (　　) ryggen.〈私は背中が痛い〉
   (6) Polisstationen finns till vänster (　　) varuhuset.
      〈その警察署はデパートの左隣にある〉

4．空間以外を表す前置詞
カッコ内に適切な前置詞を補いなさい．
　(1) Hon har lämnat oss（　　）att säga adjö.
　　〈彼女はさよならも言わずに私たちをおいて去ってしまった〉
　(2) Vilka fåglar stannar（　　）vintern här?
　　〈どんな種類の鳥がここで越冬しますか？〉
　(3) Ska vi träffas（　　）femtiden?〈5時頃に会いましょうか？〉
　(4) Vi hade ett trevligt samtal（　　）middagen.
　　〈夕食の間私たちは楽しい会話を交わした〉
　(5) Jag var bjuden（　　）kaffe.〈私はコーヒーをご馳走になった〉
　(6)（　　）min glädje har jag hittat 5 kronor i plånboken.
　　〈嬉しいことに財布の中に5クローナを見つけた〉

29 12月のフィーカ
DECEMBERFIKA

En eftermiddag höll Björn och den nya grannen Johan på med att skotta bort snö från sina trädgårdsgångar. Det hade kommit flera decimeter snö det senaste dygnet, och det var svårt att ta sig in i husen. Ett annat problem var att man drog in mycket snö och smuts i huset eftersom snön följde med in i hallen så fort man kom hem.

— Vintern, sa Johan plötsligt. Kallt och snöigt, och massvis med kläder att ta av och på så fort man ska gå ut eller in. Förresten Björn, ska vi inte gå hem till oss och fika om en stund?

— Håller med, svarade Björn. Hoppas snön smälter bort snart. Om det fortsätter så här så hinner man ju inte med något annat än att skotta undan snö!

— Kom in på en fika då, tyckte Johan.

— Tack för att du bjuder in oss, svarade Björn, men jag tror vi står över idag. Snart kommer mina föräldrar över på en tidig middag. Och sedan måste jag gå igenom vad jag ska lämna ut för uppgifter till eleverna på lektionen imorgon. Det gäller ju att klara av allt man måste göra på jobbet, innan julen bryter ut.

Johan skrattade till och sa:

— Man hinner ändå aldrig med allt man har tänkt sig. Ni kan väl hjälpa till lite? Vi har en enormt god hemlagad äppelpaj som vi inte orkar äta upp själva, Maria och jag. Tänk till lite här nu Björn, hur ofta dukas det fram såna läckerheter?

— Jaa, svarade Björn efter lite funderande, det låter ju otroligt

gott! Vi pratade faktiskt om att laga just äppelpaj igår, men det blev inte av. Så jag tror att både Ingrid, Hedda och Tor gärna skulle prova på lite äppelpaj.
— Okej, sa Johan, vad kul! Vi jobbar på en stund till med att få bort snön, så kan ni väl knacka på hos oss lite senare?

新出単語

(en・ett) **decemberfika** [名] /-fikan・fikat, ×，×/ 12月のフィーカ
skotta [動] /skottar, skottade, skottat/ シャベルですくう
en **snö** [名] /snön, ×，×/ 雪
en **trädgårdsgång** [名] /-gången, -gångar, -gångarna/ 庭の道，庭を通る道
en **decimeter** [名] /decimetern, decimeter, decimetrarna（decimeterna）/ デシメートル
ett **dygn** [名] /dygnet, dygn, dygnen/ 一昼夜，24時間
drog [動] dra（グループ4）の過去形
dra [動] /drar, drog, dragit/ 引く，引っ張る
(en) **smuts** [名] /smutsen, ×，×/ 汚れ，泥
en **hall** [名] /hallen, hallar, hallarna/ 玄関の広間，広間
kall [形] 寒い，冷たい
snöig [形] 雪の積もった，雪の降る
massvis [副] 大量の，大量に
ut [副] 外へ
smälta [動] /smälter, smälte, smält/ 溶ける
fortsätta [動] /-sätter, -satte, -satt/ 続く，続ける
undan [副] わきへ，よけて
tidig [形] 早い

stå 'över 控える，やめる
komma 'över 訪れる，やって来る
gå 'igenom 目を通す
lämna 'ut 配る，配布する
gälla [動] /gäller, gällde, gällt/ 重要である，大事である，有効である，問題である，かかわる
klara [動] /klarar, klarade, klarat/ 済ませる，終わらせる
innan [接] ～する前に
bryta [動]（グループ4）壊す **bryta 'ut** 始まる
ändå [副] それにもかかわらず，それでも
enormt [副] 非常に
hemlagad [形] 自家製の
en **äppelpaj** [名] /-pajen, -pajer, -pajerna/ アップルパイ
orka [動] /orkar, orkade, orkat/（体力的・精神的に）～できる
jaa [間] ええそうですね
otroligt [副] 信じられないほど，非常に
igår [副] 昨日
okej [間] 了解，OK
knacka [動] /knackar, knackade, knackat/ ノックをする

> **注意すべき発音**

小辞：テキストの灰色の網掛けをした語はすべて小辞であり，強勢が置かれる．
fortsätter：-rt の結合があるため，t はそり舌音になるが，次の s も影響を受けてそり舌音になり，[fʊʈʂet:er] になる．barnslig [bɑ:ɳʂlɪg]〈子供じみている〉などは n, s, l までそり舌音になる．

29.1 小辞とは

　小辞はスウェーデン語では partikel と呼ばれ，通例動詞の直後に置かれ，強勢が必ずあり，単体の動詞の意味を変更させる働きがある．意味の変更は元の動詞の意味が多少残る場合もあるが，予想がつかないほどに変わることも多々ある．たとえば，hålla〈押さえている〉と av〈離れて〉は個々の意味はわかるが，av に強勢が置かれて hålla **av** になると個々の意味の総計にならず，なぜこれが〈好きだ〉の意味に転ずるのかがわからない．すると［動詞＋小辞］はこのユニットで新たな意味を獲得した別の動詞と考えたほうがわかりやすい．類似した構成をもつ［**動詞**＋前置詞］（**titta** på〈〜を眺める〉）は動詞に強勢があるのに対し，［動詞＋**小辞**］は小辞に強勢がある．［動詞＋小辞］はきわめて頻繁に用いられ，スウェーデン語の動詞の意味を拡張させる大きな原動力を成している．したがって，初級の段階から特に小辞の意味を意識しながらその用法を学習していくことが大事である．この［動詞＋小辞］の結合は「小辞動詞」と呼ばれている．なお，太字で示した語には強勢がある．

　小辞の多くは前置詞（av, på, till など）も兼ねているが，前置詞すべてが小辞になれるということではない．また普通の副詞(句)（fast, ut, iväg）も動詞との結合により，小辞になることもできる．小辞は品詞の上では常に強勢のある特殊な副詞と位置づけられる．したがって，前置詞や普通の副詞であるのかそれとも小辞であるのかはたいてい強勢の有無で区別ができる．ただ，書かれた文では文脈から判断するしか手がない．

　［動詞＋前置詞］：Han **hälsade** på mig.〈彼は私に挨拶をした〉
　　（動詞に強勢があり，på は前置詞であるから強勢が置かれない．hälsa〈挨拶する〉の本来の意味がそのまま出ている）
　［動詞＋小辞］：Han hälsade **på** mig.〈彼は私を訪ねてきてくれた〉
　　（動詞に強勢は置かれず，小辞 på に強勢が置かれる．hälsa〈挨拶する〉の元

来の意味は薄まり，〈訪問する〉という別の意味に変わっている．同じ意味の besöka に相当する）

[動詞＋前置詞]：Vad **tycker** du om min syster?〈君は私の妹をどう思う〉
[動詞＋小辞]：Jag tycker **om** din syster.〈私は君の妹が好きだ〉

29.2　動詞と小辞の位置関係

小辞が含まれたとき，動詞，小辞，目的語，前置詞の相互の位置関係には以下のような4通りがある．特に目的語が現れるときには，動詞と小辞の間に目的語を入れない②の語順が基本であることに注意．

① ［動詞＋小辞］
　　Repet har gått **av**.〈ロープが切れてしまった〉
　　Körsbärsblommorna har slagit **ut**!〈桜の花が咲いた！〉
② ［動詞＋小辞＋目的語］
　　Slå **upp** ordet "slå"!〈slå という単語を調べなさい〉
　　Kan du sätta **på** TV:n!〈テレビをつけてくれますか〉
③ ［動詞＋小辞＋前置詞＋目的語］
　　Han ser **ner** på folk som inte har pengar.
　　〈彼はお金を持っていない人を見下す〉
　　Jag kan inte gå **med** på ditt förslag.
　　〈私は君の提案を受け入れることはできない〉
④ ［動詞＋目的語（＝主に再帰代名詞）＋小辞］
　　Var så god och slå dig **ner**!〈どうぞお座りください〉
　　Jag måste ge mig **iväg** imorgon bitti.〈私は明日の朝早く出かけなくてはなりません〉
　　　（目的語が再帰代名詞でない例はきわめて少ない．29.3 注意2 を参照）

注意1　［動詞＋形容詞＋小辞］：このタイプは以下の場合のみ．
　　Hans jacka ser snygg **ut**.〈彼のジャケットは素敵に見える〉

注意2　［動詞＋副詞＋小辞］：このタイプもきわめて少ない．
　　Han ligger bra（väl）/illa（dåligt）**till**.〈彼はなかなかいい位置につけている／苦境に立たされている〉
　　（副詞のバリエーションは上記4個に限られている）

注意3　目的語の位置が交替できるものもある．ta/ha X **med** sig ＝ ta/ha

med sig X 〈Xを持って行く／身に着ける〉
Han tar alltid **med** sig en bok. = Han tar alltid en bok **med** sig. 〈彼はいつも本を携えていく〉

29.3　文中における［動詞＋小辞］の語順

［動詞＋小辞］は疑問文，否定文では［動詞＋前置詞］と同じ語順である．
　疑問文：［動詞＋小辞］Målade du **om** huset i somras?
　　　　　〈この夏に家にペンキを塗り直しましたか〉
　　　　　［動詞＋前置詞］**Väntade** du på honom?
　　　　　〈あなたは彼を待っていたのですか〉
　否定文：［動詞＋小辞］Nej, jag målade inte **om** huset.
　　　　　〈いいえ，塗り直しませんでした〉
　　　　　［動詞＋前置詞］Nej, jag **väntade** inte på honom.
　　　　　〈いいえ，私は彼を待っていませんでした〉
しかし，文頭に小辞もしくは前置詞(句)を置こうとすると，その振る舞いに違いが出てくる：
［動詞＋前置詞］：前置詞句も前置詞の目的語も文頭に置くことができる．
　○ På mig **hälsade** han. 〈私に彼は挨拶をした〉
　　（堅い文体で使われることが多い）
　○ Mig **hälsade** han på. 〈私に彼は挨拶をした〉
　　（前置詞が語末に残るほうが話し言葉で多く使われる．11課参照）
［小辞動詞］：小辞動詞の目的語は文頭に置くことができるが，小辞を文頭に置くことはできない．
　［動詞＋小辞］：Blommorna har slagit **ut**. 〈花が咲いた〉
　　× **Ut** har blommorna slagit.
　［動詞＋小辞＋目的語］：Han hälsade **på** mig. 〈私のところに彼は寄ってくれた〉
　　× **På** mig hälsade han.　○ Mig hälsade han **på**.
以上の倒置した語順からみえるように，［動詞＋小辞］の連結を切り離すことはできない．それは，［動詞＋小辞］，すなわち小辞動詞は1つの意味のユニットを形成している単体動詞と同等とみなしているからである．たとえて言えば，単体動詞のbesökaを分断できないのと同じようにhälsa **på** も切り離することができな

いのである．ただ，過去分詞や一部現在分詞では小辞が動詞の直前に置かれるが，これは切り離されたのではなく，過去分詞と合成語を形成して一体化し，密接な関係はそのまま保持されている．

注意1 ③［動詞＋小辞＋前置詞＋目的語］と④［動詞＋目的語（＝再帰代名詞）＋小辞］でも小辞を文頭に置くことはできない

注意2 ［動詞＋目的語（≠再帰代名詞）＋ hem など］で目的語が再帰代名詞でない場合

Han **skjutsade** henne hem.〈彼は彼女を車で家まで送って行った〉
○ Hem **skjutsade** han henne.　○ Henne **skjutsade** han hem.
　この hem には強勢が置かれないため，小辞ではなく普通の副詞である．言い換えれば［動詞＋目的語＋副詞（句）］の枠組みになるので，小辞の場合とは語順の許容度が当然異なってくる．

29.4　［動詞＋小辞］の一語化：動詞が過去分詞／現在分詞の場合

　小辞動詞が過去分詞になると，小辞は常に過去分詞の前に置かれて接合し，合成語となって1語で綴られる．現在分詞（30課参照）の場合は，小辞が常に現在分詞に接合するとは言えない場合もある．両者ともに合成語であるから，小辞に第1強勢，過去分詞／現在分詞に第2強勢が置かれ，アクセントⅡをもつ．なお，完了分詞は［動詞＋小辞］として2語のまま保たれる（24.2(3)参照）．

（受動態・叙述用法の）過去分詞：
　De kommer att lägga **ner** fabriken nästa månad.
→ Fabriken kommer att bli **ned**lagd nästa månad.
　〈その工場は来月閉鎖されることなる〉
　Vi har målat **om** huset.
→ Huset har blivit **om**målat.　〈その建物はペンキが塗り直されたところだ〉
→（比較）Huset har målats **om**.〈その建物はペンキが塗り直された〉
　（完了分詞は［動詞＋小辞］がそのまま保持される）

（限定用法の）過去分詞：
　　en uppsagd arbetare　　〈ある解雇された労働者〉〈säga **upp**〈解雇する〉
　　ett inspelat program　〈ある録画された番組〉　〈spela **in**〈録音・録画する〉
　　de bortkomna nycklarna〈その紛失した鍵〉　　〈komma **bort**〈紛失する〉

現在分詞：
　　en avstigande/påstigande passagerare〈ある降車／乗車する乗客〉← stiga **av/på**〈降車／乗車する〉
　　motbjudande lukt〈不快な臭い〉← bjuda **emot**〈いとわしい〉
　　ett ihållande regn〈降りしきる雨〉← hålla **i** sig〈絶え間なく続く〉
小辞動詞が名詞化されたときも，小辞は動詞の前に置かれる．
　　en uppsägning〈解雇〉← säga **upp**〈解雇する〉, ett avdrag〈控除〉← dra **av**〈差し引く〉, en eftergift〈譲歩〉← ge **efter**〈譲歩する〉, en undergång〈滅亡，没落〉← gå **under**〈破滅する〉, en överenskommelse〈合意〉← komma **överens**〈合意する〉

29.5　小辞動詞と複合動詞

　小辞動詞が過去分詞や現在分詞になると小辞と過去分詞／現在分詞が一体化することは 29.4 で説明した（lägga **ner** → nedlagd）．一方，スウェーデン語には，förstå〈理解する〉のように最初から接頭辞（för-）が付された「複合動詞」と呼ばれるものも存在する．この複合動詞はすべての活用形で接頭辞が一貫して動詞の前に付着して，分割できない．これは英語で言えば understand の under- がどの時制でも付着したまま現れるような動詞ということに等しい．このような動詞はスウェーデン語文法では接頭辞と動詞の"連結が固定（fast）している合成動詞"と呼ばれている．
　一方，小辞動詞は過去分詞・現在分詞では小辞が動詞の直前に置かれ，しかも 1 語として綴られるほど連結が強固になっている半面，残りの活用では常に動詞が先，その後に小辞が分かち書きされたまま個別に現れる．小辞動詞の活用全体からみると動詞と小辞の連結度に多少の強弱があることから，"連結の緩い（lös）合成動詞"と呼ばれている．小辞動詞というのはこの連結度合の差異も含まれている．
　ところで，ställa in〈取りやめる〉と inställa〈中止する〉のように，小辞動詞と複合動詞が同じ要素で現れる場合がある．これらが過去分詞や現在分詞になったときに，小辞動詞と複合動詞の間で同一の形になることがしばしば生じる．そのような過去分詞を辞書で調べるとき，たとえば，**ned**lagd をみたとき，そのままの形から不定詞 **ned**lägga で辞書の項目に見出せなかったなら，あるいはあっても意味が文脈に適合しない場合は，［動詞＋小辞］の可能性も想定して lägga から調べ，

そこに小辞動詞 lägga **ner**〈閉鎖する〉の記載があるかどうかを探すこと．この可能性のほうがはるかに高い．

(1) 複合動詞

複合動詞の前要素にはまずは接頭辞が現れる．以下の2つの接頭辞（be-, för-）を除いて，通例それらの動詞の前要素に強勢が置かれる．

強勢のある接頭辞：an-, bi-, er-, före-, här-, miss-, sam-, um-, und-, van-, veder-, å-

これらは複合動詞にしか現れない．すべてアクセントⅡをもつ．ただし，an は少数ではあるが，小辞としても使われる（slå an〈心を打つ〉）．

anfalla〈攻撃する〉, missförstå〈誤解する〉, umgås〈交際する〉, undvika〈避ける〉

強勢のない接頭辞：be-, för-

第1強勢は接頭辞の直後の母音にある．ただし för- に「事前に」の意味があれば強勢がある．

アクセントⅠ：bet**a**la〈支払する〉, förkl**a**ra〈説明する〉
アクセントⅡ：f**ö**rbereda〈準備する〉

さらに，前要素に前置詞，副詞，名詞，形容詞なども現れる．以下の動詞はすべてアクセントⅡである．

前置詞・副詞：avsluta〈終わらせる〉, påskynda〈急がせる〉, tillta〈増加する〉, utesluta〈排除する〉

名詞：delta〈参加する〉, provköra〈試運転する〉, tjuvlyssna〈盗聴する〉

形容詞：svartmåla〈中傷する〉, godkänna〈認可する〉

句：iaktta〈観察する〉(← ta i akt), tillhandahålla〈自由に使わせる〉, tillfredsställa〈満足させる〉

少数ではあるが，複合動詞にさらに前要素が付加された複合動詞もある：
inbegripa〈含める〉, förbereda〈準備する〉

(2) 小辞動詞，複合動詞ともに同じ語で成り立ち，ほぼ同じ意味になる場合

小辞動詞でも複合動詞でも同じ語を使って同じ意味が表される場合は，たいてい文体上の違いがある．複合動詞であれば，文体は堅く，書き言葉的になる．小

辞動詞は話し言葉でも書き言葉でも頻繁に用いられる．

　　小辞動詞 → 通常の文体　　Jag kände **igen** Erik på en gång.
　　　　　　　　　　　　　　〈私はすぐにエーリックだとわかった〉
　　複合動詞 → やや堅い文体　Vi **igen**kände tjuvarna omedelbart.
　　　　　　　　　　　　　　〈我々は即座に泥棒たちの正体を認識した〉

　　　小辞動詞（通常の文体）　　：　　複合動詞（堅い文体）
　　föra **samman**〈複数の人を集める〉　**samman**föra〈引き合わせる〉
　　läsa **igenom**〈通して読む〉　　　　**genom**läsa〈通読する〉
　　skjuta **upp**〈先延ばしする〉　　　 **upp**skjuta〈延期する〉
　　säga **till**〈ビシッと言う，きちんと言う〉　**till**säga〈命ずる〉
　　söka **upp**〈探す〉　　　　　　　　**upp**söka〈探索する，面会に行く〉

文体の違いがあまり感じられない例もある．
　　Matchen ställdes **in** p g a regn. / Matchen **in**ställdes p g a regn.
　〈雨で試合が中止された〉

（3）　小辞動詞，複合動詞ともに同じ語で成り立ってはいるが，やや異なる意味となる場合

　同じ語を使った小辞動詞と複合動詞の間に多少の意味の差がある場合，小辞動詞は具体的な意味を表し，複合動詞は抽象的な意味を表すことが多い．たいていは両者の間に何らかの類似性，共通性が感じられる．

　　小辞動詞（具体的な意味）　：　　複合動詞（抽象的な意味）

Repet har gått **av**.　　　　　　Tåget **av**gick klockan tolv.
〈ロープが切れた〉　　　　　　　〈電車は12時に発車した〉

Han bröt **av** en kvist.　　　　　Han **av**bröt samtalet.
〈彼は小枝を折った〉　　　　　　〈彼は会話を中断した〉

Lampan lyste **upp** rummet.　　　Han **upp**lyste mig om tågtiderna.
〈照明が部屋を明るくした〉　　　〈彼は私に電車の時間を教えてくれた（通知した）〉

Han gick **förbi** mitt hus.　　　　Han **förbi**gick mig vid hälsningen.
〈彼は私の家の前を通り過ぎていった〉　〈挨拶の際，彼は私を無視した〉

Jag gick **ut** i går kväll.　　　　Jag **ut**gick från att alla visste om det.
〈私は昨日の晩外出した〉　　　　〈皆がそれについて知っているという

lägga **ner**〈下に置く，封鎖する〉　　nedlägga en krans〈献花する〉
　　　ställa **fram**〈前に置く〉　　framställa〈表現・叙述する〉

ことから私は出発した（前提にした）〉

29.6　それぞれの小辞がもつ主要な意味

　小辞は主に前置詞，副詞などをベースにしているが，1つの小辞に1つの意味が対応しているのではなく，結びつく動詞によって変幻自在に多くの意味を呈する．したがって1つの小辞を1つの意味でまとめることは難しい．また，小辞自体も多数あるので，ベースとなっている前置詞（28課参照）や副詞から小辞に転用されたときに元の前置詞，副詞からある程度意味の変更過程がたどれるものはここでは説明を省略する．

av「離れる，分離する，切断する，切り離す」
　　stiga **av**〈降車する〉, duka **av**〈食卓（からものを取り除く）を片付ける〉, tvätta **av**〈洗い落とす〉, dra **av**〈控除する〉, gå **av**〈切断する〉, stänga **av**〈スイッチを切る〉, lägga **av**〈やめにする〉, koppla **av**〈くつろぐ〉, skriva **av**〈書き写す〉, hålla **av**〈好きだ〉（恋愛感情を含まない場合が多い）

bort「通常事態から逸脱する」
　　gå **bort**〈亡くなる〉, komma **bort**〈紛失する〉, slösa **bort**〈浪費する〉, göra **bort** sig〈ヘマをする〉

efter「後を追う，後退する，（痕跡や希望しているものを）探す・大事にする」
　　springa **efter**〈追いかける〉, ta **efter**〈まねをする〉, ge **efter**〈譲歩する〉, gå **efter** socker〈砂糖を取りに行く〉, titta **efter**〈（目で）探す〉, se **efter**〈世話をする〉

emot「対峙する」
　　vara **emot**〈反対である〉, svara **emot**〈言い返す，口答えする〉, ta **emot**〈受け入れる〉

fast「固定している」．反対語は loss「剥がれる」．
　　skruva **fast**〈ネジをきつく締める〉, ta **fast**〈（泥棒などを）取り押さえる〉, åka **fast**〈身柄を拘束される〉, Bilen sitter **fast**〈車が（ぬかるみなどに）はまってしまって動けない〉

fram「前面に出す」
　　ta **fram**〈取り出す〉, komma **fram** till Stockholm〈ストックホルムに到着す

る〉，få **fram** ett bra resultat〈良い結果が出る〉
för「前を覆う，見えない，邪魔である」
 dra **för** gardinen〈カーテンを引く〉，hålla **för** ögonen på ...〈～の目を覆う〉，stå **för**〈(前にいて) 邪魔である〉
i「中に，中に入るように，中に食い込むように，～をギュッ（むんず）とつかむ」
 fylla **i**〈記入する〉，slå **i** ...〈～を注ぐ〉，ta **i**〈力を振り絞る，踏ん張る〉，Kölden håller **i** sig.〈寒気が居座っている〉
ifrån「自分のことから放れて」säga **ifrån**〈きっぱり言う〉
igen「再び，元のところ・状態に戻す，閉じる，塞ぐ」
 ta **igen**〈取り戻す〉，ta **igen** sig〈休息して元気を回復する，十分休養する〉，knäppa **igen**〈ボタンをかける〉（反対語：knäppa **upp**），stänga **igen**〈ドアを閉める〉，knyta **igen**〈(ひもなど) を結ぶ〉（反対語：knyta **upp**），**igen**snöad（過去分詞）〈雪で塞がれた〉
igenom「はじめから終わりまで通して」
 tänka **igenom**〈考え抜く〉，få **igenom**〈貫徹させる〉，gå **igenom**〈体験する，味わう〉
igång「始動」
 sätta **igång**〈始める〉，vara **igång**〈稼働中，進行中〉
in「中へ，引っ込める」
 slå **in**〈包装する〉，gnida **in**〈擦り込む〉，ställa **in**〈(計画や予定などを引っ込める→) 中止する〉，dra **in**〈取り消す〉
iväg「出発，発進」ge sig **iväg**〈出かける，出発する〉
loss「剥がれる」．反対語は fast「固定」．
 skruva **loss**〈ネジを緩める〉，slita sig **loss**〈無理に身をもぎ離す〉
med「一緒に」följa **med**〈一緒について行く〉，hålla **med**〈賛成する，同意する〉
ner/ned「下方へ，グレードを下げる」
 slå sig **ner**〈腰かける〉，lugna **ner** sig〈落ち着く〉，smutsa **ner** sig〈(服などを) 汚す〉，sakta **ner**〈速度を下げる，落とす〉，lägga **ner**〈閉鎖する〉
om「回転，半回転 → 追い越す，(ぐるっと回って元に戻り) やり直す；回転 → ぐるりと包み込む」
 vrida **om** kranen〈蛇口をひねる〉，vända **om**〈振り向く〉，köra **om**〈運転して追い越す〉，göra **om**〈やり直す〉，klä **om**〈着替える〉，lägga **om** såret〈傷口

に包帯を巻く〉, krama **om**〈抱擁する〉, sköta **om**〈世話をする〉, tycka **om** ...〈～が好きだ〉（恋愛感情も含む）

omkring「周辺」
se sig **omkring**〈あちらこちらを見て回る〉（前置詞：**se** omkring sig〈自分の身の回りを見る〉）

omkull「上下が逆さになる，転倒，転覆」ramla **omkull**〈転ぶ〉, välta **omkull**〈転覆する〉

på「接触」，「継続」（英 on）．
ta **på**（sig）〈身に着ける〉, stöta **på**〈出くわす〉, sätta **på**〈スイッチを入れる〉, ge sig **på**〈取り組む〉, läsa **på**〈そのまま読み続ける〉, komma **på**〈(頭の中で点灯する，ひらめく) 思い浮かぶ〉

sönder「(バラバラに) 壊れた，割れた，故障した」（英 sunder）
falla **sönder**〈落下して壊れる〉, gå **sönder**〈壊れる〉, slå **sönder**〈壊す〉, vara **sönder**〈壊れている，故障している〉

till「追加」，「瞬時的な激しい動き・行為」．日本語ではその場に適した各種の擬声語・擬態語で表すと原語に近い意味が表せる．擬声語などでは表せないときは，行為の一瞬性が凝縮される「ちょっと」などで訳してみるとよい．この小辞は頻繁に使われる．
lägga **till**〈追加する〉, ställa **till**〈面倒を持ち込む・引き起こす〉, hoppa **till**〈ピョンと飛び跳ねる〉, hosta **till**〈ゴホと咳をする〉, skratta **till**〈わっと笑う〉, sparka **till**〈ボンと蹴る〉, vrida **till**〈ギュッとひねる〉, säga **till**〈ちょっと一言声を掛ける〉, hjälpa **till**〈ちょっと手伝う〉, finnas **till**〈まさに (～のために) 存在する〉

undan「逃避，回避，隠す，免れる，取り除く」
flytta **undan**〈脇にどかす〉, gömma **undan**〈見えないように隠す〉, komma **undan**〈逃れる〉, slinka **undan**〈すり抜ける〉, lägga **undan**〈取り置きする〉

under「下位，下っていく」
stryka **under**〈下線を引く，強調する〉, gå **under**〈沈没する，破滅する〉

upp「上方へ，グレードを上げる，上に向かって限界点に達する → 完成・終結に向かう，上にあげることによって開く，解く」
se **upp**〈気をつける〉, se **upp** till〈尊敬する〉, klä **upp** sig〈おめかしする〉, gifta **upp** sig〈玉の輿に乗る〉, brinna **upp**〈全焼する〉, dricka **upp**〈全部飲む〉, göra **upp**〈決着をつける〉, vila **upp** sig〈しっかり休む〉, säga **upp**〈解雇する，解約する〉, få **upp** ögonen〈(瞼をあげて) 目を開ける〉, knyta **upp**

〈結び目を解く〉（反対語：knyta **igen**），knäppa **upp** 〈ボタンを外す〉（反対語：knäppa **igen**），packa **upp** 〈荷物を解く〉（反対語：packa **ner** 〈荷物を詰める〉），slå **upp** 〈本など開く，調べる〉（反対語：slå **igen** 〈本など閉じる〉）

uppe「上に，起きている」sitta **uppe** 〈遅くまで起きている〉，vara **uppe** 〈遅くまで起きている〉

ur「内部から外へはみ出していく，内部は空に」
spåra **ur** 〈脱線する〉，växa **ur** skorna 〈成長して靴が履けなくなる〉，dricka **ur** 〈(中身を空にする→) 飲み干す〉

ut「外へ出す，引き出す，外部に出して中身を空にする → おしまいになる，終了させる」
dra **ut** en tand 〈歯を抜く〉，andas **ut** 〈息を吐く→ 安堵する〉，ge **ut** 〈出版する〉，komma **ut** 〈公刊される〉，slå **ut** 〈開花する〉，ställa **ut** 〈出展する〉，läsa **ut** 〈読み切る〉，sova **ut** 〈(疲れを除去する) ぐっすり眠る〉，stå **ut** 〈(内部の力を出し切って) 耐える〉，dö **ut** 〈死に絶える〉，slita **ut** skorna 〈靴を履きつぶす〉

åt「密接・密着・凝縮した状態，交互に繋がっている状態，直接的接触，直面している」
strama **åt** 〈(政策などで) 引き締める〉，hjälpas **åt** 〈助け合う〉，skiljas **åt** 〈(相互に別れ合う) 別れる〉，komma **åt** 〈手が届く〉，bära sig **åt** 〈振る舞う〉，göra **åt** 〈対処する〉，gå **åt** 〈費やされる〉

över「越える，覆う，隠す，超過する，余剰，あふれ出る，飛び越える，パスする，越えて向こうへ行く，終了になる」
måla **över** 〈上塗りする〉，stryka **över** 〈上から取り消し線を引く，取り消す，削除する〉，bli **över** 〈余る〉，arbeta **över** 〈残業する〉，rinna **över** 〈あふれて流れ出る〉，hoppa **över** lunch 〈昼食を抜く〉，sova **över** 〈寝過ごす，外泊する〉，komma **över** 〈(悲しみなどから) 立ち直る〉，gå **över** 〈消える，止む，(病気が) 治る〉

練 習 問 題

1. ［動詞＋小辞］の語順
   単語を並べ替えて，日本語に訳しなさい．ただし，下線の単語で文を始めること．
   (1) allt / bort / från / <u>jag</u> / mitt / rum / skräp / slängde /.
   (2) av / dig / du / <u>kan</u> / skorna / ta / ?
   (3) en / dig / ner / och / slå / snäll / stund / <u>var</u> /.
   (4) <u>du</u> / lika / ser / snygg / som / ut / vanligt /.
   (5) <u>det</u> / håller / inte / jag / med / om /.

2. 小辞の意味（1）
   カッコ内に適切な動詞と小辞を補いなさい．
   (1)(a) Han (　　)(　　) dörren.〈ドアに鍵をかけた〉
      (b) Han (　　)(　　) dörren.〈ドアの鍵をあけた〉
   (2)(a) Hon (　　)(　　) pengar på banken.〈彼女は銀行に預金した〉
      (b) Hon (　　)(　　) pengar på banken.〈彼女は銀行からお金を引き出した〉
   (3)(a) Kan du (　　)(　　) ugnen?〈オーブンのスイッチをいれてくれる？〉
      (b) Kan du (　　)(　　) ugnen?〈オーブンのスイッチを切ってくれる？〉

3. 小辞の意味（2）
   カッコ内に適切な動詞と小辞を補いなさい．
   (1) Sven (　　)(　　) boken flera gånger.〈スヴェンは何度もその本を書きなおした〉
   (2) Johanna (　　)(　　) av skräck.〈ヨハンナは恐怖でギャーと叫んだ〉
   (3) Han (　　)(　　) alla lussekatter.
       〈彼はルッセカット（ルシア祭で食べるパン）をすべて平らげた〉
   (4) Jag har (　　)(　　) den tjocka boken.〈私はその分厚い本を読み切った〉
   (5) Björn (　　)(　　) utan uppehåll.〈ビューンはひっきりなしにしゃべり続けた〉
   (6) Han (　　)(　　) sig inför professorn.〈彼は教授の前で大失策をやってしまった〉

4. ［動詞＋小辞］と過去分詞
   過去分詞を使った受動態にして，それを日本語に訳しなさい
   (1) Läraren ställde in lektionen p g a förkylning.
   (2) De tog emot mig med öppna armar.
   (3) De har slagit in julklapparna.

30 クリスマスイブの前日
DAGEN FÖRE JULAFTON

62

På kvällen den 23 december var hela familjen hemma och förberedde julfirandet. Det pågick ett intensivt matlagande, ett bakande, ett städande och ett fejande. Alla golv var skinande rena, och det doftade julmat på hela undervåningen i huset. Beträffande julklapparna så var det Tor och Heddas uppgift att lägga ut alla lockande och fantasieggande paket under julgranen. Hedda lade alla mjuka, små julklappar underst, men den placeringen gillade inte Tor, som hellre ville ha de stora, hårda presenterna underst.

— Ni kan väl lägga dem lite huller om buller, tyckte Ingrid som kom gående ifrån köket.

— Ja, gör som mamma säger, tyckte Björn. Men det spelar ingen avgörande roll hur paketen blir liggande. Eller förresten, lägg de finaste överst!

Barnen fortsatte med julklappssorterandet, medan Björn och Ingrid höll till i köket.

— Angående julskinkan, sa Ingrid. Hur ska vi göra med smaksättandet av den i år? Skulle vi inte kunna prova det där nya receptet, det där nyskapande som rekommenderades i Dagens Nyheters matbilaga i förra veckan?

— Fast där ingick väl ingen honung i griljeringen, undrade Björn. Bristande honungsnärvaro, skulle man kunna säga. När det gäller just den detaljen är jag väldigt konservativ!

— Aha, sa Ingrid skrattande, när det gäller honung är du alltså inte så nydanande. Men vore det inte kul med lite experi-

menterande så här på jul?
— Jamen det var ju inte någon senap heller i det receptet, klagade Björn. Ingen senap och inte någon honung – vad blir det för julskinkegriljering egentligen? Ingen alls!
— En spännande och utmanande julskinka, menade Ingrid. Precis som du, Björn!

Och det blev det – några timmar senare tog Björn ut den nybakade skinkan ur ugnen: guldgul, rykande och väldoftande. Barnen kom springande för att få provsmaka. Han tänkte att det nog skulle bli en både fin och rogivande jul i år också, trots att han redan var helt utmattad.

新出単語

en **julafton** [名]/-aftonen, -aftnar,- aftnarna/ クリスマス・イブ
ett **julfirande** [名]/-firandet, -firanden, -firandena/ クリスマスのお祝い
pågick [動] pågå（グループ4）の過去形
pågå [動]/-går, -gick, -gått/ 続く，続行する
intensiv [形] 集中的な
(ett) **matlagande** [名]/-lagandet, ×，×/ 調理
baka [動]/bakar, bakade, bakat/（パンやケーキなどを）焼く
feja [動]/fejar, fejade, fejat/ きれいにする
ett **golv** [名]/golvet, golv, golven/ 床
ren [形] きれいな，清潔な
(en) **julmat** [名]/-maten, ×，×/ クリスマスの料理
en **undervåning** [名]/-våningen, -våningar, -våningarna/ 下の階
beträffande [前] 〜に関して

lockande [形] 魅力的な
fantasieggande [形] 空想を刺激する
en **julgran** [名]/-granen, -granar, -granarna/ クリスマスツリー
lade [動] lägga（グループ4）の過去形
mjuk [形] 柔らかい
underst [副] 一番下に
en **placering** [名]/placeringen, placeringar, placeringarna/ 配置，置き方
hård [形] 硬い
huller om buller めちゃくちゃに，適当に
ett **kök** [名]/köket, kök, köken/ 台所
spela [動]/spelar, spelade, spelat/ 競技する，演じる，（楽器を）演奏する
en **roll** [名]/rollen, roller, rollerna/ 役割
avgörande [形] 決定的な
överst [副] 一番上に
fortsatte [動] fortsätta（グループ4）の過去形

(ett) julklappssorterande [名] /-sorterandet, ×, ×/ クリスマスプレゼントの仕分け
angående [前] 〜に関して
en julskinka [名] /-skinkan, -skinkor, -skinkorna/ クリスマスのハム
(ett) smaksättande [名] /-sättandet, ×, ×/ 味付け
ett nyskapande [名] /-skapandet, -skapanden, -skapandena/ 新作, 創作, 新種
Dagens Nyheter [固] ダーゲンス・ニーヘーテル（スウェーデンの日刊紙, DN と省略される）
en matbilaga [名] /-bilagan, -bilagor, -bilagorna/（新聞の付録の）料理冊子
ingick [動] ingå（グループ4）の過去形
ingå [動] /-går, -gick, -gått/ 含まれる
(en) honung [名] /honungen, ×, ×/ はちみつ
en griljering [名] /griljeringen, griljeringar, griljeringarna/ 衣をつけてオーブンでこんがり焼くこと
bristande [形] 不足した, 欠如した
(en) honungsnärvaro [名] /-närvaron, ×, ×/ はちみつがあること
en detalj [名] /detaljen, detaljer, detaljerna/ 詳細
konservativ [形] 保守的な
aha [間] あー, そうなの
nydanande [形] 先駆け的な, 進歩的な, 革新的な, 先進的な

vore [動] vara の接続法過去
experimentera [動] /experimenterar, experimenterade, experimenterat/ 実験する
(en) senap [名] /senapen, ×, ×/ マスタード
klaga [動] /klagar, klagade, klagat/ 不平を言う
en julskinkegriljering [名] /-griljeringen, -griljeringar, -griljeringarna/ クリスマスのハムに衣をつけてオーブンで焼くこと
alls [副]（否定辞と共に）まったく（〜ない）
spännande [形] わくわくする
utmanande [形] 型破りの, 野心的な, 興味をそそる, 挑戦的な
nybakad [形] 焼きたての, 焼きたてホヤホヤの
en skinka [名] /skinkan, skinkor, skinkorna/ ハム
ur [前] 〜の中から
guldgul [形] 黄金色の
ryka [動] /ryker, rök (rykte), rykt/ 湯気を立てる, 蒸気がたっている
väldoftande [形] 良い香りのする
springa [動]（グループ4）走る
provsmaka [動] /-smakar, -smakade, -smakat/ 試食する, 味見する
rogivande [形] 落ち着かせる, 心をなごませる, 心の落ち着く
helt [副] 完全に, 全く
utmattad [形] 疲れ果てた

> 注意すべき発音

intensiv, konservativ：語末が -iv で終わる語（多くは形容詞）の強勢の位置には2通りの選択肢がある. ① intensiv のように強勢が語末の -iv にあり, その i が長母音になる場合 ② intensiv のように語頭に強勢があり, 語末の -iv の i が半長母音になる場合. なお, initiativ〈イニシアチブ〉, motiv〈動機〉などは常に①である.

Fast där ingick väl ingen honung：väl に強勢は置かれない．付加疑問的に使われ，相手に同意を求める副詞である．

30.1　ingen / inget / inga と någon / något / några

　ingen/inget/inga の用法は，någon の使い方（11.5 参照）と並行性があるので関連づけて説明する．ingen/inget/inga の意味は〈誰も，何も～ない〉である．形容詞と同じように単数共性，単数中性，複数形のいずれの名詞を指すかによって，形が変わる．単独で用いられる単独用法と形容詞のように直後に名詞が後続する限定用法がある．

(1) 単独用法

　単数共性では「人」，単数中性では「モノ，コト」を示す．複数は「人」を表す．

単数共性	**någon**〈誰か〉*someone*（*anyone*），*somebody*（*anybody*）	**ingen**〈誰も〉*no one, nobody*
単数中性	**något/någonting**〈何か〉*something*（*anything*）	**inget/ingenting**〈何も〉*nothing*
複数	**några**〈何人か〉*some/any*	**inga**〈誰も〉*nobody, none*

　någonting/ingenting は単独用法でしか使われない．något/inget よりも話し言葉的である．

någon/något/några

　　Någon måste göra det.〈誰かがそれをやらなくてはならない〉

　　Har du något/någonting kallt att dricka?〈何か冷たい飲みものはありますか〉（形容詞（kallt）も不定詞（att dricka）も後ろから修飾する．英語の *anything/something cold to drink* に相当）

　　Några kom i tid och några kom för sent.〈時間通りに来るものもいれば，遅刻するものもいた〉

ingen/inget/inga

　　Ingen annan än du vill göra det.

　　〈君以外には他の誰もがそれをやりたがらないのだ〉

　　Vi har inget/ingenting att äta.〈私たちには食べるものが何もない〉

　　Här finns det inga som jag känner igen.

〈ここには私にとって見覚えのある人は1人もいない〉
注意 inget に相当するかなり堅い文体で用いられる intet という形もある.

(2) 限定用法

単独用法と違って，指し示す対象が人であるのかモノ・コトであるのかは後続の名詞によって決まる．någon/något/några は英語の *some* ... /*any* ... にほぼ相当し，ingen/inget/inga は *no* ... に相当する．

någon + EN-名詞・未知形・単数	ingen + EN-名詞・未知形・単数
något + ETT-名詞・未知形・単数	inget + ETT-名詞・未知形・単数
några + 名詞・未知形・複数	inga + 名詞・未知形・複数

någon/något/några
 Vi har inte någon mjölk hemma.〈家には牛乳がない〉
 Har du något bra förslag?　　〈何かいい提案をおもちですか〉
 För några dagar sedan behövde jag några frimärken.
 〈何日か前に私は何枚か切手が必要だった〉
[någon/något(単数)+時間・度量衡を表す名詞単数形]
「およそ，1＋α，2までには達しない」を意味する．
 någon vecka〈1週間かそこら〉，någon krona〈1クローナ程度〉，något kilo〈(重さが) 1キロ程度〉

ingen/inget/inga
 Hon är ingen läkare.
 〈彼女は医者なんかではない，とんでもない〉(強い否定を表現する)
 Vi har inget kaffe och inget socker kvar hemma.
 〈家にはコーヒーも砂糖も残っていない〉
 Hon har inga vänner.〈彼女は友達が誰もいない〉
注意 複数あることが予め期待されるにもかかわらず，それが実際にない場合は，複数形 inga が用いられる．期待などの裏返しを表すために，日本語の訳も意外性が前面に出るようにすること．
 Han fick inga presenter till sin födelsedag.
 〈彼はお誕生日にプレゼントを1つももらえなかった〉
 Jag såg inga människor och inga bilar på gatan.

〈その通りでは人っ子 1 人，車 1 台も見かけなかった〉

> **余話**
>
> 本文に en hård present〈硬いプレゼント〉や en mjuk present〈柔らかいプレゼント〉などという表現がある．これは単純に包みを触って，硬いか，柔らかいかの違いを言っている．触った感じが硬いのは，おもちゃや本などで，柔らかいのは衣類などである．子供が喜ぶのはもちろん硬いプレゼントだ．なお，クリスマスプレゼントは，特別な単語 en (hård/mjuk) julklapp を用いる．

30.2　ingen / inget / inga と inte någon / inte något / inte några の交換可能性

ingen/inget(ingenting)/inga を「I タイプ」，inte någon/inte något(någonting)/inte några を「N タイプ」と呼ぶことにする．どちらのタイプも単独用法と限定用法の両方を含むものとする．

「N タイプ」は原則としていつでも使うことができる．一方「I タイプ」は使えない場合がある．

(1)　「I タイプ」が使えない目的語

主節において以下のような条件下の目的語には「I タイプ」が使えない．そのときは，「N タイプ」を使うこと．

① 助動詞や助動詞的動詞が含まれる文では，「I タイプ」の目的語は不定詞の右に置いてはならない．

　　　　　I タイプの目的語（不可）　　　：　　　　N タイプの目的語（可）
- × Jag vill/tänker träffa *ingen* imorgon. → ○ Jag vill/tänker inte träffa någon imorgon.
〈明日は，私は誰にも会いたくありません／会うつもりはありません〉
- × Han kunde ge *ingen vettig förklaring*. → ○ Han kunde inte ge någon vettig förklaring.
〈彼はまともな説明ができませんでした〉
- × Jag vill säga *ingenting* om detta. → ○ Jag vill inte säga något/någonting om detta.
〈私はこのことについて何も言いたくない〉

② 完了形（har/hade ＋完了分詞）で，「I タイプ」の目的語は完了分詞の右に置

いてはならない.
　　× Vi har ätit *inga jordgubbar* i år. → ○ Vi har inte ätit några jordgubbar i år.
　　〈私たちは今年イチゴを食べていません〉
　　× Jag har gjort *inget/ingenting* hittills. → ○ Jag har inte gjort något/någonting hittills.
　　〈これまで私は何もしてこなかった〉
③　小辞動詞の小辞の右に「I タイプ」の目的語を置いてはならない.
　　× Hon dukade **fram** *inget kaffe*. → ○ Hon dukade inte **fram** något kaffe.
　　〈彼女はコーヒーを出してくれなかった〉
　　× Han bröt **av** *inga grenar*. → ○ Han bröt inte **av** några grenar.
　　〈彼は枝を一本も折りませんでした〉
④　[動詞＋前置詞]の右に「I タイプ」の目的語を置いてはならない.
　　× Vi **väntar** på *ingen*. → ○ Vi **väntar** inte på någon.
　　〈私たちは誰も待っていません〉
　　× Han **tittar** på *inget program* på TV. → ○ Han **tittar** inte på något program på TV.
　　〈彼はテレビ番組を全然見ません〉

注意　目的語が「I タイプ」にもかかわらず，①と②の条件で可能な場合がある．これは下の例文にあるように，目的語が不定詞 säga および完了分詞 gjort の右に置かれていないためである．ただし，この語順が許されるのは inget / ingenting に限られる．この語順は引き締まった文体的に用いられ，日常会話では「N タイプ」のほうが一般的である．

　　Jag vill *inget / ingenting* säga om detta.
　　〈私はこのことについて何も言いたくない〉
　　Jag har *inget / ingenting* gjort hittills.〈これまで私は何もしてこなかった〉

(2) 目的語でも「I タイプ」が使える場合

　①②③の条件下でも，<u>目的語が文頭に立てば，つまり定動詞よりも前に置かれれば，「I タイプ」を使うことができる</u>（④はできないことに注意！）．また「N タイプ」で置き換えたときに，inte N で始めれば「I タイプ」と同じ意味になるが，N ... inte の語順にすると意味が異なってしまうか，成立しないことがあるので注意すること．

① 助動詞
　　○ *Ingen vettig förklaring* kunde han ge. ＝ ○ Inte någon vettig förklaring kunde han ge.
　　〈彼はまともな説明ができなかった〉

≒ ○ Någon vettig förklaring kunde han inte ge.
　　〈まともと言えるような説明を彼はすることができなかった〉
② 完了形
　　○ *Inga jordgubbar* har vi ätit i år. = ○ Inte några jordgubbar har vi ätit i år.
　　〈私たちは今年イチゴなど全然食べていません〉
　　≒ ○ Några jordgubbar har vi inte ätit i år.
　　〈私たちは今年（他の果物は別として）イチゴは食べていない〉
③ 小辞動詞
　　○ *Inget kaffe* dukade hon **fram**. 　　= ○ Inte något kaffe dukade hon **fram**.
　　〈彼女はコーヒーなんてまったく出してくれなかった〉
　　≒ ○ Något kaffe dukade hon inte **fram**.
　　〈(他の飲み物は別にして) コーヒーというのは出してくれなかった〉
④ ［動詞＋前置詞］
　　? *Inget program på TV* **tittar** han på. = ○ Inte något program på TV **tittar** han på.
　　　　　　　　　　　　　　　　　　　　　〈テレビ番組なんか彼はまったく見ていない〉
　　≒ ○ Något program på TV **tittar** han inte på.
　　〈(他の事は別にして) テレビ番組は見ていない〉

(3) 主語は「Iタイプ」が使える

　主語には①②③や④の条件下であっても「Iタイプ」を使うことができる．さらに，文頭以外に置かれても，そのまま「Iタイプ」を使うことができる．
　　Inga studenter ville sjunga igår. 　　　= Igår ville *inga studenter* sjunga.
　　〈学生たちは昨日誰1人として歌を歌いたがらなかった〉
　　Ingen av oss har ätit jordgubbar i år. = I år har *ingen av oss* ätit jordgubbar.
　　〈私たちのうち誰も今年はイチゴを食べていない〉
　　Inga grenar bröts **av** i den här parken. = I den här parken bröts *inga grenar* **av**.
　　〈枝の1本たりともこの公園では折られませんでした〉
　　Ingen **väntade** på oss i går. 　　　　= I går **väntade** *ingen* på oss.
　　〈昨日は誰も私たちを待っていてくれませんでした〉

（4） 主節における「I タイプ」使用の可・不可のまとめ

「I タイプ」の制限を表にまとめておく．○＝使用可，×＝使用不可．

条件	文頭		動詞の右に置かれる目的語
	主語	目的語	
① 助動詞＋不定詞	○	○	×（不定詞の右では使用不可）
② har/hade ＋完了分詞	○	○	×（完了分詞の右では使用不可）
③ 小辞動詞	○	○	×
④ ［動詞＋前置詞］	○	×	×

単数・中性形 inget/ingenting が目的語として単独で不定詞の左や完了分詞の左に置かれるときは容認されるが，それ以外では不可になることが圧倒的に多い．

　○ Jag har *inget/ingenting* gjort hittills.　　？ Jag har *ingen* sett.
　？ Jag har *ingen bil* skaffat.　　　　　　　× Jag vill *inget arbete* göra.

（5） 従位節における「I タイプ」と「N タイプ」

　従位節の中に「I タイプ」の目的語を組み入れるようとするとき，BIFF の規則があるため，「I タイプ」を「N タイプ」に変えなくてはならない．「N タイプ」に変えるとき，inte を BIFF の規則にしたがって定動詞の直前に移動させることを忘れないようにすること．主語が「I タイプ」のときは従位節の中に入っても BIFF の規則は適用されないので，そのまま「I タイプ」を使用してもよい．以上の例を間接話法の中で示してみる．

　"*Ingen* såg mig."（主語）→ Han sade att *ingen* hade sett honom.
　〈誰も自分を見なかったと彼は言った〉
　"Jag såg *ingen*."（目的語）
　→ Han sade att han *inte* hade sett *någon*.
　〈誰も自分を見なかったと彼は言った〉
　"Jag har *inte* sagt *någonting* och jag vill inte säga *någonting*."（目的語）
　→ Han sade att han *inte* hade sagt *någonting* och att han *inte* ville säga *någonting*.
　〈自分は何も言わなかったし，また何も言いたくないと彼は言った〉
　（BIFF の規則により inte は定動詞の前に移動する）

> **注意** 否定の inget, ingenting も BIFF の規則により定動詞の前に移動する．しかし，「N タイプ」のほうが一般的である．

"Jag har *ingenting* sagt och jag vill *ingenting* säga."（目的語）
→ Han sade att han *ingenting* hade sagt och att han *ingenting* ville säga.
〈自分は何も言わなかったし，また何も言いたくないと彼は言った〉
その他の従位節でも同じことがいえる．

Eftersom *inga* studenter kom ... /Eftersom *inte några* studenter kom ...
〈学生は1人も来なかったので〉
Om han *inte* vet *någonting* ... /Om han *ingenting* vet ... /
× Om han vet *ingenting* ... 〈もし彼が何も知らないなら〉
de som *inte* vet *någonting* om detta ... /de som *ingenting* vet om detta ... /
? de som vet *ingenting* om detta ... 〈そのことについて何も知らない彼ら〉

30.3 現在分詞

現在分詞は能動の意味をもち同時性を表す．スウェーデン語の現在分詞は英語と違い，現在進行形は形成しない．また現在分詞を用いた構文も多くは［komma など＋現在分詞］との結合でしか用いられない．

(1) 現在分詞の作り方

現在分詞は不定詞に -ande/-ende を付して作る．どちらの語尾を使うかは以下の規則による．

① -ende：不定詞が強勢のある母音で終わる動詞（グループ3すべてとグループ4の一部）には不定詞に直接 -ende を付加する．

グループ3：bo〈住んでいる〉→ boende, tro〈信ずる〉→ troende
グループ4：dö〈死ぬ〉→ döende, gå〈歩いて行く〉→ gående, le〈微笑む〉
→ leende, se〈見える〉→ seende, stå〈立っている〉→ stående

② -ande：不定詞が強勢のない母音で終わる動詞は，不定詞の -a を取り除いてから，-ande を付加する．

グループ1：handla〈行動する〉→ handlande, tala〈話す〉→ talande
グループ2A/B：använda〈使用する〉→ användande, åka〈（乗り物で）行く〉
→ åkande

グループ4：binda〈縛る〉→ bindande, göra〈する〉→ görande, vara〈〜である〉/〈持続する〉→ varande, kunna〈できる〉→ kunnande（助動詞にも現在分詞がある）

注意1 　不定詞が強勢のある母音で終わりながら も -ande で現在分詞を作る動詞がいくつかある．これは省略が生じる以前の古い形から出発すれば，規則通りである．
　　グループ2：bre ⇒ breda〈広げる〉→ bredande
　　グループ3：klä ⇒ kläda〈服を着せる〉→ klädande
　　グループ4：be ⇒ bedja〈乞う〉→ bedjande, bli ⇒ bliva〈〜になる〉→ blivande, ge ⇒ giva〈与える〉→ givande, dra ⇒ draga〈引っ張る〉→ dragande, ha ⇒ hava〈持っている〉→ havande, ta ⇒ taga〈取る〉→ tagande

注意2 　s-受動には原則的に現在分詞はない．
注意3 　再帰動詞の現在分詞は再帰代名詞を落とす．bete sig〈振る舞う〉→ beteende

（2）現在分詞の用法

　現在分詞は以下のような品詞として用いられる．同一の現在分詞が文脈によって名詞や形容詞，副詞としても使われることがある．
　　en resande〈旅行者〉（名詞），resande〈旅行中の〉（形容詞）
　　rasande〈激怒した〉（形容詞），〈すさまじく，猛烈に〉（副詞）

① 名詞

　現在分詞が名詞として使われる場合，EN-名詞であれば原則的に人や職業を，ETT-名詞であれば抽象的な事柄を表す．

共性・中性	単／複	未　知　形	既　知　形
EN-名詞	単数	en studerande〈学生〉(en lärare)	studeranden (läraren)
	複数	studerande (lärare)	studerande**na** (lärar**na**)
ETT-名詞	単数	ett meddelande〈メッセージ〉(ett äpple)	meddelande**t** (äpple**t**)
	複数	meddelande**n** (äpple**n**)	meddelande**na** (äpple**na**)

（en studerande はタイプ(5)の EN-名詞 lärare〈教師〉とほぼ同じ変化．ett meddelande は ETT-名詞のタイプ(4)，すなわち母音で終わるタイプの ett äpple〈リンゴ〉とまったく同じ変化である）

EN-名詞：-ande/-ende で表す人の行為は一時的や短期間の活動であることが多い．
　en ordförande〈議長〉, en gående〈歩行者〉, en resande〈旅行者〉, en sökande〈応募者〉

ETT-名詞：行為など抽象的な事柄を表す．その行為に反復性が含まれることもある．
　ett förhållande〈関係，状況〉, ett förtroende〈信頼〉, ett påstående〈主張〉, ett utseende〈容姿〉

同じ動詞の現在分詞が文脈によって，EN-名詞にも ETT-名詞にもなることがある．
　en resande〈旅行者〉：ett resande〈旅行，旅行すること〉

　注意　今では現在分詞起源とは気が付きにくい名詞：en bonde〈農夫，農場主〉（← boende, bo〈住む〉：複数未知形 bönder, 比較：英 husband〈夫〉（古ノルド語からの借用語）← en husbonde〈家の主〉）, en frände〈血族〉（← friande, fria〈求婚する〉：複数未知形 fränder, 比較：英 friend〈友人〉も同じ現在分詞から）, en fiende〈敵〉（複数未知形 fiender, 比較：英 fiend〈鬼〉．今では失われてしまった〈憎む〉という動詞の現在分詞から）, en tand〈歯〉（← ätande〈噛む器具〉, äta〈食べる〉：複数未知形 tänder）．なお，ラテン語から英語への借入語 president〈(前に座る人→) 大統領〉の -ent はラテン語の現在分詞であるが，北欧語の -ande/-ende と同じ語源である）

② 形容詞

限定用法と叙述用法がある．変化しない形容詞である．
　beroende/oberoende〈依存している／独立した〉, dåvarande/nuvarande〈当時の／今の〉, enastående〈ユニークな〉, frånvarande/närvarande〈不在の／出席している〉, följande〈次の，以下の〉, imponerande〈心を打つような〉, spännande〈わくわくするような〉, tillfredsställande〈満足させるような〉, underhållande〈愉快な〉

　注意　-ande で終わるが，現在分詞ではなく借用された形容詞 främmande〈外国の，見知らぬ〉

限定用法
　en blivande läkare〈医者の卵〉, en havande kvinna〈妊婦〉, en kommande katastrof〈今後やってくる災害〉, ett levande ljus〈実際に火のついたろうそく〉, en lovande forskare〈将来が有望な研究者〉, ett sovande barn〈眠って

いる子供〉

叙述用法

　　Kvinnan är havande.〈その女性は妊娠している〉
　　Föredraget var mycket givande.〈その講演はきわめて得るものが多かった〉
　　Kontraktet är bindande.〈その契約は(法的に)拘束力がある〉
　　Han har alltid mycket papper liggande på skrivbordet.
〈彼は机の上にいつもたくさんの書類を積みっぱなしにしている〉(ha det trevligt と同じSVOCの構文．比較：Han har alltid mycket papper strödda på skrivbordet.〈彼は机の上にいつもたくさんの書類を散らかしっぱなしにしている〉．strödda は strö〈まき散らす〉の過去分詞の複数形．21課の完了形の成立と語順の説明を参照)

　　限定用法で使われても叙述用法では使えないものもある．
　　　× Ljuset är levande.　× Katastrofen är kommande.　× Han är nuvarande.

[komma など＋現在分詞]

　　現在分詞とともに用いられて同時進行を表す結合の核となる動詞は komma であることが多い．英語の分詞構文とは異なり，スウェーデン語の現在分詞句は短い．長くなると重厚な堅い書き言葉になってしまう．

　　Han kom cyklande(s)/gående(s)/gråtande(s) hem.
〈彼は自転車に乗って／歩いて／泣きながら家に帰って来た〉

　　会話文ではこの構文の現在分詞に s が付されることがある．しかし，これは受身を表す s ではない．s-受動態は原則的に現在分詞をもたないからである．

　　Pojken kom springande efter bollen.
〈男の子はボールを追って走って来た〉(springande efter は小辞動詞の現在分詞であるにもかかわらず，efterspringande にはならず分離されたままである)

　　Han svarade undvikande på mina frågor.
〈彼は私の質問をはぐらかした（避けるように回答した）〉

[bli〈とどまる〉＋現在分詞]

　　この構文で使われる bli は〈～になる〉の意味ではない．Han blev hemma igår kväll.〈彼は昨晩家にとどまった〉や Han blev 85 år.〈(彼は85歳でとどまった)→ 享年85歳だった〉にみられるように〈とどまる，居続ける〉の意味である．この構文に続く現在分詞は liggande/sittande/stående にほぼ限られる．

Han blev liggande i sängen/sittande i soffan/stående vid dörren.
〈彼はベッドに横になったままであった／ソファーに座ったままであった／ドアのところに立ち尽くしていた〉

③　副詞

形容詞から転用された副詞

　　Elin är strålande vacker.〈エーリンは輝くばかりに美しい〉
　　Bertil är påfallande intelligent.〈バッティルは際立って聡明である〉

副詞として定着している語

　　fortfarande〈依然として〉, omgående〈即座に〉, ingående〈事細かく〉（形容詞〈詳細な〉としても使われる）

④　前置詞

angående, beträffande, rörande. 3語ともに〈～に関して〉. 主として書き言葉で使われる.〈～について〉は om を使うほうが一般的である.

練習問題

1. 不定代名詞
   カッコ内に någon/något(någonting)/några/ingen/inget(ingenting)/inga から適切なものを選んで，日本語に訳しなさい．
   (1) Han har (　　　) läxor idag.
   (2) Jag har inte (　　　) piano hemma.
   (3) Jag skrek men (　　　) hjälpte mig.
   (4) Säg (　　　) om det till mamma. Hon har oroat sig tillräckligt.
   (5) Har du köpt (　　　) julklapp?
   (6) Vi kunde inte säga nej. Vi hade (　　　) val.

2. 目的語としての不定代名詞
   間違いを訂正しなさい．それを日本語に訳しなさい．
   (1) De ville säga ingenting.
   (2) Han tycker om ingen av sina släktingar.
   (3) Hon har skrivit inget brev.
   (4) De ska använda inga pengar under helgen.
   (5) Han sade att hon hade dukat fram inget kaffe.

3. 現在分詞
   次の動詞の現在分詞を答えなさい．
   (1) avgöra　(2) dö　(3) jogga　(4) bete sig　(5) påpeka　(6) överraska

4. 現在分詞の用法
   問題3の現在分詞を使って作文しなさい．
   (1) スヴェンは家々の間をジョギングしながらやってきた．
   (2) これらの指摘は重要である．
   (3) 警察は決定的な証拠を見つけた．（証拠：ett bevis）
   (4) 警察が来たときには，その男は瀕死の状態で通りに倒れていた．
   (5) 彼女の振る舞いは驚くほど大きな役割を果たしていた．
   　　（役割を果たす：spela en roll）

付録1 変化表一覧

1. グループ1〜3の動詞変化表

分類	不定詞	現在形	過去形	完了分詞	命令形	意味
1	tala	talar	talade	talat	tala!	話す
2A	stänga	stänger	stängde	stängt	stäng!	閉める
	höra	hör	hörde	hört	hör!	聞こえる
2B	köpa	köper	köpte	köpt	köp!	買う
3	sy	syr	sydde	sytt	sy!	縫う

2. グループ4の動詞変化表

不定詞	現在形	過去形	完了分詞	命令形	意味
be	ber	bad	bett	be!	乞う，お願いする
binda	binder	band	bundit	bind!	しばる
bita	biter	bet	bitit	bit!	噛む
bjuda	bjuder	bjöd	bjudit	bjud!	招く，招待する
bli	blir	blev	blivit	bli!	〜になる
brinna	brinner	brann	brunnit	brinn!	燃える
bryta	bryter	bröt	brutit	bryt!	壊す
bära	bär	bar	burit	bär!	運ぶ
böra	bör	borde	bort	−	〜すべきだ
dra	drar	drog	dragit	dra!	引っぱる
dricka	dricker	drack	druckit	drick!	飲む
driva	driver	drev	drivit	driv!	駆り立てる
duga	duger	dög	dugt	−	役に立つ
dö	dör	dog	dött	dö!	死ぬ
dölja	döljer	dolde	dolt	dölj!	隠す
falla	faller	föll	fallit	fall!	落ちる
fara	far	for	farit	far!	乗物に乗って〜へ行く
finna	finner	fann	funnit	finn!	見つける
finnas	finns	fanns	funnits	−	存在する
flyga	flyger	flög	flugit	flyg!	飛行する，飛ぶ
frysa	fryser	frös	frusit	frys!	こごえる

不定詞	現在形	過去形	完了分詞	命令形	意味
få	får	fick	fått	få!	もらう
försvinna	försvinner	försvann	försvunnit	försvinn!	姿を消す
ge	ger	gav	gett	ge!	与える
glida	glider	gled	glidit	glid!	滑る
glädja	gläder	gladde	glatt	gläd!	喜ばせる
gripa	griper	grep	gripit	grip!	つかむ
gråta	gråter	grät	gråtit	gråt!	泣く
gå	går	gick	gått	gå!	歩いて行く
göra	gör	gjorde	gjort	gör!	〜する
ha	har	hade	haft	ha!	持っている
heta	heter	hette	hetat	–	〜と称する
hinna	hinner	hann	hunnit	hinn!	〜する時間がある
hugga	hugger	högg	huggit	hugg!	切り倒す
hålla	håller	höll	hållit	håll!	保持する
knyta	knyter	knöt	knutit	knyt!	結ぶ
komma	kommer	kom	kommit	kom!	来る
kunna	kan	kunde	kunnat	–	〜できる
le	ler	log	lett	le!	微笑む
lida	lider	led	lidit	lid!	悩む
ligga	ligger	låg	legat	ligg!	横たわっている
ljuga	ljuger	ljög	ljugit	ljug!	嘘をつく
låta	låter	lät	låtit	låt!	〜するがままにしておく
lägga	lägger	lade/la	lagt	lägg!	横たえる
njuta	njuter	njöt	njutit	njut!	楽しむ
–	måste	måste	måst	–	〜しなければならない
rinna	rinner	rann	runnit	rinn!	流れる
riva	river	rev	rivit	riv!	破る
se	ser	såg	sett	se!	見える
sitta	sitter	satt	suttit	sitt!	座っている
sjunga	sjunger	sjöng	sjungit	sjung!	歌う
sjunka	sjunker	sjönk	sjunkit	sjunk!	沈む
skina	skiner	sken	skinit	skin!	（太陽などが）輝く

不定詞	現在形	過去形	完了分詞	命令形	意味
skjuta	skjuter	sköt	skjutit	skjut!	撃つ
skola	ska	skulle	skolat	–	〜することにしている
skrika	skriker	skrek	skrikit	skrik!	叫ぶ
skriva	skriver	skrev	skrivit	skriv!	書く
skära	skär	skar	skurit	skär!	切る
slippa	slipper	slapp	sluppit	slipp!	まぬがれる
slita	sliter	slet	slitit	slit!	すり減らす
slå	slår	slog	slagit	slå!	殴る
slåss	slåss	slogs	slagits	slåss!	なぐり合う
sova	sover	sov	sovit	sov!	眠っている
spricka	spricker	sprack	spruckit	sprick!	割れる
springa	springer	sprang	sprungit	spring!	走る
sticka	sticker	stack	stuckit	stick!	突き刺す
stiga	stiger	steg	stigit	stig!	歩む
stjäla	stjäl	stal	stulit	stjäl!	盗む
stryka	stryker	strök	strukit	stryk!	なでる
stå	står	stod	stått	stå!	立っている
suga	suger	sög	sugit	sug!	吸う
svika	sviker	svek	svikit	svik!	裏切る
svälja	sväljer	svalde	svalt	svälj!	飲み込む
säga	säger	sade/sa	sagt	säg!	言う
sälja	säljer	sålde	sålt	sälj!	売る
sätta	sätter	satte	satt	sätt!	置く，据える
ta	tar	tog	tagit	ta!	取る
tiga	tiger	teg	tigit	tig!	黙っている
töras	törs	tordes	torts	–	あえて〜する
vara	är	var	varit	var!	〜である
veta	vet	visste	vetat	vet!	知っている
vika	viker	vek	vikit/vikt	vik!	折る
vilja	vill	ville	velat	–	〜したい
vinna	vinner	vann	vunnit	vinn!	勝ち取る
vrida	vrider	vred	vridit	vrid!	ひねる，回転させる

不定詞	現在形	過去形	完了分詞	命令形	意味
välja	väljer	valde	valt	välj!	選ぶ
vänja	vänjer	vande	vant	vänj!	慣らす
äta	äter	åt	ätit	ät!	食べる

3. s-動詞変化表

分類	不定詞	現在形	過去形	完了分詞	意味
1	talas	talas	talades	talats	話される
2A	stängas	stängs	stängdes	stängts	閉められる
2A	höras	hörs	hördes	hörts	聞かれる
2B	köpas	köps	köptes	köpts	買われる
3	sys	sys	syddes	sytts	縫われる
4	ses	ses	sågs	setts	見られる
4	säljas	säljs	såldes	sålts	売られる

4. 名詞変化表

分類	名詞の性	単数 未知形	単数 既知形	複数 未知形	複数 既知形	意味
(1)	EN-名詞	en flicka	flickan	flickor	flickorna	少女
(2)①	EN-名詞	en bil	bilen	bilar	bilarna	車
(2)②	EN-名詞	en pojke	pojken	pojkar	pojkarna	少年
(3)	EN-名詞	en student	studenten	studenter	studenterna	学生
(4)	ETT-名詞	ett äpple	äpplet	äpplen	äpplena	リンゴ
(5)	ETT-名詞	ett hus	huset	hus	husen	家，建物
(5)	EN-名詞	en lärare	läraren	lärare	lärarna	先生

5. 形容詞変化表1

		単数		複数	
未知形	en stor bil	1台の大きな車	stora bilar	何台かの大きな車	
未知形	ett stort hus	1軒の大きな家	stora hus	何軒かの大きな家	
既知形	den stora bilen	その大きな車	de stora bilarna	それらの大きな車	
既知形	det stora huset	その大きな家	de stora husen	それらの大きな家	
所有	min stora bil	私の大きな車	mina stora bilar	私の大きな車	
所有	mitt stora hus	私の大きな家	mina stora hus	私の大きな家	

6. 形容詞変化表 2

EN-形	ETT-形	既知形/複数	比較級	最上級	意味
fin	fint	fina	finare	finast	素敵な
ny	nytt	nya	nyare	nyast	新しい
vacker	vackert	vackra	vackrare	vackrast	美しい
mogen	moget	mogna	mognare	mognast	熟した
lång	långt	långa	längre	längst	長い
låg	lågt	låga	lägre	lägst	低い
hög	högt	höga	högre	högst	高い
stor	stort	stora	större	störst	大きな
ung	ungt	unga	yngre	yngst	若い
tung	tungt	tunga	tyngre	tyngst	重い
bra	bra	bra	bättre	bäst	良い
dålig	dåligt	dåliga	sämre	sämst	悪い（+の要素が少なくなる場合）
			värre	värst	悪い（-の要素が多くなる場合）
-	-	få	färre	-	少数しか〜ない
gammal	gammalt	gamla	äldre	äldst	古い，年老いた
god	gott	goda	bättre	bäst	良い
liten	litet	lilla/små	mindre	minst	小さい
-	-	många	fler(a)	de flesta	多くの（英 many）
typisk	typiskt	typiska	mer(a) typisk	mest typisk	典型的な

7. 副詞変化表

原級	比較級	最上級	意味
fort	fortare	fortast	速く
mycket	mer(a)	mest	大変，とても（英 much）
gärna	hellre	helst	喜んで

付録2　略語一覧

AB	aktiebolag 株式会社		（100グラム）
adr.	adress 住所	i sht	i synnerhet 特に
ang.	angående ～に関して	i st.f.	i stället för ～の代わりに
anm.	anmärkning 注	IT	informationsteknologi 情報技術
avd.	avdelning 部門		
bil.	bilaga 添付書類	jfr	jämför 比較せよ
bl.a.	bland annat/andra 特に	kl.	klockan; klass ～時；クラス
ca	cirka およそ	kr.	kronor クローナ（スウェーデンの通貨単位）
d.	död 死亡		
DN	Dagens Nyheter ダーゲンス・ニーヘーテル（日刊紙）	m.fl.	med flera ～など
		m.m.	med mera ～など
dr	doktor 博士，医師	moms	mervärdesskatt 付加価値税
dvs.	det vill säga つまり	nr	nummer 番号，第～番，第～号
e.Kr.	efter Kristus 紀元後		
el.	eller あるいは	obs!	observera 注意せよ
em.	eftermiddag(en) 午後	o.d., o.dyl.	och dylikt ～など
enl.	enligt ～によると	o.s.v., osv.	och så vidare ～など
etc.	et cetera ～など	PC	persondator パーソナルコンピューター
EU	Europeiska unionen ヨーロッパ連合		
		pg	postgiro 郵便振替
ev.	eventuell(t) 場合によっては，必要であれば	p.g.a.	på grund av ～のため
		resp.	respektive それぞれ
f.	född; förre; och följande 生まれ；以前の；それ以降の	s.	sidan, sidor(na) ページ
		s.k	så kallad/kallat/kallade いわゆる
f.d.	före detta 前の，かつての		
fm.	förmiddag(en) 午前	SJ	Statens järnvägar スウェーデン国有鉄道
f.Kr.	före Kristus 紀元前		
f.n.	för närvarande 目下のところ	SM	svenska mästerskapen スウェーデン選手権
FN	Förenta Nationerna 国連		
forts.	fortsättning 続き	S:t, S:ta	sankt, sankta 聖～
fr.	från; fröken; fru ～から；女性教師，～嬢；～夫人	st.	styck(e) ～個
		t.	till ～へ，～まで
fr.o.m	från och med ～から	t.ex.	till exempel 例えば
g.	gift 既婚の	tfn, tel	telefon 電話
gm	genom ～を通して	t.h.	till höger 右へ
hg	hekto(gram) ヘクトグラム	tr.	trappa, trappor ～階，階段

344

t.v.	till vänster; tills vidare 左へ；当分の間	utg.	utgiven 発行，〜編
u.a.	utan anmärkning 特に異状・問題なし	vard.	vardaglig, vardagar 日常（の）
		vd	verkställande direktör 社長, 専務取締役
UD	Utrikesdepartementet 外務省	v.g.v.	Var god vänd! 裏面に続く
ung.	ungefär およそ	äv.	även 〜でさえ
uppl.	upplaga（本などの）〜版		

付録3 語彙集

A

absolut［副］絶対に ⑨
aha［間］あー，そうなの ㉚
aldrig［副］決して〜ない ⑲
all［代］/allt, alla/ すべて（の）㉖
allra［副］すべての中で（最上級を強める）㉗
alls［副］（否定辞と共に）まったく（〜ない）㉚
alltid［副］いつも ⑫
allting［代］すべてのもの，こと ⑫
alltsammans［代］全部 ㉑
alltså［副］したがって，すなわち ⑮
andra［数］第2番目の ⑯
angående［前］〜に関して ㉚
anmäla［動］/anmäler, anmälde, anmält/ 通報する，届け出る ㉔
en anmälan［名］/anmälan, ×, ×/ 通報，届け出 ㉔
Anna［固］アンナ（女性名）⑭
annars［副］さもないと，そうでなければ，そのほかの点では ⑯
Annika［固］アンニカ（女性名）⑭
en apa［名］/apan, apor, aporna/ サル ⑯
arbeta［動］/arbetar, arbetade, arbetat/ 働く ⑩
ett arbete［名］/arbetet, arbeten, arbetena/ 仕事 ⑫
ett arbetsbord［名］/-bordet, -bord, -borden/ 仕事机 ⑩
en arbetsmiljö［名］/-miljön, -miljöer, -miljöerna/ 労働環境，仕事場 ⑪
en arbetsplats［名］/-platsen, -platser, -platserna/ 職場 ⑪
ett arbetsrum［名］/-rummet, -rum, -rummen/ 書斎，仕事部屋 ⑥
Arne［固］アーネ（男性名）⑬
arton［数］18 ⑮
att 不定詞マーカー（英 to）⑧
att［接］（英 that）⑭
augusti［名］8月 ⑯
av［前］〜の，〜から離れて ⑩ 〜から成る，〜で出来た ⑪
avgörande［形］決定的な ㉚
avsluta［動］/avslutar, avslutade, avslutat/ 終える，終わらせる ⑰

B

bad → be ㉗

baka［動］/bakar, bakade, bakat/（パンやケーキなどを）焼く ㉚
bakom［前］〜の後ろに ㉘
ett bakverk［名］/-verket, -verk, -verken/ 焼き菓子，パティスリー ㉘
en banan［名］/bananen, bananer, bananerna/ バナナ ㉑
bara［副］〜だけ ⑧
ett barn［名］/barnet, barn, barnen/ 子供 ⑧
ett barnprogram［名］/-programmet, -program, -programmen/ 子供向け番組 ⑧
be［動］/ber, bad, bett/ お願いする，依頼する ⑰.
be om ... 〜を求める，乞う ⑲
beklaga［動］/beklagar, beklagade, beklagat/ beklaga sig (över ...)（〜について）苦情を言う，ぐちをこぼす ⑱
berätta［動］/berättar, berättade, berättat/ 話す，語る ⑲
berömma［動］/berömmer, berömde, berömt/ 称賛する ㉖
besluta［動］/beslutar, beslutade (beslöt), beslutat (beslutit)/ 決める，決定する ⑩
bestämma［動］/-stämmer, -stämde, -stämt/ 決める ⑬. bestämma sig (för ...) 決心する，（〜を）決める ㉘
ett besök［名］/besöket, besök, besöken/ 訪問，見物 ⑮
besöka［動］/besöker, besökte, besökt/ 訪れる ⑯
betala［動］/betalar, betalade, betalat/ 支払う ⑭
bete［動］/beter, betedde, betett/ bete sig 振る舞う ⑲
beträffande［前］〜に関して ㉚
betyda［動］/betyder, betydde, betytt/ 意味する ⑮
Birgitta［固］ビルギッタ（女性名）⑬
en bit［名］/biten, bitar, bitarna/ 一部分，断片 ⑰
bjuda［動］/bjuder, bjöd, bjudit/ 招待する，ごちそうする ⑬
ett björkträ［名］/-trädet, -trän, -träna/ 白樺の材木 ⑯
Björn［固］ビョーン（男性名）⑥
en björn［名］/björnen, björnar, björnarna/ クマ ⑯
blanda［動］/blandar, blandade, blandat/ 混ぜる ㉑
blank［形］輝いている，なめらかな ⑰
blev → bli ⑲
bli［動］/blir, blev, blivit/ 〜になる ⑧
blivit → bli ㉑

346

blå［形］青い ⑫
en blåbärssylt［名］/-sylten, ×, ×/ ブルーベリージャム ⑮
bo［動］/bor, bodde, bott/ 住んでいる，住む ⑥
en bok［名］/boken, böcker, böckerna/ 本 ⑩
bort［副］遠くへ，離れて，向こうへ ㉕
borta［副］遠くで，離れて，不在で，消えている ㉔
bra［形・副］よい・よく，すばらしい・すばらしく ⑦
bredvid［副］そばに，わきに，並びの ㉒
en bricka［名］/brickan, brickor, brickorna/ お盆，トレー ⑯
bristande［形］不足した，欠如した ㉚
bruka［動］/brukar, brukade, brukat/ よく〜する ⑧
bryta［動］/bryter, bröt, brutit/ 壊す **bryta 'ut** 始まる，勃発する ㉙
ett bråk［名］/bråket, bråk, bråken/ 喧嘩 ⑲
en buss［名］/bussen, bussar, bussarna/ バス ⑪
en busshållplats［名］/-platsen, -platser, -platserna/ バス停 ⑫
en butik［名］/butiken, butiker, butikerna/ 店 ㉘
en byggnad［名］/byggnaden, byggnader, byggnaderna/ 建物 ⑪
båda［代］2人とも，2つとも，両方 ⑥
både［接］**både A och B** A も B も両方とも ⑪
bädda［動］/bäddar, bäddade, bäddat/ ベッドを整える ⑨
en bäddsoffa［名］/-soffan, -soffor, -sofforna/ ソファーベッド ⑥
bäst［形］最もよい．bra / god の最上級 ⑲
bättre［形］より良い．bra / god の比較級 ㉖
böra［助動］/bör, borde, bort/ 〜すべきだ，〜したほうがよい，〜に違いない ⑰
börja［動］/börjar, började, börjat/ 〜し始める ⑧

C

ett centrum［名］/centrumet, centrum, centrumen/ 中心街 ㉘
ett chips［名］/chipset, chips, chipsen/（ポテト）チップス ⑧
en cykel［名］/cykeln, cyklar, cyklarna/ 自転車 ⑨
en cykelaffär［名］/-affären, -affärer, -affärerna/ 自転車屋 ㉔
ett cykelställ［名］/-stället, -ställ, -ställen/ 駐輪場，自転車置場 ㉔
en cykelstöld［名］/-stölden, -stölder, -stölderna/ 自転車の盗難 ㉕
en cykeltur［名］/-turen, -turer, -turerna/ サイクリング ㉔
cykla［動］/cyklar, cyklade, cyklat/ 自転車に乗る ⑨

D

en dag［名］/dagen, dagar, dagarna/ 日 ⑨
Dagens Nyheter［固］ダーゲンス・ニーヘーテル（スウェーデンの日刊紙，DN と省略される）㉚
ett daghem［名］/daghemmet, daghem, daghemmen/ 保育所 ㉕
ett dagis［名］/dagiset, dagis, dagisen/ 保育所, **gå på dagis** 保育所に通う ⑥
dags［副］（すべき）時に，時点に ⑨
en damavdelning［名］/-avdelningen, -avdelningar, -avdelningarna/ 婦人服売り場 ㉘
en dator［名］/datorn, datorer, datorerna/ コンピューター ⑥
de［代］彼らは，彼らが（英 they）⑥
de［冠］それらの（複数，英 the）
december［名］12月 ㉒
(en・ett) decemberfika［名］/-fikan・-fikat, ×, ×/ 12月のフィーカ ㉙
en decimeter［名］/decimetern, decimeter, decimeterna/ デシメートル ㉙
en deckare［名］/deckaren, deckare, deckarna/ 推理小説，サスペンス ⑧
en del［名］/delen, delar, delarna/ 部分 ⑫
delvis［副］一部は，一部には ㉘
dem［代］彼らを・彼らに，それらを・それらに（英 them）⑨
den［代］それが・それを・それに（単数共性，英 it）⑨
den［冠］その（単数共性，英 the）
den ena ..., den andra ... 一方は〜，他方は〜 ⑭
den här この，これ ⑪
denna［代］/detta, dessa/ これ，この ⑬
deras［代］彼らの，それらの ⑩
en dessert［名］/desserten, desserter, desserterna/ デザート ⑭
dessutom［副］加えて ⑳
det［代］それが・それを・それに（単数中性，英 it）⑦
det［冠］その（単数中性，英 the）
en detalj［名］/detaljen, detaljer, detaljerna/ 詳細 ㉚
dig［代］あなたを，あなたに ⑦
(en) dill［名］/dillen, ×, ×/ ディル（ハーブの一種）⑦

(ett) dillsmör［名］/smöret, ×, ×/ ディル入りバター ⑬
din［代］/ditt, dina/ あなたの ⑩
diska［動］/diskar, diskade, diskat/ 皿洗いをする ⑧
en diskbänk［名］/-bänken, -bänkar, -bänkarna/（台所の）流し台 ⑱
diskutera［動］/diskuterar, diskuterade, diskuterat/ 議論する ⑱
dit［副］そこへ ⑬
ett djur［名］/djuret, djur, djuren/ 動物 ⑮
dofta［動］/doftar, doftade, doftat/ 香りがする ⑭
en dotter［名］/dottern, döttrar, döttrarna/ 娘 ⑥
dra［動］/drar, drog, dragit/ 引く, 引っ張る ㉙
dricka［動］/dricker, drack, druckit/ 飲む ⑧
drog → dra ㉙
drygt［副］〜強, 〜余り ⑭
duka［動］/dukar, dukade, dukat/ テーブルをセッティングする ⑰. duka 'fram テーブルに〜を出す ⑧
ett dygn［名］/dygnet, dygn, dygnen/ 一昼夜, 24時間 ㉙
dyr［形］高価な ⑭
dyster［形］気分が暗い ⑲
då［副］そのとき, そうすると, それでは ⑥
dålig［形］悪い ⑲
dåligt［副］悪く ⑩
där［副］そこで, そこに ⑦
därefter［副］その後で ⑭
därför［副］そのため, したがって ㉓
därför att［接］〜だから ㉓

E

efter［前］〜の後で ⑧. 〜を求めて ⑦
en eftermiddag［名］/-middagen, -middagar, -middagarna/ 午後 ⑨
en efterrätt［名］/-rätten, -rätter, -rätterna/ デザート ⑳
eftersom［接］〜なので, 〜だから ㉓
egen［形］自己の, 自分自身の ⑱
egentligen［副］実際に, 本来は ㉗
en ekorre［名］/ekorren, ekorrar, ekorrarna/ リス ⑨
en elev［名］/eleven, elever, eleverna/ 生徒 ⑩
elfte［数］第11番目の ⑯
eller［接］あるいは, または ⑧. eller hur? 〜ですよね?（付加疑問）⑬
elva［数］11 ⑭

Embla［固］エンブラ（女性名）㉖
Emil［固］エーミル（男性名）⑧
en［冠］ある（英 a, an）⑥
ena［代］一方（の）㉖
enastående［形］比類のない, 特有な, ユニークな ㉖
enda［形］唯一の ⑫
enkel［形］単純な, 簡単な ⑩
enormt［副］非常に ㉙
ensam［形］ただ一人の, ただ〜だけで ⑫
ensamstående［形］たった1人の, 1人だけの ⑫
en entré［名］/entrén, entréer, entréerna/ 入口 ㉘
envisas［動］/envisas, envisades, envisats/ 頑固に主張する, 強情を張る ㉗
er［代］あなた方を, あなた方に ⑦
er［代］/ert, era/ あなた方の ⑦
erkänna［動］/-känner, -kände, -känt/ 認める ⑲
ett［冠］ある（英 a, an）⑥
Europa［固］ヨーロッパ ㉘
ett exempel［名］/exemplet, exempel, exemplen/ 例. till exempel 例えば ⑬
exotisk［形］異国情緒の, エキゾチックな, 外来の ⑯
experimentera［動］/experimenterar, experimenterade, experimenterat/ 実験する ㉚
extra［副］特別に, 余分に ㉔
en extraåtgärd［名］/-åtgärden, -åtgärder, -åtgärderna/ 余分（余計）な対策, 特別な対策 ㉔
extremt［副］きわめて, とても ⑫

F

faktiskt［副］実際に ⑲
ett fall［名］/fallet, fall, fallen/ 落下, 下落, 低下, 事例. i alla fall とにかく, いずれにせよ ⑳
en familj［名］/familjen, familjer, familjerna/ 家族 ⑥
fantasieggande［形］空想を刺激する ㉚
fantastisk［形］素晴らしい ⑦
fantastiskt［副］素晴らしく ⑭
fast［接］けれども ⑲
fast［副］固定した ㉕
en faster［名］/fastern, fastrar, fastrarna/ 父方のおば ⑳
ett fat［名］/fatet, fat, faten/ 皿, ソーサー ⑧
en favoritbok［名］/-boken, -böcker, -böckerna/ お気に入りの本 ⑩
feja［動］/fejar, fejade, fejat/ きれいにする ㉚
fel［副］間違って, 誤って ⑯

fem［数］5 ⑥
femtio［数］50 ⑭
femtiden［名］vid femtiden 5時ごろ ㉒
femton［数］15 ⑭
en fest［名］/festen, fester, festerna/ パーティー ㉖
fika［動］/fikar, fikade, fikat/ コーヒーする，フィーカする ⑥
en film［名］/filmen, filmer, filmerna/ 映画 ⑧
fin［形］素敵な ⑨
finnas［動］/finns, fanns, funnits/ 存在する，ある ⑫
en fiskdisk［名］/-disken, -diskar, -diskarna/ 魚売り場 ㉓
fjärde［数］第4番目の ⑯
flera［形］より多くの．mångaの比較級．flera gånger 何度も ⑲
flest［形］最も多数の．mångaの最上級 ㉘
flytta［動］/flyttar, flyttade, flyttat/ 引っ越す，移動する，移す ㉒
(ett) folk［名］/folket, ×, ×/ 人々 ㉕
ett folk［名］/folket, folk, folken/ 民族，国民 ㉕
fort［副］速く．så fort ... ～するとすぐに ㉓
fortfarande［副］依然として，いまだに ⑦
fortsatte → fortsätta ㉚
fortsätta［動］/-sätter, -satte, -satt/ 続く，続ける ㉙
en fortsättning［名］/-sättningen, -sättningar, -sättningarna/ 続き，継続 ⑯
framför［前］～の前に ㉘
framme［副］前に，到着する，到着している ⑮
en framtid［名］/framtiden, framtider, framtiderna/ 未来．i framtiden 未来に ㉒
fransk［形］フランス（語）の ⑬
en fredag［名］/fredagen, fredagar, fredagarna/ 金曜日 ⑦
en fredagskväll［名］/-kvällen, -kvällar, -kvällarna/ 金曜の晩 ⑧
en fredagsmiddag［名］/-middagen, -middagar, -middagarna/ 金曜の夕食 ㉑
ett friluftsmuseum［名］/-museet, -museer, -museerna/ 野外博物館 ⑮
frisk［形］健康な ⑫
en frukost［名］/frukosten, frukostar, frukostarna/ 朝食 ⑨
ett frukostbråk［名］/-bråket, -bråk, -bråken/ 朝食時の喧嘩 ⑲
en fruktsallad［名］/-salladen, -sallader, -salladerna/ フルーツサラダ ㉑

fråga［動］/frågar, frågade, frågat/ 尋ねる ⑦
från［前］～から（英 from）⑩
fräsa［動］/fräser, fräste, fräst/ ジュージューと音を立てる ⑰
full［形］いっぱいの，満ちた ⑫
fullständigt［副］完全に ⑫
fundera［動］/funderar, funderade, funderat/ よく考える ⑧
fylla［動］/fyller, fyllde, fyllt/ 満たす ⑯
fyra［数］4 ⑫
fyrtio［数］40 ㉘
få［動］/får, fick, fått/ もらう ⑨．くらう．få 'tillbaka 返してもらう ㉕
få［助 動］/får, fick, fått/ ～してよい，～しなければならない，～する羽目になる ⑩
en fågel［名］/fågeln, fåglar, fåglarna/ 鳥 ⑨
fått → få ㉗
färdig［形］出来上がった ㉑
(en) färdigmat［名］/-maten, ×, ×/ 調理済み食品．出来合いの食べ物 ㉖
en färg［名］/färgen, färger, färgerna/ 色 ⑪
färsk［形］新鮮な ⑬
född［形］生れた ⑯
en födelsedag［名］/-dagen, -dagar, -dagarna/ 誕生日 ⑯
en födelsedagspresent［名］/-presenten, -presenter, -presenterna/ 誕生日のプレゼント ⑯
en födelsedagstårta［名］/-tårtan, -tårtor, -tårtorna/ バースデーケーキ ㉖
följa［動］/följer, följde, följt/ 同行する，続く ㉗
för［前］（英 for）⑧
för att ... ～するために ㉒
förbereda［動］/förbereder, förberedde, förberett/ 準備する ⑧
förbi［前］～の横を，～を通り過ぎて ㉘
före［前］～の前に ㉘
föreslå［動］/-slår, -slog, -slagit/ 提案する ⑦
förklara［動］/förklarar, förklarade, förklarat/ 説明する ㉖
en förkylning［名］/förkylningen, förkylningar, förkylningarna/ 風邪 ⑩
förlåta［動］/-låter, -lät, -låtit/ 許す ⑲
en förmiddag［名］/-förmiddagen, -förmiddagar, förmiddagarna/ 午前 ⑨
en förort［名］/-orten, -orter, -orterna/ 郊外 ㉘
förra［形］前の ㉓
förresten［副］ところで ㉘
förrän［接］inte förrän ... ～して初めて～する ⑬

försenad ［形］遅くなった，遅れた ㉔
ett förslag ［名］/förslaget, förslag, förslagen/ 提案 ⑬
först ［副］まず，最初に ⑫
första ［数］第 1 番目の ⑯
förstås ［副］当然，もちろん ㉕
förtydliga ［動］/förtydligar, förtydligade, förtydligat/ 明らかにする，明確にする ⑮
en förälder ［名］/föräldern, föräldrar, föräldrarna/ 親 ⑫

G

gammal ［形］古い，年老いた ⑪
ganska ［副］まあまあ，かなり ⑩
ett garage ［名］/garaget, garage, garagen/ ガレージ ㉔
en gata ［名］/gatan, gator, gatorna/ 通り ㉕
genast ［副］すぐに，ただちに ⑰
genom ［前］〜を通って，貫いて（英 through）㉘
gick → gå ⑲
gift ［形］結婚している ⑥
gilla ［動］/gillar, gillade, gillat/ 好む ⑬
gjorde → göra ㉑
gjort → göra ㉑
glad ［形］（över ...）（〜が）うれしい ⑪
en glass ［名］/glassen, glassar, glassarna/ アイスクリーム ⑭
glömma ［動］/glömmer, glömde, glömt/ 忘れる ⑰
god ［形］おいしい，良い ⑫
ett golv ［名］/golvet, golv, golven/ 床 ㉚
gott ［形］おいしい（god の中性単数形）⑥
en grad ［名］/graden, grader, graderna/ 度，度合 ⑯
en granne ［名］/grannen, grannar, grannarna/ 隣人 ㉒
en griljering ［名］/griljeringen, griljeringar, griljeringarna/ 衣をつけてオーブンでこんがり焼くこと ㉚
grillad ［形］焼いた，グリルした ⑬
en grund ［名］/grunden, grunder, grunderna/ 基礎，土台，理由．på grund av ... 〜のために，〜の理由で ⑩
en gryta ［名］/grytan, grytor, grytorna/ 鍋，煮込み料理 ㉑
en grönsak ［名］/-saken, -saker, -sakerna/ 野菜（一般的に複数形で使われる）㉑
guldgul ［形］黄金色の ㉚
Gunnar ［固］グンナル（男性名）㉖
gå ［動］/går, gick, gått/ 歩いていく，通う ⑥．gå att ...（物理的に）〜することができる ㉑．gå 'igenom 目を通す ㉙．gå 'upp 起きる，起床する ⑱
en gång ［名］/gången, gånger, gångerna/ 回，度 ⑬．på en gång ただちに ⑬
en gårdag ［名］/-dagen, -dagar, -dagarna/ 昨日 ㉗
gått → gå ㉑
en gädda ［名］/gäddan, gäddor, gäddorna/ カワカマス ㉓
gälla ［動］/gäller, gällde, gällt/ 重要である，大事である，有効である，問題である，かかわる ㉙
gärna ［副］喜んで ⑮
en gäst ［名］/gästen, gäster, gästerna/ 客，ゲスト ㉖
göra ［動］/gör, gjorde, gjort/ する（英 do），作る ⑦

H

H&M ［固］H & M（スウェーデン発祥の世界的アパレルブランド Hennes och Mauritz の略語）㉘
ha ［動］/har, hade, haft/ 持っている（英 have）⑥
hacka ［動］/hackar, hackade, hackat/ みじん切りにする ㉑
en hall ［名］/hallen, hallar, hallarna/ 玄関，広間 ㉙
ett hallon ［名］/hallonet, hallon, hallonen/ ラズベリー，キイチゴ ㉑
halv ［形］半分の ⑬
en halvtimme ［名］/-timmen, -timmar, -timmarna/ 30 分 ⑦
hamna ［動］/hamnar, hamnade, hamnat/ 行き着く ㉓
Hamngatan ［固］ハムンガータン（ストックホルムの通りの名前）㉘
han ［代］彼は，彼が（英 he）⑥
en hand ［名］/handen, händer, händerna/ 手．ta hand om ... 〜の面倒をみる ⑨
handla ［動］/handlar, handlade, handlat/ 買い物をする，買う ⑦
hann → hinna ⑲
hans ［代］彼の ⑩
Hedda ［固］ヘッダ（女性名）⑥
hej ［間］こんにちは ⑥
hel ［形］全体の，完全な ⑮
en helg ［名］/helgen, helger, helgerna/ 土・日，休日，祝日 ⑳
hellre ［副］むしろ〜したい，どちらかと言えば．gärna の比較級 ㉓

helst［副］一番〜したい，なるべくなら．gärna の最上級 ㉗
helt［副］完全に，全く ㉚
hem［副］家へ ⑨
hemifrån［副］家から ⑪
hemlagad［形］自家製の ㉙
hemma［副］家で ⑧
en hemmakväll［名］/-kvällen, -kvällar, -kvällarna/ 家で過ごす晩 ⑰
(en) hemslöjd［名］/hemslöjden, ×, ×/ 手工芸品 ⑯
en hemväg［名］/-vägen, -vägar, -vägarna/ 帰り道 ㉔
henne［代］彼女を，彼女に（英 her）⑦
hennes［代］彼女の ⑩
heta［動］/heter, hette, hetat/ 〜という名前だ，〜と呼ばれている ⑥
hit［副］ここへ ⑪
hinna［動］/hinner, hann, hunnit/ 〜する時間がある ⑲
hitta［動］/hittar, hittade, hittat/ 見つける ⑨．hitta 'på 思いつく ⑮
(en) hjälp［名］/hjälpen, ×, ×/ 助け ㉕
hjälpa［動］/hjälper, hjälpte, hjälpt/ 助ける，手伝う ⑧．hjälpas 'åt 助け合う ㉕
hon［代］彼女は，彼女が（英 she）⑥
honom［代］彼を，彼に（英 him）⑦
(en) honung［名］/honungen, ×, ×/ はちみつ ㉚
(en) honungsnärvaro［名］/-närvaron, ×, ×/ はちみつがあること ㉚
hoppas［動］/hoppas, hoppades, hoppats/ 希望する ㉕
hos［前］〜の家で，〜のところで ⑧
huller om buller めちゃくちゃに，適当に ㉚
ett humör［名］/humöret, humör, humören/ 機嫌 ⑲
hundra［数］100 ⑭
hungrig［形］空腹の ⑮
hur［疑副］どのように，どういう風に ⑩
ett hus［名］/huset, hus, husen/ 家，建物 ⑥
hålla［動］/håller, höll, hållit/ 保持する．hålla 'på att ... 〜している，〜しそうになる ⑰．hålla 'på med A A に取り組んでいる ㉑．hålla 'med (om A)（A に）同意する ⑳
hård［形］硬い ㉚
hämta［動］/hämtar, hämtade, hämtat/ 迎えに行く，連れてくる ⑦．行って取ってくる ⑧
hända［動］/händer, hände, hänt/ 起こる ㉕

här［副］ここで，ここに ⑨
härifrån［副］ここから ⑪
härlig［形］素晴らしい ⑨
häromdagen［副］先日 ㉔
en hög［名］/högen, högar, högarna/ かたまり，(乱雑に物が積まれた）山，山積 ㉘
en högstadieskola［名］/-skolan, -skolor, -skolorna/ 中学校 ⑩
höll → hålla ㉓
höra［動］/hör, hörde, hört/ 聞こえる ㉔
höst［名］/hösten, höstar, höstarna/ 秋 ⑯
en höstdag［名］/-dagen, -dagar, -dagarna/ 秋の日 ㉕

I

i［前］〜に，〜の中に（英 in）⑥
ibland［副］ときどき ⑫
ICA［固］イーカ（スウェーデンのスーパーマーケットの名）⑦
idag［副］今日 ⑦
en idé［名］/idén, idéer, idéerna/ 考え ㉕
ifrån［前］〜から ㉗
igen［副］再び ⑬
igår［副］昨日 ㉙
ikväll［副］今晩 ⑦
illa［副］悪く ⑲
imorgon［副］明日 ⑩
i morse［副］今朝 ⑲
in［副］中へ ⑩
Indien［固］インド ⑩
ingick → ingå ㉚
ingå［動］/-går, -gick, -gått/ 含まれている ㉚
en ingång［名］/-gången, -gångar, -gångarna/ 入口 ㉘
innan［接］〜する前に ㉙
innanför［前］〜の内部に，内側に ㉕
inne［副］中に，中で ⑨
inte［副］(〜で)ない，(〜し)ない（英 not）⑦．inte A utan B A でなく B ⑱
intensiv / intensivt［形］集中的な ㉚
intresserad［形］(av ...) 〜に興味を持っている ⑬
ett inträde［名］/inträdet, inträden, inträdena/ 入場，入場料 ⑮
invända［動］/invänder, invände, invänt/ 反対する，異議を唱える ⑬
istället［副］その代わりに ㉘．istället för att ... 〜する代わりに ⑱
italiensk［形］イタリア（語）の ⑳

iväg［副］離れて ⑲．ge sig 'iväg 出発する ⑱

J

ja［副］はい（英 yes）⑦
jaa［間］ええそうですね ㉙
jag［代］私は，私が（英 I）⑥
jamen［間］そうだけど，でもね ㉗
januari［名］1月 ⑯
jo［副］（否定の返事を期待する否定疑問文に対して，それを強く打ち消して）いいえ，いや ⑦
ett jobb［名］/jobbet, jobb, jobben/ 仕事，職場 ⑩
jobba［動］/jobbar, jobbade, jobbat/ 働く ⑪
jobbigt［形］骨が折れる，大変だ（jobbig の中性単数形）⑪
Johan［固］ヨーハン（男性名）㉒
Jonatan［固］ヨーナタン（男性名）㉖
en jord［名］/jorden, jordar, jordarna/ 地球，大地，土地 ㉘
en jordgubbstårta［名］/-tårtan, -tårtor, -tårtorna/ イチゴケーキ ⑳
ju［副］おわかりのように ⑧
en jul［名］/julen, jular, jularna/ クリスマス．i julas この前のクリスマスに ㉖
en julafton［名］/-aftonen, -aftnar, -aftnarna/ クリスマス・イブ ㉚
ett julfirande［名］/-firandet, -firanden, -firandena/ クリスマスのお祝い ㉚
en julgran［名］/-granen, -granar, -granarna/ クリスマスツリー ㉚
juli［名］7月 ⑯
en julklapp［名］/-klappen, -klappar, -klapparna/ クリスマスプレゼント ㉘
(ett) julklappssorterande［名］/-sorterandet, ×, ×/ クリスマスプレゼントの仕分け ㉚
(en) julmat［名］/-maten, ×, ×/ クリスマスの料理 ㉚
en julskinka［名］/-skinkan, -skinkor, -skinkorna/ クリスマスのハム ㉚
en julskinkegriljering［名］/-griljeringen, -griljeringar, -griljeringarna/ クリスマスのハムに衣をつけて焼くこと ㉚
en julskyltning［名］/-skyltningen, -skyltningar, -skyltningarna/ クリスマスの飾り付け ㉘
en jultomte［名］/-tomten, -tomtar, -tomtarna/ サンタクロース ㉘
just［副］まさに ㉒
jättefort［副］とても速く ㉗
jättetrevlig［形］とても楽しい ⑳

K

(ett) kaffe［名］/kaffet, ×, ×/ コーヒー ⑥
en kaka［名］/kakan, kakor, kakorna/ クッキー ⑧
kall［形］寒い，冷たい ㉙
kalla［動］/kallar, kallade, kallat/ 呼ぶ ㉒
(en) kalops［名］/kalopsen, ×, ×/ カロップス（スウェーデンの牛肉の煮込み料理）⑳
kamma［動］/kammar, kammade, kammat/ kamma sig 髪をとかす ⑱
kan → kunna ⑧
kanske［副］ひょっとしたら ⑩
en kantarell［名］/kantarellen, kantareller, kantarellerna/ アンズタケ ⑭
en kantarellomelett［名］/-omeletten, -omeletter, -omeletterna/ アンズタケのオムレツ ⑰
en kantarellsoppa［名］/-soppan, -soppor, -sopporna/ アンズタケのスープ ⑭
Karin［固］カーリン（女性名）⑩
en kassa［名］/kassan, kassor, kassorna/ レジ ⑬
en kasse［名］/kassen, kassar, kassarna/（取っ手付きの）袋 ㉘
Kerstin［固］シャシュティン（女性名）⑪
ett kilo［名］/kilot, kilon, kilona/ キロ（重さ）⑭
klaga［動］/klagar, klagade, klagat/ 不平を言う ㉚
klar［形］準備ができた，済んだ ⑰
klara［動］/klarar, klarade, klarat/ 済ませる，終わらせる ㉙
klart［副］済ませて ㉗
klippa［動］/klipper, klippte, klippt/（ハサミを使って）切る，切断する ㉕
en klocka［名］/klockan, klockor, klockorna/ 時計，時 ⑧
klä［動］/klär, klädde, klätt/ klä 'på sig 服を着る ⑱
en klädaffär［名］/-affären, -affärer, -affärerna/ 衣料品店 ㉘
kläder［名］/×, kläder, kläderna/ 衣類（単数形は存在しない）⑨
ett klädesplagg［名］/-plagget, -plagg, -plaggen/ 衣服，衣類 ㉘
klättra［動］/klättrar, klättrade, klättrat/ 登る ⑨
knacka［動］/knackar, knackade, knackat/ ノックする ㉙
ett knäckebröd［名］/-brödet, -bröd, -bröden/ クリスプブレッド ⑨
koka［動］/kokar, kokade, kokat/ ゆでる，沸かす ⑧

kokt［形］ゆでた ⑭
en koll［名］/kollen, kollar, kollarna/ 確認，チェック．hålla koll på ... ～を見張る㉕
kollega［名］/kollegan, kolleger (kollegor), kollegerna (kollegorna)/ 同僚，仕事仲間 ⑩
kom → komma ㉔
komma［動］/kommer, kom, kommit/ 来る ⑦．komma 'ihåg 覚えている ⑨．komma 'över 訪れる，やって来る ㉙
kommit → komma ㉒
koncentrera［動］/koncentrerar, koncentrerade, koncentrerat/ koncentrera sig 集中する ⑱
ett konditori［名］/konditoriet, konditorier, konditorierna/ 喫茶店，ケーキ屋 ㉘
konservativ / konservativ［形］保守的な ㉚
konstatera［動］/konstaterar, konstaterade, konstaterat/ 確認する，立証する ㉖
en kopp［名］/koppen, koppar, kopparna/ カップ ⑰
en korg［名］/korgen, korgar, korgarna/ かご ㉓
korrigera［動］/korrigerar, korrigerade, korrigerat/ 訂正する ⑯
en korsning［名］/korsningen, korsningar, korsningarna/ 交差点 ㉘
kort［形］短い ⑫
kosta［動］/kostar, kostade, kostat/（費用が）かかる ⑭
en krabba［名］/krabban, krabbor, krabborna/ カニ ⑦
kraftig［形］力強い，頑丈な ㉔
en krona［名］/kronan, kronor, kronorna/ クローナ（スウェーデンの通貨単位）⑭
krämig［形］クリーミーな ⑭
kul［形］楽しい ⑳
kunna［助動］/kan, kunde, kunnat/（能力的に）～することができる，（可能性）～することがありうる ⑧
en kusin［名］/kusinen, kusiner, kusinerna/ いとこ ㉖
kvar［副］残って ㉓
en kvart［名］/kvarten, kvartar, kvartarna/ 4分の1，15分 ⑮
kväll［名］/kvällen, kvällar, kvällarna/ 晩 ⑧
(en) kvällsmat［名］/maten, ×, ×/ 晩御飯 ⑰
en kyckling［名］/kycklingen, kycklingar, kycklingarna/ 鶏肉，ひよこ ⑦
en kycklinggryta［名］/-grytan, -grytor, -grytorna/ 鶏肉の煮込み ⑬

ett kylskåp［名］/-skåpet, -skåp, -skåpen/ 冷蔵庫 ⑨
känna［動］/känner, kände, känt/ känna sig 感じる ⑲
en känsla［名］/känslan, känslor, känslorna/ 感情 ⑱
en kö［名］/kön, köer, köerna/ 列，行列 ⑬
ett kök［名］/köket, kök, köken/ 台所 ㉚
ett köksbord［名］/-bordet, -bord, borden/ 食卓 ⑨
ett köksfönster［名］/-fönstret, -fönster, -fönstren/ 台所の窓 ⑨
köpa［動］/köper, köpte, köpt/ 買う ⑯
(ett) kött［名］/köttet, ×, ×/ 肉 ㉑
en köttbulle［名］/-bullen, -bullar, -bullarna/ ミートボール ⑨
en köttdisk［名］/-disken, -diskar, -diskarna/ 肉売り場 ㉓
en köttgryta［名］/-grytan, -grytor, -grytorna/ 肉の煮込み料理 ⑳
ett köttpaket［名］/-paketet, -paket, -paketen/ 肉のパック ㉓

L

lade → lägga ㉚
laga［動］/lagar, lagade, lagat/（料理を）作る，修理する ⑥
lagrad［形］熟成した ⑭
ett land［名］/landet, länder, länderna/ 国 ⑩．田舎
en lax［名］/laxen, laxar, laxarna/ サケ ⑬
ledsen［形］悲しい ⑲
en leksak［名］/-saken, -saker, -sakerna/ おもちゃ ㉘
en leksaksavdelning［名］/-avdelningen, -avdelningar, -avdelningarna/ おもちゃ売り場 ㉘
en lektion［名］/lektionen, lektioner, lektionerna/ 授業 ⑪
leta［動］/letar, letade, letat/（efter ...）（～を）探す ㉘
ligga［動］/ligger, låg, legat/ 横たわっている，ある ⑨
lika［副］等しく ㉖
Liljeholmen［固］リリエホルメン（地名）⑬
en linje［名］/linjen, linjer, linjerna/ 線，路線 ⑫
lite［代］少しの ⑰
lite［副］少し ⑧
ett liv［名］/livet, liv, liven/ 人生 ⑫．命
ett livsmedel［名］/-medlet, -medel, -medlen/ 食料

品 ㉓

locka［動］/lockar, lockade, lockat/ おびき寄せる，そそのかす ㉕
lockande［形］魅力的な ㉚
ett lodjur［名］/lodjuret, lodjur, lodjuren/ オオヤマネコ ⑯
en lokalnyhet［名］/-nyheten, -nyheter, -nyheterna/ ローカルニュース ㉔
lova［動］/lovar, lovade, lovat/ 約束する ⑦
lugn［形］穏やかな，落ち着いた ⑰
ett lunchrum［名］/-rummet, -rum, -rummen/ ランチルーム ⑪
lyckad［形］成功した ㉖
lång［形］長い ⑪
långt［形］遠い（lång の中性単数形）⑪
ett lås［名］/låset, lås, låsen/ 錠 ⑦
låsa［動］/låser, låste, låst/ 鍵をかける ㉔
låta［動］/låter, lät, låtit/ 聞こえる ⑳
låtsas［動］/låtsas, låtsades, låtsats/ ふりをする ㉕
läcker［形］美味しい，美味の ㉖
en läckerhet［名］/läckerheten, läckerheter, läckerheterna/ ごちそう ⑭
en lägenhet［名］/lägenheten, lägenheter, lägenheterna/ マンション，アパート ⑫
lägga［動］/lägger, lade, lagt/ 置く ⑦
lämna［動］/lämnar, lämnade, lämnat/ 渡す，預ける，〜を去る ⑫. lämna 'ut 配る ㉙
länge［副］長い間 ㉓. på länge これまでで，これまでのところ ㉖. så länge ... 〜する限り ㉕
längre［副］inte längre もはや〜ない ⑰
längta［動］/längtar, längtade, längtat/（efter ...）（〜を）待ち焦がれる，思い焦がれる ⑦
en lärare［名］/läraren, lärare, lärarna/ 教師，先生 ⑩
läsa［動］/läser, läste, läst/ 読む，勉強する ⑩
en läskedryck［名］/-drycken, -drycker, -dryckerna/ ソフトドリンク ⑧
lätt［形］簡単な ⑬
en lök［名］/löken, lökar, lökarna/ たまねぎ ㉑
Lönneberga［固］ルンネバリア（地名）⑧
en lördag［名］/lördagen, lördagar, lördagarna/ 土曜日 ⑧
lösa［動］/löser, löste, löst/ 解決する ㉗

M

maj［名］5月 ⑯
en mamma［名］/mamman, mammor, mammorna/ お母さん，母親 ⑦
man［代］人が，人は ⑭
en man［名］/mannen, män, männen/ 男性，夫 ⑩
Maria［固］マリーア（女性名）㉒
en mark［名］/marken, marker, markerna/ 地面 ㉘
massvis［副］大量に，大量の ㉙
(en) mat［名］/maten, ×, ×/ 食べ物，食料，食事 ⑦
en mataffär［名］/-affären, -affärer, -affärerna/ 食料品店 ⑦
en matbilaga［名］/-bilagan, -bilagor, -bilagorna/（新聞の付録の）料理冊子 ㉚
(ett) matlagande［名］/-lagandet, ×, ×/ 調理 ㉚
en matsäck［名］/-säcken, -säckar, -säckarna/ 弁当 ⑨
med［前］〜と（英 with）⑥．〜で（手段）⑪
medan［接］〜する間，一方で〜 ⑱
men［接］しかし，だけど ⑦
mena［動］/menar, menade, menat/（〜という）意見である，（強く）思う ㉒
en meny［名］/menyn, menyer, menyerna/ メニュー ⑬
mer［副］より多くの．mycket の比較級 ㉖
mer än ... 〜以上に，〜を超えて，〜を上回って，〜以外に ㉒
mest［副］最も多くの．mycket の最上級 ㉖
en middag［名］/middagen, middagar, middagarna/ 夕食 ⑦
ett middagsinköp［名］/-inköpet, -inköp, -inköpen/ 夕食の食材の買い物 ㉓
en middagsplan［名］/-planen, -planer, -planerna/ 夕食の献立の計画 ⑳
mig［代］私を，私に（英 me）⑦
en mil［名］ミール（距離の単位，1 ミール = 10km）㉒
min［代］/mitt, mina/ 私の ⑩
minnas［動］/minns, mindes, mints/ 覚えている ⑯
en minut［名］/minuten, minuter, minuterna/（時間の）分 ⑭
(en) mitt［名］/mitten, ×, ×/ 真ん中．i mitten av ... 〜の半ばに，中旬に ⑳
mjuk［形］柔らかい ㉚
en mobiltelefon［名］/-telefonen, -telefoner, -telefonerna/ 携帯電話 ⑦
en modedjungel［名］/-djungeln, -djungler, -djunglerna/ 流行のジャングル ㉘
en moster［名］/mostern, mostrar, mostrarna/ 母方のおば ⑳
mot［前］〜に向かって ㉓

Mumin [固] ムーミン ⑧
mycket [形] 多量の, 多くの (英 much) ⑫
mycket [副] とても (英 much)
må [動] /mår, mådde, mått/ (ある健康状態を) 感じる ⑩
en månad [名] /månaden, månader, månaderna/ (暦上の) 月, 1 カ月 ㉘
en måndag [名] /-dagen, -dagar, -dagarna/ 月曜日 ⑯
många [形・代] 多数の, たくさんの (英 many) ⑨
måste [助動] /måste, måste, måst/ 〜しなければならない (不定詞は存在しない) ⑪
en människa [名] /människan, människor, människorna/ 人間, 人 ㉕
möta [動] /möter, mötte, mött/ 会う, 出迎える ㉕
en mötesplats [名] /-platsen, -platser, -platserna/ 待ち合わせ場所 ㉘

N

en natt [名] /natten, nätter, nätterna/ 夜 ⑩
nej [副] いいえ, いや (英 no) ⑦
ner [副] 下へ ⑦
ni [代] あなた方は, あなた方が ⑥
nio [数] 9 ⑭
nittio [数] 90 ⑮
nittonde [数] 第19番目の ⑯
NK [固] NK (ストックホルムとユーテボリにあるデパート Nordiska Kompaniet の略語) ㉘
nog [副] きっと, 〜と思う, 十分に ⑪
norr [副] (om ...) (〜の) 北に ⑪
norra [形] 北の ⑯
Norrskogen [固] ノッルスコーゲン ⑨
norsk [形] ノルウェー (語) の ⑭
november [名] 11月 ㉘
nu [副] 今 ⑨
nuförtiden [副] 最近は, 近頃は ㉕
ny [形] 新しい ⑪
nybakad [形] 焼き立ての, 焼き立てホヤホヤの ㉚
nybyggd [形] 新築の ⑫
nydanande [形] 先駆け的な, 進歩的な, 革新的な, 先進的な ㉚
en nyhet [名] /nyheten, nyheter, nyheterna/ ニュース ⑧
nyligen [副] 最近 ㉔
ett nyskapande [名] /-skapandet, -skapanden, -skapandena/ 新作, 創作, 新種 ㉚
nytt [形] 新しい (ny の中性単数形) ⑦
nyttig [形] 役に立つ, 体に良い ⑫

någon [代] /något, några/ 誰か, 何か ⑪
någonsin [副] これまでで, いつか ㉖
någonstans [副] どこかで, どこかに ⑪
när [接] 〜するときに ㉑
när [疑代] いつ ⑪
nära [形] 近しい, 身近な ⑱
nära [副・前] (〜の) 近くに ⑨
(en) närhet [名] /närheten, ×, ×/ 近所. i närheten 近所で, 近くで ㉒
närma [動] /närmar, närmade, närmat/ närma sig 近づく ㉘
näst [副] 次に ㉖
nästan [副] ほとんど, ほぼ ⑪
nästnästa [形] 次の次の ⑳
nöjd [形] (med ...) (〜に) 満足している ⑪

O

och [接] 〜と〜, そして (英 and) ⑥
också [副] 〜もまた ⑦
Odd [固] オッド (男性名) ⑩
ofta [副] しばしば ⑥
oftast [副] たいてい ⑫ 頻繁に ㉕
okej [間] 了解, OK ㉙
oktober [名] 10月 ⑯
olika [形] 様々な ⑩
om [接] 〜かどうか (英 whether), もしも (英 if) ㉒
om [前] 〜について ⑩. (今から) 〜後 ⑦
en omelett [名] /omeletten, omeletter, omeletterna/ オムレツ ⑰
ett område [名] /området, områden, områdena/ 地域, 地区 ㉒
ond [形] 悪い. ha ont om ... 〜が不足している ㉓
en onsdagsmorgon [名] /-morgonen, -morgnar, -morgnarna/ 水曜日の朝 ⑱
ett ord [名] /ordet, ord, orden/ 単語. med andra ord 言い換えれば ⑮
ordna [動] /ordnar, ordnade, ordnat/ 整える, 準備する ⑨
(en) ordning [名] /ordningen, ×, ×/ 秩序, 整頓, 準備. göra sig i ordning 準備をする ⑱
orka [動] /orkar, orkade, orkat/ (体力的・精神的に) 〜できる ㉙
en orm [名] /ormen, ormar, ormarna/ ヘビ ⑯
en ost [名] /osten, ostar, ostarna/ チーズ ⑭
(en) osämja [名] /osämjan, ×, ×/ 不和, 仲たがい ⑱

otroligt［副］信じられないほど，非常に ㉙

P

ett paket［名］/paketet, paket, paketen/ パック，パッケージ，包み ⑦
en pappa［名］/pappan, pappor, papporna/ お父さん，父親 ㉖
en paprika［名］/paprikan, paprikor, paprikorna/ パプリカ，ピーマン ㉑
ett par［名］/paret, par, paren/ カップル ㉒
passa［動］/passar, passade, passat/ 適する，合う ⑦．気をつける ⑰
per［前］〜につき ⑭
perfekt［形］完璧な ⑳
en person［名］/personen, personer, personerna/ 人，人間 ⑬
en placering［名］/placeringen, placeringar, placeringarna/ 配置，置き方 ㉚
planera［動］/planerar, planerade, planerat/ 計画する ⑦
en plats［名］/platsen, platser, platserna/ 場所 ㉘
plocka［動］/plockar, plockade, plockat/ 摘み取る，拾う ⑨
en plätt［名］/plätten, plättar, plättarna/ 薄いパンケーキ ⑮
plötsligt［副］突然 ⑦
en polis［名］/polisen, poliser, poliserna/ 警察，警察官 ㉔
en polisstation［名］/-stationen, -stationer, -stationerna/ 警察署 ㉕
en potatis［名］/potatisen, potatisar, potatisarna/ じゃがいも ⑭
en potatisgratäng［名］/-gratängen, -gratänger, -gratängerna/ ジャガイモのグラタン ㉑
prata［動］/pratar, pratade, pratat/ 話す，おしゃべりする ⑪
precis［副］ちょうど，きっかり ⑲
en present［名］/presenten, presenter, presenterna/ プレゼント，贈り物 ㉔
presentera［動］/presenterar, presenterade, presenterat/ presentera sig 自己紹介する ㉒
prioritera［動］/prioriterar, prioriterade, prioriterat/ 〜を優先する ⑱
ett problem［名］/problemet, problem, problemen/ 問題 ⑫
promenera［動］/promenerar, promenerade, promenerat/ 散歩する，歩く ⑫
prova［動］/provar, provade, provat/ 試す ⑳

provsmaka［動］/-smakar, -smakade, -smakat/ 試食する，味見する ㉚
på［前］〜の上に（英 on）⑥
pågick → pågå ㉚
pågå［動］/-går, -gick, -gått/ 続く，続行する ㉚
påminna［動］/påminner, påminde, påmint/ påminna A om B AにBを思い出させる ⑮
ett päron［名］/päronet, päron, päronen/ セイヨウナシ ㉑
pösig［形］ふわっとふくらんだ ⑰

R

raka［動］/rakar, rakade, rakat/ raka sig 髭をそる ⑱
ett recept［名］/receptet, recept, recepten/ レシピ ⑬
en reception［名］/receptionen, receptioner, receptionerna/ 受付 ㉕
reda［動］/reder, redde, rett/ reda 'ut 解決する ⑲
redan［副］すでに ⑮
Regeringsgatan［固］レイェーリングスガータン（ストックホルムの通りの名前）㉘
rekommendera［動］/rekommenderar, rekommenderade, rekommenderat/ 薦める ㉔
en relation［名］/relationen, relationer, relationerna/ 関係 ⑱
ren［形］きれいな，清潔な ㉚
rensa［動］/rensar, rensade, rensat/ きれいにする ⑨
en resa［名］/resan, resor, resorna/ 旅行，移動 ⑫
riktigt［副］本当に ㉖
ringa［動］/ringer, ringde, ringt/ 電話をかける ⑰
ringa［動］/ringer, ringde, ringt/ ベルが鳴る ⑦
rogivande［形］落ち着かせる，心をなごませる，心の落ち着く ㉚
rolig［形］楽しい ㉖
en roll［名］/rollen, roller, rollerna/ 役割 ㉚
ropa［動］/ropar, ropade, ropat/ 叫ぶ ⑭
ett rum［名］/rummet, rum, rummen/ 部屋 ⑥
ryka［動］/ryker, rök (rykte), rykt/ 湯気を立てる，蒸気が立っている ㉚
räcka［動］/räcker, räckte, räckt/ räcka 'till 十分である，足りる ⑫
rädda［動］/räddar, räddade, räddat/ 救う ㉔
rätt［形］正しい ⑯
en rätt［名］/rätten, rätter, rätterna/ 料理 ⑬．権利
rätta［動］/rättar, rättade, rättat/ 直す，正す ⑩
en räv［名］/räven, rävar, rävarna/ キツネ ⑯

356

S

sa → säga ㉔
sade → säga ㉕
en sak［名］/saken, saker, sakerna/ 物，事 ⑫．
　saker och ting 物事，出来事 ⑲
sakna［動］/saknar, saknade, saknat/ 〜を欠く，〜がいなくて寂しい，行方不明である ㉕
samma［代］同じ ⑩．samma som A　A と同じ ⑪
samtidigt［副］同時に ㉓
satt → sätta ㉑
se［動］/ser, såg, sett/ 見る，見える，会う ⑧．se ... 'ut 〜のように見える ⑰
sedan［前］〜以来，〜から ⑫
sedan［副］それから，そのあとで ⑫
sen［形］遅い，遅れた ⑭
(en) senap［名］/senapen, ×, ×/ マスタード ㉚
senare［副］のちに ⑮
senast［形］最近の ⑮
senast［副］遅くても ⑮
sent［副］遅くに ⑬
september［名］9月 ⑯
servera［動］/serverar, serverade, serverat/ （飲食物を）出す ⑳
serverad［形］（飲食物が）出される ㉑
ses［動］/ses, sågs, setts/ お互いに会う ㉘
sextio［数］60 ⑭
en sida［名］/sidan, sidor, sidorna/ 側，ページ ㉘
sig［代］（3人称再帰代名詞目的格）自分自身を，自分自身に ⑱
sin［代］/sitt, sina/（3人称再帰所有代名詞）自分自身の ⑱
sist［副］最後に，終わりに．till sist ついに，やっと ⑮
sitta［動］/sitter, satt, suttit/ 座っている ⑨
sju［数］7 ⑪
sjunga［動］/sjunger, sjöng, sjungit/ 歌う ⑨
sjuttio［数］70 ⑭
själv［代］自身 ㉖
sjätte［数］第6番目の ⑯
ska → skola ⑧
Skansen［固］スカンセン ⑮
ett Skansenbesök［名］/-besöket, -besök, -besöken/ スカンセンに遊びに行くこと ⑯
ske［動］/sker, skedde, skett/ 起こる，生じる ㉕
skicka［動］/skickar, skickade, skickat/ 送る ⑲
en skida［名］/skidan, skidor, skidorna/ スキー板 ⑨
skild［形］離婚している ⑫
skiljas［動］/skiljs, skildes, skilts/ skiljas 'åt 別れる ㉘
skina［動］/skiner, sken, skinit/ 輝く ⑨
en skinka［名］/skinkan, skinkor, skinkorna/ ハム ㉚
skirad［形］溶かした ⑬
en skiva［名］/skivan, skivor, skivorna/ 薄切り，スライス ⑨
en skog［名］/skogen, skogar, skogarna/ 森 ⑨
skola［助動］/ska, skulle, skolat/ 〜することにしている ⑧
en skola［名］/skolan, skolor, skolorna/ 学校 ⑩
skotta［動］/skottar, skottade, skottat/ シャベルですくう ㉙
skratta［動］/skrattar, skrattade, skrattat/ 笑う ⑧
skrev → skriva ⑲
skriva［動］/skriver, skrev, skrivit/ 書く ⑩
skrämma［動］/skrämmer, skrämde, skrämt/ 怖がらせる，脅かす ㉕
skulle → skola ㉓
en skyddsåtgärd［名］/-åtgärden, -åtgärder, -åtgärderna/ 予防（対）策 ㉕
skynda［動］/skyndar, skyndade, skyndat/ skynda sig 急ぐ ⑱
en skål［名］/skålen, skålar, skålarna/ 深皿，ボウル ⑧
ett slag［名］/slaget, slag, slagen/ 種類 ⑭
ett slut［名］/slutet, slut, sluten/ 終わり．i slutet av ... 〜の終わりに ㉘
en släkting［名］/släktingen, släktingar, släktingarna/ 親戚の人 ⑳
en släktmiddag［名］/-middagen, -middagar, -middagarna/ 親戚が集まる食事会 ⑳
smaka［動］/smakar, smakade, smakat/ 味がする，味わう ㉖
smakrik［形］風味豊かな ㉖
(ett) smaksättande［名］/-sättandet, ×, ×/ 味付け ㉚
ett sms［名］/sms:et, sms, sms:en/ sms ⑲
sms:a［動］/sms:ar, sms:ade, sms:at/ sms を送る ⑲
(en) smuts［名］/smutsen, ×, ×/ 汚れ，泥 ㉙
smälta［動］/smälter, smälte, smält/ 溶ける ㉙
(ett) smör［名］/smöret, ×, ×/ バター ⑦
en smörgås［名］/-gåsen, -gåsar, -gåsarna/ オープンサンドイッチ ⑱
smörstekt［形］バターで焼いた ⑮
snabbt［副］素早く ㉑

snarare［副］（というよりは）むしろ ⑩
snart［副］まもなく ⑦
snygg［形］かっこいい ㉘
(en) snö［名］/snön, ×, ×/ 雪 ㉙
snöig［形］雪の積もった，雪の降る ㉙
ett snötäcke［名］/-täcket, -täcken, -täckena/ 雪化粧 ㉘
en sol［名］/solen, solar, solarna/ 太陽 ⑨
solig［形］晴れた ㉕
Solna［固］ソールナ（地名）⑫
som［関係代名詞］⑨
som［前］〜として ⑩
en sommar［名］/sommaren, somrar, somrarna/ 夏 ⑥. i somras この前の夏に，この間の夏に ㉘. på sommaren 夏に ⑥
somna［動］/somnar, somnade, somnat/ 眠りに落ちる，寝入る ⑭
en son［名］/sonen, söner, sönerna/ 息子 ⑥
Sonja［固］ソーニア（女性名）⑫
en sort［名］/sorten, sorter, sorterna/ 種類 ⑳
ett sortiment［名］/sortimentet, sortiment, sortimenten/ 品揃え ㉓
sova［動］/sover, sov, sovit/ 眠っている ⑩
ett sovrum［名］/-rummet, -rum, -rummen/ 寝室 ⑥
spansk［形］スペイン（語）の ㉑
spela［動］/spelar, spelade, spelat/ 競技する，演じる，（楽器を）演奏する ㉚
springa［動］/springer, sprang, sprungit/ 走る ㉚
spännande［形］わくわくする ㉚
en stad［名］/staden, städer, städerna/ 都市, 町 ⑩
stan［名］その町（staden の短縮形）⑪
stanna［動］/stannar, stannade, stannat/ 留まる．stanna 'uppe 夜更かしする ⑭
starta / starta［動］/startar, startade, startat/ 出発する ⑪
en stekpanna［名］/-pannan, -pannor, -pannorna/ フライパン ⑰
en sten［名］/stenen, stenar, stenarna/ 石 ⑪
en stil［名］/stilen, stilar, stilarna/ 様式 ⑪
stjäla［動］/stjäl, stal, stulit/ 盗む ㉔
Stockholm［固］ストックホルム ⑥
stod → stå ⑲
stort［形］大きな（stor の中性単数形）⑥
strax［副］直ちに ⑪
(en) stress［名］/stressen, ×, ×/ ストレス ⑫
stressa［動］/stressar, stressade, stressat/ ストレスを与える，せかす ⑱

stressad［形］ストレスがたまっている ⑲
stressig［形］せわしい，ストレスの多い ㉓
stulen → stjäla ㉔
stulit → stjäla ㉕
en stund［名］/stunden, stunder, stunderna/（少しの）時間，しばらくの間 ⑩
stå［動］/står, stod, stått/ 立っている ⑰. 書いてある，載っている ⑲. stå 'över 控える，やめる ㉙
städa［動］/städar, städade, städat/ 掃除する ㉗
ställa［動］/ställer, ställde, ställt/ 置く，立てかける ㉔
ständig［形］恒常的な，いつもの ⑬
stänga［動］/stänger, stängde, stängt/ 閉める，閉まる ㉕
ett stängsel［名］/stängslet, stängsel, stängslen/ フェンス，囲い ㉕
en stöld［名］/stölden, stölder, stölderna/ 窃盗，盗み ㉔
en stöldanmälan［名］/-anmälan, ×, ×/ 盗難届 ㉕
sucka［動］/suckar, suckade, suckat/ ため息をつく ⑦
en svamp［名］/svampen, svampar, svamparna/ きのこ ⑨
svara［動］/svarar, svarade, svarat/ 答える ⑥
svensk［形］スウェーデン（語）の ⑬
Svensson［固］スヴェンソン（苗字）⑥
Sverige［固］スウェーデン ⑮
svettas［動］/svettas, svettades, svettats/ 汗をかく ㉕
svår［形］難しい ⑫
Sydamerika［固］南米 ⑳
en syn［名］/synen, syner, synerna/ 視力，視覚，見方．få syn på ... 〜を目にする ㉓
synas［動］/syns, syntes, synts/ 見える ㉘
ett syskon［名］/syskonet, syskon, syskonen/ 兄弟姉妹 ⑩
så［接］そこで，だから ⑧
så［副］とても（英 so）⑥
så här このように，こんなぐあいに ⑱
sådan［代］/sådant, sådana/ そのような ⑪
såg → se ⑲
såna［代］sådana の短縮形 ㉔
säga［動］/säger, sade, sagt/ 言う（英 say）⑥. 思う ⑪. rättare sagt より正確に言うと ㉕
säkert［副］確かに，確実に ⑬
ett sällskap［名］/sällskapet, sällskap, sällskapen/

同伴 ⑫
sämre［形］より悪い．dålig の比較級 ㉖
sämst［形］最も悪い．dålig の最上級 ㉖
en säng［名］/sängen, sängar, sängarna/ ベッド ⑨
särskilt［副］特に ㉘
sätta［動］/sätter, satte, satt/ 置く，据える ㉑.
　sätta sig 座る，腰かける ㉑
en söndag［名］/söndagen, söndagar, söndagarna/ 日曜日 ⑨
en söndagskväll［名］/-kvällen, -kvällar, -kvällarna/ 日曜の晩 ⑰
en söndagsmorgon［名］/-morgonen, -morgnar, -morgnarna/ 日曜の朝 ⑮
en söndagsutflykt［名］/-utflykten, -utflykter, -utflykterna/ 日曜日のピクニック ⑨
sönder［副］壊れた ㉕

T

ta［動］/tar, tog, tagit/ 取る．ta 'av（接触しているものを）取る ⑰．ta 'emot 受け取る ㉕．ta 'fram 取り出す ⑨
ett tack［名］/tacket, tack, tacken/ 感謝，ありがとう ⑩．tack för ... ～をありがとう ⑨
ett tag［名］/taget, tag, tagen/ つかむこと ⑬．少しの時間 ⑳．få tag på ... ～を手に入れる ⑬
tala［動］/talar, talade, talat/ 話す ㉕
en tallrik［名］/tallriken, tallrikar, tallrikarna/ 皿 ⑱
ett te［名］/teet, teer, teerna/ 紅茶 ⑧
en tekopp［名］/-koppen, -koppar, -kopparna/ ティーカップ ⑧
ett telefonsamtal［名］/-samtalet, -samtal, -samtalen/ 電話の会話 ⑰
ett tema［名］/temat, teman, temana/ テーマ ⑩
en tid［名］/tiden, tider, tiderna/ 時間 ⑨．i tid 間に合って ⑱
tidig［形］早い ㉙
tidigare［副］以前 ㉖
tidigt［副］早くに ⑫
till［前］～へ ⑦
tillbaka［副］元に戻って ⑨
ett tillfälle［名］/tillfället, tillfällen, tillfällena/ 機会 ㉒
tills［接・前］～（する）まで ㉓
tillsammans［副］一緒に ⑯
(en) tillvaro［名］/tillvaron, ×, ×/ 生活，人生，存在 ⑫
en timme［名］/timmen, timmar, timmarna/ 1時間（英 hour）⑩
ett ting［名］/tinget, ting, tingen/ 物 ⑲
tio［数］10 ⑭
en tisdagsmorgon［名］/-morgonen, -morgnar, -morgnarna/ 火曜の朝 ㉔
titta［動］/tittar, tittade, tittat/（på ...）（～を）見る，目を向ける ⑯．titta 'till ちょっと見る ⑰
tjugo［数］20 ⑬
en tjuv［名］/tjuven, tjuvar, tjuvarna/ 泥棒 ㉕
tog → ta ㉘
tolfte［数］第12番目の ⑯
tolv［数］12 ⑮
en tomte［名］/tomten, tomtar, tomtarna/ 小人，jultomte の略 ㉘
Tor［固］トール（男性名）⑥
en torsdag［名］/-dagen, -dagar, -dagarna/ 木曜日 ⑯
en torsk［名］/torsken, torskar, torskarna/ タラ ⑦
ett torskrecept［名］/-receptet, -recept, -recepten/ タラを使ったレシピ ⑦
traditionell［形］伝統的な ⑳
en trave［名］/traven, travar, travarna/（積み上げられた）山 ⑩
tre［数］3 ⑥
trettio［数］30 ⑭
trettionde［数］第30番目の ⑯
trevlig［形］素敵な ⑧
(en) tristess［名］/tristessen, ×, ×/ 憂うつ，陰うつ ⑲
trots［前］～にもかかわらず ㉓
tråkig［形］退屈な，困った，残念な ㉔
ett träd［名］/trädet, träd, träden/ 木 ⑨
en trädgård［名］/trädgården, trädgårdar, trädgårdarna/ 庭 ⑥
en trädgårdsgång［名］/-gången, -gångar, -gångarna/ 庭の道，庭を通る道 ㉙
en trädstam［名］/-stammen, -stammar, -stammarna/ 木の幹 ⑨
träffa［動］/träffar, träffade, träffat/ 会う ㉕
träffas［動］/träffas, träffades, träffats/ お互いに会う ㉘
trött［形］疲れている ⑩
tröttna［動］/tröttnar, tröttnade, tröttnat/ 疲れる，いやになる ㉘
tunn［形］薄い ㉘
en tunnelbana［名］/-banan, -banor, -banorna/ 地下鉄 ⑪
(en) tur［名］/turen, ×, ×/ 幸運，順番 ⑪

tusen［数］1,000 ⑮
en TV［名］/TV:n, TV-apparater（TV:ar），TV-apparaterna（TV:arna）/ テレビ ⑧
tveksam［形］ためらっている，躊躇している ⑮
tvinga［動］/tvingar, tvingade, tvingat/ 強いる，無理に〜させる ㉔
två［数］2 ⑦
tvärtom［副］それとは逆に，それとは反対に ㉒
en tvätt［名］/tvätten, tvättar, tvättarna/ 洗濯，洗濯物 ⑰
tvätta［動］/tvättar, tvättade, tvättat/ 洗う ⑱
tycka［動］/tycker, tyckte, tyckt/ 思う ⑩. tycka 'om ... 〜が好きだ ⑪
typisk［形］典型的な，特徴的な ㉖
tyst［形］沈黙した，静かな ⑫
tyvärr［副］残念ながら ㉒
en tårta［名］/tårtan, tårtor, tårtorna/ ケーキ ㉖
tänka［動］/tänker, tänkte, tänkt/ 思う，考える ⑦. 〜するつもりだ ⑰
tärna［動］/tärnar, tärnade, tärnat/ さいの目に切る ㉑

U

en ugn［名］/ugnen, ugnar, ugnarna/ オーブン ㉑
undan［副］わきへ，よけて ㉙
under［前］〜の下に ⑥，〜の間じゅう ⑫
underbar［形］すばらしい ⑥
underst［副］一番下に ㉚
en undervåning［名］/-våningen, -våningar, -våningarna/ 下の階 ㉚
undra［動］/undrar, undrade, undrat/ だろうかと思う，いぶかしく思う，(控えめに)尋ねる（英 wonder）⑨
ung［形］若い ㉖
upp［副］上へ ⑱
en uppgift［名］/uppgiften, uppgifter, uppgifterna/ 任務，課題，情報 ⑩
upprörd［副］興奮して，怒って ㉔
en uppsats［名］/uppsatsen, uppsatser, uppsatserna/ 作文，レポート ⑩
upptäcka［動］/-täcker, -täckte, -täckt/ 発見する ㉔
ur［前］〜の中から ㉚
en ursäkt［名］/ursäkten, ursäkter, ursäkterna/ 弁解．be om ursäkt 謝る ⑲
usel［形］ひどい ㉖
ut［副］外へ ㉙
utanför［前］〜の外に，〜の外で，〜の郊外に ⑥

utbrast → utbrista ㉔
utbrista［動］/utbrister, utbrast, utbrustit/ 声を張りあげる，突然叫び出す ㉔
ute［副］外で，外に ⑨
utmanande［形］型破りの，野心的な，興味をそそる，挑戦的な ㉚
utmattad［形］疲れ果てた ㉚
utrusta［動］/utrustar, utrustade, utrustat/ 装備を施す，搭載する ㉔
en utsikt［名］/utsikten, utsikter, utsikterna/ 眺め，眺望 ⑪

V

vacker［形］美しい ⑪
vad［疑代］何が，何を（英 what）⑧
valde → välja ㉔
vanlig［形］普通の ⑱
var［動］vara の過去形 ⑯
var［疑代］どこで，どこに ⑪
var och en それぞれ，各自 ⑱
vara［動］/är, var, varit/ 〜である，〜だ，〜がある，〜がいる（英 be）⑥
varandra［代］お互い(に，を) ⑱
varannan［代］/vartannat/ 一つおきの ⑱
ett vardagsrum［名］/-rummet, -rum, -rummen/ リビングルーム，居間 ⑥
varför / varför［疑副］なぜ，どうして ⑬. varför inte ... 〜してはどうですか？（英 why not?）㉘
en varg［名］/vargen, vargar, vargarna/ オオカミ ⑯
varit → vara ㉔
varje［代］それぞれの ⑬
varm［形］暖かい，暑い ⑯
en varmrätt［名］/-rätten, -rätter, -rätterna/ メインディッシュ ⑳
varmt［形］暖かい，暑い（varm の中性単数形）⑨
ett varuhus［名］/-huset, -hus, -husen/ デパート ㉘
en varukorg［名］/-korgen, -korgar, -korgarna/ 買い物かご ⑦
en vecka［名］/veckan, veckor, veckorna/ 週 ⑧
en veckodag［名］/-dagen, -dagar, -dagarna/ 平日，曜日 ⑧
en veckomorgon［名］/-morgonen, -morgnar, -morgnarna/ 平日の朝 ⑱
verka［動］/verkar, verkade, verkat/ 〜と思われる，〜のように見える ⑰
veta［動］/vet, visste, vetat/ 知っている ⑩
vi［代］私たちは，私たちが（英 we）⑥

vid［前］〜のそばに，〜のところで ⑨
vidta［動］/-tar, -tog, -tagit/ vidta åtgärder 対策を講じる ㉕
vika［動］/viker, vek, vikit/ 折る，たたむ ⑰
viktig［形］重要な ㉔
vila［動］/vilar, vilade, vilat/ 休む，休息する ⑩
vilja［助動］/vill, ville, velat/ 〜したい ⑧
vilken［疑代］/vilket, vilka/ どの，どのような ⑪
vill → vilja ⑧
ville → vilja ㉕
ett vin［名］/vinet, viner, vinerna/ ワイン ⑳
en vinter［名］/vintern, vintrar, vintrarna/ 冬 ⑨
vintrig［形］冬の ㉘
ett vis［名］/viset, vis, visen/ 方法，仕方 ㉗
(en) vispgrädde［名］/-grädden, ×, ×/ ホイップクリーム ⑮
viss［形］一定の，決まった ㉕
vit［形］白い ⑪
vore［動］vara の接続法過去 ㉚
en vuxen［名］/den vuxna（vuxne）, vuxna, de vuxna/ 大人 ⑮
vuxet［副］大人として ㉗
vår［代］/vårt, våra/ 我々の，私たちの ⑩
en vår［名］/våren, vårar, vårarna/ 春 ⑯
vårda［動］/vårdar, vårdade, vårdat/ 〜に気を使う ⑱
väcka［動］/väcker, väckte, väckt/ 起こす ⑱
en väg［名］/vägen, vägar, vägarna/ 道 ⑫
ett vägarbete［名］/-arbetet, -arbeten, -arbetena/ 道路工事 ⑭
väl［副］よく，申し分なく ⑯
väldigt［副］とても ⑪
väldoftande［形］良い香りのする ㉚
välja［動］/väljer, valde, valt/ 選ぶ ⑩ välja 'ut 選び出す ㉔
välkommen［形］歓迎される．önska ... välkommen 〜を歓迎する ㉒
vällagad［形］よく調理された ㉖
vänta［動］/väntar, väntade, väntat/ 待つ ㉑
en värld［名］/världen, världar, världarna/ 世界 ⑮

Y

yngre［形］より若い．ung の比較級 ㉖
en ytterdörr［名］/-dörren, -dörrar, -dörrarna/ 玄関のドア ㉒

Å

åka［動］/åker, åkte, åkt/（乗り物に）乗っていく ⑨

en ålder［名］/åldern, åldrar, åldrarna/ 年齢，年月，時代 ㉒
ett år［名］/året, år, åren/（暦上の）年 ⑥
åt → äta ㉖
en åtgärd［名］/-åtgärden, -åtgärder, -åtgärderna/ 対策．vidta åtgärder 対策を講じる ㉕
åtminstone［副］少なくとも ⑮
åtta［数］8 ⑧
åttio［数］80 ⑭

Ä

äga［動］/äger, ägde, ägt/ 所有する．äga rum 開催される，行われる ㉖
äldre［形］より年上の．gammal の比較級 ㉖．より古い
äldst［形］最も年上の．gammal の最上級 ㉖．最も古い
en älg［名］/älgen, älgar, älgarna/ ヘラジカ ⑯
än［接］〜よりも（比較級で）㉖
än［副］〜しようとも，まだ ㉕
ändå［副］それにもかかわらず，それでも ㉙
ännu［副］（比較級を強める）より一層，更に ㉖．まだ
en äppelpaj［名］/-pajen, -pajer, -pajerna/ アップルパイ ㉙
ett äppelträd［名］/-trädet, -träd, -träden/ リンゴの木 ⑥
ett äpple［名］/äpplet, äpplen, äpplena/ リンゴ ㉑
är［動］vara の現在形 ⑥
äta［動］/äter, åt, ätit/ 食べる ⑧
även［副］〜さえ ⑯

Ö

önska［動］/önskar, önskade, önskat/ 望む ㉒
öppna［動］/öppnar, öppnade, öppnat/ 開ける ⑨
över［前］〜を超えて，〜より上に ⑭
en överraskning［名］/överraskningen, överraskningar, överraskningarna/ 驚き，サプライズ ⑦
överst［副］一番上に ㉚
övertala［動］/-talar, -talade, -talat/ 説得する ⑮

索　引

A–Z

BIFF の規則 ………… 204-205, 223-225, 332-333
bli + 過去分詞 ……………… 233-235, 244-245
［det ＋ s-動詞］による受身 ……………… 246
EN-名詞／ ETT-名詞 ……………… 26-28
få（助動詞）……………… 51-52, 97-98, 202
humör〈機嫌〉……………………………… 171
i と på（時間の長さ）……………… 192-194
i と på（空間）……………………… 290-292
ingen, inget, inga ……………………… 327-333
JA/NEJ 疑問文 ………………………… 35-36
man（人称代名詞）…………………… 154-157
med（関心・判断の対象）………… 39, 300
m/n の綴り … 28, 60-61, 63, 68-70, 94, 166, 188, 257
någon/något〈およそ〉………………… 328
se ut〈～のように見える〉……………… 145
skola（助動詞）……… 52, 81, 128, 177-179, 189, 194-195, 202, 218
tycka/tro/tänka ………………………… 206
vara + 過去分詞 ……………… 233-235, 244-245

あ

挨拶 …………………………………… 30, 76
相手に同意を求める表現 ………… 108-109
アクセントⅠ／アクセントⅡ … 20-22, 48, 71-72, 133, 191, 256, 277-278, 315, 317
移動の副詞 ……………………… 204-205
色を表す形容詞 ………………………… 96
ウムラウトを起こす複数形 ……… 48, 70-72
s-動詞 ……………………………… 241-252
s-動詞の母音の長短 ……………… 248, 251-252

か

加減乗除 ……………………………… 116
過去形 ……………………………… 162-171
過去分詞 …… 95, 102, 186, 190-191, 230-235, 244-245, 257, 262-263, 279, 288, 315-316
過去を表す副詞表現 ………… 162, 200-201
可算名詞／不可算名詞 ……… 26-28, 76, 181

仮主語 ……………………… 209-213, 246
仮目的語 ……………… 192, 213-214, 287
関係節制限的用法／非制限的用法 … 62, 105-107
関係代名詞 ……………… 62-63, 105-107, 223
関係副詞 ……………………… 81-82, 223
間接話法 ……………………………… 199-203
感嘆文 ……………………………… 85-86
完了形 …… 186-188, 190-196, 205-206, 329-331
完了分詞 ……………… 186-196, 231-233, 315
基数詞 ……………………………… 114-116
季節名 ……………………………… 134, 176
既知形，複数形と語アクセント ……… 48, 71-72
疑問詞 ……………… 82-84, 201-203, 221
疑問代名詞 ……………………… 82-83
疑問副詞 ……………………… 83-84
疑問文 …… 35-36, 51, 143, 153, 201-203, 212-213
強勢が移動する複数形 ………………… 73
強変化動詞 ………… 162, 167-169, 231-233
群前置詞 ……………………… 287-288, 307
形容詞 …… 92-96, 102-104, 107-108, 230-233, 256-271, 275-277, 287, 293, 317, 335-337
形容詞の副詞への転用 ………………… 108
現在形 ………… 29, 49-50, 142, 176-177, 191
現在形と語アクセント ………………… 191
現在分詞 ……… 103, 262-263, 279, 288, 315-316, 333-337
限定用法 ……… 92-93, 102-104, 230, 265-267, 328-329, 335-336
攻撃性・習性 ……………………… 247-248
硬母音／軟母音 ……… 11-15, 17-18, 26, 240
語順 …… 34, 152-153, 204-205, 223-225, 313-315
語中音／語末音の脱落 ……………… 22-23

さ

再帰所有代名詞 ……………………… 153-155
再帰代名詞 …… 150-152, 180, 250, 293, 313, 315, 334
再帰動詞 ……………………… 151-152, 334
最上級 ……………………… 256-271, 277-282
サイレント子音 ………………………… 19
子音 g, k, sk の発音 ……………… 17-18

時間の言い方・尋ね方 …………… 124-127
指示代名詞 …………… 84-86, 103-104
「した後で」の接続詞 när …………… 191-192
弱変化動詞 …………… 162-167, 169-170, 231-232
従位接続詞 …………… 214-222, 224-225
従位節中の har/hade の省略 ……… 192, 205-206
従位節中の否定辞 inte の位置 ……… 204-205, 223-225, 332-333
集合名詞 …………… 181, 236, 261
主格 …………… 28-29
受動態 …………… 186, 233-235, 243-246
小辞 ……… 80, 143-145, 152-153, 235, 312-322
小辞動詞 …………… 313-318, 330-332
叙述用法 …… 92, 102-103, 107-108, 233, 335-336
序数詞 …………… 132-134, 267
助動詞 …… 51-53, 81, 97-98, 144-145, 177-178, 188-189, 194-196
所有格 …… 63, 74-76, 104, 132, 267, 288-289, 307
所有代名詞 …………… 75-76
所有や関係を表す前置詞 …………… 292
進行している行為を表す表現 ………… 142-144
真主語 …………… 209-213, 246
親族名称 …………… 71-72, 181-182
心態副詞 ju, väl, nog …………… 108-109, 196
世紀の言い方 …………… 127-128
接続詞 …… 135-138, 179-180, 214-222, 224-225
絶対比較級／絶対最上級 ……… 261, 270-271, 280
前置詞 …………… 287-307
前置詞の目的語 …………… 287-290
相関等位接続詞 …………… 179-180
相互性 …………… 246-247
存在文 …………… 209-213
存在を表す動詞 …………… 210-212

た

代名詞と否定辞 inte …………… 152-153
ダブルネーム …………… 23
短母音／長母音 ……… 6-8, 11-15, 167, 240, 248, 251-252, 258
直接話法 …………… 199-203
月名 …………… 134
定動詞 …………… 35-36, 54, 204, 330, 332
デポーネンス …………… 248-252
等位接続詞 …………… 135-138

等位接続詞と従位接続詞の区別 ……… 224-225
同一の人・モノの比較 …………… 262, 265
動詞 …… 29, 49-50, 63-64, 162-170, 186-191, 230-235, 241-252, 312-319, 333-337
[動詞＋小辞] の語順 …………… 314-316
倒置 …………… 34-35

な

人称代名詞 …… 28-29, 37, 75-76, 154-157
値段 …………… 117-118
年号の言い方 …………… 127
年齢 …………… 117

は

場所を表す副詞 …………… 80-81
比較級 …………… 222, 256-271, 277-282
比較級・最上級を修飾する副詞 ……… 268-269
日付 …………… 134-135
否定疑問文 …………… 36, 153
否定文 …………… 35, 51, 143, 152-153, 212
頻度数の言い表し方 …………… 54, 118-119
頻度数の副詞 …………… 54, 205
付加疑問 …………… 108
複合動詞 …………… 316-319
副詞 …… 80-81, 108, 162, 176, 275-282, 337
副詞節 …………… 215-224
不定詞 …………… 49-50
不定代名詞 …………… 86-87, 327-333
方角に関する表現 …………… 87, 282

ま

未来を表す表現 …………… 176-179
未来を表す副詞 …………… 176, 201
名詞 … 26-28, 44-48, 58-61, 68-74, 181, 236, 288, 334-335
名詞既知形 …………… 27-28, 44-48, 58-61, 68-74
名詞節 …………… 214, 287
名詞複数形 …………… 27, 44-48, 58-61, 68-74, 236
名詞未知形 …………… 27-28, 44-48, 58-61, 68-74
命令形 …………… 63-64, 166, 202
目的格 …………… 37, 150-151

や

曜日名 …… 21-22, 34, 38, 133-134, 162, 176

著 者

清水 育男（シミズ イクオ）

1949年神奈川県生まれ．東京外国語大学フランス語学科卒．1986年ウップサーラ大学大学院ノルド語学科博士課程単位取得退学．大阪大学大学院言語文化研究科言語社会専攻教授を経て，大阪大学名誉教授．2022年度前期，大阪大学大学院人文学研究科特任教授．2015年4月スウェーデン・アカデミー（Svenska Akademien）より特別賞（Extra pris）を授与される．2016年10月スウェーデン国王より北極星勲章（Kommendör av Kungliga Nordstjärneorden）を受勲．現在，朝日カルチャーセンター（大阪本部・中之島教室）スウェーデン語講師．専門は，スウェーデン語学，ノルド語史．

ウルフ・ラーション（Ulf Larsson）

1963年スウェーデン，ヴァルムランド生まれ．ストックホルム大学人文学部ノルド語専攻卒．ストックホルム大学大学院ノルド語学研究科博士課程修了．2004年ストックホルム大学よりPh.D.（ノルド語）取得．現在，ストックホルムのスーデルトゥーン大学（Södertörns högskola）のスウェーデン語講師．専門は，スウェーデン語学．

當野 能之（トウノ タカユキ）

1973年北海道生まれ．大阪外国語大学地域文化学科スウェーデン語専攻卒．神戸大学大学院文学研究科（修士課程）修了．神戸大学大学院文化学研究科（博士課程）修了．2007年神戸大学より博士号（学術）取得．2023年3月当時，大阪大学大学院人文学研究科外国学専攻准教授．専門は，スウェーデン語学，言語学．

大阪大学外国語学部　世界の言語シリーズ 12
スウェーデン語

発　行　日	2016年3月30日　初版第1刷
	2018年12月7日　初版第2刷
	2023年5月18日　初版第3刷

著　　者　　清水　育男
　　　　　　ウルフ・ラーション
　　　　　　當野　能之

発　行　所　大阪大学出版会
　　　　　　代表者　三成賢次
　　　　　　〒565-0871
　　　　　　大阪府吹田市山田丘2-7　大阪大学ウエストフロント
　　　　　　電話　06-6877-1614
　　　　　　FAX　06-6877-1617
　　　　　　URL　https://www.osaka-up.or.jp

印刷・製本　　株式会社 遊文舎

ⒸIkuo Shimizu, Ulf Larsson and Takayuki Tohno　　　2016
Printed in Japan
ISBN 978-4-87259-336-5 C3087

JCOPY〈出版者著作権管理機構 委託出版物〉
本書の無断複製は著作権法上での例外を除き禁じられています。複製される場合は、その都度事前に、出版者著作権管理機構（電話 03-3513-6969、FAX 03-3513-6979、e-mail: info@jcopy.or.jp）の許諾を得てください。

大阪大学外国語学部

世界の言語シリーズ 12

スウェーデン語
[別冊]

大阪大学出版会

大阪大学外国語学部　世界の言語シリーズ　12
スウェーデン語〈別冊〉

本文の日本語訳，練習問題解答

第6課　ビューンとイングリッド
本文の日本語訳
こんにちは．
私の名前はビューン・スヴェンソンで，私はイングリッドと結婚しています．私たちには息子と娘がいます．息子はトールという名前で，5歳です．娘はヘッダという名前で，3歳です．彼らは2人とも保育所に通っています．私たちはストックホルム郊外にある家に住んでいます．家には5つの部屋があります．リビングと書斎そして寝室が3つです．書斎にはコンピューターとソファーベッドがあります．家には大きなリンゴの木のある庭があります．私たちは夏に庭のそのリンゴの木の下でしばしばお茶をします．「ビューン，あなたはとてもおいしいコーヒーを淹れてくれるわね」とイングリッドは言います．そうすると私は「イングリッドとトールとヘッダ！　あなたたちはなんて素晴らしい家族なんだ」と答えます．

練習問題解答
1.
(1) 薬局，ETT　(2) 教会，EN　(3) 銀行，EN　(4) 図書館，ETT　(5) 病院，ETT　(6) レストラン，EN　(7) 学校，EN　(8) 広場，ETT
2.
(1) apoteket　(2) kyrkan　(3) banken　(4) biblioteket　(5) sjukhuset　(6) restaurangen　(7) skolan　(8) torget
3.
(1) Det　(2) De　(3) Den　(4) Hon, han　(5) Det
4.
(1) Vad heter restaurangen?
(2) Hon är gift med Tor.
(3) Sommaren i Stockholm är underbar.
(4) Biblioteket utanför Stockholm är stort.

第7課　スーパーでの買い物
本文の日本語訳
金曜日はビューンとイングリッドはイーカで食料を買います．トールとヘッダはまだ保育所にいます．イングリッドは夕食にタラの料理を提案します．でもビューンは彼女に尋ねます．
「鶏肉が美味しそうじゃないかな」
「いや，今日はあまり鶏肉って感じじゃないわ」
イングリッドは今日彼にサプライズの計画を立てています．バターとディルとカニを使ったタラの新しいレシピです．突然携帯電話が鳴ります．トールからです．彼は次のように言います．
「もうすぐ来るんじゃないの」
「うん，30分後には迎えに行くよ」
「僕とヘッダはお父さんとお母さんが待ちきれないの」
「私たちもお前たちのことを待ちきれないよ．もうすぐそっちに着くからね」
イングリッドは買い物かごにタラを2パック入れます．ビューンはため息をついて言います．
「今晩は素敵な夕食になるって僕に約束してくれるかい」
「ええ，約束するわ」とイングリッドは答えて，タラのレシピのことを考えています．

練習問題解答
1.
(1) Är trädgården stor? Ja, det är den./Nej, det är den inte.

(2) Går hon inte på dagis? Jo, det gör hon./Nej, det gör hon inte.
(3) Suckar Sven ofta? Ja, det gör han./Nej, det gör han inte.
(4) Är han inte gift? Jo, det är han./Nej, det är han inte.

2.
(1) ① Ofta fikar vi i trädgården på sommaren.
　　② I trädgården fikar vi ofta på sommaren.
　　③ På sommaren fikar vi ofta i trädgården.
(2) ① En dator och en bäddsoffa har vi i arbetsrummet.
　　② I arbetsrummet har vi en dator och en bäddsoffa.
(3) ① En fantastisk middag lovar jag dig ikväll.
　　② Ikväll lovar jag dig en fantastisk middag.

3.
(1) henne　(2) er　(3) den　(4) oss　(5) honom

4.
(1) Dill och torsk passar bra.
(2) Planerar Ingrid en fest på tisdag?
(3) De handlar fortfarande på ICA, säger Hedda.
(4) Vi arbetar inte på lördag och söndag.

第8課　金曜日の晩の団らん
本文の日本語訳
夕食後ビューンが洗い物をしています．8時に彼らはテレビで映画を見るつもりです．金曜日はたいていそうしています．土曜日もたいてい映画を1本見るので，1週間に2本になります．でも，平日はたいてい子供番組とニュースだけしか見ません．
イングリッドが子供たちに尋ねます．
「今晩は何の映画が見たい．『ムーミン』それとも『ルンネバリアのエーミル』」
「僕はサスペンスが見たいな」とビューンが答えます．
「いや，あなたには聞いていないわ，子供たちに尋ねてるの」とイングリッドは言って笑います．
「私たちはムーミンが見たい」と子供たちが言います．
「ちょっと考えていてもいいわよ」と彼女は提案します．「私は素敵な晩になるように準備を始めるわ」
金曜日の晩には家族はたいてい映画を見ながらポテトチップスとクッキーを食べます．彼らはたいていソフトドリンクを飲みます．でも今晩はイングリッドはお茶を淹れます．トールとヘッダはクッキーとポテトチップスの入った2つのボールと紅茶のカップを食卓に並べて彼女のお手伝いをします．
「ソーサーも4枚，持ってきてちょうだい」とイングリッドはトールに言います．

練習問題解答
1.
(1) kvinnan, kvinnor, kvinnorna　(2) läkaren, läkare, läkarna　(3) barnet, barn, barnen
(4) studenten, studenter, studenterna　(5) vittnet, vittnen, vittnena　(6) gubben, gubbar, gubbarna

2.
(1) går　(2) svarar　(3) föreslår　(4) ringer　(5) lägger　(6) lovar　(7) bor　(8) tänker　(9) kommer

3.
(1) Hedda lagar mat en gång i veckan.
(2) Tor brukar laga mat./Tor lagar ofta mat.
(3) Får jag röka?
(4) Han röker fyra gånger om dagen.
(5) Jag vill se fem filmer i månaden.
(6) De ser åtta filmer om året i genomsnitt.

4.
(1) Vad har du för katt? Vad för katt har du?
(2) Jag ska äta två krabbor ikväll.
(3) Tor hjälper henne att laga mat.
(4) Han förbereder för två fester.

第9課　日曜日のピクニック
本文の日本語訳
日曜日，太陽が輝いています．家族は食卓について朝食を食べています．朝食後イングリッドが台所の窓を開けます．外は暖かく，彼女は言います．
「午前中キノコを採りにいこう．ビューン，寝室のベッドを整えて，子供たちに服を出してあげて．私はその間にお弁当の準備をするわ」
「冷蔵庫にあるミートボールを取り出して，スライスにしてクリスプブレッドに載せてね．美味しくなるよ」とビューンは言います．
「自転車で行けるのでは」とヘッダが尋ねます．
彼らはノルスコーゲンという森に自転車で行きます．それは家族が住む家の近くにあります．森の中では鳥たちが木々でさえずっています．木の幹の1つを，リスが1匹かけあがっています．
「ここはいつも冬に来てスキーをすべるよね．覚えているかい」とビューンは言います．
「だけど今日はキノコを採るのよ．もうすぐ，お弁当の時間だからね」
家族は森で素敵な1日を過ごし，たくさんのキノコを見つけます．午後には自転車で家に帰ります．
「キノコをきれいにしてね．私は子供たちの面倒を見るから」とイングリッドはビューンに言います．
「了解！」とビューンは答えます．「素晴らしい1日をありがとう」

練習問題解答
1.
(1) systern, systrar, systrarna　(2) fågeln, fåglar, fåglarna　(3) vintern, vintrar, vintrarna　(4) vädret, väder, vädren
(5) vapnet, vapen, vapnen
2.
(1) Ät frukost!
(2) Öppna fönstret!
(3) Diska faten!
(4) Hjälp henne!
3.
(1) Vi har en son som är fem år.
(2) Jag vill hitta ett träd som jag kan klättra i.
(3) Kan du föreslå en dag som passar dig?
4.
(1) Det är dags för frukost.
(2) Efter frukosten ska Hedda och Tor åka skidor.
(3) Jag tar hand om fåglarna.
(4) Kommer du ihåg mig?

第10課　ビューンの職場で
本文の日本語訳
ビューンは中学校で教師として働いています．今，彼は職員室にいて，生徒たちの作文を添削しています．仕事机には本が積んであります．彼は本を1冊選び，生徒はそれについて作文を書きます．それらの本のテーマは様々な国，あるいは，同じ国の様々な都市についてです．彼がすべきことは単純です．でも，彼は疲れています．彼は夜，よく寝られません——昨夜はたった4時間でした．彼は家の寝室へ戻って少し休み，本を選ぶことは明日にすると決めます．ビューンの同僚のカーリンが部屋に入ってきます．彼女の生徒たちもある本について作文を書きます．
「やあ，カーリン．家族は元気かい」とビューンが尋ねます．
「まあまあ元気よ」とカーリンが答えます．「イングリッドとお子さんたちはどう」
「元気そのものだよ」とビューンが言います．「君の生徒たちは何の本を読むんだい」
「私のクラスの生徒はインドの本を読むことにしているの」とカーリンが述べます．「私のお気に入りの本なの．あなたの生徒たちは何を読むことにしたの」
「決めていないんだ」とビューンが答えます．「僕は今日少し疲れているから，家に帰って，というか寝室で，少し休むことにするよ．というわけで明日決めるんだ．だけど僕もひょっとしたら君のお気に入りの本を選ぶことになるかもしれないよ．そうなったら僕らの生徒は同じ本を読むことになるね」
カーリンと彼女の夫のオッドには息子が2人，娘が2人います．彼らの子供のうち2人——息子1人と娘1人——が風邪のため今日は学校を休んで家にいると彼女は述べます．ビューンは帰宅して休むべきだわ，と彼女は思っています．

練習問題解答
1.
(1) munnen, munnar, munnarna (2) benet, ben, benen (3) foten, fötter, fötterna (4) handen, händer, händerna
(5) örat, öron, öronen (6) axeln, axlar, axlarna
2.
(1) Lindgrens olika böcker (2) Idas ögon (3) stadens gymnasier (4) Indiens städer
3.
(1) din cykel, dina cyklar (2) vårt tema, våra teman (3) ert rum, era rum (4) min dotter, mina döttrar
4.
(1) Jag sover dåligt på grund av jobbet.
(2) Hur är det med dina söner?
(3) Din uppgift är att skriva en uppsats om filmen.
(4) Han dricker fem koppar kaffe om dagen.

第11課　イングリッドの職場で
本文の日本語訳
イングリッドも教師として働いています．彼女の学校は古いけれどシンプルなデザインの建物の中にあります．その建物の部屋のいくつかは素晴らしい眺望です．イングリッドはそこで働くのが好きで，この職場環境に大変満足しています．その建物は石で出来ていて，白く素晴らしい色をしています．その色はビューンと彼女の家とほぼ同じです．イングリッドの職場は美しい建物だと，イングリッドもビューンも思っています．
今，イングリッドはランチルームにいて，シャシュティンという名前の新しい同僚と話しています．
「なんて運がいいんだろう」とシャシュティンが言います．「ここで働くことができてとっても嬉しいわ」
「どこに住んでいるの，シャシュティン」とイングリッドが聞きます．
「町の北側よ」とシャシュティンが話します．「ここからけっこう遠いの」
「ここまで来るのに何時間かかるの．いつ家を出るの」
「朝6時よ．地下鉄とバスで2時間かかるの．どう思う」
「大変なのね！　あら，もうここから出なくちゃ」とイングリッドが言います．「私たちの授業が間もなく始まるわ．長い午後になるわね．私は授業が2つあるわ」

練習問題解答
1.
(1) Vilken (2) Var (3) Vem (4) Varför (5) När
2.
(1) något (2) några (3) något (4) någon (5) något
3.
(1) Kollegan är hemma.
(2) Ekorren klättrar upp i trädet.
(3) Hur åker du till skolan härifrån?
(4) Hennes lärare ska cykla ut i skogen.
4.
(1) Vilken färg tycker du om?
(2) Hur gammal är den här byggnaden?
(3) Hur många minuter tar det att gå dit?
(4) Jag bor i samma stad som mina föräldrar.

第12課　職場からの帰り道
本文の日本語訳
仕事が終わって，イングリッドとシャシュティンは一緒にバス停まで近道を行きます．彼女たちは1日の仕事が終わってとても疲れています．
「どこに住んでいるの」とイングリッドが尋ねます．
「ソールナに住んでいるの」とシャシュティンが答えます．「ソールナは素敵だけど，長距離通勤なの．まずバスに乗らなくちゃならないでしょ．バスは午後はいつもものすごい満員なの．それから，地下鉄の青の路線に乗って，そしてそのあと私たちのアパートまで少し歩くの」

「結婚しているの」とイングリッドは尋ねます．
「いいえ，離婚したの」とシャシュティンは言います．「今は娘のソーニアと新築のアパートで2人っきりで暮らしているの．彼女は4歳なの．で，あなたは結婚しているの」
「ええ，私とビューンは結婚して6年になるわ．そして私たちには5歳と3歳になる素敵な子供が2人いるわ」とイングリッドが答えます．
「生活はシングルの親にとっては必ずしも簡単だとは限らないわ」とシャシュティンは言います．「平日はしばしばストレスが多いこともあるわ．時には，全てを時間に合わせてこなすのが難しいわね．早朝にソーニアを保育所に預けたり，仕事に行ったり，晩はおいしくて健康にいい夕食を作ったり．だけど自分の人生に満足しているの．もちろん気楽な面もあるわ」
イングリッドとシャシュティンは少しの間，沈黙します．そしてイングリッドは言います．
「完全に気楽な人生なんてきっとないわ．時間は短くいつも十分というわけではないものね．ただそれが唯一の問題だけど，私たちはおおかた自分の人生に十分満足しているし．私たちも子供たちも元気で明るくやっているしね」

練習問題解答
1.
(1) fint, fina (2) glatt, glada (3) blått, blåa (blå) (4) ledset, ledsna (5) trött, trötta (6) öppet, öppna (7) nöjt, nöjda (8) tomt, tomma
2.
(1) Boken är svår.
(2) Huset är nybyggt.
(3) Uppgifterna är enkla.
(4) Det är varmt ute.
3.
(1) en lång väg, den långa vägen (2) ett svårt problem, tre svåra problem (3) en vacker utsikt, de vackra utsikterna
(4) ett gammalt hus, de gamla husen
4.
(1) Jag är nöjd med det nya rummet.
(2) Hinner vi med bussen till Arlanda?
(3) Jag ska ta den korta vägen hem.
(4) Hans pengar räcker inte alltid till.
(5) Det är svårt att hitta en lägenhet i Stockholm.

第13課　ビューンの両親が夕食にやってくる
本文の日本語訳
土曜日にビューンの両親のアーネとビルギッタが夕食にやってくることになっています．ビューンはメニューを決められず，そこで彼はイングリッドに尋ねます．
「彼らに何をふるまうことにしようか，君はどう思う．何かいい提案はないかな？　美味しくて作るのが簡単なもので」
「鶏肉を使った料理なんてどうかしら」とイングリッドが提案する．「あなたが大好きなフランス風の鶏肉の煮込みだったら作れるわ．それに彼らはフランス料理に関心があるものね」
「今回は何かスウェーデン的なものをふるまいたいんだ」とビューンが反論します．「例えば溶かしたディル入りバターを使ったグリルサーモンのあのレシピ，あれは美味しくて作るのが簡単だ．サーモンはすごく美味しいしね」
「どうやったら今日新鮮なサーモンを手に入れられるかしら」とイングリッドが尋ねます．
「リリエホルメンにある大きなイーカの店舗に行ってもいいよ．あそこにはいつも新鮮なサーモンが置いてあるし」
「わかった，じゃあ行ってきて」とイングリッドが言います．「だけど遅くとも4時にはここに戻ってなくちゃだめよ．そうするともう今ここから出かける必要があるわ」
ビューンはただちに出かけるが，5時になってようやく戻ってきます．
「どうしてこんなに遅くなったの」とイングリッドが尋ねます．「あなたの両親はいつ来るの．6時だわよね」
「あのいつもの行列で，どのレジも確実に20人は並んでいたんだ．でもまあここに戻ったんだから，夕食の準備は始められるさ」

練習問題解答
1.
(1) målat (2) målade (3) målade (4) målad (5) målade (6) målade

2.
(1) litet (2) lilla (3) små (4) liten (5) lilla (6) små
3.
(1) nytt (2) nya (3) nya (4) ny (5) nya (6) nya
4.
(1) De här laxarna är små.
(2) Den här lilla laxen är god.
(3) De är dina föräldrar, eller hur?
(4) Hedda kommer sent varje gång.
(5) Jag vill få tag på en liten bäddsoffa.
(6) Sommaren i Sverige är rolig men kort.

第14課　両親との夕食のひと時
本文の日本語訳
アーネとビルギッタは6時ちょっと過ぎにやって来ます．彼らは4カ所の異なった所の道路工事のために15分強遅れたとアーネは語ります．彼は64歳で，ビルギッタは59歳です．彼らは結婚して37年になります．ビューンは35歳で，彼には2人の妹がいます．一方の妹はアンニカで，もう一方の妹はアンナという名前です．アンニカは28歳で，アンナは26歳です．
「ああ，なんて美味しそうな匂いなんでしょう」とビルギッタが大きな声で言います．「夕食にはどんなご馳走が出るのかしら」
「4つの料理が出てくるわよ」とイングリッドが言う．「最初はアンズタケのスープで，それからクリーミーなディル入りバターと茹でじゃがいもを添えたサーモンのグリル，その後に熟成したチーズが1つ，そしてデザートとして2種類のアイスクリーム」
「新鮮なスウェーデン産のアンズタケはいくらするんだ」とアーネが尋ねます．「キロ当たりたいてい250か時には300クローナ以上払わなければならないだろう」
「今日はキロ当たり270クローナだよ」とビューンが答えます．「高いけど，新鮮なノルウェー産のサーモンはキロ当たり89クローナしかしないんだ」
アーネとビルギッタは夕食が素晴らしくおいしいと思います．彼らは10時20分まで留まります．その時間は子供たちの寝る時間です．彼らはふつう遅くても9時には眠ってしまいますが，今日は土曜日なので，11時まで起きていてもかまいません．

練習問題解答
1.
(1) sju (2) tolv (3) fjorton (4) sjutton (5) arton (6) tjugotre (7) fyrtiofem (8) sjuttionio
2.
(1) femhundratrettiotvå (2) åttatusenfyrahundraåttio (3) trettontusensexhundra (4) trehundrafemtiotusen
3.
(1) åtta plus fem är tretton (2) tjugofem minus nio är sexton (3) sex gånger nio är femtiofyra
(4) tjugofyra delat med tre är åtta
4.
(1) Deras son är tre år gammal.
(2) Min mor är femtioett år gammal.
(3) Soffan kostar femtusensexhundrasjuttio kronor.
(4) Kycklingen kostar fyrtiofem och femtio kilot.
5.
(1) Hur gammalt är det här trädet?
(2) Hur mycket kostar det stora kylskåpet?
(3) Det är dags att äta frukost.
(4) Den ena lektionen kostar femtio kronor per gång och den andra fyrtiofem kronor per gång.

第15課　スカンセン行きを急きょ決める
本文の日本語訳
日曜の朝9時半に家族は朝食にホイップクリームとブルーベリージャムを添えた，バターで焼いた薄いパンケーキを

食べています．その後イングリッドがスカンセンに行くことを提案します．スカンセンは1891年からある世界最初の野外博物館です．そこにはスウェーデン各地から集められた様々なスウェーデンの動物や建物があります．子供たちはぜひそこに行きたいと願っていますが，ビョーンは躊躇しています．
　「今何時かな」と彼がイングリッドに尋ねます．
　「10時5分よ」と彼女が言います．「遅くとも10時45分にはここを出ることができるわ，そうするとスカンセンにまだ午前中に，あるいは少なくとも遅くて12時には着くことができるわ」
　イングリッドは彼に一番最後のスカンセンへの訪問が2007(トゥヴォーテューセンシュー)年であることを思い起こさせます．
　「言い換えると2007(シューゴフンドラシュー)年だわ．つまり5年前ね」と彼女が明確にします．
　「2007年かい」とビョーンは反論します．「前回行ってからまだ2年しかたっていないので2010年だよ．今は2012年．僕は午前中家に留まっていたいな．午後になったら皆で何かアイデアを出せばいいんじゃない」
　だけどついにイングリッドはビョーンを説き伏せ，そして11時25分に家を出ます．彼らは12時10分にスカンセンに到着します．入場料はかなり高いです．大人1人100クローナ，小人1人60クローナです．それで家族全体で320クローナになります．
　「どこかで昼食を食べよう」と少ししてビョーンは考えます．「お腹がすいたし，もう12時40分だ．」

練習問題解答
1.
(1) Klockan är tre på eftermiddagen.
(2) Klockan är halv tio på förmiddagen.
(3) Klockan är kvart över åtta.
(4) Klockan är kvart i sex.
(5) Klockan är sjutton över tio.
(6) Klockan är tolv i tolv.
(7) Klockan är fyra i halv tre.
(8) Klockan är tre över halv fyra.
2.
(1) elvahundrasextiofyra　(2) trettonhundranittiosju　(3) femtonhundratjugo　(4) år sjuttonhundra
(5) tjugohundratjugo/tvåtusentjugo　(6) år trehundra f.Kr.　(7) tvåhundratjugosex e.Kr.　(8) fjortonhundrafemtio-talet
3.
(1) Jag skulle gärna vilja bjuda dig på middag.
(2) Jag skulle vilja bjuda dig på middag.
(3) Jag vill gärna bjuda dig på middag.
(4) Jag vill bjuda dig på middag.
4.
(1) De måste vara framme i Stockholm senast kvart i två.
(2) Vi måste påminna dem om hans förslag.
(3) Vad är klockan? Den är tre i halv tolv.
(4) Jag vill övertala dem som är tveksamma.

第16課　スカンセンでのひと時
本文の日本語訳
ヘッダがスカンセンを訪れるのははじめてですが，トールにとっては2回目になります．ビョーンとイングリッドははじめて彼らがスカンセンに一緒に来た時のことを子供たちに語ります．
　「2001年8月6日月曜日」とビョーンは言います．「あの時は25度は超えていた．あるいは記憶違いかな？」
　「同じ年の秋の10月4日木曜日よ．そのほかの点は正しいわ」とイングリッドが彼の言ったことを訂正します．「私の誕生日だからスカンセンに来たことをよく覚えているの」
　今は9月30日日曜日で，間もなくイングリッドは誕生日です．ビョーンは冬に誕生日を迎えます，1月12日です．トールは夏生まれで，7月19日，ヘッダは春で5月11日です．
　スカンセンでは，例えばオオカミ，クマ，オオヤマネコ，ヘラジカ，そしてキツネのようなスウェーデンにいる多くの様々な種類の動物を見ることができます．しかし，そこにはまたヘビやサルのような外来の動物もいます．スウェーデンの手工芸品を買うことさえでき，イングリッドはスウェーデン北部の白樺の木材でできた美しいお盆を見つけます．それは368クローナします．
　「これはとてもすてきだわ．誕生日プレゼントにぜひこれが欲しい」と彼女は言います．

練習問題解答
1.
(1) fjärde (2) sjätte (3) sjunde (4) tjugoandra (5) trettiofemte (6) sextiotredje
2.
(1) Jag fyller år torsdagen den tionde juni.
(2) Jag är född den trettonde augusti 1999.
(3) Lektionen börjar måndagen den nionde april.
3.
(1) december (2) juni (3) mars, april (4) april
4.
(1) När fyller ni år?/När är ni födda?
(2) Det är mycket varmt i Japan i augusti.
(3) Ingrid berättar för oss om vintern i Sverige.
(4) Man kan köpa färska svenska kantareller på hösten.
(5) Det är femte gången som hon åker till Sverige.

第17課　日曜日の晩自宅で
本文の日本語訳
午後5時家族は家に戻ります．家でのくつろいだ晩になります．子供たちは子供番組を見せてもらい，ビョーンは洗濯物をたたみ，そしてイングリッドは夕食を作っているところです．彼らはアンズダケのオムレツを食べることにしています．バターの少々入ったフライパンの中でアンズダケがジュージューと音を立てていて，台所においしい匂いがし始めます．少しするとビョーンは洗濯物をたたみ終えて，イングリッドがテーブルセッティングをするのを手伝ってあげたいと思っています．オムレツはフライパンの中で出来上がりつつあります．イングリッドはビョーンにそれ見ていてくれるように頼みます．というのも彼女は少しの間トールとヘッダと子供番組を見たいからです．
オムレツが出来上がるまでの間，ビョーンは両親に電話をかける必要があります．10分間話していると，彼はオムレツのことを忘れそうになります．イングリッドが居間から大声で言います．
「もうオムレツが出来上がるはずじゃないかしら．ちょっとそれを見てくれる」
ビョーンは通話を終わらせ，ふっくらとしてつややかな色がついてきたように見えるオムレツをただちに取り出します．
「さあ食べに来て」と彼は大声で言います．「それともそのままテレビを見ているかい」
「いいえビョーン，もうこれ以上見ないわ」とイングリッドが答えます．「そちらに夕食を食べに行くつもりよ」
子供ならまさにそうすべきであるように，9時には子供たちはベッドで眠り，ビョーンとイングリッドは1杯の紅茶を手にして食卓に向かって座っています．彼らは来たる週の計画を立てなければなりません．良い1週間になりそうです．

練習問題解答
1.
(1) Pappan står inte och diskar.
(2) Står pappan och diskar?
(3) Pappan står i köket och diskar.
2.
(1) Hon sitter och rättar deras uppsatser.
(2) Ingrid håller på att ringa till Tor.
(3) Hedda ligger i sängen och lyssnar på musik.
(4) Står Björn ute och tittar på stjärnorna?
3.
(1) Du bör övertala din mamma genast.
(2) Han lär vara född i Stockholm.
(3) Min dotter vågar inte vara ensam hemma.
(4) Du borde glömma henne.
4.
(1) Pojkarna ser lugna ut.
(2) Han ser ut som en björn.
(3) Det ser ut som om älgen håller på att dö.

第18課　水曜日の朝のできごと
本文の日本語訳
ビューンとイングリッドの家庭の普段の平日の朝はたいてい以下のような感じです．
まずビューンが起床します．彼は顔を洗い髪をとかします．しかし髭は毎日ではなく1日おきに剃ります．彼は自分の職場に時間通りに行きたいと思っていて，そこで少ししてイングリッドを起こします．ようやくイングリッドが起床します．イングリッドはそれからヘッダとトールを起こし，そしてビューンが朝食を作ります．スウェーデンではしばしば朝食にオープンサンドイッチを食べます．子供たちは準備をして，服を着て，一方ビューンは朝食をテーブルに並べます．
「さっさと食べてしまいなさい，私たちは時間に遅れないようにしなくてはいけないのだから」と少しして彼が言います．「それから各自流し台に自分の皿を持っていくのだぞ」
「ちょっと，あなた，私たちをせかすわね」とイングリッドは言います．「朝食の間私たちには自分の時間が必要なの．私たちのことでぐちをこぼす代わりに，ご自分の朝食に集中したら」
ビューンとイングリッドは急いでいます，しかし気まずい思いで家を出ます．
「自分たちの関係と家族のことを一番大切にするべきだわよ」とイングリッドが言います．「ビューン，今晩私たちはこのことについてお互い話し合わなければいけないわね」
「僕は自分たちの関係にかなり気を使っているよ」とビューンが反論します．「だけどいつだって話し合いには応じるよ．さあ急がないと」

練習問題解答
1.
(1) oss　(2) dig　(3) mig　(4) sig　(5) er　(6) sig
2.
(1) sina　(2) vårt　(3) deras　(4) sitt　(5) din　(6) ert
3.
(1) Björn gillar dem inte.
(2) Erik kammar inte sin hund.
(3) Han rakar sig inte varje dag.
(4) De beklagar sig inte över det.
(5) Väcker inte Ingrid sina barn?
(6) Tvättar han inte sin bil?
4.
(1) Man måste prioritera sin egen hälsa.
(2) Jag tycker att det är ens plikt att arbeta hårt.
(3) Vad är det som stressar en?

第19課　イングリッドとビューンが仲直りする
本文の日本語訳
イングリッドもビューンも朝食時の喧嘩について悲しく感じています．晩に，つまり夕食後に，ビューンが言います．
「僕は今朝機嫌が悪かった，それでそのことで君に謝りたいんだ．僕はすごくストレスを感じていた．まあそれで，この喧嘩で1日中気分がめいってしまったよ」
「許すわ」とイングリッドが答えます．「私は憂鬱な気持ちで職場に行って，午前中何度もあなたに電話かsmsを送ろうとしたの．だけどそうする時間がまったくなくて」
「僕もまさに同じことを考えていたんだ」とビューンが打ち明けます．「僕は実際昼食後に君にsmsを送ったんだ．だけどそれは全然送信されていなくて，後になって僕はそれに気がついたんだ」
「smsにはなんて書いてあったの」とイングリッドが尋ねます．
「こう書いたんだ．「君は僕の全人生の中で最高だ．今朝はひどい振る舞いをしてしまった，そのことを許してくれるかい」
「もちろん許してあげる」とイングリッドが答えます．

練習問題解答
1.
(1) öppnar, öppnade, öppna!
(2) stänger, stängde, stäng!
(3) tömmer, tömde, töm!

9

(4) fyller, fyllde, fyll!
(5) släcker, släckte, släck!
(6) tänder, tände, tänd!
(7) bor, bodde, bo!
(8) flyttar, flyttade, flytta!
2.
(1) i juni förra året   (2) i förrgår kväll   (3) för tjugo år sedan   (4) i lördags kl. halv nio på morgonen
3.
(1) Vad gjorde du igår?
(2) Tor åt lunch tillsammans med Hedda för två timmar sedan.
(3) Kerstin flög tillbaka till Sverige i julas.
(4) Han blev pappa i våras.
4.
(1) De bad om ursäkt för problemet i onsdags.
(2) Han betedde sig som ett barn.
(3) I stället för att sms:a skrev jag ett brev och skickade det med posten.
(4) Han såg ut att tappa humöret.

第20課　夕食の計画
本文の日本語訳
週の半ばにビューンとイングリッドは数週間後に開く親戚との食事会の計画を立て始めます．その時に彼らはビューンとイングリッドの両方の両親，兄弟すべてとその子供たち，そして加えて父方のおば2人と母方のおば1人を招待するつもりです．
「再来週それだけたくさんの親戚の人たちがここに集まってくれたらとても楽しくなるわ」とイングリッドは思っています．
「そうだね，僕たちにとっても来る人すべてにとってもすごく楽しくなるよ」とビューンが同意します．「どんな食事を出そうか，どう思う」
「私はとりあえずデザートにイチゴのケーキを作るつもりよ」とイングリッドは言います．「みんな絶対に気に入ってくれるわ」
「それじゃあ，僕はメインディッシュとしてカロップスを作るよ」とビューンが提案します．「伝統的なスウェーデンの肉の煮込み料理だからね，そのちょっと後にデザートとしてイチゴのケーキを出せば完璧に合うよ．そうするとスウェーデン料理のみの夕食をだすことになるね．だけど，フランスワインをふるまうんだよね」
「フランス，イタリアあるいは南米のものもいいかも」とイングリッドが言います．「しばらく考えてみましょう．今週末，金曜日か土曜日にいくつかの種類を味見することできますものね」
「それはいいね」とビューンは思います．「明日買うことにしよう」

練習問題解答
1.
(1) om sex dagar   (2) klockan fem imorgon bitti   (3) nu på förmiddagen   (4) i mitten av nästnästa vecka
2.
(1) ska   (2) kommer att   (3) kommer att   (4) ska vi   (5) kommer att   (6) ska
3.
(1) Jag tänker servera kaffe och kakor.
(2) Vi ska prova ett nytt recept.
(3) Det kommer att bli en kul sommar.
(4) Jag hämtar er om två timmar.
4.
(1) Ingrid tycker om både kaffe och te.
(2) Antingen Tor eller Hedda måste städa.
(3) Varken Sven eller Björn håller med om det.

第21課　ビョーンが金曜日の夕食を作る
本文の日本語訳
時刻は金曜日の晩7時です．ビョーンは1時間半料理に取り組んできて，夕食はほとんど準備ができています．彼は肉をさいの目に切り，玉ねぎ，パプリカそしてその他の野菜をみじん切りにし，それらすべてを1時間以上白ワインで煮込みました．今彼はフルーツサラダを作り，オーブンの中のポテトグラタンが出来上がるのを待っています．それが出来上がってから，彼はイングリッドと子供たちに大きな声で呼びかけます．

「さあ夕食ができたよ．テレビを見終わったらこっちにおいで」

イングリッド，ヘッダそしてトールは3分過ぎてやってきます．

「どんなおいしい食事を作ったの」とみんなが食卓についた後でイングリッドが尋ねます．「ほぼ2時間夕食に取り組んでいたわよね」

「スペイン風の肉の煮込みを作ったんだ」とビョーンが語ります．「それとポテトグラタンもね．この煮込み料理は2年間作っていなかったんだ．そしてデザートにはラズベリー，西洋ナシ，リンゴそしてバナナを混ぜて美味しいフルーツサラダを作ったよ．これは素早く作ることができて，10分間で仕上げたんだ」

練習問題解答
1.
(1) väcker, väckte, väckt, väck!
(2) glömmer, glömde, glömt, glöm!
(3) skickar, skickade, skickat, skicka!
(4) beter sig, betedde sig, betett sig, bete dig!
(5) ringer, ringde, ringt, ring!
(6) tänder, tände, tänt, tänd!
(7) klär, klädde, klätt, klä!
(8) provar, provade, provat, prova!

2.
(1) Våren har kommit till Stockholm.
(2) Han har aldrig ätit sushi.
(3) Tor har just skrivit uppsatsen.
(4) När Ingrid hade blivit frisk berättade Björn allting för henne.

3.
(1) på，イングリッドは10年間車を運転していない．
(2) i，ビョーンは20年間教師として働いてきている．
(3) på，オーサは30分でその作文を書きあげた．
(4) i，7分間そのパスタを茹でなさい．
(5) på，今日私はここ数年ではじめてカロップスを作った．

4.
(1) Ingrid har talat med sin far i två timmar.
(2) Jag har väntat länge på den här dagen.
(3) Han har hackat löken på en minut.
(4) När potatisen har kokat klart, tärnar man den.

第22課　新たな隣人たち
本文の日本語訳
ある金曜日の午後5時頃，玄関のドアのベルが鳴ります．ビョーンは一体誰だろうと思い，ドアを開けに行きます．そこにはビョーンとイングリッドと同じくらいの年齢のカップルが立っています．彼らはヨーハンとマリーアであると自己紹介し，そして近くに家を買ったところだと語ります．ビョーンはいつ引っ越すことにしているのかと尋ね，そしてコーヒーを1杯飲んでいきませんかと尋ねます．ヨーハンは自分たちは12月1日に引っ越すことにしていると答えますが，今はちょうど彼らは残念ながらコーヒーをごちそうになる時間はありませんと答えます．

「だけど別の機会にぜひ喜んで」とマリーアが言います．

「今後はフィーカをする機会はたくさんあるさ」とビョーンは答えます．

イングリッドが玄関のドアのところに出てきて，そしてヨーハンとマリーアが近くに住んでいるのか尋ねます．ヨーハンは自分たちはかなり近くに住んでいると言います．しかし，マリーアはその逆で，近くなんてないと思っています．

「ヨーハンをおいていったい誰が10キロを「近い」なんていうかしら」と彼女は笑います．

ビョーンとイングリッドはヨーハンとマリーアがこの地区に来ることを歓迎し，そして彼らを隣人として迎えること

は楽しくなるに決まっていると言います．

練習問題解答
1.
(1) Karin frågar hur gammalt huset är.
(2) Maria sade att hon hade varit polis.
(3) Hon frågar vilken framtid hennes barn har.
(4) Han sade att han skulle flytta dagen efter.
(5) Hon frågade om han hade varit ledsen dagen före.
(6) Johan frågade henne var hon kom ifrån.
(7) Wallander sade till henne att hon måste ge honom pistolen.
(8) Maria frågade honom vad han visste om henne.
(9) Sara frågade vem som hade skrivit boken.
(10) Göran frågar vilken ytterdörr som passar hans hus.

2.
(1) Han berättade att han inte ville sälja något.
　　彼は何も売りたくないと話した．
(2) Alla vill veta vad som verkligen hände sedan.
　　みんながその後本当は何が起こったのか知りたいと思っている．
(3) Jan visste att livet inte alltid var så roligt.
　　ヤーンは人生はいつもそれほど楽しいとは限らないということを知っていた．
(4) Det är en bok som man naturligtvis kan rekommendera till elever.
　　それは生徒たちに当然推薦できる本だ．
(5) Vakten påstod att de tyvärr inte fick komma in.
　　守衛は残念ながら彼らは中に入ることができないと主張した．

3.
(1) Hon sade att de presenterade sig som lärare.
(2) Leif Eriksson kallade området för Vinland.
(3) Han berättade att han aldrig hade träffat sin far.
(4) Hon påstår att de egentligen inte behöver flytta.
(5) Man kan använda GPS för att hitta en busshållplats i närheten.

第23課　夕食の買い出し
本文の日本語訳
親戚の食事会まで1週間を残すまでとなり，ビョーンとイングリッドはリリエホルメンにある食料品の品揃えが豊富なイーカに行きます．ビョーンは，その日むしろ家にいたかったので，土曜まで待つこともできると最初に反対しました．しかしイングリッドは賛成しませんでした．

「ぎりぎり1日前になってようやく買い物をした前回の親戚の食事会のことを覚えている」と彼女が尋ねます．「時間が足りなくなっていたでしょう．だってあれだけ買い物を先延ばしにしたからよ」

ビョーンはその時のことを覚えていたので，今度はせわしくならないように，彼らはリリエホルメンへと向かいました．彼らは肉料理を出すことを決めていたにもかかわらず，魚売り場のそばに思わず来てしまっています．イングリッドがビョーンにカワカマスが美味しそうだと思わないかと尋ねます．

「あれらは鮮度が落ちているように思うよ」とビョーンは言って肉売り場の方へと，歩き始めます．「決めていた通りにしよう」

肉売り場に着くとすぐに，彼がまさに欲しいと思っていた種類の肉を目にします．しかしカゴの中に肉のパックを入れると同時にイングリッドが大きなカワカマスを1匹持ってやってきます．

「カワカマスは今晩夕食に食べればいいわ」と彼女が提案します．「あなたが気に入ってくれそうなレシピ，私持っているのよ」

練習問題解答
1.
(1) Det finns inte ett köttpaket i korgen.
(2) Finns det ett köttpaket i korgen? Ja, det finns det. Nej, det finns det inte.
(3) I korgen finns (det) ett köttpaket.

2.
(1) tills, 私は暗くなるまで長いこと待った．
(2) innan, 食べたり料理したりする前には手を洗いなさい．
(3) medan, スヴェンはその記事を読む間にコーヒーを2杯飲んだ．
(4) förrän, 彼は8歳になってはじめて泳ぐことができた．
(5) När, 食べた後で私は疲れてソファーで眠りこんでしまった．
3.
(1) Eftersom, 外は寒かったので家の中に入った．
(2) även om, 雨でも雪でも彼は毎日走る．
(3) trots att, 彼は昨日雨だったにもかかわらず走った．
(4) Om, もしも僕が君だったらその本は選ばないだろう．
(5) Därför att, なぜ彼女はうれしそうなの？ ボーイフレンドができたからです．
4.
(1) Jag fick syn på honom utanför biblioteket.
(2) Vi har ont om pengar eftersom vi har köpt ett bord.
(3) Jag ska hjälpa dig vilken väg du än väljer.
(4) Så fort han hörde hennes röst sprang han tillbaka.

第24課　盗まれた自転車
本文の日本語訳

火曜日の朝，ビューンは同僚との電話の会話で遅れたために，自転車で職場に行くことにしました．しかし家の外の自転車置き場に出て来ると，彼の自転車がなくなっていることに気づきました．彼は家の中に戻り興奮してイングリッドに言いました．
「僕の自転車が盗まれて，ないんだ．」
「なんてヒドイの」とイングリッドが声を張りあげました．「鍵をかけているにもかかわらず，この地区で盗まれている自転車がたくさんあると聞いているわ」
「ああ，先日ローカルニュースでそのことを見たよ」とビューンが答えました．「その中で夜間は自転車をガレージに入れておくように警察が勧めていたね」
「そんな余分な対策をしなくちゃならないなんて」とイングリッドが言いました．「だけど盗難を届け出ることは重要だわ．だからあなたは今週警察に行って，届けを出さないといけないわよね」
ビューンは1日中がっくりしていました．なぜならその自転車は最近彼へのプレゼントとしてイングリッドが購入してくれたものだったからです．職場からの帰り道彼は自転車屋に立ち寄って，特別に頑丈な錠の取り付けられた新しい自転車を選びました．彼が家に帰ると，新しい自転車を買ってきたので自転車通勤は確保されたよとイングリッドに言いました．

練習問題解答
1.
(1) låst, låst, låsta　(2) fylld, fyllt, fyllda　(3) hackad, hackat, hackade　(4) klädd, klätt, klädda　(5) vald, valt, valda
(6) bjuden, bjudet, bjudna
2.
(1) låsta, それらのドアは鍵がかかっていた．
(2) låst, ヘッダは鍵のかかった箱を見つけた．
(3) fylld, その瓶は水で満たされている．
(4) fyllt, そのグラスはワインで満たされている．
(5) hackad, その玉ねぎは細かく刻まれている．
(6) hackade, その刻んだ玉ねぎをバターで炒めてください．
(7) klädd, そのクリスマスツリーは電飾で飾られている．
(8) klätt, その部屋は花で飾られている．
(9) vald, 誰がルシアに選ばれたの？
(10) valda, 最終的に誰が(どのような人たちが)選ばれたの？
(11) bjuden, 彼はクリスマスパーティーに招かれた．
(12) bjudna, 彼らもまた招かれていることに気付いた．
3.
(1) Läraren är hatad av alla elever.

(2) Han blev anmäld för stöld.
(3) Hennes kollegor blev upprörda när de fick veta planen.
(4) Han satt på stationen och väntade på ett försenat tåg.
(5) Polisen hittade den stulna bilen utanför Göteborg.

第25課　警察署で
本文の日本語訳
自転車盗難の数日後，ビューンは届けを出すために警察署に行きました．晴れた温かい秋の日で，そこに行くまでのサイクリングの間で彼は汗をかきました．受付で彼は1人の警察官に応対され，その警官はどんなご用件ですかと聞いてきました．

「自転車がなくなったことを届け出たいんですが」とビューンは言った．「より正確に言うと盗まれたんです」

別の警察官によって盗難届が受領されている間に，「あなた方がお住まいの地区では残念ながらここ最近多くの自転車が盗まれています」と1人の警察官が語りました．「外に人がいない夜間にしばしば起こっています．皆当然自転車を返してもらいたいと望んでいますが，残念ながら戻ってきたという話は全く聞かないですね」

「この地区に住む我々は，お互い助け合って少し警戒するしかありませんね」とビューンは言った．「泥棒たちは通りに人がいるということでびくびくして退散するかもしれませんね」

「そうですね，警察官の真似事をしない限りはいい考えですね」とその警察官は答えた．「しかし，どんな予防策が取られたとしても，ある種の人々は盗みの誘惑に駆られるようです．昨日テレビではフェンスの内側に鍵がしっかりかけられていた自転車を盗めるように，フェンスが切られて壊されたと言われていました」

警察署を訪れた後で，ビューンとイングリッドは30分後に閉まる保育所にいる子供を迎えに行くために，近くで落ち合いました．

練習問題解答
1.
(1) städas, städas, städades, städats　(2) byggas, byggs, byggdes, byggts　(3) väckas, väcks, väcktes, väckts
(4) läsas, läses, lästes, lästs　(5) nås, nås, nåddes, nåtts
2.
(1) Alla rum måste städas varje dag.
(2) Kyrkan byggdes för 200 år sedan.
(3) Jag väcks ofta av mardrömmar.
(4) Jag hoppas att boken läses av många.
(5) De kan inte nås per telefon för tillfället.
3.
(1) (a) 馬は蹴るものだ．（攻撃性・習性）
　　(b) 彼は馬に蹴られて病院に搬送された．（受身）
(2) (a) 教授にボールがぶつかった(当てられた)．（受身）
　　(b) 水曜日の10時から12時まで研究室で教授に面会できます(見られます)．（受身）
　　(c) 教授たちは大学で相まみえました．（相互性）
(3) (a) 車庫の扉が自動で開いた．（自発）
　　(b) 車庫の扉はバールか他の工具で開けられた．（受身）
4.
(1) Han låtsades vara polis och lyckades låna en nyckel till rummet.
(2) Vi måste hjälpas åt att få tillbaka den stulna bilen.
(3) Så länge jag kan minnas/minns har vi aldrig träffats.
(4) Det hände i förrgår, eller rättare sagt för 36 timmar sedan.

第26課　親戚との食事会
本文の日本語訳
親戚との食事会にはこの前のクリスマスとほぼ同じくらいの数の客が来ることなったことを，イングリッドはパーティーが行われる土曜日に確認しました．

「多すぎではないかしら」と彼女は思いました．「だけど老いも若きもすべて，親戚の人を招待するのはとっても楽しいことだわ」

「様々な年齢の人がたくさん来てくれたらはるかに楽しくなるさ．この前のクリスマスはこれまでで最も楽しいパー

ティーだったし，その時は 20 人以上だったね」とビョーンは言った．
　夕食はこれまでで最も成功したものになりました．みんながビョーンとイングリッドの美味しい料理をほめてくれました．イングリッドの父のグンナルはビョーンのカロップスは彼が味わった中で最もおいしく作られたものだと思いました．
　「イチゴのケーキは人生で味わった中で最もおいしいケーキだったよ」とトールとヘッダにとって年齢的に上から 2 番目のいとこで，7 歳のヨーナタンが大きな声で言いました．
　しかしヨーナタンの 1 歳年上の姉エンブラは 2 週間前の自分の誕生日のケーキのほうがより一層美味しかったと思いました．
　「すべて自分で作ったらいつだってたいていいいものになるさ」とビョーンが説明しました．「買ってきた出来合いの食べ物よりずっといいんだ．僕自身は今日のカロップスがこれまで自分が作ったすべての中で最高だったと思う．だけど先週職場で食べたカロップスはひどかった．あれは本当にひどくて，実際最悪中の最悪だった」
　「あなた方の料理した夕食は私たちが知ってる中で最も素晴らしいものだわ」とビョーンの一方の妹が言いました．
　「あなた方の家の料理は他のどの料理よりもユニークではるかに風味豊かだわ．これがあなたたちの家の夕食で最も特徴的なことなのかもね」

練習問題解答
1.
(1) kortare, kortast　(2) längre, längst　(3) lägre, lägst　(4) högre, högst　(5) äldre, äldst　(6) yngre, yngst　(7) större, störst
(8) mindre, minst
2.
(1) Göran är kortare än Sven.
(2) Fuji är högre än Kebnekaise.
(3) Viktoria är yngre än Daniel.
(4) Vänern är större än Vättern.
3.
(1) Sven är längst i klassen./Sven är den längsta i klassen.
(2) Kebnekaise är det högsta berget i Sverige./Kebnekaise är Sveriges högsta berg.
(3) Viktoria är äldst av syskonen./Viktoria är den äldsta av syskonen.
(4) Vättern är Sveriges näst största sjö./Vättern är den näst största sjön i Sverige.
4.
(1) Den fest som ägde rum ikväll var den roligaste någonsin.
(2) Svenska räkor är som godast på vintern.
(3) Hon ser mycket yngre ut än hon faktiskt är.
(4) Ju äldre ett vin är desto dyrare blir det.
(5) Vilken fågel är mest typisk för Sverige?

第 27 課　ヨーハンとマリーア宅でのフィーカの時間
本文の日本語訳
　親戚との食事会の後の日曜日，あの新たな隣人たちが，ビョーン，イングリッドそして子供たちに，彼らの家に少ししたらフィーカをしに来ないかと聞いてきました．イングリッドは彼らの家で是非フィーカをしたいと伝え，30 分後にお伺いすることを約束しました．しかしビョーンは実のところ時間がないと思っていました．彼はむしろ家にいて，前日の盛大な夕食の後片付けをしたいと思っていました．そこでイングリッドが彼にどうしたいのか——イングリッドと子供たちが隣人の家に行ってフィーカをするか，それとも家族全員で行くか——と尋ねました．だけどこのような場合，ヨーハンとマリーアは家の隣に住んでいるのが実際どんな人たちなのかとひょっとしたらいぶかしく思い始めるかもしれないわ，とイングリッドが真剣に言いました．
　「もしあなたが一緒に来なかったら，彼らは多分私と子供たちだけでここに住んでいると思うかもしれないわ」と彼女は言った．
　「だけど僕が家に残ればはるかに早く片付けを終わらせることができるよ」とビョーンは反論しました．
　「一緒に来れるでしょ」とイングリッドがお願いしました．「近所で私たちがフィーカをするなんてどれほど頻繁にやっているでしょうか」
　「とにかく僕は時間の都合がつく以上にしているよ」とビョーンは答えました．
　「だけど，実際は私たちは家にこもりきりよ．20 分後にはあちらにおじゃますることになっているの．彼らとフィーカをして少しお話するのにそんなに時間はかからないわ」
　「僕がついて行かないほうが断然時間がかからないよ」とビョーンは頑固に言いました．

イングリッドは悲しくなり，どちらが重要なのか尋ねました．皿洗いをすべて素早く終わらせることなのか，それとも新しい隣人に歓迎されていると感じてもらうことなのか．そうするとビューンは彼女にとって最も大切なのは誰なのだろうと疑問に思いました．彼それとも隣人？　イングリッドは彼の振る舞いは大人らしくないと思い，何がきっかけで彼が機嫌が悪くなったのだろうかと思いました．

「彼らの家でコーヒー1杯を飲むくらいならあっという間よ，だから来て．どうにも解決しそうにもないから，洗い物は後で私がやってもいいから」

練習問題解答

1.
(1) (a) 彼らは嬉しそうに踊った．
    (b) 彼らは軽やかに踊った．
(2) (a) 彼らはその魚を生で食べた．
    (b) 彼らはその魚を黙って食べた．
(3) (a) 私が彼女の写真を撮った時彼女はごく自然にほほ笑んだ．
    (b) 私が彼女の写真を撮った時当然彼女は微笑んでくれた．
(4) (a) 彼は変な風に歌い始めた．
    (b) 奇妙なことに彼は歌い始めた．

2.
(1) Han sprang långsammare än vi.
(2) Hon talade högre än de andra i rummet.
(3) Jag sover alltid sämre när jag har druckit.
(4) Städa noggrannare än vanligt!
(5) Han dricker hellre vin än öl.

3.
(1) Hon sjöng bäst av oss.
(2) Vem kan hacka lök snabbast?
(3) Jag satt längst bak i klassrummet.
(4) Vi måste lösa problemet senast i januari.
(5) Jag vet inte vem som svettades mest i bastun.

第28課　まもなくクリスマス

本文の日本語訳

秋の間ずっとトールとヘッダはクリスマスになるのを待っています．11月の下旬にストックホルムやヨーロッパの多くの他の場所でクリスマスの飾りつけをする最初の日があります．それはいつも日曜日です．今年は家族で一緒に街に行ってクリスマスの飾りつけを見ることを決めました．ビューンとイングリッドがクリスマスの前の月である今のうちに，今年のクリスマスプレゼントのいくつかを買っておこうと計画しているためでもあります．

彼らは冬景色の郊外を抜け，地下鉄に乗って街へと向かいます．地面は薄く雪が積もっています．彼らはリリエホルメンを通り過ぎ，その後地下鉄は，地下へと潜っていきます．彼らが中心街へと着くと，子供たちはNKデパートへと行きたがります．しかしイングリッドはむしろ洋服屋さんに行きたいと思っていて，そこでイングリッドが1人でそこへ行き，一方，ビューンは子供たちとNKの玩具売り場に行くことを決めました．ビューンは30分後にその洋服屋で会うことを提案します．

「いいえそうではなく，NKで落ち合う方がもっと楽しいわ」とイングリッドは思います．
「H&Mの婦人服売り場で落ち合うなんて楽しいとは思わないでしょ」
「じゃあ代わりに喫茶店はどうだい」とビューンが提案します．彼らはハムンガータンとレイェーリングスガータンの交差点，ちょうどデパートの入り口のところで会うことを決めます．そこは近場にたくさんの喫茶店があり，その多くには美味しいケーキや焼き菓子がたくさんあります．
「それで，30分で済むかい」とビューンは尋ねます．
「そう思うわ，だけどこの前の夏にH&Mに行ったときは1時間以上かかったわ．いつだって見ていて素敵なものがたくさんあるから．特にこのお店にはね」
「今から45分後，君にとってはその方が良いのでは」とビューンが尋ねます．
「完璧だわ」とイングリッドは思います．「45分後にここ，NKの入り口の外でね」

彼らはNKの前で別れます．ビューンはNKの玩具売り場で子供たちと楽しく過ごして，一方イングリッドはH&Mの流行品のジャングルの中でかっこいい衣服を探しています．しかし30分後には疲れてしまい，ビューン，トールそしてヘッダを待つためにNKの入り口の待ち合わせ場所に行きます．5分後に彼らは来て，両側にサンタクロースの描か

れた大きな手提げ袋を持っています．サンタクロースの裏側にはおもちゃの大きなふくらみがあっちこっちに見えて，イングリッドは笑い出します．

練習問題解答
1.
(1) på (2) i (3) på (4) i (5) på (6) i
2.
(1) på (2) till (3) i (4) över (5) på
3.
(1) för (2) mot (3) till (4) över (5) i (6) om
4.
(1) utan (2) över (3) vid (4) under (5) på (6) Till

第29課　12月のフィーカ
本文の日本語訳

ある午後ビューンと新たな隣人のヨーハンは庭の小道をシャベルで雪かきしていました．この24時間で数十センチもの雪が降ったのです．それで家の中に入るのが難しい状態でした．もう1つの問題点は，家の中にたくさんの雪と汚れを持ち込んでしまうことです．なぜなら家に入るとすぐに雪が玄関に一緒に入りこんでしまうからです．

「冬っていうのは」とヨーハンが突然言いました．「寒くて雪が積もって，出たり入ったりするときにはただちにたくさんの服を着たり脱いだりしなくてはならない．ところでビューン，少ししたら私たちの家に来て少しフィーカをしないかい」

「賛成だよ」とビューンが答えました．「もうすぐ雪が解けてくるといいね．こんな風に続いたらショベルで雪かきする以外に何もする時間がないからね」

「だったらフィーカをしに来たらどう」とヨーハンは考えました．

「僕たちを招待してくれてありがとう」とビューンが答えました．「だけど今日はやめておこうと思うんだ．まもなく私の両親が早めの夕食を食べにやってくるんだ．それから明日の授業で生徒にどんな課題を配るのか，目を通さなければならないんだ．クリスマスに突入する前に，仕事でやらなければならないことすべてを済ませておくことが大切なんだ」

ヨーハンはワッと笑って言いました．

「とは言っても考えていることすべてをやり通せる時間なんてないさ．ちょっと君たちで手伝ってくれないかな．家にマリーアと僕たちだけでは食べきれないくらい超美味しい自家製のアップルパイがあるんだ．ビューン，ちょっとここで考えてみてくれ．そんなごちそうがどれほど頻繁に食卓に上ると思う」

「そうだね」と少し考えた後でビューンが答えました．「とてつもなく美味しそうだね．僕たちも昨日ちょうどアップルパイを実際作ろうかと話していたんだ．でもそうはならなかったんだ．だからイングリッドもヘッダもトールもみなアップルパイを是非少し味わってみたいと思っているよ」

「了解」とヨーハンが答えました．「それはよかった．雪かきをもう少しだけ頑張ろう，そうしたらそのあとで私たちの家のドアをノックしてくれるかい」

練習問題解答
1.
(1) Jag slängde bort allt skräp från mitt rum.
　　私は自分の部屋からガラクタをすべて捨てた．
(2) Kan du ta av dig skorna?
　　靴を脱いでくれますか．
(3) Var snäll och slå dig ner en stund.
　　しばらく座っていただけますか．
(4) Du ser lika snygg ut som vanligt.
　　いつも通りかっこいいね．
(5) Det håller jag inte med om.
　　それには賛成できません．
2.
(1) (a) låste igen (b) låste upp (2) (a) satte in (b) tog ut (3) (a) sätta på (b) stänga av
3.
(1) skrev om (2) skrek till (3) åt upp (4) läst ut (5) pratade på (6) gjorde bort

4.
(1) Lektionen blev inställd p g a förkylning (av läraren).
　　授業は(先生が)風邪のために休講になった.
(2) Jag blev mottagen med öppna armar.
　　私は心から歓迎された，暖かく受け入れられた.
(3) Julklapparna har blivit inslagna.
　　クリスマスプレゼントが包装された.

第30課　クリスマスイブの前日
本文の日本語訳

12月23日の晩，家族全員が家で，クリスマスのお祝いの準備をしていました．調理に集中しながら，クッキーやパン焼き，大掃除が進行中でした．すべての床が輝くほどきれいになり，家の下の階全体にクリスマスの料理のよい匂いがしていました．クリスマスプレゼントに関しては，魅力的で想像をかきたてる包みをすべてクリスマスツリーの下に並べるのはトールとヘッダの役目でした．ヘッダはすべての柔らかい小さなクリスマスプレゼントを一番下に置きましたが，その置き方をトールは気に入らず，むしろ大きく硬いプレゼントを一番下にしたいと思いました．
「ちょっとくらい適当に置いてもいいわよ」とキッチンからゆったりとした足取りで出てきたイングリッドはそう思って言いました．
「そうだ，お母さんの言う通りにしなさい」とビョーンは思って言いました．「まあ，包みがどう置かれていても重大な問題ではないよ．いや，やっぱり，一番素敵なのを一番上に置いておきなさい」
ビョーンとイングリッドが台所に詰めている間，子供たちはクリスマスプレゼントの仕分けを続けていました．
「クリスマスのハムに関してなんだけど」とイングリッドは言いました．「今年の味付けはどうしましょう．あの新しいレシピを試してみない，先週のダーゲンスニーヘテル紙の料理特集の付録で勧められていたあの新作を」
「でもあれにはオーブンで衣をつけてこんがり焼く際に，はちみつが含まれていなかったよね」とビョーンは疑問に思って言いました．「いわば，はちみつ抜きって言えるね．まさにこの細かいところに関して僕はとても保守的なんだ」
「へー，そうなの」とイングリッドは笑いながら言いました．「はちみつに関しては，あなたは先端的ではないのね．だけどクリスマスのこの時期には少し新しいことを試してみても面白いんじゃない」
「うんだけどこのレシピにはマスタードも全くつかっていないしね」とビョーンは文句を言いました．「マスタードもないし，はちみつもない．一体全体どんなクリスマスのハムを焼くことになるっていうんだい．まったくありえないね」
「ワクワクした挑戦的なクリスマスのハムになるわよ」とイングリッドは力強く言いました．「まさにあなたのようにね，ビョーン」
そして，そうなりました．数時間後ビョーンはオーブンから焼きたてのハムを取り出しました．黄金色で湯気がたち良いにおいが漂っています．子供たちは味見させてもらおうと走ってやってきました．彼はもう疲労困憊ではありましたが，きっと今年も素敵で穏やかなクリスマスになるだろうと思いました．

練習問題解答
1.
(1) inga，彼は今日は何にも宿題がない．
(2) något，私は家にピアノがない．
(3) ingen，叫んだけれどだれも助けてくれなかった．
(4) inget，そのことについてお母さんには何も言うな．ただでさえ心配してきているのだから．
(5) någon，クリスマスプレゼント買いましたか．
(6) inget，私たちは断ることができなかった．選択の余地がなかった．
2.
(1) De ville inte säga någonting. (De ville ingenting säga.)
　　彼らは何も言いたくなかった．
(2) Han tycker inte om någon av sina släktingar.
　　彼は自分の親戚を誰1人好きではない．
(3) Hon har inte skrivit något brev.
　　彼女は手紙を書いていない．
(4) De ska inte använda några pengar under helgen.
　　彼らは休日にはお金を使わないことにしている．
(5) Han sade att hon inte hade dukat fram något kaffe.

彼女はコーヒーを出してくれなかったと彼は言った.

3.
(1) avgörande (2) döende (3) joggande (4) beteende (5) påpekande (6) överraskande

4.
(1) Sven kom joggande mellan husen.
(2) De här påpekandena är viktiga.
(3) Polisen har hittat ett avgörande bevis.
(4) När polisen kom, låg mannen döende på gatan.
(5) Hennes beteende spelade en överraskande stor roll.

Osaka University Press